本书为国家社会科学基金"十二五"规划2015年度教育学一般课题"中国古代教育学范畴发生史：以《学记》为中心"（课题批准号BOA150030）的研究成果之一

中国古代教育学范畴发生史

以《学记》为中心

孙杰 著

中国社会科学出版社

图书在版编目(CIP)数据

中国古代教育学范畴发生史：以《学记》为中心 / 孙杰著.—北京：中国社会科学出版社，2021.6
ISBN 978-7-5203-8357-8

Ⅰ.①中⋯ Ⅱ.①孙⋯ Ⅲ.①教育哲学—研究—中国—古代 Ⅳ.①G40-02

中国版本图书馆 CIP 数据核字（2021）第 073110 号

出 版 人	赵剑英
责任编辑	孙铁楠
责任校对	高　俐
责任印制	张雪娇

出　　版	中国社会科学出版社
社　　址	北京鼓楼西大街甲 158 号
邮　　编	100720
网　　址	http://www.csspw.cn
发 行 部	010-84083685
门 市 部	010-84029450
经　　销	新华书店及其他书店
印　　刷	北京君升印刷有限公司
装　　订	廊坊市广阳区广增装订厂
版　　次	2021 年 6 月第 1 版
印　　次	2021 年 6 月第 1 次印刷
开　　本	710×1000　1/16
印　　张	23
插　　页	2
字　　数	352 千字
定　　价	138.00 元

凡购买中国社会科学出版社图书，如有质量问题请与本社营销中心联系调换
电话：010-84083683
版权所有　侵权必究

目　　录

绪论：基于经典文本的中国古代教育学范畴发生史研究 …………（1）
 一　思想缘起：以《学记》为中心的学术思索 …………（1）
 二　整体框架：以《学记》为中心的内容呈现 …………（4）
 三　思路与方法：以《学记》为中心的思维运作 …………（16）
 四　创新与不足：以《学记》为中心的价值和局限 …………（17）

第一章　郑注与孔疏：《学记》教育范畴的辨析厘定
  ——教育文本注疏与教育范畴阐释之间的
   钩沉与核定 …………（19）
 第一节　《学记》文本生成的溯源考证 …………（19）
  一　《学记》文本核心字义的考证 …………（19）
  二　《学记》文本引据内容的考证 …………（33）
 第二节　《学记》教育范畴的文本阐释 …………（50）
  一　《学记》教育文本的核定 …………（50）
  二　《学记》教育范畴的文本阐释 …………（60）
 第三节　《学记》教育范畴的郑注孔疏 …………（71）
  一　郑注孔疏与《学记》学术地位的确证 …………（71）
  二　郑注孔疏与《学记》教育范畴的诠释 …………（81）

第二章　义理与考证：《学记》教育范畴的代际濡化
  ——教育文本诠释与教育思想演进之间的
   互动与共生 …………（103）
 第一节　荆公新学与《学记》教育范畴的新义肇始 …………（103）

— 1 —

一　荆公新学与《学记》诠释 …………………………………（103）
　　二　《学记》教育范畴的新义肇始………………………………（112）
　第二节　程朱理学与《学记》教育范畴的义理阐释 ……………（131）
　　一　程朱理学与《学记》诠释 …………………………………（131）
　　二　《学记》教育范畴的义理阐释………………………………（145）
　第三节　明清礼学与《学记》教育范畴的考据补正 ……………（159）
　　一　明清礼学及《学记》诠释 …………………………………（160）
　　二　《学记》教育范畴的考据补正………………………………（170）

第三章　经世与改制：《学记》教育范畴的托古维新
　　　　——教育文本臆解与西学术语引借之间的
　　　　　中体与西用 ……………………………………………（188）
　第一节　《学记》诠释话语体系的托古维新 ………………………（188）
　　一　"道"之动：《原道》之天道、政道与人道 ………………（188）
　　二　"学"之变：《劝学》与《劝学篇》 ………………………（194）
　第二节　《学记》及其教育范畴的经世臆解 ………………………（201）
　　一　刘古愚与《学记臆解》 ……………………………………（201）
　　二　《学记》教育范畴的经世臆解………………………………（213）

第四章　学科与学术：《学记》教育范畴的综摄涵化
　　　　——教育文本重构与教育理论创建之间的
　　　　　整合与生成 ……………………………………………（236）
　第一节　《学记》文本诠释和话语体系的综摄涵化 ………………（236）
　　一　学堂教育："学—教"体系的外在重构 …………………（237）
　　二　学科思维："道—学"思想的内在重塑 …………………（242）
　第二节　赫尔巴特式的《学记》教育范畴 ………………………（249）
　　一　《学记考释》与赫尔巴特教育范畴 ………………………（249）
　　二　"目的—方法"：《学记》教育范畴的赫氏风格 …………（260）
　第三节　凯洛夫式的《学记》教育范畴 …………………………（266）
　　一　凯洛夫教育范畴与《学记》研究 …………………………（267）

二 "教育—教学"：《学记》教育范畴的苏式风范 …………（274）
　第四节 《学记》教育范畴的"自主表达" …………………（282）
　　一 中国教育学自主探索与《学记》诠释 ………………（283）
　　二 《〈学记〉释义》：《学记》教育范畴"自主表达"
　　　　之一 ……………………………………………………（288）
　　三 《学记评注》：《学记》教育范畴"自主表达"之二 …（293）
　　四 教育学类教材：《学记》教育范畴"自主表达"之三 …（301）

第五章　清源与重塑：《学记》教育范畴的正本审思
　　　　——教育文本复归与教育话语反思之间的
　　　　　　辨析与正名 ……………………………………（307）
　第一节 《学记》教育范畴的逻辑反思 ……………………（307）
　　一 逻辑反思的起点："异类"的《学记》教育范畴 ………（307）
　　二 逻辑反思的过程：如何继承《学记》教育范畴 ………（319）
　　三 逻辑反思的结果：《学记》教育范畴的名实相符 ……（326）
　第二节 《学记》教育范畴的正本重塑 ……………………（330）
　　一 正本重塑的缘由：以学为核心与以教为核心的体系
　　　　反思 ……………………………………………………（330）
　　二 正本重塑的视域：确立《学记》教育范畴诠释的
　　　　思维方式 ………………………………………………（341）
　　三 正本重塑的方法：探求《学记》教育范畴诠释的
　　　　学术路径 ………………………………………………（348）

参考文献 ……………………………………………………（357）

后　记 ………………………………………………………（360）

绪论：基于经典文本的中国古代教育学范畴发生史研究

站在发生学的立场考察，中国教育学的"根"或"源"何在？这些具有教育学内涵的范畴术语或曰"关键词"就寄生在先秦典籍之中。中国古代教育学范畴发生史研究，只有返回到滥觞之处，返回到《学记》之中的教育范畴研究，才能够真正厘清中国教育学历史发展的"道之动"，才能够发掘出中国教育学的生命力之所在，从而实现中国古代教育学范畴在今天的"道之用"。

一 思想缘起：以《学记》为中心的学术思索

以《学记》为中心展开中国古代教育学范畴发生史研究，是由《学记》自身的教育思想内容和结构体系所决定的。我们以新中国成立以来具有代表性的《中国教育思想史》和《学记》研究著述对《学记》教育思想地位的评述术语为逻辑起点，来整体呈现《学记》教育思想内容和结构体系在中国古代教育发展过程中的学术价值和历史地位。

表1　《中国教育思想史》对《学记》教育思想地位的评述

著作名称	所在章节	评述术语
沈灌群：《中国古代教育和教育思想》（第一部教育史方面著作）	第二章第五节先秦启蒙者《学记》作者的教育观	作为《大学》姊妹篇的《学记》，对于学校教育，主要是封建贵族子弟专利的大学教育问题方面，如学制、学校教育的作用、目的和任务，教育教学方法以及教师问题，都接触到。《学记》这一篇关于教育和教学的理论及方法的论文，是中国教育学史上极为辉煌的遗产，在秦汉以来两千多年中国封建教育实践中，正是极有指导意义的文件

续表

著作名称	所在章节	评述术语
郭齐家：《中国教育思想史》（第一部教育思想史著作）	第一章第六节《礼记》中的教育思想（一、《学记》中的教育思想）	《学记》是我国古代教育文献中最早、体系比较严整而又极有价值的一篇，是我国教育史上的一份极为珍贵的遗产；也是世界教育史上最早出现的自成体系的教育学专著
王炳照、阎国华：《中国教育思想通史》（第一部多卷本教育思想通史著作）	第一卷第五章第五节《学记》的教学思想	《学记》是我国和世界上第一部系统的教育理论专著。它全面系统地总结概括了我国先秦儒家学派的教育经验和基本理论，全面阐述了教育的地位和作用，教育与社会政治关系，学制和学校教育体系的建设，教师、学生以及师生关系等等。从《学记》的整个教育思想体系来看，完全可视为一部《教育学》的雏形，在教育史上有着极其重要的地位
孙培青、李国钧：《中国教育思想史》（与《中国教育思想通史》并称的三卷本思想史著作）	第一卷第二章第五节《礼记》中的教育思想（三、《学记》）	《学记》是中国古代最早的一篇专门论述教育、教学活动的专著，偏重于论述教育的具体措施，说明教学过程的各种关系。因此后世有学者认为它是"教育学的雏形"。从教育理论阐发的集中与专门而言，先秦诸子中当首推《学记》。在一千二百多字中，论及了教育作用、目的、制度、学校管理和教学原则与方法等现代教育学中的一些主要范畴

从《中国教育思想史》之中，我们能提取到诸如："一部《教育学》的雏型""教育学的雏型""论及现代教育学中的一些主要范畴"的关键术语，既有对《学记》思想地位的确认，也有对《学记》所包含的主要范畴的体认，这是中国教育思想史研究者对《学记》思想地位和范畴体系的整体认知。

表2　　新中国成立以来有关《学记》著述之中对《学记》教育思想地位的评述

著作名称	评述术语
顾树森：《学记今译》	《学记》是记载我国古代教人授学的方法，以及教学上成功和失败的教训，可称为中国古代教育学的雏形，也可以说是中国教育史甚至世界教育史上第一篇非常辉煌的有关教育理论和方法的伟大著作

续表

著作名称	评述术语
傅任敢：《〈学记〉译述》	《学记》是早期儒家学派的教育理论概括和教育实践总结，是我国最早的一本教育学，从教育的作用、教育的目的、学校制度、视导制度、教育原则、教学原则、教学方法以至教师问题等方面，都作了系统的阐述
许椿生：《学习祖国珍贵的教育遗产——〈学记〉》	《学记》是收集在《礼记》中的一篇教育论文，在记录、总结当代和前辈教育及教学经验的基础上，对教育的目的与作用、学校制度、教学、教师以及学生的学习等方面都有所阐述，这篇东西很像近代师范院校所讲授的教育学，是一册具体而微的教育学，是中国的一篇最早最完备的教育文献，也是世界的一篇最早最完备的教育文献
高时良：《学记评注》	《学记》是我国先秦时期儒家学派按照它自己的世界观和方法论总结出来的教育经验和理论概括，是古代我国和世界最早的、体系相当严整的教育文献。它的内容阐明了教育和政治的关系，教育的作用、目的和任务，教育和教学制度、内容、原则和方法，教师和在教育、教学过程中的师生关系，同学之间的相互关系，等等
刘震：《〈学记〉释义》	《学记》是我国古代著名的教育论著，是封建教育的基本教科书，代表了我国古代教育学者在教育和教学问题上的观点和方法，最早从哲学分离出来，成为教育专著

"中国古代教育学的雏形"（顾树森）、"我国最早的一本教育学"（傅任敢），到"具体而微的教育学"，"中国的"也是"世界的""一篇最早最完备的教育文献"，"古代我国和世界最早的、体系相当严整的教育文献"，"古代著名的教育论著"等评述，表明了研究者对于《学记》自身的学术价值和思想地位的认同和肯定，充分体现和反映了《学记》在中国古代乃至世界古代教育发展中的历史地位和教育价值，这是《学记》研究者对《学记》思想地位和范畴体系的整体认知。如果对《中国教育思想史》和《学记》研究著作之中使用的关键词进行归类，不难发现《学记》评述术语之中所包含的教育思想因子：

第一层面，教育学的雏形、教育论著、教育文献；

第二层面，论及现代教育学中的主要范畴：教育作用、目的和任务，教育和教学制度、内容、原则和方法，学校管理等。

通过对第一层面和第二层面评述术语的分析，不难发现新中国成立以来的教育研究者，通常使用现代教育学学科术语来认识和评价《学记》的学术定位和结构体系，并以"教育学"及其范畴体系为标准来审视《学记》及其思想内容和结构体系，进而寻找中国古代教育原典在现代教育学科中的学术传承和历史地位。此种审视方式和认识标准虽然存在"以新事物忖度旧事物"的认识局限和思想弊端，但是不可否认的是：以《学记》为中心来研究中国古代教育学范畴发生史是有理论根据并且也是可行的。《学记》虽然不可以直接被称作"教育学"，但是作为教育文献被视为"教育学的雏形"是完全可行的。同样，现代教育学中的主要范畴为认识《学记》所包含的教育范畴提供了学术思考的空间，但是用现代教育学主要范畴来直接诠释《学记》自身所包含的教育范畴，是否贴切和合适值得我们进一步思索。第一层面和第二层面之中所包含的教育思想因子，为确立以《学记》为中心展开中国古代教育学范畴发生史研究提供了思想基础和理论支撑。

总而言之，本研究认为《学记》为中国教育理论的发展树立了典范，它的出现意味着中国古代教育思维的专门化，这是一个教育理论萌发的良好开端。具有"开端"和"起点"典范的学科地位正是《学记》之价值所在。以《学记》为中心的中国古代教育学范畴发生史研究，就是对这种"开端"和"起点"意义的教育价值追溯，就是从教育范畴的视角对中国古代教育思维的返本回溯。

二 整体框架：以《学记》为中心的内容呈现

（一）核心概念界定：教育学范畴

1. 范畴

何谓范畴？我们首先对历史上代表性观点进行梳理，以期在把握范畴定义的关键术语的基础上，对范畴概念本身有更加深入的理解和认识。

绪论：基于经典文本的中国古代教育学范畴发生史研究

表3　　　　　　　　中外历史上有关"范畴"的论述一览

代表性观点	观点来源
"洪范九畴"是我国使用范畴概念的最早表述，包括初一曰五行，次二曰敬用五事，次三曰农用八政，次四曰协用五纪，次五曰建用皇极，次六曰又用三德，次七曰明用稽疑，次八曰念用庶征，次九曰向用五福、威用六极，其所表达的是治理天下的九类大法	《尚书·洪范》
亚里士多德是西方最早对范畴做出较为体系化说明与阐释的哲学家，提出"十类范畴"：实体、数量、性质、关系、何地、何时、所处、所有、动作、承受。范畴具有两个方面的含义：第一，范畴是一种最单纯的言语表现形式，是逻辑概念的形式；第二，范畴是对存在的最基本形式与普遍关系的表述	亚里士多德《范畴篇》
康德范畴体系由四组十二个范畴组成［量的范畴（单一性、多数性、全体性）、质的范畴（实在性、否定性、限制性）、关系范畴（实体性、因果性、交互性）、模态范畴（可能性—不可能性、存有—非有、必然性—偶然性）］，认为范畴的基本逻辑是主观性与内在性方式的统一，是一种单纯的知性结构，是人们认识世界的基本能力和理性思维。范畴是纯粹先验的东西，是纯粹理智概念的表现形式，是先天的，是知性先验地包含于自身的纯粹概念	康德《纯粹理性批判》
黑格尔按照"正、反、合"的结构来安排范畴的顺序，将"绝对精神"作为其第一范畴。并认为在发展过程中出现的范畴，前者潜在地包含着后者，后者则以扬弃的形式包含着前者，从而揭示了范畴之间的辩证关系。将概念作为表达范畴和一切表象事物的本质为基本形式，一切存在的本质终究是概念的集合	黑格尔《逻辑学》
马克思认为，范畴具有科学性、合理性和确定性，可以指导人类对世界的认识和改造。同样，范畴是人类思维能力发展到一定阶段的产物，具有历史性；范畴反映的是人与现实世界的关系，具有生成性。马克思主义唯物辩证法的基本范畴包括：本质和现象、内容和形式、结构和功能、原因和结果、必然性和偶然性、可能性和现实性	马克思《哲学的贫困》
列宁认为，自然界在人的认识中的反映形式，这种形式就是概念、规律、范畴等。范畴就是人的思维对于客观事物普遍本质的概括和反映，是区分过程中的梯级，即认识世界的过程中的梯级，是帮助我们认识和掌握自然现象之网的网上纽结	列宁：《哲学笔记》《黑格尔〈逻辑学〉一书摘要》

虽然中国古代社会在《尚书·洪范》之中出现"洪范九畴"之说，但是古代并不以范畴二字连为一词，而"名"和"字"与现今所谓的概

念、范畴相当。同样，中国古代也无概念一词，"达名""类名"即概念。比如陈淳《北溪字义》、戴震《孟子字义疏证》之中的"字"，就是宋元明清时期古代学者对哲学概念范畴的思维表达。因此，中国古代社会虽然无范畴之称，但中国古代哲学确实有一套自己思维方式"专属"的范畴意识。西方对于范畴的研究就是从亚里士多德、康德、黑格尔、马克思、列宁等沿革至今，认为范畴是思维的形式和工具并通过概念来表达。范畴的逻辑形式是概念，概念和范畴的区别就在于内涵和外延的关系。概念的内涵小，外延大，内涵和外延成反相关关系；范畴的内涵越丰富，外延就越广，是正相关关系，范畴比概念更具有普遍性，"简单来说，表示存在的统一性、普遍联系和普遍准则的可以成为范畴"[①]。综合历史发展过程中的关于范畴概念及其相关问题的代表性观点，学者们对于范畴概念形成了基本共识：

第一，范畴是思维的方法和工具，概念是范畴的逻辑表达形式；

第二，中国古代社会较早出现"范畴"的雏形，但没有形成类似于西方古代社会的范畴体系；

第三，中国古代社会形成了具有自我言语表达和思维方式的思维体系；

第四，西方近现代社会关于范畴概念的表述，为我们更好地理解中国古代社会的思维体系提供了必要的思想基础；

第五，本研究赞同并采纳马克思主义哲学关于范畴的定义，即范畴就是概括和反映客观事物的普遍的本质联系的思维形式，是各种理论体系中的基本概念，是人类认识世界的思维的"工具"。

2. 教育学范畴

教育学范畴是教育学理论的网上纽结，是教育学理论的思维形式。以《学记》为中心的中国古代教育学范畴发生史研究，主要涉及对以下两个关键问题的概念判断。

第一，《学记》教育范畴还是《学记》教育学范畴。

郭元祥在《教育学范畴问题探析》一文的引注之中曾指出，"用'教育范畴'指称'教育学范畴'不妥，因为范畴总是理论的范畴，而

[①] 张岱年：《中国古典哲学概念范畴要论》，中国社会科学出版社1987年版，第5页。

非活动的范畴，'教育范畴'只能指称'教育'这一范畴"①。那么，在本研究之中是用"教育范畴"还是"教育学范畴"呢？还需要从本研究的具体对象——《学记》来考察。郭元祥在《教育逻辑学》一书中指出，《学记》之中的范畴（诸如"教学相长"）属于教育理论的历史范畴所考虑的范围，并在"教育学萌芽时期的教育范畴及其特征"中认为，萌芽时期的教育学（或曰教育理论）的范畴主要表现在关于教育作用和目的（从教育与政治、国家的关系来论述教育的社会作用，从教育与人性的关系来论述教育在人的成长和发展中的作用），教学，教育的理论和原则（确定了教学目的和任务、教学内容、教学和教育的主要原则和方法、教师的条件和修养、师生关系、学生之间的关系、课内与课外的关系等概念范畴，并对各个范畴作了一定的论述）两个方面，"尽管这些范畴仅仅是思想家们的教育理论而非教学的范畴，但仍反映了当时条件下他们对教育的认识和概括水平，并对后来的教育学范畴产生了深远的影响"②，《学记》之中的范畴就属于教育学萌芽时期的教育范畴。所以，本研究之中使用"教育范畴"来表达《学记》之中的范畴，即《学记》教育范畴。

第二，"学习"范畴是教育学范畴体系的逻辑起点。

"教育存在"是教育学范畴体系的逻辑起点，并且教育学只有一个逻辑起点范畴。"以学习范畴为教育学体系的逻辑起点，是对各门具体教育科学的成果所作的一种高度概括"，"以'学习'作为教育学范畴体系的逻辑起点，是符合人们对教育的实际认识过程的，即使是教师，他也必须曾经是一个学生或学习者，他对于教导、教育的认识，必然是在对于学习的认识之后的"。以学习作为教育学范畴体系的逻辑起点，也与人类的教育实践史和教育思想史相吻合。学习是"历史上第一个教育范畴"，是"教育最简单的抽象"，是"科学的教育学范畴体系之最合理的逻辑起点"③，"就作为教育科学的一门基础学科而言，教育学的逻辑

---

① 郭元祥：《教育学范畴问题探析》，《华东师范大学学报》（教育科学版）1985年第3期。
② 郭元祥：《教育逻辑学》，人民教育出版社2002年版，第47—48页。
③ 张晓鹏：《试论教育的辩证逻辑——教育学范畴体系初探》，《华东师范大学学报》（教育科学版）1991年第3期。

起点是人们在原始交往中的学习活动"①。

故此,作为记录中国古代教育活动的"活化石",《学记》教育范畴的价值就在于此,就处于教育学范畴体系的逻辑起点之上。

(二) 时间跨度确定

以《学记》为中心的研究包括两个层面的时间节点,第一个层面的时间节点是《礼记·学记》文本的生成阶段;第二个层面的时间节点是《学记》文本的历代诠释。

第一个层面的时间节点,是指先秦时期《礼记·学记》文本生成的思想渊源及历史过程,是对《学记》文本本身的历史考察。

第二个层面的时间节点,是指从汉代郑玄开始至近代现代社会以来的《学记》研究者,在不同的教育话语体系之下对《学记》进行诠释的历史考察。

以《学记》为中心的研究,就是对《学记》文本本身和以《学记》历代诠释为主体的教育理解和阐释,就是以教育范畴为主线从历时性和共时性相结合的研究方式,来探寻中国古代教育学范畴发生的思想源头和变迁历程。

(三) 文献资料审定

1. 国外研究

(1) 日本关于《学记》的相关研究

日本关于《学记》的研究情况,主要参见工藤卓司的《近一百年日本〈礼记〉研究概况——1900—2008 年之回顾与展望》② 中,《礼记》分篇研究《学记》部分:日本最早展开《学记》研究的学者为著《学记、大学》的武内义雄,之后町田三郎、津下正章、吉田昭之、加藤道理等人展开过相应的研究③。这些文章涉及的研究内容主要包括:《学记》与《大学》的关系以及二者的成书年代、《学记》中的教育观和教育方针。

---

① 郭元祥:《教育逻辑学》,人民教育出版社 2002 年版,第 60 页。
② [日] 工藤卓司:《近一百年日本〈礼记〉研究概况——1900—2008 年之回顾与展望》,(台湾)《中国文哲研究通讯》2009 年第 19 卷第 4 期。
③ [日] 工藤卓司:《近一百年日本〈礼记〉研究概况——1900—2008 年之回顾与展望》,(台湾)《中国文哲研究通讯》2009 年第 19 卷第 4 期。

（2）英国和美国关于《学记》的相关研究

英国传教士詹姆斯·理雅格（James Legge，1815—1897）第一次把《礼记》整本书翻译成英文介绍到西方，并在其译文之中对《学记》进行了简要的评价；第一篇公开发表在专业教育刊物上的论文为 The Hsueh Chi，An Old Chinese Document on Education，发表在美国《教育历史季刊》1976年第十六卷二号刊上，作者为美国明尼苏达州大学副教授王威廉。这篇研究《学记》的论文分为导言和译文两部分，导言部分主要介绍《学记》的出处、《学记》和儒家的关系、《学记》的思想渊源、《学记》的历史意义和现实价值等；译文部分和理雅格《礼记·学记》中一样，对《学记》全文进行翻译。借此，我们可以更为全面地去了解西方学者对于《学记》所包含的教育范畴的认识。

2. 国内研究

（1）《学记》之《礼记》时代

① 《礼记》中之《学记》注释义理考证研究

古代学者对《礼记》注疏最为正宗的当属郑玄《注》和孔颖达《正义》。之后朝代更迭，以宋人卫湜《礼记集说》、元人吴澄《礼记纂言》和陈澔的《礼记集说》、明人胡广《礼记集说大全》、清人孙希旦《礼记集解》和朱彬《礼记训纂》等集成最为代表。我们通过古代学者对《学记》的注释研究来分析在教育学学科化之前中国古代的教育学范畴体系。

② 《礼记》研究中关于《学记》的研究

近现代以来，关于《礼记》研究代表性的论著：皮锡瑞的《礼记浅说》（清）、蔡介民的《礼记通论》（1941）、任铭善《礼记目录后案》（1982）、钱玄的《三礼通论》（1996）、王锷的《三礼研究论著提要》（2001）、龚建平的《意义的生成与现实——〈礼记〉哲学思想》（2005）、王锷的《〈礼记〉成书考》（2007）、李云光的《三礼郑氏学发凡》（2012）等，都涉及《学记》相关研究内容。

《学记》作为《礼记》中的重要一篇，自然受到《礼记》研究者们的重视和关注。《礼记》研究者们从礼的理论认知高度（特别是礼对于中国古代社会价值的高度）来审视《学记》自身的哲学价值和教育功用，为我们更好地认识和判断《学记》篇自身的教育内涵提供了重要的参考依据。

（2）《学记》之单行本时代

①清末民国时期《学记》注释研究

A. 著作

《学记》的最早单行本为清末刘古愚的《学记臆解》。民国时期的《学记》单行本为王树枏的《学记笺证》（1913）、姚明辉的《学记集义训俗》（1918）、杜明通的《学记考释》（1943）。

《学记臆解》为晚清关学大儒刘古愚的著作，是其托诸经典以抒救国见解的政论之作。晚清通经致用、中西会通、教育救国的思想，在刘古愚的《学记臆解》之中得以显现，这也使得《学记臆解》带有浓郁的新学西学色彩。虽然从正宗经学研究角度来审视有"旁门左道"之嫌疑，但是《学记臆解》真实地反映了晚清经学维新的学术趋势。

《学记笺证》为民国时期最早的一本关于《学记》研究专著。《学记笺证》是体现王树枏"忧世之心、复古之志"（宋育仁《学记笺证》序语）的教育著作，其中"笺"为训诂，"证"为考证，以考"先王教民大略"与当时各国学校"教育之法"的异同之处，从其学术发展脉络上来看仍归属于晚清学术研究体系。

《学记集义训俗》为国立武昌高等师范学校国文史地部豫科文学课本，是该校教师姚明辉的著作，作为适应文史地部教学需要而编纂的文学课本，其在注重注释、音义的基础之上，对《学记》中所包含的教育思想与西方教育思想进行比较研究，并指出二者之间的共通之处，是按照教材体例编写的一本教科书式的《学记》著作。

《学记考释》为国立四川大学教育史教材。《学记考释》共分为三卷，考证卷一、注释卷二和引义卷三，其中考证卷主要包括《学记》在《礼记》中之位置、《学记》之家法、《学记》之作者、《学记》之理论背景等四部分，引义卷主要包括《学记》之教育目的论、《学记》之教育方法论、《学记》之教育心理学等三部分，是第一部应用于教育史教学并以教材形式呈现的《学记》著作。

B. 期刊文章

研究《学记》最早的期刊文章为王树枏的《学记笺证》（《中国学报》1913年第5—6期），而民国时期有关《学记》研究的期刊文章共42篇，其中以《学记》为标题的文章共21篇。

民国时期研究《学记》的期刊文章，主要研究范围为：第一，继续延续中国古代学者对《学记》注释研究的学术传统，如王树枏的《学记笺证》（1913）、厉时中的《学记释义》（1923）、高鹤年的《学记新诠》（1934）等；第二，引入西方教育学学科术语后，中国学者开始用西方学术术语来研究《学记》，使得中国古代教育学范畴发生了重大的变化，如马彭年的《学记篇里的教育思想》（1924）、佟松荫的《学记教学谊》（1927）、章廷俊的《"学记"的教育制度与教学法》（1935）、东屋的《学记之学年》（1939）、周捷高的《学记中的教学原理》（1946）等。这既是中国古代学术的转折期，同样更是《学记》注释研究的转变期，它向之后《学记》研究者们提供了不同于以往的教育学话语体系。

②新中国成立以来《学记》注释研究

A. 著作

新中国成立以来，最早关于《学记》的注释类著作为顾树森的《学记今译》（1957）和傅任敢的《学记译述》（1957）。注释类著作还有：许椿生的《学习祖国珍贵的教育遗产——〈学记〉》（1981）、高时良的《学记评注》（1982）、刘震的《学记释义》（1984）；注释研究类著作有：高时良的《学记研究》（2005）。

这六部《学记》注释类著作的研究范围涉及：考释《学记》写作年代、历史背景及作者的学术流派属性；依据儒家经典的章句凡例，采取训诂与义理相结合的方法，根据不同内容，大体分为校文、注音、释义、译意、评说；评论历代《学记》注释及《学记》在中国及世界教育学史中的地位及影响。

B. 期刊文章

新中国成立以来，第一篇关于《学记》研究的期刊文章为沈灌群的《学记——中国古代学校的教育和教学经验总结》（《华东师范大学学报》1956年第4期）。据笔者统计，截至2017年底，以《学记》为标题的期刊文章共有788篇（其中包括硕士学位论文12篇、博士学位论文1篇），具有研究特色的论文98篇。

沈灌群的《学记——中国古代学校的教育和教学经验总结》从教学问题、教育问题、教师问题等三个主要方面，研究《学记》所总结的先辈教育工作者的宝贵经验，并指出"《学记》——在秦汉以后2000多年中国封建教育实践中,正是极有指导意义的文件"。

新中国成立以来,研究《学记》的期刊文章涉及的主要范围为:第一,《学记》本身所体现的教育思想的研究。这类研究大多运用现代教育学理论,从教学原则、教学方法、教学管理、教学艺术、教师观、学生观等方面入手开展研究。第二,《学记》在教育学及教育史学科发展中的地位研究。这类研究大多运用现代教育逻辑思维,来呈现其对于教育学及教育史学科发展的历史贡献。第三,《学记》与同时期国外相关教育学著作的比较研究。这类研究大多运用比较分析的研究方法,在比较异同的基础之上来探寻《学记》的学术价值。

(3) 相关著述中涉及《学记》的研究内容

A. 著作

国内教育学和中国教育史著作大都涉及《学记》方面的研究内容,同样教育学方面的相关研究专著也或多或少涉及《学记》方面的研究内容。我们试列举部分具有代表性的关于《学记》文本的评述术语,以此来进一步加深对《学记》文本重要性的认识。

①公元前4—3世纪,由战国后期儒家学者所著"学记"这一篇关于教育和教学的理论及方法的论文,是中国教育学史上极为辉煌的遗产(沈灌群:《中国古代教育和教育思想》,湖北人民出版社1956年版)。

②《学记》可视为先秦儒家教学思想的总结,是中国教育史上最早比较系统地论述教学理论的专著(毛礼锐、瞿菊农、邵鹤亭:《中国古代教育史》,人民教育出版社1979年版)。

③我国古代的《学记》,已阐述了许多教育问题,总结了不少教学经验,是一部最早出现的教育著作(华中师范学院教育系等编:《教育学》,人民教育出版社1982年版);在人类历史上,最早出现专门论述教育问题的著作是我国的《学记》……是我国古代教育经验和儒家教育思想的高度概括,全书虽只有1229个字,却对教育的作用,古代的学校教育制度和视导制度,教育和教学的原则和方法,以及师生关系等问题,作了精辟的论述〔王道俊、王汉澜:《教育学》(新编本),人民教育出版社1989年版〕;我国古代的《学记》是世界上最早的一部教育专著,它对教育目的、教育制度、教育内容和方法等问题作了比较系统的论述,简练而深刻地反映了教育的某些规律,对我国教育科学的发展,有着重

要的历史意义（华南师范大学教育系教研室编：《教育学》，广东高等教育出版社1989年版）。

④《学记》以儒家孔孟学派的思想为主线，融汇了荀况及其他如墨、道等学派的观点，第一次从理论上总结了先秦教育教学经验。《学记》以前，教育家的教育思想都是散见于他们的著述或讲论之中，没有独立成为专门的理论。《学记》的出现，产生了中国乃至世界上最早的专门论教育和教学的专著，具有划时代的意义（李定开、谭佛佑：《中国教育史》，四川民族出版社1990年版）。《学记》是迄今我们所知道的世界教育史上最早的系统的教育理论著作，全文不过一千二百二十九字，但内容极为丰富。它与《大学》相表里。《大学》重在阐述教育之纲领，其着眼点为教育与国家政治和社会的关系；《学记》则主要论述教育的实施，其着眼点偏重于教育过程内部的关系［张瑞璠：《中国教育史研究》（先秦分卷），华东师范大学出版社1991年版］。

⑤在我国古籍中的一部最早的教育专著，要算《学记》了。这部（篇）专著对先秦儒家教育思想、教学经验作了较为系统的总结。它对教育的作用、教育制度，特别是对教与学中的许多问题，作了较为精辟的阐明……这部著作被中国教育界誉为世界上最早的教育学（孙喜亭：《教育原理》，北京师范大学出版社1993年版）。

⑥《学记》是中国也是世界教育史上的第一部教育专著。它是对先秦以来以儒家为主体的教育思想的一次系统总结。它所提出的教学范畴及对教育问题的论述方式，对后世产生了广泛的影响，成为中国传统教学思想一以贯之的思想模式（于述胜、于建福：《中国传统教育哲学》，江苏教育出版社1996年版）。

⑦《学记》是公元前4—3世纪战国后期儒家有关我国古代教育和教学理论、方法的论文……是中国古代教育文献中最早且比较严整的一篇教育论文，也是世界教育学术史上最早的教育文献。概括地讲，《学记》在教育的社会作用，学制的体系，教育与教学的原则、方法，教师的作用与地位等方面为中国古代教育奠定了理论基础（胡德海：《教育学原理》，甘肃教育出版社1998年版）。

⑧《学记》系统揭示了教育与政治、教育与社会、教与学、教师与学生及课内与课外等多方面的内在联系，是对过去教育实践的总结及对

封建教育的设想，有一定理论意义，堪称世界上最早的教育学专著。有学者称之为"教育学的雏形"。它所提出的理论范畴为后代教育家所实践、发展和丰富，为中国教育理论的发展树立了典范。它的出现意味着中国古代教育思维的专门化，是一个概括水平不低的良好开端（金林祥：《20世纪中国教育学科的发展与反思》，上海教育出版社2000年版）。

⑨《学记》是中国教育史上和世界教育史上一部最早、最完整的教育学专著，全文仅有1200多字，却对先秦的教育理论和教育实践作了相当全面的总结和概括，论述了教育的作用、目的和任务，以及教育制度、教学内容、原则和方法，也谈到教师及师生关系。总之，有关教育学的基本问题都有精辟的论述，是一篇意义重大的作品（王炳照等编：《简明中国教育史》，北京师范大学出版社2008年版）。

⑩《学记》为中国教育理论的发展树立了典范，其历史意义和理论价值十分显著。它的出现，意味着中国古代教育思维专门化的形成，是中国教育理论发展的良好开端［孙培青、杜成宪：《中国教育史》（第三版），华东师范大学出版社2009年版］。

B. 期刊文章

国内部分研究中国古代教育的期刊文章，也涉及《学记》方面的研究内容，其中代表性的观点有如下几种。

①孔子和他的学派还留下了一本世界上最早的、理论比较高的、内容比较丰富的教育专著——"学记"。这是我国在世界教育史上一种重大的贡献［陈景磐：《孔子在中国教育史上的地位》，《北京师范大学学报》（社会科学版）1959年第3期］。

②战国后期的《学记》，对我国先秦时期的教育和教学第一次从理论上进行了较全面系统的总结，是我国和世界上第一部教育专著（马秋帆：《中国传统文化与教育简议》，《教育评论》1987年第6期）。

③特别是成书于秦汉之际的《学记》，是我国也是世界上第一部教育专著。就教学论而言，它总结了自孔墨以来先秦各家的教学实践经验和思想，较为具体、详细、全面、系统地论述了教学任务、教学过程、教学原则和方法，形成了完整的教学思想体系，使古代教学理论臻于完善和成熟。其后，中国再没有出现过类似的教育专著，《学记》成为中国教学理论发展史上的绝唱（张传遂：《中国的传统文化与教学思想》，

《教育理论与实践》1989年第6期）。

④《学记》与《大学》就是这一时代丰富的教育经验与教育思想的总结，成为世界上最早出现的自成体系的教育学专著，奠定了中国古代教育理论的基础（郭齐家：《继承与弘扬中国古代教育的精华》，《北方工业大学学报》1992年第4期）。

（4）台湾关于《学记》的研究内容

A. 著作

台湾关于《学记》的研究著作，现共收集到2本。一是张元夫的《礼记述闻》（台湾商务印书馆1974年版），二是陈宝富的《礼记学记教育思想研究》（台湾台北东大图书公司1982年版）。

B. 期刊文章

台湾关于《学记》研究的期刊文章，现共收集到10篇文章。这些文章的研究内容涉及两个大方面：第一，《学记》所包含的教育哲学、教育方法、教学技巧、教育观等层面的教育思想研究；第二，《学记》之中核心语句和段落的辨析研究，如"化民成俗""反求诸己""撞钟"等所包含的教育思想。

（5）评述

国外和国内关于《学记》的研究内容，既为我们开展本研究提供了丰富的文献资料，又为拓展研究路径奠定了坚实的基础。但是，无论是中国古代社会以注释义理考证为主的研究，还是近现代社会以来在对《学记》注释基础之上的研究；无论是《学记》之《礼记》时代的研究，还是《学记》单行本时代的研究；无论是经学时代的研究，还是学科时代的研究，这些前期的研究成果都没有从发生学的角度，对《学记》的教育范畴体系进行较为系统的研究。

（四）章节结构谋定

本研究以《学记》为中心围绕教育范畴而展开，分别为：《学记》教育范畴的辨析厘定、代际濡化、托古维新、综摄涵化和正本审思等五章内容。其内容如下。

第一章为"郑注与孔疏：《学记》教育范畴的辨析厘定"，主要从《学记》教育文本的溯源考证、《学记》教育范畴的文本阐释、《学记》教育范畴的郑注孔疏等三个方面，在对《学记》文本本身进行分析的基础上，结合郑注与孔疏的诠释内容对汉唐时期的《学记》教育范畴展开研究。

第二章为"义理与考据：《学记》教育范畴的代际濡化"，主要包括《学记》文本诠释和话语体系的代际濡化、荆公新学与《学记》教育范畴的新义肇始、程朱理学与《学记》教育范畴的义理阐释、明清礼学与《学记》教育范畴的考据补正等四个方面，来阐释宋元明清以来随着中国古代学术思想和教育思想的系统发展，《学记》研究者对于《学记》教育范畴的诠释呈现出鲜明的历史特点，生动地展现了古代教育以学为中心的话语体系的发展、演变及其终结。

第三章为"经世与改制：《学记》教育范畴的托古维新"，主要论述了《学记》诠释话语体系的托古维新、《学记》及其教育范畴的经世臆解等两个方面的内容，分析了在"中体西用"思维方式的指导之下，《学记》研究者借用西方近代教育话语来臆解《学记》教育范畴的学术尝试，并试图以《学记》为依托来建构近代中国教育话语体系。

第四章为"学科与学术：《学记》教育范畴的综摄涵化"，主要分析《学记》文本诠释和话语体系的综摄涵化、赫尔巴特式的《学记》教育范畴、凯洛夫式的《学记》教育范畴、《学记》教育范畴的"自主表达"等四个方面的内容，折射了中国教育学科发展历程与《学记》教育范畴诠释之间的映照关系，体现了以教为中心的教育话语体系的最终确立。

第五章为"清源与重塑：《学记》教育范畴的正本审思"，主要包括《学记》教育范畴的逻辑反思、《学记》教育范畴的正本重塑等两个方面研究内容。《学记》形成于以学为中心的话语体系之中，近代社会以来《学记》研究者在以教为中心的话语体系之下展开《学记》教育范畴研究，话语体系之间的差异造成了《学记》教育范畴诠释的名实错位。清源与重塑的目的，是在对《学记》教育范畴诠释历程进行逻辑反思的基础上，从整体史观的视角来探寻理解《学记》教育范畴的思维方式和学术路径。

三 思路与方法：以《学记》为中心的思维运作

以发生学视角的介入，在避免古代教育学范畴研究以今例古的学术弊端的情况下，有助于把从今天理论立场的审视和对于对象本来的真实考察恰当地结合起来，进而从教育范畴生成变异的动态过程中探寻中国古代教育学范畴的丰富内涵。

（一）研究思路

本研究要继承和发扬传统史学研究的优势，以各部分以及部分之间的存在的联结性或对比性的关系形成结构张力，以视角的流动贯通形成整体性思维特点，依靠对话和行动并借助有意味的表象的选择，在暗示和联想中把意义蕴涵于其间，从而实现教育学史研究和元教育学研究之间的统一，进而力图弥补中国的历史（或中国的实际）与西方的逻辑（或西方的理论）分为两极的弊端，寻求教育学研究之理论与实践的统一。

（二）研究方法

本研究是一个由研究方法的理论基础和一般研究方法两个大的方面及其相关层次构成的研究系统。

第一，研究方法的理论基础。参考和借鉴兰克、斯宾格勒、汤因比、布洛克、费弗尔、布罗代尔、勒高夫等人的史学理论及近现代教育学、教育史学等相关学科理论。

第二，一般研究方法。它是哲学思维方法在历史研究中的运用，主要包括历史分析法、比较分析法、逻辑分析法、历史文献法等，其功能是分析教育历史现象的内在辩证关系和本质特点，在更深层次上把握教育历史的规律。其中：①历史文献法，就是要通过对有关《学记》诠释历史文献的收集、整理和分析，厘清《学记》教育思想的渊源及历史价值，阐释《学记》教育范畴的学术位序；②比较分析法，就是要将《学记》教育范畴放在历史发展的进程中进行纵向比较，发掘其在我国教育学史中的独特价值，并站在教育学发展角度发掘《学记》教育范畴的普遍价值和重要意义；③逻辑分析法，就是对《学记》教育范畴进行高度抽象与概括，并进行具体深入的逻辑论证，并运用当代的哲学解释学等理论对其进行诊释，在上升为理论的分析与论证的基础之上，阐发其所蕴涵的思想价值和学术意义。

四 创新与不足：以《学记》为中心的价值和局限

（一）研究的创新之处

本研究力图突破既定的教育学框架和教育学史的研究范式，倡导以

"继先人之志、述先人之事"的文化承担意识为前提，贯通"通人精神"和"博通之学"之真谛的传统学术理念和治学方式，构建体现中国传统思维治学方式的教育范畴体系。通过对《学记》的综合研究，试图回答应否及如何将传统教育学术纳入研究视野的教育学问题，试图解决教育史研究者提升研究水平和理论层次的方法论问题，并在此基础之上以《学记》为中心构建具有自主意识的中国教育学范畴体系。

（二）研究的局限之处

本研究可能存在的局限之处为：第一，思维方式的限制。研究者自身的思想体系是现代教育学科体系，如何更加"客观地"去认识和理解古代教育经典文本，就成为研究者必须正视的第一个难题。第二，学科体系的限制。现代教育学科体系是一个相对来说较为成熟的学科体系，也是得到教育学界共识的学科体系。如何在研究《学记》教育范畴的同时，梳理出中国古代教育思想发展的条理，并且从教育思想本身探寻古代与近代教育之间的思想脉络，是一个很难突破的思想历程。第三，文本解读能力的限制。《学记》文本本身和历代诠释构成了本研究的文本内容，如何准确阐释古代学者的话语体系和言语表达方式，并进而深入理解古代学者思考教育问题的思维方式，就成为本研究能否取得实质性成果的关键。以《学记》为中心的中国古代教育学范畴发生史研究，就是要力图突破思维方式、学科体系以及文本解读能力的限制，在中国古代教育经典研究方面取得实质性成果。

第一章 郑注与孔疏:《学记》教育范畴的辨析厘定
——教育文本注疏与教育范畴阐释之间的钩沉与核定

> 凡治一科之学,必先明其学说之统系;统系不明,则散殊之事理,无由考见其指归。中国古无教育专书,而圣哲相传微言大义之散见经籍者,固自有科条纲目之可寻。学者先明其义,则古代教育之制度、方法,罔不可溯其原理,而知吾国文化卓越之所由,此固治史者所宜揭橥也。
>
> ——黄绍箕、柳诒徵《中国教育史》

第一节 《学记》文本生成的溯源考证

《学记》文本生成的溯源考证,主要围绕《学记》文本核心字义与文本引据内容两个方面内容展开,目的是考证生成《学记》文本的本源性知识,从而为深入理解和阐释《学记》文本内容及其教育范畴提供思想和文化基础。

一 《学记》文本核心字义的考证

作为《礼记》之中的教育名篇,《学记》以"学"字来命名,足见"学"字在《学记》文本中的重要地位。《学记》文本内容记述了古代教育的"学教之义",并生动再现了古代教育"以学论教"的教育特征,"教"字在《学记》之中也同样具有重要地位。"学""教"二字也是构成古代教育的核心内容,古代教育就是以"学"和"教"为轴心而展开并不断丰富和发展的。

(一) 学—教字义源起考证

学—教字义源起考证就是在对学与教进行字源分析的基础上，为分析何为学、何为教以及二者之间的关系提供依据，并以此来梳理业已存在的对于学、教字义的代表性认识，进而从字的源起上形成关于学、教字义的正确认识。

1. 学—教字义源起考证溯源

许慎的《说文解字》是考证学—教字义源起的最早文本参照，对"教""学"的解释为：

释"教"："教，上所施下所效也。从攴，孝。凡教之属皆从教。𢿒，古文教。㸒，亦古文教。"

释"斅"："斅，觉悟也。从教攴，冂。冂，尚矇也。臼声。学，篆文斅省。"

段玉裁对"从攴，孝"的注解为：孝见子部，效也。上施故从攵，下效故从孝。对"觉悟也"的注解为：斅觉叠韵。《学记》曰："学然后知不足，知不足然后能自反也。"按知不足，所谓觉悟也。《学记》又曰："教然后知困，知困然后能自强也。故曰教学相长也。《兑命》曰：'学学半'。其此之谓乎。"按《兑命》上学字谓教。言教人乃益己之学半。教人谓之学者。学所以自觉。下之效也。教人所以觉人。上之施也。故古统谓之学也。枚颐《伪尚书·说命》上字作"斅"，下字作学。乃已下同《玉篇》之分别矣；对"从教攴，冂。冂，尚矇也"的注解为：冂下曰。覆也。尚童矇故教而觉之。此说从冂之意。详古之制字。作教从攴，主于觉人。秦以来去攵作学。主于自觉。《学记》之文，学教分列。已与《兑命》统名为学者殊矣。

从许慎对"教"的解释来看，"教"的左边是"孝"字，而不是"孝"字；"斅"字从"教"，"教"也可以是"斅"，同样"学"字为"斅"字篆文省，"斅"就有教和学两种字义。

从段玉裁对"斅"字的解释来看，"教人谓之学者。学所以自觉。下之效也。教人所以觉人。上之施也。故古统谓之学也"，"斅"字具有"教"字"上所施下所效"之意。直到《学记》成文之后，"学"字和"教"字分列，而不再用"斅"来统"学"字和"教"字。

我们从许慎和段玉裁所作的字义注解不难发现，教既表达上所施之"攵"，又用作下所效之"孝"，是"攵"和"孝"共同所组成的活动。学虽表达学习者自身的"自觉"行为，但是在初期也具有"上所施下所效"之义。学由教来，学教同义。

2. 学—教字义源起考证论争

许慎和段玉裁对学—教字义的注释所引发的问题为：第一，"教""敩""學"三者之间的关系在造字之初究竟是怎么样的？第二，学和教二者产生的先后关系问题，即先有学后有教还是先有教后有学？

首先，高华平依据楚简文字资料认为①，楚简文字中"教"与"敩""學"互作的情况，属于古汉语中特有的"反义共字"现象。根据战国时期出土的文献资料，"教"字从所之"攵"（支）常被省略而写作"孝"，"敩"就被省略写作"學"，因此敩、學本为一字。"敩"为从"教""曰"声之字，乃是原先"教"字中的"下所效也"之义，所以"敩"就是从"上所施下所效也"的"反义共字"结构中独立出来的结果。"敩"从"教"字之中独立出来之后，就被固定用来表达"学"之义。故《尚书·说命》之中的"教学半"中的"教"不应该被写作"敩"或"學"，而楚简文之中的"教"与"敩""學"互作则属于古代汉语中的"反义共字"现象，用来表达教和学之间的对立统一关系。高华平依据相关资料既回答了"教""敩""學"三者之间的关系，又分析了教和学之间的先后顺序——先有教后有学。

其次，王贵民则从"学"字的古义和教、学早期的概念出发②，来探讨学、教二者之间的相互关系。依照《殷墟卜辞综类》资料记述，"学"字最简体是"爻"，"爻"字既有学习、仿效又有教的意思。甲骨文"学"字的写法虽有多种，但其基本结构正是以"爻"为主体，加两手或单手表示持爻（算筹）以教或持爻以学，加"宀"的屋宇形，接近后来的"学"字，表示教、学的场所。《说文解字》曰："爻者，交也"，以"爻"为"交"，实则寓意人与天地精神交感互通之意。而以

---

① 高华平：《由楚简中"教"族字的使用看楚人的辩证"教学"观》，《华东师范大学学报》（教育科学版）2012年第1期。

② 王贵民：《从殷墟甲骨文论古代学校教育》，《人文杂志》1982年第5期。

"爻"示"学—教",则是以喻人与人之间精神上的交感互通。杜成宪据此认为,教源于学,是在学字之上加上了又一个部首(攴)而产生的新字。这个新字的产生,表示教的概念的真正形成。这样,从"爻"字同源字根出发来推论,先有学后有教。①

最后,我们对学、教字义的解释以及对学、教先后关系的考证,目的在于从字源上说明中国古代教育自身的一些特点:第一,学、教二字属于古代汉语中的"相反为义,施受同辞"的"反义共字"现象。类似的诸如:买与卖、受与授、籴与粜等,"本皆一辞,后乃分化耳"。第二,学、教既然"本皆一辞",那就存在先后关系问题。依据许慎、段玉裁等学者的考释,"学源于教";而依据王贵民、杜成宪、于述胜等学者的推论,则是"教源于学"。第三,教字的左边不是孝而是"孝",更接近"爻",其本意是指督责而使人仿效、模仿"施者"。

总之,我们认为:"从文字发展的过程来看,汉字中的教字是由学字发展而来的,而中国人的教的概念是由学的概念发展而来的。在较早的历史时期,教与学两个字可以通用,但学字可以毫无障碍地通用为教,而教却不行","这种现象反映了中国传统教育思想和实践的重要特点,即重学甚于重教"②。以"学"字为核心、重学甚于重教,是中国传统教育的重要特点。

(二)孔、孟、荀论学—教

中国古代教育"以学论教"的重学思想,生动地体现在孔子、孟子和荀子的教育言行之中,并在《学记》文本之中得以总结和提升。"从孔、孟、荀的论述到《学记》的教育思想,中国传统教育思想中重学的特点得以形成,并绵延传播于后世"③。我们在对学—教进行字义源起考证的基础之上,从记载孔、孟、荀教育言行的经典文本分析之中,体悟中国古代教育"以学论教"的重学思想,为更好地理解和解读《学记》

---

① 杜成宪:《以"学"为核心的教育话语体系——从语言文字的视角谈中国传统教育思想的重"学"现象》,《华东师范大学学报》(教育科学版)2010年第3期。
② 杜成宪:《以"学"为核心的教育话语体系——从语言文字的视角谈中国传统教育思想的重"学"现象》,《华东师范大学学报》(教育科学版)2010年第3期。
③ 杜成宪:《以"学"为核心的教育话语体系——从语言文字的视角谈中国传统教育思想的重"学"现象》,《华东师范大学学报》(教育科学版)2010年第3期。

第一章 郑注与孔疏：《学记》教育范畴的辨析厘定

文本奠定思想基础。

1. 《论语》：为己之学

在《论语》文本之中，"学"字出现了64次之多，而"教"字只出现了7次，从学和教字出现的数量方面，足见《论语》对于"学"的重视。同样，在二十篇《论语》的篇章之中，以《学而》篇为首，以《尧曰》篇终结，足见对于"学为圣人"目标的追求。"《论语》是此书总名，《学而》为第一篇别目，中间讲说，多分为科段矣。侃（注：侃为梁·皇侃）昔受师业，自《学而》至《尧曰》凡二十篇，首末相次无别科重。而以《学而》最先者，言降圣以下皆须学成，故《学记》云：'玉不琢不成器，人不学不知道。'是明人必须学乃成。"① 《学而》作为首篇之意明矣。

我们以《学而》篇第一章为范本进行解读：

> 子曰："学而时习之，不亦说乎？有朋自远方来，不亦乐乎？人不知而不愠，不亦君子乎？"

皇侃对此章的整体理解为：

> 就此一章，分为三段。自此至"不亦说乎"为第一，明学者幼少之时也。学从幼起，故以幼为先。又从"有朋"至"不亦乐乎"为第二，明学业稍成，能招朋聚友之由也。既学已经时，故能招友为次也。故《学记》云"一年视离经辨志，三年视敬业乐群，五年视博习亲师，七年论学取友，谓之小成"是也。又从"人不知"讫"不亦君子乎"为第三，明学业已成，能为师为君之法也。先能招友，故后乃学成为师君也。故《学记》云："九年知类通达，强立而不反，谓之大成"，又云"能博喻，然后能为师；能为师，然后能为长；能为长，然后能为君"是也。②

---

① （梁）皇侃：《论语义疏》，高尚榘校点，中华书局2013年标点本，第1页。
② （梁）皇侃：《论语义疏》，高尚榘校点，中华书局2013年标点本，第2页。

因此，按照皇侃的理解来看，"有朋自远方来，不亦乐乎？人不知而不愠，不亦君子乎？"就是《学记》中"比年入学，中年考校"之事，学中含教，以学论教之意明矣。

我们以程树德撰《论语集释》为范本，以历代学者对第一章各句的注释为对象，来进一步阐释《学而》之学。

第一段："学而时习之，不亦说乎？"之古代学者注释：

[唐以前古注] 凡学有三时：一是就人身中为时，二就年中为时，三就日中为时也。一就身中者，凡受学之道，则时为先；长则扦格，幼则迷昏。故《学记》云"发然后禁，则扦格而不胜。时过然后学，则勤苦而难成"是也。既必须时，故《内则》云："六年教之数与方名，七年男女不同席，八年始教之让，九年教之数日，十年学书计，十三年学乐、诵《诗》、舞《勺》，十五年成童舞《象》。"并是就身中为时也。二就年中为时者，夫学随时气则受业易入。故《王制》云"春夏学《诗》《乐》，秋冬学《书》《礼》"是也。春夏是阳，阳体轻清；诗乐是声，声亦轻清；轻清时学轻清之业则为易入也。秋冬是阴，阴体重浊；礼书是事，事亦重浊；重浊时学重浊之业亦易入也。三就日中为时者，前身中、年中二时，而所学并日日修习不暂废也。故《学记》云"藏焉，修焉，息焉，游焉"是也。今云"学而时习之者"，时是日中之时也。

[集注] 学之为言，效也。人性皆善而觉有先后，后觉者必效先觉者之所为，乃可以明善而复其初也。习，鸟数飞也。学之不已，如鸟数飞也。说，喜意也。既学而又时时习之，则所学者熟而中心喜说，其进自不能已矣。

第二段："有朋自远方来，不亦乐乎？"之古代学者注释：

[唐以前古注] 皇《疏》引江熙云：君子以朋友讲习，出其言善，则千里之外应之。远人且至，况其近者乎？道同齐味，欢然适愿，所以乐也。

[集注] 朋，同类也。自远方来，则近者可知。程子曰："以善及人而信从者众，故可乐。"又曰："说在心，乐主发散在外。"

[余论]《论语述何》：《易》曰："君子居其室，出其言善，则千里之外应之，况其迩者乎？"《记》曰："独学而无友，则孤陋而寡闻。友

天下之善士，故乐。"

阮元《揅经室集》：此章乃孔子教人语，即生平学行始末也。故学必兼诵行，其义乃全。《注》以习为诵习，失之。朋自远来者，孔子道兼师儒。《周礼·司徒》师以德行教民，儒以六艺教民。各国学者皆来从学也。盖学而时习，未有不朋来。圣人之道不见用于世，所恃以传于天下后世者，朋也。

潘氏《集笺》：《史记·孔子世家》云："定公五年，鲁自大夫以下皆僭离于正道，故孔子不仕，退而修《诗》《书》《礼》《乐》。弟子弥众，至自远方，莫不受业焉。"即"有朋自远方来"也。

在此，阮氏、潘氏以此章贴孔子自身说，虽系创论，但非别解，故入《馀论》中。

此段注解关键在于"朋"字。从文献资料来看，"朋"字既可以被训作同类、朋友，又可以被训作弟子。其一，作为同类或朋友之朋，皇《疏》引江熙云之注解说明，与同道相与共学，近悦远来，乐而不已之义。其二，作为弟子之朋，就是君子成人之对象，潘氏《集笺》之注解就表明，孔门"弟子弥众，至自远方，莫不受业"的教育景象。正如刘宝楠在《论语正义》之中所云，"'时习'是成己，'朋来'是成物。但成物亦由成己，既以验己之功修，又以得教学相长之益，人才造就之多，所以乐也。孟子以'得天下英才而教育之'为乐，亦此意"，成己成物方是合内外之道，即君子之道。阮元《揅经室集》之中所指"此章乃孔子教人语，即生平学行始末也"，就是最佳明证。教学相长之益，就在于能"验己之功修"，在成己的基础之上成人，又通过成人来成己，正是儒者的"成己—成人"之学。孔子"生平学行始末"，就是在践行儒者的"成己—成人"之学。

第三段："人不知而不愠，不亦君子乎？"之古代学者注释：

[唐以前古注] 皇《疏》此有二释：一云："古之学者为己。已得先王之道，含章内映，他人不见知而我不怒也。"一云："君子易事，不求备于一人。故为教诲之道，若人有钝根不能知解者，君子恕之而不愠怒也。"又引李充云："愠，怒也。君子忠恕，诲人不倦，何怒之有乎？明夫学者，始于时习，中于讲肄，终于教授者也。"

[集注] 愠，含怒意。君子，成德之名。尹氏曰："学在己知，不知

在人，何愠之有？"

［别解］王衡《论语驳异》：罗近溪谓"愈学而愈悦，如何有厌；愈教而愈乐，如何有倦；故不愠人之不己知者，正以其不厌不倦处"。此却说得好。

《论语补疏》：《注》言"人有所不知"，则是人自不知，非不知己也。有所不知，则亦有所知。我所知而人不知，因而愠之，矜也。人所知而我不知，又因而愠之，忌也。君子不矜则不忌，可知其心休休，所以为君子也。《后汉·儒林传》注引《魏略》云："乐详字文载。黄初中，征拜博士十余人，学多褊，又不熟悉，惟详五业并授。其或难质不解，详无愠色，以杖画地，牵譬引类，至忘寝食。"

毛奇龄《四书賸言》：《论语》"人不知而不愠"，《孔疏》原有二义：一是不知学，一是不知我。今人但知后说，似于本章言学之意反未亲切。何平叔云："凡人有所不知，君子不怒。"其云"有所不知"者，言学有所不解也。"君子不怒"者，犹言"君子易事不求备"也。盖独学共学，教人以学，皆学中事。夫子一生只学不厌，教不倦，自言如此（见《默识》节），门弟子言如此（见《公西华》节），后人言如此（见《孟子》），故首章即以此发明之。

在此需要说明的是：此本李充之说，皇《疏》取之，然实不如朱《注》之长。刘宝楠云："教学之法，语之而不知，虽舍之亦可，无容以不愠即称君子。此注所云不与经旨应也。"

2. 《孟子》：自得之学

孟子在继承孔子为学思想的基础之上，更加注重从对人之本性的论证分析方面，强调学者追求自得之学的为学路径。即：性善—深造自得。

《孟子·公孙丑上》之中：

子贡曰："学不厌，智也；教不倦，仁也。仁且智，夫子既圣矣。"

子贡是用仁智合一来诠释孔子"学不厌教不倦"的"成己—成物"之学，仁智合一就是儒家学者所倡导的"成己—成物"之学。《中庸》之中对此有更为深入的阐释：

> 诚者，自成也；而道，自道也。诚者物之终始，不诚无物。是故君子诚之为贵。诚者，非自成己而已也，所以成物也。成己，仁

也;成物,知也。性之德也,合内外之道,故时措之宜也。

《中庸》尚诚亦即尚仁,故以仁为体,以智为用。学属成己之事,教属成人之事;学是体,是本;教是末,是用,故成己方能成人。

"道性善,言必称尧舜",是对孟子及其学说的高度概括,"孟子学孔子之学,惟辞'道性善''称尧舜'两言尽之"①。即以人性之善为本,以实现尧舜之道为宗旨。《孟子》中论"学—教"的关键语段如表1-1所示。

表1-1 《孟子》中论"学—教"的关键语

章节名称	关键语段
梁惠王上	谨庠序之教,申之以孝悌之义,颁白者不负戴于道路矣
公孙丑上	曰:"恶,是何言也!昔者子贡问于孔子曰:'夫子圣矣乎?'孔子曰:'圣则吾不能,我学不厌而教不倦也。'子贡曰:'学不厌,智也;教不倦,仁也。仁且智,夫子既圣矣。'夫圣,孔子不居,是何言也?"
	孟子曰:"人皆有不忍人之心。先王有不忍人之心,斯有不忍人之政矣;以不忍人之心,行不忍人之政,治天下可运之掌上。所以谓人皆有不忍人之心者,今人乍见孺子将入于井,皆有怵惕恻隐之心,非所以内交于孺子之父母也,非所以要誉于乡党朋友也,非恶其声而然也。由是观之:无恻隐之心,非人也;无羞恶之心,非人也;无辞让之心,非人也;无是非之心,非人也。恻隐之心,仁之端也。羞恶之心,义之端也。辞让之心,礼之端也。是非之心,智之端也。人之有是四端也,犹其有四体也;有是四端而自谓不能者,自贼者也。谓其君不能者,贼其君者也。凡有四端于我者,知皆扩而充之矣,若火之始然,泉之始达。苟能充之,足以保四海;苟不充之,不足以事父母"
滕文公上	孟子道性善,言必称尧舜
	设为庠序学校以教之。庠者,养也。校者,教也。序者,射也。夏曰校,殷曰序,周曰庠,学则三代共之,皆所以明人伦也
	人之有道也,饱食暖衣,逸居而无教,则近于禽兽。圣人有忧之,使契为司徒,教以人伦:父子有亲,君臣有义,夫妇有别,长幼有叙,朋友有信
离娄下	孟子曰:"君子深造之以道,欲其自得之也。自得之则居之安,居之安则资之深,资之深则取之左右逢其原,故君子欲其自得之也"

---

① (清)焦循:《孟子正义》,中华书局1987年标点本,第343页。

续表

章节名称	关键语段
万章上	天之生此民也，使先知觉后知，使先觉觉后觉也。予，天民之先觉者也。予将以斯道觉斯民也。非予觉之而谁也？
告子上	恻隐之心，人皆有之。羞恶之心，人皆有之。恭敬之心，人皆有之。是非之心，人皆有之。恻隐之心，仁也。羞恶之心，义也。恭敬之心，礼也。是非之心，智也。仁义礼智，非由外铄我也，我固有之也，弗思耳矣。故曰求则得之，舍则失之，或相倍蓰而无算者，不能尽其才者也
	孟子曰："仁，人心也。义，人路也。舍其路而弗由，放其心而不知求，哀哉！人有鸡犬放，则知求之；有放心而不知求，学问之道无他，求其放心而已矣"
告子下	孟子曰："教亦多术矣。予不屑之教诲也者，是亦教诲之而已矣！"
尽心上	孟子曰："君子有三乐，而王天下不与存焉。父母俱存，兄弟无故，一乐也。仰不愧于天，俯不怍于人，二乐也。得天下英才而教育之，三乐也"
	孟子曰："君子之所以教者五，有如时雨化之者，有成德者，有达财者，有达问者，有私淑艾者"
尽心下	夫子之设科也，往者不追，来者不拒，苟以是心至，斯受之而已矣

孟子对于人性的论述首先出现在《公孙丑上》之中，并在《告子上》之中通过与告子之间的论争，进一步明确提出和阐述了"性善论"的人性论观点。孟子从"人皆有不忍人之心"的推论出发，得出人有恻隐、羞恶、辞让、是非"四端"之先天性，扩充先天之"四端"就成为人之所以为人的根本所在，"苟能充之，足以保四海；苟不充之，不足以事父母"。既然每个人都有仁义礼智之先天本性，那么每个个体学习者的学习过程就是向内的自我求索过程，就是更加注重学习者个体的自我努力和自主性的积极发挥过程。即：倡导"自得之学"。孟子认为：

　　君子深造之以道，欲其自得之也。自得之则居之安，居之安则资之深，资之深则取之左右逢其原，故君子欲其自得之也。
　　［注］居之安，若己所自有也。资，取也。取之深，则得其根也。左右取之在所逢遇，皆知其原本也。故使君子欲其自得之也。①

---

① （清）阮元校刻：《十三经注疏》，中华书局1980年版，第2727页。

第一章 郑注与孔疏：《学记》教育范畴的辨析厘定

［疏］"孟子"至"得之也"。〇正义曰：此章指言学必根源，如性自得者也。"孟子曰：君子深造之以道"至"君子欲其自得之也"者，此孟子教人学道之法也，言君子所以深造至其道奥之妙者，是欲其如己之所自有之也。己之所自有，则居之安。居之安者，是使权利不能移，群众不能倾，天下不能荡是也。居之安则资质以深，则自本自根，取之不殚，酌之不竭是也。资之既深，则取之左右逢其源。左右逢其原者，则理与万物得，性与万物明，取之左则左，取之右则右，无非自本自根也，故云取之左右逢其原。如此，故君子所以学道，欲其自得之也。①

学习贵在自得，既是学习者实现左右逢源并通晓知识原本的根本途径，更是孟子教人学道之方的关键所在。"居之安"与"资之深"是学习者自我的学习状态和心理感受，而要实现学习者的"居之安"与"资之深"，就需要教者在了解学习者的学习状态前提下，根据不同学习者的具体情况采用不同的方法，即"教亦多术"。孟子曰：

君子之所以教者五，有如时雨化之者，有成德者，有达财者，有达问者，有私淑艾者。

无论是及时点化、成就其德行、发展其才能、答其所问，还是不能及门而间接受教，甚至"予不屑之教诲也者，是亦教诲之而已矣"，都是一切因人而异，因时而不同。教因学而变，因人而异，教术亦因学而多样，"此五者，君子之所以教也"。故《章指》言："教人之术，莫善五者。养育英才，君子所珍，圣所不倦，其惟诲人乎！"君子学不厌诲不倦，教人以学，成物成己。

3.《荀子》：积伪之学

《荀子》的编纂结构与《论语》的编纂结构颇为类似，《论语》始于《学而》终于《尧曰》，《荀子》始于《劝学篇》终于《尧问篇》。《荀子》的编纂结构始自刘向，历代治《荀子》诸家都沿袭此传统，此种学

---

① （清）阮元校刻：《十三经注疏》，中华书局1980年版，第2727页。

术用意值得深思。《学而》在《论语》之中具有总括性的思想地位，体现了儒家"为己之学"的为学传统，表达了"由学以致圣"的思想路径。故此，《劝学篇》在《荀子》之中的学术地位也具有此种意味。我们试通过对《劝学篇》的文本解读，来深入剖析荀子所倡导的"由学以致圣"的积伪之学。

《劝学篇》论述积伪之学的关键性语段为：

> 君子曰：学不可以已。
> 君子博学而日参省乎己，则知明而行无过矣。
> 不闻先王之遗言，不知学问之大也。
> 干、越、夷、貉之子，生而同声，长而异俗，教使之然也。
> 君子生非异也，善假于物也。
> 故君子居必择乡，游必就士，所以防邪辟而近中正也。
> 积土成山，风雨兴焉；积水成渊，蛟龙生焉；积善成德，而神明自得，圣心备焉。
> 学恶乎始？恶乎终？曰：其数则始乎诵经，终乎读礼；其义则始乎为士，终乎为圣人。真积力久则入，学至乎没而后止也。故学数有终，若其义则不可须臾舍也。为之，人也；舍之，禽兽也。故《书》者，政事之纪也；《诗》者，中声之所止也；《礼》者，法之大分，类之纲纪也，故学至乎《礼》而止矣。夫是之谓道德之极。《礼》之敬文也，《乐》之中和也，《诗》《书》之博也，《春秋》之微也，在天地之间者毕矣。
> 君子之学也，入乎耳，着乎心，布乎四体，形乎动静，端而言，蝡而动，一可以为法则。小人之学也，入乎耳，出乎口。口耳之间则四寸耳，曷足以美七尺之躯哉！古之学者为己，今之学者为人。君子之学也，以美其身；小人之学也，以为禽犊。
> 学莫便乎近其人。《礼》《乐》法而不说，《诗》《书》故而不切，《春秋》约而不速。方其人之习君子之说，则尊以遍矣，周于世矣。故曰：学莫便乎近其人。学之经莫速乎好其人，隆礼次之。上不能好其人，下不能隆礼，安特将学杂识志，顺《诗》《书》而已耳。则末世穷年，不免为陋儒而已。

第一章 郑注与孔疏：《学记》教育范畴的辨析厘定

　　学也者，固学一之也。一出焉，一入焉，涂巷之人也。其善者少，不善者多，桀纣盗跖也；全之尽之，然后学者也。

　　君子知夫不全不粹之不足以为美也，故诵数以贯之，思索以通之，为其人以处之，除其害者以持养之，使目非是无欲见也，使耳非是无欲闻也，使口非是无欲言也，使心非是无欲虑也。及至其致好之也，目好之五色，耳好之五声，口好之五味，心利之有天下。是故权利不能倾也，群众不能移也，天下不能荡也。生乎由是，死乎由是，夫是之谓德操。

　　德操然后能定，能定然后能应，能定能应，夫是之谓成人。

　　天见其明，地见其光，君子贵其全也。

"学不可以已"同《学而》中"学而时习"的用意相同，表达了一个围绕"学"而展开讨论的文章思路和作者用意。那么，我们试想如按照今人的思维，《劝学篇》会是什么样的成文思路呢？为什么学？学什么？怎么学？学的结果如何？这就成为思考《劝学篇》为学思想的关键所在。如果我们按照思维的运思习惯，对《劝学篇》关键语段进行历史理解，就会发现其中所蕴含的学习思想。

（1）为什么学？

同样也是用来回答为什么"学不可以已"。第一个层面："干、越、夷、貊之子，生而同声，长而异俗，教使之然也"，接受什么样的教育或者学习什么样的内容，对一个人的成长具有决定性的意义。第二个层面："君子博学而日参省乎己，则知明而行无过矣"，"知明"可理解为道德知识，"行"可理解为践履道德知识的能力，"无过"为一种价值判断即符合社会的道德行为习惯，学的道德价值就在于在养成德性的基础之上提升德行的能力。第三个层面："君子之学也，入乎耳，着乎心，布乎四体，形乎动静，端而言，蝡而动，一可以为法则。小人之学也，入乎耳，出乎口。口耳之间，则四寸耳，曷足以美七尺之躯哉！古之学者为己，今之学者为人。君子之学也，以美其身；小人之学也，以为禽犊。""为己"或"为人"之学，是区别君子和小人的根本所在，身心之学还是口耳之学就成为判断学习者将成为何种人的关键所在。第四个层面："上不能好其人，下不能隆礼，安特将学杂识志，顺《诗》《书》而已耳。则末世穷年，不免为陋儒而已"，学是为了"隆礼"，隆礼才能知其统类，得其经纬。因此，为什么学？《劝学篇》的回答就是通过学可以养成隆礼的君子。

（2）学什么？

学习的内容包括两个层面，"学恶乎始？恶乎终？曰：其数则始乎诵经，终乎读礼；其义则始乎为士，终乎为圣人"，第一个层面为"数"，第二个层面为"义"。"数"和"义"之间的关系是，"学数有终，若其义则不可须臾舍也"，即从数量方面学习内容是确定的，但是从义的层面来说却是需要学习者一生追求和践行的，"义，谓学之意，言在乎修身也"。那么，何谓"数"，"故《书》者，政事之纪也；《诗》者，中声之所止也；《礼》者，法之大分，类之纲纪也。故学至乎礼而止矣"，即从诵经开始到读礼结束。"学至乎礼而止"，既是指学习的次序，又体现了荀子所主张的"隆礼"旨趣。何谓"义"，"始乎为士，终乎为圣人"，从为士开始，到成为圣人结束。从具体内容的学习到学习者学习程度的提升，从诵经读礼到隆礼直至成为圣人，就是荀子从量到质对学习内容的构想和阐释。

（3）怎么学？

学习的过程就是一个"积"的过程，是一个"积善成德，而神明自得，圣心备焉"的过程，为学必须日积月累而后成。① 第一，学习者需要有"假"的工夫，"君子生非异也，善假于物也"，君子善于利用外物，善于利用已有的条件是学习成功的重要保证。第二，"居择乡游就士"，学习环境的选择和交友对象的标准，是学习者接近"中正"的外在保障。第三，学习最切近的办法就是"近其人"，"学莫便乎近其人"；其次是"隆礼"，"隆礼次之"。郭嵩焘认为，"近其人，谓得其人而师之。好其人，则是中心悦而诚服，亲炙之身者也。隆礼，谓自以礼检束其身"②。可见，从师学习是学习者求学的最佳路径③。

---

① 荀子从性恶论观点出发，以为要把恶性变成为善，全在人为的"伪"，而教育就是人为中最主要的部分。所以他把教的概念说明为"以善先人者谓之教"。教的作用在改恶性为善，教与学都是"积伪"的重要过程。

② （清）王先谦：《荀子集解》，中华书局1988年标点本，第14页。

③ 荀子在《儒效篇》中指出，"故有师法者，人之大宝也；无师法者，人之大殃也。人无师法，则隆性矣；有师法，则隆积矣"，"隆"厚也，"积"是积善之"积"，厚于积善，则可化恶为善。

（4）学的结果如何？

学习的终极目的是成为圣人，荀子在《劝学》之中称其为具有"全之尽之"状态的"成人"，即大成之人，正如孟子所称道的"孔子谓之集大成"之谓也。那么，如何才能达到"全之尽之"的状态呢？就是要"固学一之也"，"使目非是无欲见也，使耳非是无欲闻也，使口非是无欲言也，使心非是无欲虑也"，使耳目口心的闻见言虑，"诵数以贯之，思索以通之，为其人以处之，除其害者以持养之"，全依乎是，这样便能思虑周密，意志坚定，应付事物才不为外物所移，就可谓之"成人"。"成人"就是秉承"德操"之人，"德操"之人就是死生必由于学之人，也是坚持"学不可以已"之人。即：内自定而外应物，乃为成就之人也。正如《儒效篇》所言，"至高谓之天，至下谓之地，宇中六指谓之极，涂之人百姓积善而全尽谓之圣人"，只要"积善而全尽""涂之人百姓"都可以成为圣人，"由学以致圣"之本意明矣。

二 《学记》文本引据内容的考证

《学记》文本引据内容可分为三种类型：第一种类型为被直接引用在《学记》文本之中，而成为《学记》文本本身内容；第二种类型为先秦诸子思想，对《学记》文本内容的佐证，可以被视作《学记》文本的间接引证；第三种类型为从学理层面给予《学记》文本以理论支撑的内容，此部分内容可以被看作《学记》文本的学理引证。我们对《学记》文本引据内容的考证，就是要从直接引证、间接引证和学理引证三个层面来加以分析研究。

（一）《学记》文本内容的直接引证

《学记》文本内容的直接引证，主要包括对《尚书·说命》《诗经·小雅》《记》及"古之教者"内容的引证。我们试在回归原本的基础之上对引证内容进行文本分析，以期能更好地阐释《学记》文本自身想要表达的思想内容。

1. 《学记》与《尚书·兑命》

在现存古文《尚书》中，《尚书·兑命》（注：《兑命》即《说命》）共分为上、中、下三篇，据说为傅说劝教武丁的论著。孔颖达在《尚书注疏·说命上第十二》中指出，"此三篇上篇言梦说，始求得而命之；

中篇说既总百官,戎王为政;下篇王欲师说而学,说报王为学之有益,王又厉说以伊尹之功,相对以成章,史分序以为三篇也"①。在《礼记》四十九篇论著之中,直接引据《兑命》的为(见表1-2):《文王世子》《学记》和《缁衣》。其中《文王世子》引用一句同《学记》相同,《学记》共引用三句,都源自《兑命下》;《缁衣》共引用两句出自《兑命中》,其中所引第一句话同原文相同,第二句话则与原文②存在差异。

表1-2　　　　　　《礼记》直接引据《兑命》的内容

名称	内容
《文王世子》	《兑命》曰:"念终始典于学"
《学记》	《兑命》曰:"念终始典于学"
	《兑命》曰:"学学半"
	《兑命》曰:"敬孙务时敏,厥修乃来"
《缁衣》	《兑命》曰:"惟口起羞,惟甲胄起戎,惟衣裳在笥,惟干戈省厥躬"
	《兑命》曰:"爵无及恶德,民立而正。事纯而祭祀,是为不敬。事烦则乱,事神则难"

既然《兑命下》以论学为主,且《学记》所引证的正是其中的内容,我们对其原文及注疏摘录如下:

[原文] 王曰:"来,汝说。台小子旧学于甘盘。学先王之道。甘盘,殷贤臣有道德者。

[疏]"王曰"至"甘盘"〇正义曰:"旧学于甘盘",谓为王子时也。《君奭》篇周公仰陈殷之贤臣云:"在武丁,时则有若甘盘。"然则甘盘于高宗之时有大功也。上篇高宗免丧不言,即求傅说,似得说时无贤臣矣。盖甘盘于小乙之世以为大臣,小乙将崩,受遗辅政,高宗之初得有大功。及高宗免丧,甘盘已死,故《君

---

① 《唐宋注疏十三经》,中华书局1998年版,第93页。
② 古文《兑命中》原文为:"爵罔及恶,德惟其贤。虑善以动,动惟厥时。有其善,丧厥善;矜其能,丧厥功。惟事事,乃其有备,有备无患。无启宠纳侮,无耻过作非。惟厥攸居,政事惟醇。黩于祭祀时,谓弗钦。礼烦则乱,事神则难。"

奭》传曰："高宗即位，甘盘佐之，后有傅说。"是言傅说之前有甘盘也。但下句言"既乃遯于荒野"，是学讫乃遯，非即位之初从甘盘学也。

[原文]既乃遯于荒野，入宅于河。既学而中废业，遯居田野。河，洲也。其父欲使高宗知民之艰苦，故使居民间。

[疏]传"既学"至"民间"○正义曰："河"是水名，水不可居，而云"入宅于河"，知在河之洲也。《释水》云："水中可居者曰洲。"初遯田野，后入河洲，言其徙居无常也。《无逸》云："其在高宗，时旧劳于外，爰暨小人。"言"其父欲使高宗知民之艰苦，故使居民间"也。于时盖未为太子，殷道虽质，不可既为太子，更得与民杂居。

[原文]自河徂亳，暨厥终罔显。自河往居亳，与今其终，故遂无显明之德。尔惟训于朕志。言汝当教训于我，使我志通达。若作酒醴，尔惟麹糵；酒醴须麹糵以成，亦言我须汝以成。若作和羹，尔惟盐梅。盐，咸。梅，醋。羹须咸醋以和之。尔交脩予，罔予弃，予惟克迈乃训。交，非一之义。迈，行也。言我能行汝教。

[疏]传"交非"至"汝教"○正义曰："尔交脩予"，令其交更脩治己也。故以"交"为"非一之义"，言交互教之，非一事之义。

[原文]说曰："王，人求多闻，时惟建事，学于古训，乃有获。王者求多闻以立事，学于古训，乃有所得。事不师古，以克永世，匪说攸闻。事不法古训而以能长世，非说所闻。言无是道。惟学逊志，务时敏，厥脩乃来。学以顺志，务是敏疾，其德之脩乃来。

[疏]"惟学"至"乃来"○正义曰：人志本欲求善，欲学顺人本志，学能务是敏疾，则其德之脩乃自来。言务之既疾，则德自来归己也。

[原文]允怀于兹，道积于厥躬。信怀此学志，则道积于其身。惟敩学半，念终始典于学，厥德脩罔觉。敩，教也。教然后知所困，是学之半。终始常念学，则其德之脩，无能自觉。

[疏]"惟敩"至"罔觉"○正义曰：教人然后知困，知困必将自强，惟教人乃是学之半，言其功半于学也。于学之法，念终念始，

— 35 —

常在于学，则其德之脩渐渐进益，无能自觉其进。言日有所益，不能自知也。

[原文] 监于先王成宪，其永无愆。愆，过也。视先王成法，其长无过，其惟学乎！惟说式克钦承，旁招俊乂，列于庶位。言王能志学，说亦用能敬承王志，广招俊乂，使列众官。

[原文] 王曰："呜呼！说，四海之内，咸仰朕德，时乃风。风，教也。使天下皆仰我德，是汝教。股肱惟人，良臣惟圣。手足具，乃成人。有良臣，乃成圣。昔先正保衡，作我先王。保衡，伊尹也。作，起。正，长也。言先世长官之臣。

[疏] 传"保衡"至"之臣"〇正义曰：保衡、阿衡俱伊尹也。《君奭》传曰："伊尹为保衡，言天下所取安所取平也。"郑笺云："阿，倚。衡，平也。伊尹汤所依倚而取平也，故以为官名。"又云："太甲时曰保衡。"郑不见古文《太甲》云"不惠于阿衡"，故此为解，孔所不用。计此阿衡、保衡非常人之官名，盖当时特以此名号伊尹也。"作"训为起，言起而助汤也。

[原文] 乃曰："予弗克俾厥后惟尧舜，其心愧耻，若挞于市。"言伊尹不能使其君如尧舜，则耻之，若见挞于市，故成其能。一夫不获，则曰时予之辜。伊尹见一夫不得其所，则以为己罪。佑我烈祖，格于皇天。言以此道左右成汤，功至大天，无能及者。尔尚明保予，罔俾阿衡，专美有商。汝庶几明安我事，则与伊尹同美。惟后非贤不乂，惟贤非后不食。言君须贤治，贤须君食。其尔克绍乃辟于先王，永绥民。"能继汝君于先王，长安民，则汝亦有保衡之功。说拜稽首，曰："敢对扬天子之休命。"对，答也。答受美命而称扬之。

我们再次回到《学记》原文之中，来分析《学记》原文引证《兑命》原文的用意及其本意。

《学记》原文：

发虑宪，求善良，足以謏闻，不足以动众。就贤体远，足以动众，未足以化民。君子如欲化民成俗，其必由学乎！玉不琢，不成器；人不学，不知道。是故古之王者，建国君民，教学为先。《兑命》曰："念终始典于学",其此之谓乎!

虽有佳肴,弗食不知其旨也;虽有至道,弗学不知其善也。是故学然后知不足,教然后知困。知不足,然后能自反;知困,然后能自强也。故曰:教学相长也。《兑命》曰:"学学半",其此之谓乎!

大学之教也,时教必有正业,退息必有居学。不学操缦,不能安弦;不学博依,不能安《诗》;不学杂服,不能安礼。不兴其艺,不能乐学。故君子之于学也,藏焉,修焉,息焉,游焉。夫然,故安其学而亲其师,乐其友而信其道,是以虽离师辅而不反也。《兑命》曰:"敬孙务时敏,厥修乃来",其此之谓乎!

第一句:《兑命》曰:"念终始典于学"。在《学记》原文之中,是被用来引证"建国君民,教学为先",治国以教学为先、为重的道理。而在《兑命》原文之中的表述为,"念终始典于学,厥德脩罔觉",用来说明"念终念始,常在于学,则其德之脩渐渐进益,无能自觉其进",只要坚持学习则不知不觉之中就会取得功效的道理,更加注重从提高学习者自身修养的角度,论述学的重要作用。

第二句:《兑命》曰:"学学半"。在《学记》原文之中,用来说明"教学相长"的道理。在《兑命》原文中,第一个"敩"训作"教",认为"教然后知所困,是学之半",教也是学且有助于学,是学的重要组成部分,这正如儒家所强调的"成己成物"的"为己之学"。我们再对《兑命》原文的上下文进行分析,就会发现"学学半"前后之间的对话语境:

王曰:……尔交脩予,罔予弃,予惟克迈乃训。
说曰:……惟敩学半,念终始典于学,厥德脩罔觉。

王(武丁)和说(傅说)之间的君臣对话,武丁和傅说之间的关系以酒醴与麹蘖、羹与盐梅之间的关系作比,突出傅说"训于朕志"的指导价值。傅说在答问之中表达"敩学半"之义,实际上就是要说明自己"训于朕志"的过程,就是自我学习和自我提高的过程,并以此来勉励武丁要"念终念始,常在于学",则自己的德行修养就会在不知不觉中得以长进和提升。

第三句:《兑命》曰:"敬孙务时敏,厥修乃来"。在《学记》原文之中,用来说明"藏修息游"的学习结果——安学亲师、乐友信道。傅说在《兑命》中认为要学于"古训",并顺应人性向善的"本志"就会达到"厥脩乃来"的学习效果。《学记》原文之中主张"兴艺乐学"的"大学之教",强调对于《乐》《诗》《礼》的学习,同《兑命》之中所要表达的原意具有异曲同工之妙。

2. 《学记》与《诗经·小雅》

《学记》原文之中有"《宵雅》肄三,官其始也"的表述,郑玄和孔颖达的注疏为:"宵之言小也。肄,习也。习《小雅》之三,谓《鹿鸣》《四牡》《皇皇者华》也"。

郑玄与孔颖达注疏的争议之处有二:第一,"宵之言小";第二,"《小雅》三篇,谓《鹿鸣》《四牡》《皇皇者华》"。《说文解字》对"宵"的注解为:"宵,夜也。释言,毛传皆曰。宵,夜也。周礼司寤。禁宵行夜游者。郑云。宵,定昏也。按此因经文以宵别于夜为言。若浑言则宵即夜也。有假宵为小者。学记之宵雅是也。有假宵为肖者。汉志人宵天地之貌是也。"可见,"宵"训作为"夜",《学记》之中有"假宵为小"的用法。从郑玄之后,历代学者对"《宵雅》"的注解大都采用郑说,唯吕祖谦持"宵"之本义,认为"《宵》旧说以宵为小,大抵经书字不当改。古人采诗夜诵,正是《宵雅》肄三之意。夜间从容无事,讽诵吟咏,善端良心油然而生"。同样,在《礼记·缁衣》之中,既有《大雅》也有《小雅》,且《小雅》就写作"小"而不是"宵"(见表1-3)。

表1-3　　　　《学记》《缁衣》的"宵""小"比较

名称	内容
《学记》	《宵雅》肄三,官其始也
《缁衣》	《大雅》曰:"穆穆文王,于缉熙敬止!"
	《小雅》曰:"匪其止共,惟王之邛"

我们可以得出的理解为:第一,《学记》与《缁衣》并非同一作者,所以可以存在用词不统一的情况;第二,"宵"为"小"的注解在许慎《说文解字》的注解之中就已经出现,表明此种用法是可行的。

同样,吕祖谦对于是否"《小雅》之三"就是"《鹿鸣》《四牡》《皇皇者华》"也有不同的看法,"初入学未知为学之方,其心茫然。初无所据，使夜间肄习三章之雅。非独旧说，所谓《鹿鸣》《四牡》《皇皇者华》也。但取雅之三章，讽诵吟咏，此心遂有所据，所谓官其始也"。那么，"《小雅》之三"是否就是确定的三章呢？据《仪礼》中《乡饮酒礼》《燕礼》记载①，"《小雅》之三"就是"《鹿鸣》《四牡》《皇皇者华》"。同样，襄公四年穆叔如晋，所歌《小雅》三篇，也为《乡饮酒礼》和《燕礼》之中所提及的三篇。

我们的理解是，《学记》原文中的《宵雅》就是《小雅》，对于三篇之说赞成郑注孔疏之阐释。同样，吕祖谦所持"取雅之三章"的论断也无可厚非。学习者采诗夜诵，可以不局限于固定的篇目和章节，但如果是因为特殊的用意而有所选择，同样也无可厚非。《学记》原文"《宵雅》肄三"目的在于"官其始也"，而《鹿鸣》《四牡》《皇皇者华》三篇，皆君臣燕乐及相劳苦之歌，《鹿鸣》主于和乐，《四牡》主于君臣，《皇皇者华》主于忠信，习于三者则和乐君臣忠信之道不阙，而可以入官从政，《学记》原文的用意就在于此。所以，"《小雅》之三"就是"《鹿鸣》《四牡》《皇皇者华》"。

3.《学记》与《记》

《礼记》全书共有七处引用《记》②，其中：《曾子问》《文王世子》各一处，《学记》三处，《祭统》二次，具体内容如下（见表1-4）。

表1-4　　　　《礼记》中"《记》"的引用

名称	内容
《曾子问》	《记》曰："君子不夺人之亲，亦不可夺亲也"
《文王世子》	《记》曰："虞、夏、商、周，有师保，有疑丞。设四辅及三公。不必备，唯其人"
《学记》	《记》曰："蛾子时术之"
	《记》曰："凡学，官先事，士先志"
	《记》曰："三王四代唯其师"

---

① 《乡饮酒礼》和《燕礼》都记载，"工歌《鹿鸣》《四牡》《皇皇者华》"。
② 陈澧指出："凡《礼记》所言'记曰'，皆是古有此记也。记之所从来远矣。"[（清）陈澧：《东塾读书记》，上海古籍出版社2012年版，第146页。]

续表

名称	内容
《祭统》	《记》曰："齐者不乐"
	《记》曰："尝之日，发公室，示赏也"

在"三礼"中，《周礼》全书无引用《记》；《仪礼》的《士冠礼》《士昏礼》《乡饮酒礼》《乡射礼》《燕礼》《聘礼》《公食大夫礼》《觐礼》《丧服》《既夕》《士虞礼》《特牲馈食礼》等十二篇后都附录《记》；《礼记》之中除《学记》之外，《丧服小记》《乐记》《杂记》《丧大记》《坊记》《表记》共七篇都以"记"为篇名，而《礼记》本身就是以"记"作为书名。洪业在《礼记引得序》中就曾指出"记无算"，而"所谓记无算者，以其种类多而难计其数也"，具体情况如下。

且立于学官之礼，经也，而汉人亦以"礼记"称之，殆以其书中既有经，复有记，故混合而称之耳。此类上已具述，兹姑略谕其他。案《汉书·艺文志》列《礼》十三家，其中有"记百三十一篇"，原注云："七十子后学者所记也，明云记者，仅此而已，然王氏二十篇"，而后云："王史氏记"；"曲台后仓九篇"，而如淳注曰："行礼射于曲台，后仓为记，故名曰《曲台记》"：是亦皆记也。至于"明堂阴阳三十三篇"，"中庸说二篇"，后人或指其篇章有在今《礼记》中者，是亦记之属欤？又礼家以外，乐家有《乐记》二十三篇，论语家有《孔子三朝》七篇亦此类之记也。略举此数端，已见"礼记"之称甚为广泛矣。①

通过对洪业描述与"记"相关的情况，不难发现确实存在众多以"记"为题名的篇章，所以才会出现《学记》（包括《礼记》篇目）之中引证《记》的情况。因为各种各样的《记》很多，所以就无从考证《学记》之中的《记》的出处和来源。我们可以进行合理推断的就是，《学记》应该就是专门以记述"学"为中心的"记"，至于为何《礼记》

---

① 洪业等：《礼记引得》，上海古籍出版社1983年版，第20页。

之中会有专门记述"学"的篇章，借用芮城对《学记》的评价来说，"此篇记学非记礼，然礼固在焉。家塾党庠州序国学，立学之礼。皮弁祭菜小雅肄三，入学之礼。诏子天子曰无北面，尊师之礼"，立学之礼、入学之礼和尊师之礼就蕴涵在学之中。

4.《学记》与"古之教者"

《学记》原文记述：古之教者，家有塾，党有庠，州有序，国有学。这段话需要厘清指出有二：一是"古之教者"的引证出处？二是"家有塾，党有庠，州有序，国有学"的引证出处？据孔颖达疏解，"古之教者"为"上代"的立学情况，按照《学记》成文①情况来推断应为周代及以前的学校。那么，周代学校的具体发展情况究竟如何呢？

第一，黄绍箕、柳诒徵在《中国教育史》一书之中，"就根据这段话（注：即《学记》中的这段话），按照《周礼》关于乡遂制度的传说，作了一个西周学校的设计，单是王畿（周王直接统治的地区）之内的'乡学'就有'庠'12所，'序'360所，'塾'12000所，共12372所"②，这样的推断在当时的社会条件下显然是存在问题的③。

第二，毛礼锐、沈灌群主编的《中国教育通史》（第一卷）书中，认为西周学校可分为两类、两级。两类是国学和乡学，其中国学又分为大学和小学两级。其中：根据《周礼》等相关文献及金文考证，周天子大学设有五学——中"辟雍"、南"成均"、北"上庠"、东"东序"、西"瞽宗"，西周天子大学又统称之为辟雍。此外大学还有学宫之称，据考释明堂与辟雍为同事异名，故说"明堂为大教之宫"，亦即大学之所在。诸侯所设大学仅有一所，即泮宫。西周国学中还设有小学，《礼记·王制》及青铜器铭文有设学的具体记载。

在西周，国学之外还有乡学，乡学为地方学校，按地方行政区划设立，地方区域的大小不等，设学也有不同名称，塾、庠、序、校等就是地方学校的名称。至于地方乡学的设置情况，各类文献的记载各

---

① 本书认为《学记》为思孟学派的作品，成于战国时期。
② 张瑞璠：《中国教育史研究》（先秦分卷），华东师范大学出版社1991年版，第18页。
③ 孙培青、杜成宪主编《中国教育史》书中指出，"有人认为，周代按行政组织已有普及的学校网。这种说法是把周代的教育制度过分美化，值得怀疑。"（孙培青、杜成宪：《中国教育史》，华东师范大学出版社2009年版，第21页。）

不相同。据《周礼》记载，西周实行六乡六遂的建制，乡地处王城和诸侯国都的近郊，设六乡（包括家、比、闾、族、党、州等六级建制）；遂地处远郊，设六遂（包括家、邻、里、酇、鄙、县等六级建制）。依据文献资料推断，六遂之中设学立教缺乏历史根据①。所以，西周只有六乡之中设有学校，因乡的六级建制不同，故学校的等级和名称又各不相同。

根据西周设学的具体情况，顾树森的《中国历代教育制度》和王炳照等编的《简明中国教育史》，制成西周学校系统表如下：

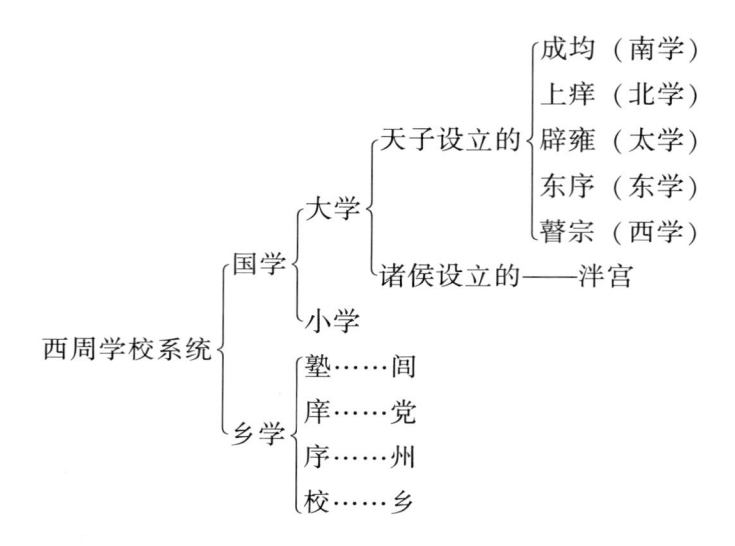

$$
\text{西周学校系统}\begin{cases}\text{国学}\begin{cases}\text{大学}\begin{cases}\text{天子设立的}\begin{cases}\text{成均（南学）}\\\text{上庠（北学）}\\\text{辟雍（太学）}\\\text{东序（东学）}\\\text{瞽宗（西学）}\end{cases}\\\text{诸侯设立的——泮宫}\end{cases}\\\text{小学}\end{cases}\\\text{乡学}\begin{cases}\text{塾……闾}\\\text{庠……党}\\\text{序……州}\\\text{校……乡}\end{cases}\end{cases}
$$

通过对《中国教育史》的分析，我们可以得出结论：第一，《学记》中所引用的"古之教者"，应该以西周的学校教育为主；第二，《学记》之中引用的"家有塾，党有庠，州有序，国有学"的设学情况，在以《周礼》为主的相关文献及现今出土的相关资料中，可以推论出关于西周设学的基本信息，西周学校系统表也可依据相关资料进行描述；第三，西周乡学按照行政建制所设立的各级学校，其具体学校名称有待进一步考证，部分学校名称还存在争议；第四，西周的六遂之中应该没有设置相应的学校，西周地方学校为六乡之中的乡学。

---

① 古籍中"遂"的各级官吏以督促农事为务，未提及设学立教之事，这表明"遂"无学校。

(二) 先秦诸子思想对《学记》文本内容的间接引证

《学记》文本生成于先秦时期以"学"为中心的教育话语体系之中，从广义层面上来讲包括儒家、道家、墨家等诸子百家的思想文化，在百家争鸣的思想文化交流与碰撞的大时代，彼此之间必然会产生相互交流和影响，从而形成基于时代文化共识且具有学派特征的学术流派。因此，《学记》文本之中既可以看到儒家学派的思想传承和创新，又可以寻找到其他学派思想的文化身影。高时良在《学记研究》[①]之中，就对《学记》文本内容与相关学派著述的文本内容进行对比分析，为我们更为深入地理解先秦时期的思想文化交流，以及更为系统地解读《学记》文本提供了必要的思想基础。

1.《曾子立事》与《学记》

正如罗焌在《诸子学述》中认为，"然自尼山既颓，儒分为八，思、孟、乐正三氏，皆出曾门，则当日教学之法，有可述焉"[②]，《曾子立事》之中就存在与《学记》文本观点相似且互为表里的主要段落（见表1-5）。

表1-5　　　　《曾子立事》与《学记》的对比

《学记》	《曾子立事》
时教必有正业，退息必有居学。	日旦就业，夕而自省思
博习亲师	君子既学之，患其不博也；既博之，患其不习也
时过然后学，则勤苦而难成。	三十四十之间而无艺，即无艺矣，五十而不以善闻矣
论学取友	能取朋友者，亦能取所予从政者矣
道而弗牵	导之以道而勿强也
记问之学，不足以为人师，必也其听语乎。力不能问，然后语之，语之而不知，虽舍之可也	君子学必由其业，问必以其序。问而不决，承间观色而复之，虽不说，亦不强争也
善问者如攻坚木，先其易者，后其节目	君子疑则不言，未问则不言，两问则不行其难者

---

① 高时良：《学记研究》，人民教育出版社2006年版，第31—38页。
② 罗焌：《诸子学述》，华东师范大学出版社2008年版，第130页。

2.《孟子》《荀子》与《学记》

《孟子》与《荀子》文本之中，存在与《学记》文本相关语段在言语表达习惯和思维运作方式的方面互为表里的内容（见表1-6）。

表1-6　　　　　　　　《孟子》与《学记》的对比

《学记》	《孟子》
教然后知困	人之患在好为人师（《离娄上》）
学不躐等也	助之长者，揠苗者也，非徒无益，而又害之。（《公孙丑上》）
不陵节而施之谓孙	盈科而后进（《离娄下》）
言及于数……其去也必速	其进锐者其退速（《尽心上》）
当其可之谓时	有如时雨化之者（《尽心上》）
道而弗牵，强而弗抑，开而弗达。	君子引而不发，跃如也（《尽心上》） 君子深造之以道，欲其自得之也（《离娄下》）
其言也，约而达，微而臧，罕譬而喻	言近而旨远者，善言也；守约而施博者，善道也（《尽心下》）
语之而不知，虽舍之可也。	予不屑之教诲也者，是亦教诲之而已矣（《告子章句下》）

《荀子》与《学记》文本内容互为表里的主要段落（见表1-7）。

表1-7　　　　　　　　《荀子》与《学记》的对比

《学记》	《荀子》
玉不琢，不成器；人不学，不知道	人之于文学也，犹玉之于琢磨也。（《大略》）
故安其学而亲其师，乐其友而信其道	故君子隆师而亲友（《修身》）
当其可之谓时必也其听语乎	不问而告谓之傲，问一而告二谓之囋。傲，非也；囋，非也；君子如向矣。 未可与言而言谓之傲，可与言而不言谓之隐，不观气色而言谓之瞽。故君子不傲、不隐、不瞽，谨顺其身。（《劝学》）
相观而善之谓摩	身日进于仁义而不自知也者，靡使然也（《性恶》）
道而弗牵	导之以道而勿强（《大略》）
时过然后学，则勤苦而难成	少不讽诵，壮不论议，虽可，未成也（《大略》）

3.《老子》《墨子》与《学记》

儒墨之间虽至道取向不尽相同,但在论述教学方法和思想方式方面,《学记》与《墨子》之间存在思想互补和相互印证的方面。

《学记》文本之中"人之学也,或失则多,或失则寡,或失则易,或失则止。此四者,心之莫同也。知其心,然后能救其失也""当其可之谓时,不陵节而施之谓逊"等,与"夫知者,亦必量力所能至"(《墨子·公孟》)、"子深其深,浅其浅,益其益,尊其尊"(《大取》)等,二者的文本内容或都表达了在教学过程之中,需要结合学习者自身的情况量力而行。

同样,《老子》文本之中也存在与《学记》文本类似的言语表达和思维方式,"所揭示的'无(亡)'与'有'、'上'与'下'、'前'与'后'、'动'与'静'、'益'与'损'诸范畴的矛盾统一关系,以及说'圣人……行不言之教''企者不立,跨者不行''善行者无辙迹,善言者无暇谪''譬道之在天下也,犹川谷之与江海也'① 等,其在方法论方面对《学记》有何启迪意义,可以进一步研究"②。

4.《礼记》与《学记》

作为《礼记》中的一篇,《学记》与《礼记》中《王制》《文王世子》《内则》《经解》等文本内容之间也存在诸多相互印证的相关内容(见表1-8)。

表1-8 **《礼记》其他篇目与《学记》的对比**

名称	内容
《王制》	天子命之教,然后为学。小学在公宫南之左,大学在郊。天子曰辟雍,诸侯曰泮宫
	乐正崇四术,立四教,顺先王《诗》《书》《礼》《乐》以造士。春秋教以《礼》《乐》,冬夏教以《诗》《书》
	凡入学以齿
	有虞氏养国老于上庠,养庶老于下庠。殷人养国老于右学,养庶老于左学。周人养国老于东郊,养庶老于虞庠,虞庠在国之西郊

---

① 这句话同《学记》的"三王之祭川也,皆先河而后海,或源也,或委也,此之谓务本"的思路是一致的。

② 高时良:《学记研究》,人民教育出版社2006年版,第37页。

续表

名称	内容
《文王世子》	凡学世子及学士，必时。春夏学干戈，秋冬学羽籥，皆于东序。小乐正学干，大胥赞之；籥师学戈，籥师丞赞之。胥鼓《南》。春诵夏弦，大师诏之。瞽宗秋学礼，执礼者诏之。冬读《书》，典书者诏之。礼在瞽宗，《书》在上庠
	凡学，春官释奠于其先师，秋、冬亦如之。凡始立学者，必释奠于先圣先师，及行事必以币。凡释奠者，必有合也，有国故则否
	凡三王教世子必以礼乐。乐所以修内也，礼所以修外也。礼乐交错于中，发形于外，是故其成也怿，恭敬而温文。立大傅、少傅以养之，欲其知父子、君臣之道也。大傅审父子、君臣之道以示之。少傅奉世子以观大傅之德行而审喻之。大傅在前，少傅在后，入则有保，出则有师，是以教喻而德成也。师也者，教之以事而喻诸德者也。保也者，慎其身以辅翼之，而归诸道者也。《记》曰："虞、夏、商、周，有师保，有疑丞。设四辅及三公。不必备，唯其人。"语使能也。君子曰："德，德成而教尊，教尊而官正，官正而国治，君之谓也"
	庶子之正于公族者，教之以孝弟、睦友、子爱，明父子之义、长幼之序
	天子视学，大昕鼓征，所以警众也。众至，然后天子至，乃命有司行事。兴秩节，祭先师先圣焉。有司卒事反命，始之养也。适东序，释奠于先老，遂设三老、五更、群老之席位焉。适馔省醴，养老之珍具，遂发咏焉；退，修之以孝养也。反，登歌《清庙》；既歌而语，以成之也，言父子、君臣、长幼之道，合德音之致；礼之大者也。下管《象》，舞《大武》，大合众以事，达有神，兴有德也。正君臣之位、贵贱之等焉，而上下之义行矣。有司告以乐阕，王乃命公、侯、伯、子、男及群吏曰："反，养老幼于东序。"终之以仁也
	《世子》之《记》曰："朝夕至于大寝之门外，问于内竖曰：'今日安否何如？'内竖曰：'今日安。'世子乃有喜色。其有不安节，则内竖以告世子，世子色忧不满容；内竖言'复初'，然后亦复初。朝夕之食上，世子必在视寒暖之节；食下，问所膳，羞必知所进，以命膳宰，然后退。若内竖言疾，则世子亲齐、玄而养。膳宰之馔，必敬视之；疾之药，必亲尝之。尝馔善，则世子亦能食；尝馔寡，世子亦不能饱；以至于复初，然后亦复初"
《内则》	子能食食，教以右手；能言，男"唯"女"俞"；男鞶革，女鞶丝。六年，教之数与方名。七年，男女不同席，不共食。八年，出入门户及即席饮食，必后长者；始教之让。九年，教之数日。十年，出就外傅，居宿于外，学书计；衣不帛襦裤；礼帅初，朝夕学幼仪，请肄简、谅。十有三年，学乐诵《诗》，舞《勺》。成童，舞《象》，学射御。二十而冠，始学礼，可以衣裘帛，舞《大夏》，惇行孝弟，博学不教，内而不出。三十而有室，始理男事，博学无方，孙友视志。四十始仕，方物出谋发虑，道合则服从，不可则去。五十命为大夫，服官政。七十致事
《经解》	孔子曰："入其国，其教可知也。其为人也温柔敦厚，《诗》教也；疏通知远，《书》教也；广博易良，《乐》教也；洁静精微，《易》教也；恭俭庄敬，《礼》教也；属辞比事，《春秋》教也。故《诗》之失，愚；《书》之失，诬；《乐》之失，奢；《易》之失，贼；《礼》之失，烦；《春秋》之失，乱。其为人也，温柔敦厚而不愚，则深于《诗》者也；疏通知远而不诬，则深于《书》者也；广博易良而不奢，则深于《乐》者也；洁静精微而不贼，则深于《易》者也；恭俭庄敬而不烦，则深于《礼》者也；属辞比事而不乱，则深于《春秋》者也"

（三）《大学》《中庸》对《学记》文本内容的学理引证

程颐曾指出，"《礼记》除《中庸》《大学》，惟《学记》最近道"；戴溪则认为，"《学记》之论，由末以造本；《大学》之论，自本以末，其为教则一也"。《大学》《中庸》与《学记》同作为《礼记》之中的重要篇章，特别是《大学》与《中庸》作为《四书》的重要组成部分，体现了先秦时期乃至中国古代思想文化发展的一个高峰。《学记》与《大学》和《中庸》虽因文本内容不同而导致对儒家之道的阐释方式各异，但是它们所要论证和践行的儒家之道却互为因果、相辅相成。

1. 《大学》对《学记》文本内容的学理引证

《大学》是儒家学者论述大学教育的一篇论文，它注重阐明"大学之道"——大学教育的纲领，被认为是与论述大学教育之法的《学记》互为表里之作。

《学记》文本之中直接提及"大学之道"的语段为：

> 比年入学，中年考校：一年视离经辨志，三年视敬业乐群，五年视博习亲师，七年视论学取友，谓之小成。九年知类通达，强立而不反，谓之大成。夫然后足以化民易俗，近者说服而远者怀之。此大学之道也。

陈澧在《东塾读书记》中指出："《大学》篇首云'大学之道'，《学记》亦云'此大学之道也'，可见《学记》与《大学》相发明，知类通达，物格知至也。强立不反，意诚心正，身修也。化民易俗，近者说服，远者怀之，家齐国治天下平也。其离经辨志、敬业乐群、博习亲师、论学取友，则格物致知之事也。分其年，定其课，使学者可以遵循，后世教士当以此为法。夫七年可以小成，九年可以大成。有志于学者，当无不乐而从之。若以此为法，学术由此而盛，人才由此而出矣"[1]。郭沫若在其《十批判书》之中[2]，也采纳陈澧关于《学记》中"大学之

---

[1] （清）陈澧：《东塾读书记》，上海古籍出版社2012年版，第159页。
[2] 郭沫若的论述为："'离经辨志，敬业乐群，博习亲师，论学取友'，便是'格物'，都是有所假于外物的。'知类通达'，便是'物格而知至'。'强立而不反'，便是'知至而意诚，意诚而心正'。这些是'修身'的事。'化民成俗，近者悦服，而远者怀之'，便是'齐家、治国、平天下'的事了。这样和《大学》的'大学之道'相印证，于是'格物'的意义也就更加明了了。"（郭沫若：《十批判书》，科学出版社1956年版，第138页。）

道"的诠释。《大学》的"八条目"是实现"三纲领"的具体步骤，《学记》中的"小成"和"大成"可被视作"八条目"在学校领域中的具体步骤。"八条目"是为"三纲领"服务的，同样"小成"和"大成"就是为"化民成俗，其必由学"、"建国君民，教学为先"服务的。"化民成俗，其必由学"就是《大学》中"三纲领"的具体化，其"学"就是《大学》之中明德新民之事。

《学记》在文末重申"为学务本"的思想，"三王之祭川也，皆先河而后海，或源也，或委也，此之谓务本"，与《大学》中所倡导"物有本末，事有终始，知所先后，则近道矣"有异曲同工之妙。朱熹对此注解为，"明德为本，新民为末。知止为始，能得为终。本始所先，末终所后"，就是对《大学》中"知止而后有定，定而后能静，静而后能安，安而后能虑，虑而后能得"的回应。可见，《学记》以学所践之道，就是《大学》之道，就是《大学》之道在具体学校教育中的贯彻和实现。

2.《中庸》对《学记》文本内容的学理引证

《中庸》主要阐述先秦儒家的人生哲学和修养问题，提出了"中庸之道"，与《大学》互为阐发，"《中庸》的基本精神与《大学》是一致的，即要求从人的天赋善性出发，借助学习与修养，充分发挥这种本性，又进而由己及人，推行于天下，即所谓：'知所以修身则知所以治人，知所以治人则知所以治天下国家矣'"[1]。因此，《中庸》与《学记》之间亦互为表里。

《中庸》在开篇所言："天命之谓性，率性之谓道，修道之谓教"。天所赋予人的就叫做性，循性而行就叫做道，修治此道就叫做教，人的善性的真正保存和发扬有待于教育的作用，即性待教而成。朱熹在《中庸章句》中认为，"盖人之所以为人，道之所以为道，圣人之所为教，原其所自，无一不本于天而备于我。学者知之，则其于学知所用力而自不能已矣。故子思于此首发明之，读者所宜深体而默识也"，道需学而得。道虽源于人之天性，但是需要通过后天的学习才能掌握。《学记》中"玉不琢，不成器；人不学，不知道"，就内含《中庸》"天命之谓性，率性之谓道，修道之谓教"的性与教/学、道与教/学之间的辩证关系。

《学记》之中所体现的"大学之道"，与《大学》中的"三纲领"

---

[1] 孙培青、杜成宪：《中国教育史》，华东师范大学出版社2009年版，第95—96页。

第一章 郑注与孔疏：《学记》教育范畴的辨析厘定

和"八条目"之间存在互为表里的关系。《中庸》之中"博学、审问、慎思、明辨、笃行"与"尊贤、亲亲、敬大臣、体群臣、子庶民、来百工、柔远人、怀诸侯"，与《大学》"三纲领"之间同样存在互为表里的关系。杭海槎在《小戴记学庸二篇互证说》①一文中，就通过对《大学》和《中庸》之间的相互对比，得出了《大学》和《中庸》相互印证、互为表里的学术结论，并制成二者之间相互印证的系统表。

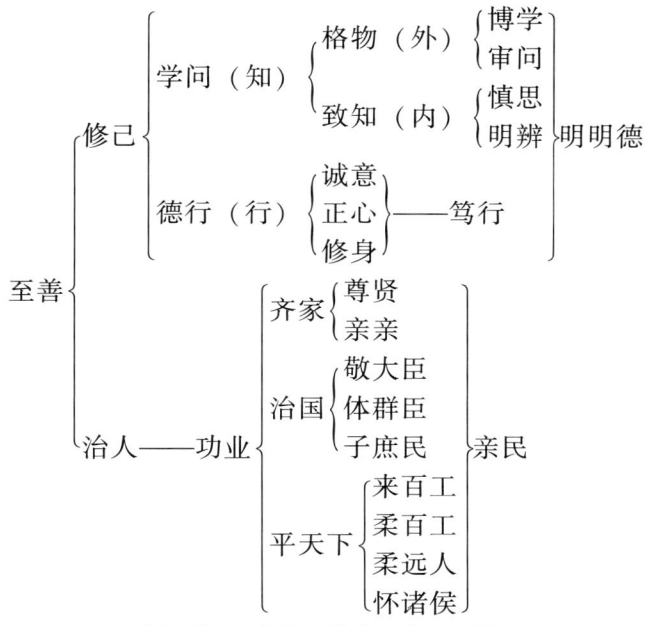

$$
至善\begin{cases}修己\begin{cases}学问（知）\begin{cases}格物（外）\begin{cases}博学\\审问\end{cases}\\致知（内）\begin{cases}慎思\\明辨\end{cases}\end{cases}明明德\\德行（行）\begin{cases}诚意\\正心\\修身\end{cases}——笃行\end{cases}\\治人——功业\begin{cases}齐家\begin{cases}尊贤\\亲亲\end{cases}\\治国\begin{cases}敬大臣\\体群臣\\子庶民\end{cases}亲民\\平天下\begin{cases}来百工\\柔百工\\柔远人\\怀诸侯\end{cases}\end{cases}\end{cases}
$$

杭海槎：《小戴记学庸二篇互正说》

《学记》文本之中："发虑宪，求善良，足以謏闻，不足以动众。就贤体远，足以动众，不足以化民"，"夫然后足以化民成俗，近者说服而远者怀之"的思想，既体现了《大学》和《中庸》中所论证的"大学之道"，又折射了《中庸》之中"诚"与"化"两大范畴对其思想的影响。"《学记》开宗明义地说：'发虑宪'，即以'诚'这个思孟哲学本体论作为它的指导思想"②，而无论是"化民成俗"还是"化民易俗"都是"化"范畴的体现和应用，"唯天下至诚，为能尽其性；能尽其性，

---

① 杭海槎：《小戴记学庸二篇互证说》，《国学丛刊》1924年第2期。
② 高时良：《中国古代教育史纲》，人民教育出版社2003年版，第122页。

则能尽人之性；能尽人之性，则能尽物之性；能尽物之性，则可以赞天地之化育；可以赞天地之化育，则可以与天地参矣。其次致曲，曲能有诚，诚则形，形则著，著则明，明则动，动则变，变则化，唯天下至诚为能化"，"诚"与"化"之间的关系明矣。

第二节 《学记》教育范畴的文本阐释

《学记》教育范畴的文本阐释，就是在对《学记》文本本身进行核定的基础之上，通过对《学记》文本的解读来剖析其中所蕴涵的教育范畴。首先，《学记》作为《礼记》中的重要篇章，《礼记》版本自身的历史发展情况必然会关涉到《学记》版本的变化，对《礼记》版本的梳理就是为核定《学记》版本；其次，近代社会以来学术界出现了《学记》单行本，对《学记》单行本版本情况的梳理与考证，就是为了在考察《学记》单行本的版本及注释研究演变的基础之上，深入理解《学记》单行本的近代历史变迁；最后，在对不同历史阶段《学记》文本进行核定的基础之上，依据核定的《学记》文本进行文本研读，以此来确定《学记》教育范畴。

一 《学记》教育文本的核定

《学记》教育文本涉及两个方面的内容：《学记》版本的核定和《学记》文本的核定。其中：《学记》版本的核定包括对《礼记·学记》版本的核定和《学记》单行版本的核定，《学记》文本的核定就是对《学记》文本内容自身的核定。

（一）《学记》版本的核定

1. 《礼记·学记》版本的核定

我们以朱彝尊的《经义考》和王锷的《三礼研究论著提要》为文本标准，在对《礼记·学记》版本进行文献梳理的基础之上，对《礼记》语境下的《学记》各类版本进行核定。

（1）《经义考》与《礼记·学记》存佚情况的核定

清朱彝尊《经义考》卷一百三十八至卷一百六十二，主要考证《礼记》历代经义的存佚情况，并对历代《礼记》注释研究进行简要介绍。

我们试从中择取出《礼记》历代代表性注释版本，并对其存佚情况进行标记（见表1-9）。

表1-9 《礼记》历代代表性注释版本

朝代	作者	著作名称	存佚情况
汉	庆 普	礼记	佚
	曹 充	礼章句辩难	佚
	曹 褒	礼通义十二篇	佚
	戴 圣	礼记二十卷	存
	桥 仁	礼记章句四十九篇	佚
	高 诱	礼记注	佚
	郑 玄	礼记注二十卷	存
	卢 植	礼记注十卷	佚
魏	王 肃	礼记注三十卷	佚
	孙 炎	礼记注三十卷	佚
	郑小同	礼义四卷	佚
	杜 宽	删集礼记	佚
（南朝）宋	雷 肃	礼记义疏三卷	佚
	庾蔚之	礼记略解十卷	佚
	叶 遵	礼记注十二卷	佚
	贺 玚	礼记新义疏二十卷	佚
	皇 侃	礼记义疏九十九卷	佚
	沈 重	礼记义疏四十卷	佚
	熊安生	礼记义疏四十卷	佚
唐	孔颖达	礼记正义七十卷	存
	魏 征	礼类二十卷	佚
	陆德明	礼记释文四卷	存
	成伯玙	礼记外传四卷	佚
宋	邢 昺	礼选二十卷	佚
	李清臣	论礼二篇	存
	张 载	礼记说三卷	未见
	章望之	礼论一篇	佚

续表

朝代	作者	著作名称	存佚情况
宋	刘 彝	礼记中义四十卷	佚
	李格非	礼记精义十六卷	未见
	王安石	礼记发明一卷	未见
	周 谞	礼记解十七篇	未见
	陈祥道	礼记讲义二十四卷	未见
	陈 旸	礼记解义十卷	佚
	方 悫	礼记解二十卷	未见
	马晞孟	礼记解七十卷	未见
	吕大临	芸阁礼记解十卷	未见
	陆 佃	礼记解四十卷	佚
	叶梦得	礼记解	未见
	李 夔	礼记义十卷	佚
	胡 铨	礼记传十八卷	佚
	陈长方	礼记传	佚
	刘 懋	礼记集说	佚
	夏 休	破礼记二十卷	未见
	辅 广	礼记解	未见
	应 镛	礼记纂义二十卷	未见
	魏了翁	礼记要义三十三卷	未见
	卫 湜	礼记集说一百六十卷	存
	范 钟	礼记解	佚
	黄 震	读礼记日抄十六卷	存
元	吴 澄	礼记纂言三十六卷	存
	陈 澔	礼记集说三十卷	存
	连伯聪	礼记集传十六卷	存
明	胡广等	礼记大全三十卷	存
	张孚敬	礼记章句八卷	存
	戴 冠	礼记集说辨疑一卷	存
	黄乾行	礼记日录四十九卷	存
	徐师曾	礼记集注三十卷	存
	姚舜牧	礼记疑问十二卷	存
	郝 敬	礼记通解二十二卷	存
	刘宗周	礼经考次十八卷	存
	王翼明	礼记补注三十卷	存

第一章 郑注与孔疏：《学记》教育范畴的辨析厘定

续表

朝代	作者	著作名称	存佚情况
清	万斯大	学礼质疑 礼记偶笺	存
	万斯同	读礼附录一卷	存
	纳兰性德	陈氏礼记集说补正	存

我们通过对《经义考》所记载的关于《礼记》代表性注释版本情况的梳理，不难发现：第一，受作者生平年代的限制，《经义考》存目之中所收集的《礼记》注释目录截止到纳兰性德；第二，受作者生平时代的制约，《经义考》存目中所罗列出存佚情况为"佚"的部分书籍，在其它历史相关文献之中仍有部分保存。如荆公新学部分门人关于《礼记》的注释，在卫湜《礼记集说》之中就有较为完整的保存。

（2）《三礼研究论著提要》与《礼记·学记》版本的核定

王锷在《三礼研究论著提要》中指出①：

> 自东汉学者马融、卢植、郑玄为《小戴记》做"注"后，《礼记》逐渐为人们所接受和传习，并与《周礼》《仪礼》并称"三礼"。魏晋南北朝时期，王肃、孙炎、刘世明等人先后为《礼记》作注，沈重、熊安生、皇侃作"义疏"。

（著者注：上述或注或义疏，留存最为完整的就是郑玄《礼记注》。）

> 孔颖达等敕修《礼记正义》，亦宗郑玄《注》，以皇侃书为主，熊安生为辅，遵循疏不破注的原则，故不免有附会之处。然《礼记》从汉代到唐，都以郑玄《注》为中心。

（著者注：汉唐时期，郑注孔疏就成为研究《礼记》的主要注疏版本。）

> 宋儒治《礼记》者，卫湜《礼记集说》最佳，其采撷各家经说凡一百四十四家，颇称该博，卫湜以前诸儒之说《礼记》者，今日犹可考见，皆赖此书之存。

（著者注：卫湜《礼记集说》是考证宋代《礼记》注释的最佳

---

① 王锷：《三礼研究论著提要》，甘肃教育出版社2001年版，第231页。

版本。)

　　元吴澄作《礼记纂言》，重定篇章，颇有伦次；陈澔撰《礼记集说》，务求浅显，简便易学。明永乐中，胡广等敕修《礼记大全》，废弃郑《注》，袭用陈氏《集说》，古义遂荒，郑《注》几乎无人问津。

　　（著者注：吴澄《礼记纂言》和陈澔《礼记集说》可以被视作元明时期《礼记》诠释的代表之作。）

　　清代汉学以考证为主，《礼记》的研究虽不及《周礼》《仪礼》之盛，但也出现了一些佳作，如纳喇性德的《陈氏礼记集说补正》、张廷玉等的《日讲礼记解义》、汪永的《礼记训义择言》、杭世骏的《礼记集说》、汪绂的《礼记章句》、孙希旦的《礼记集解》、朱彬的《礼记训纂》、郭嵩焘的《礼记质疑》等书。

　　（著者注：清代采集最为翔实的为杭世骏的《礼记集说》，孙希旦的《礼记集解》和朱彬的《礼记训纂》，参考广博、考释详备。）

　　我们在对《三礼研究论著提要》之中关于《礼记》历代注释的整体情况进行文本分析的基础之上，主要选取郑玄的《礼记注》、孔颖达等的《礼记正义》、卫湜的《礼记集说》、吴澄的《礼记纂言》、陈澔的《礼记集说》、杭世骏的《礼记集说》、孙希旦的《礼记集解》、朱彬的《礼记训纂》等进行版本情况的梳理。

　　郑玄的《礼记注》有未附或附录唐陆德明《释文》的两种《礼记注》版本。其中，未附《释文》的版本有各种类型的宋刻本、明刻本、清刻本、日刻本和影印本，附《释文》的版本有宋刻本、元刻本、明刻本、清刻本等。孔颖达等的《礼记正义》有古卷子本、《四部丛刊三编》本、嘉业堂影印本、日本影印古抄本、抄本、北宋刻本等。郑注孔疏合刊的《礼记正义》有未附和附陆德明《释文》的两种《礼记注》版本。其中，未附《释文》的版本有宋元递修本、宋刻本，附《释文》的版本有南宋刻元明递修本、宋刻本、明刻本、清刻本、《四库全书》本等。我们现今最常使用的版本就是合刊且附有《释文》的版本，本研究所采用的版本为：①影印南宋越刊八行本礼记正义，全三册，北京：北京大学出版社2014年版；②四部要籍选刊（传古楼影印本），阮刻礼记注

第一章 郑注与孔疏：《学记》教育范畴的辨析厘定

疏，杭州：浙江大学出版社 2015 年版。

卫湜的《礼记集说》主要有宋刻本、《通志堂经解》本、《四库全书》本、《四库全书荟要》本、明抄本等。本研究所使用的版本为：摛藻堂《钦定四库全书荟要》影印版：《礼记集说》，长春：吉林出版集团有限责任公司 2005 年版。

吴澄的《礼记纂言》主要存在元刻本、明刻本和《四库全书》本。本研究所采用的版本为：《钦定四库全书·经部》（第 121 册）影印"文渊阁宝"《礼记纂言》，上海：上海古籍出版社 1987 年版。

陈澔的《礼记集说》共有 16 卷、10 卷和 30 卷三种不同的版本，本研究所采用的为《钦定四库全书·经部》（第 121 册）影印"文渊阁宝"《陈氏礼记集说》，上海：上海古籍出版社 1987 年版。

杭世骏的《礼记集说》（《续卫氏礼记集说》）主要有清光绪刻本、影印本和抄本，本研究所采用的版本为：浙江书局，光绪甲辰（1904 年）本。

孙希旦的《礼记集解》主要为不同年代的清刻本，本研究所采用的版本为：《十三经清人注疏》，沈啸寰、王星贤点校，北京：中华书局 1989 年版。

朱彬的《礼记训纂》主要为清咸丰刻本、《四库备要》本和点校本，本研究所采用的版本为：《十三经清人注疏》，饶钦农点校，北京：中华书局 1996 年版。

我们对于以上八种《礼记》注释版本情况的简要梳理，是为了进一步厘清本研究所采用《礼记》注释版本的基本情况，至于研究之中还会涉及其他著者的《礼记》注释版本，会在行文之中给予标注和说明。同样，《三礼研究论著提要》之中所呈现的是从汉代至今的关于《礼记》注释研究的几乎所有著作，并详细呈现不同版本的现存情况，为本研究采纳代表性《学记》注释著作提供了必要的史料支撑。

2.《学记》单行本版本的核定

近代社会以来，以西学为载体的西方学术术语和研究范式的传入，为近代学者研究中国古代传统文化提供了新方法和新范畴。近代知识分子试图在挖掘传统文化中所包含的近代文化因子的过程中，寻求中国传统文化的立足之地以及中西文化之间的共性，并以此为文化基础来探寻适应近代社会的学术话语体系。刘光蕡（古愚）之《学记臆解》，就是近代知识分子利用传统文化经典来构建近代学术话语体系的尝试。近代社会以来，《学记》之单行注释版本如表 1 – 10 所示。

表 1 – 10　　　　　　近代以来《学记》的单行注释版本

年代	作者	著作名称
1895	刘光蕡	学记臆解
1913	王树柟	学记笺证
1918	姚明辉	学记集义训俗
1943	杜明通	学记考释
1957	顾树森	学记今译
1957	傅任敢	学记译述
1975		《学记》批注
1981	许椿生	学习祖国珍贵的教育遗产——《学记》
1982	高时良	学记评注
1984	刘　震	学记释义
1992	张国光	《学记》新讲
2005	高时良	学记研究

上述《学记》注释研究著作就是近代社会以来，具有代表性的《学记》单行本研究。近代社会以来，关于《学记》研究大多集中在教育学科领域，虽然也存在《礼记》整体研究之中的《学记》注释性研究，但是《学记》因其特殊的文本性质而更加受到教育学者的持续关注，尤其是从教育学科的整体建构层面来重视关于《学记》的研究。

（二）《学记》文本的核定

我们在对《礼记·学记》或《学记》注释研究版本进行考证的基础之上，需要进一步就《学记》文本内容自身进行核定。本研究所选用的《学记》文本为，清阮元校刻本——《阮刻礼记注疏》，全文内容如下[①]。

---

① 全文十七节的划分，依据十三经注疏《礼记正义》附录的《礼记注疏卷三十六校勘记》。

第一章 郑注与孔疏:《学记》教育范畴的辨析厘定

第一节 发虑宪节

发虑宪,求善良,足以謏闻,不足以动众。就贤体远,足以动众,未足以化民。君子如欲化民成俗,其必由学乎!

第二节 玉不琢节

玉不琢,不成器;人不学,不知道。是故古之王者,建国君民,教学为先。《兑命》曰:"念终始典于学",其此之谓乎!虽有嘉肴,弗食不知其旨也;虽有至道,弗学不知其善也。是故学然后知不足,教然后知困。知不足,然后能自反也;知困,然后能自强也。故曰:教学相长也。《兑命》曰:"学学半",其此之谓乎!

第三节 古之教者节

古之教者,家有塾,党有庠,术有序,国有学。比年入学,中年考校:一年视离经辨志,三年视敬业乐群,五年视博习亲师,七年视论学取友,谓之小成。九年知类通达,强立而不反,谓之大成。夫然后足以化民易俗,近者说服而远者怀之。此大学之道也。《记》曰:"蛾子时术之",其此之谓乎!

第四节 大学始教节

大学始教,皮弁祭菜,示敬道也。《宵雅》肄三,官其始也。入学鼓箧,孙其业也。夏楚二物,收其威也。未卜禘不视学,游其志也。时观而弗语,存其心也。幼者听而弗问,学不躐等也。此七者,教之大伦也。《记》曰:"凡学,官先事,士先志",其此之谓乎!

第五节 大学之教也节

大学之教也,时教必有正业,退息必有居学。不学操缦,不能安弦;不学博依,不能安《诗》;不学杂服,不能安礼。不兴其艺,不能乐学。故君子之于学也,藏焉,修焉,息焉,游焉。夫然,故安其学而亲其师,乐其友而信其道,是以虽离师辅而不反(也)。《兑命》曰:"敬孙务时敏,厥修乃来",其此之谓乎!(据《校勘记》载:阮刻本和闽监毛本无"也"字,其余版本监有"也"字,本研究加"也"字。)

第六节 今之教者节

今之教者,呻其占毕,多其讯,言及于数,进而不顾其安,使

— 57 —

人不由其诚，教人不尽其材，其施之也悖，其求之也佛。夫然，故隐其学而疾其师，苦其难而不知其益也。虽终其业，其去之必速。教之不刑，其此之由乎！

第七节　大学之法节

大学之法，禁于未发之谓豫，当其可之谓时，不陵节而施之谓孙，相观而善之谓摩。此四者，教之所由兴也。

第八节　发然后禁节

发然后禁，则扞格而不胜；时过然后学，则勤苦而难成；杂施而不孙，则坏乱而不修；独学而无友，则孤陋而寡闻。燕朋逆其师，燕辟废其学。此六者，教之所由废也。

第九节　君子既知教之所由兴节

君子既知教之所由兴，又知教之所由废，然后可以为人师也。故君子之教，喻也：道而弗牵，强而弗抑，开而弗达。道而弗牵则和，强而弗抑则易，开而弗达则思。和、易、以思，可谓善喻矣。学者有四失，教者必知之。人之学也，或失则多，或失则寡，或失则易，或失则止。此四者，心之莫同也。知其心，然后能救其失也。教也者，长善而救其失者也。

第十节　善歌者节

善歌者，使人继其声。善教者，使人继其志。其言也，约而达，微而臧，罕譬而喻，可谓继志矣。

第十一节　君子知至学之难易节

君子知至学之难易，而知其美恶，然后能博喻；能博喻，然后能为师；能为师，然后能为长；能为长，然后能为君。故师也者所以学为君也。是故择师不可不慎也。《记》曰："三王四代唯其师"，（其）此之谓乎！

第十二节　凡学之道节

凡学之道，严师为难。师严然后道尊，道尊然后民知敬学。是故君之所不臣于其臣者二：当其为尸，则弗臣也；当其为师，则弗臣也。大学之礼，虽诏于天子无北面，所以尊师也。

第十三节　善学者节

善学者，师逸而功倍，又从而庸之。不善学者，师勤而功半，又从而怨之。善问者如攻坚木，先其易者，后其节目，及其久也，相说以解。不善问者反此。善待问者如撞钟，叩之以小者则小鸣，叩之以大者则大鸣，待其从容，然后尽其声。不善答问者反此。此皆进学之道也。

第十四节　记问之学节

记问之学，不足以为人师，必也其听语乎。力不能问，然后语之，语之而不知，虽舍之可也。

第十五节　良冶之子节

良冶之子，必学为裘；良弓之子，必学为箕；始驾马者反之，车在马前。君子察于此三者，可以有志于学矣。

第十六节　古之学者节

古之学者，比物丑类。鼓无当于五声，五声弗得不和；水无当于五色，五色弗得不章；学无当于五官，五官弗得不治；师无当于五服，五服弗得不亲。

第十七节　君子曰节

君子（曰）：大德不官，大道不器，大信不约，大时不齐。察于此四者，可以有志于本（或学）矣。三王之祭川也，皆先河而后海，或源也，或委也，此之谓务本。（①《礼记》郑氏注、孔颖达疏的阮刻版本为学字，《钦定四库全书荟要》版本为本字；②其余注释版本都为本字。）

遵照《学记》校勘记《附释音礼记注疏卷第三十六·学记第十八》中所划分的具体节数，在摘录《学记》原文的基础之上依据刻者本意把其分为十七节。

第一，依据阮刻本，《学记》文本字数为：1226 字；如果加上"也"字和"曰"字，则为 1228 字；如果加上"其"字，则为 1229 字。①

---

① 《礼记》版本中大部分版本为 1228 字（高时良《学记评注》以及《学记研究》为 1228 字）；古代最早出现 1229 字的《学记》版本为陈澔《礼记集说》；此后古代胡广《礼记大全》、郝敬《礼记通解》、江兆锡《礼记章义》、朱彬《礼记训纂》；近代刘古愚《学记臆解》、傅任敢《学记译述》、刘震《学记释义》、杜明通《学记考释》等；现代王道俊、王汉澜《教育学》，陈元晖《中国教育学史遗稿》，张瑞璠《中国教育史研究》（先秦分卷）采用 1229 字版本。

所以,《学记》全文就存在：1226、1228、1229 三个版本,虽然不影响后人对《学记》的阅读和研究,但是我们有必要对其具体情况进行考证说明。

第二,阮刻《学记》文本并无详细句读,历代学者在各段落的断句之中,存在争议的地方有二：一是："大学之教也,时教必有正业,退息必有居学。不学操缦。不能安弦；不学博依,不能安诗；不学杂服,不能安礼；不兴其艺,不能乐学。"阮刻本的断句为："大学之教也时,教必有正业,退息必有居。学,不学操缦","时"字、"居"字句绝。二是："多其讯言及于数进而不顾其安",存在争议的句绝：是"讯"字还是"言"字句绝,"数"字还是"进"字句绝。

第三,本研究在此部分之中所采用的断句及句读为高时良《学记研究》中的《学记》文本点校,在其它部分研究过程之中,对历代学者断句的具体情况给予一一说明。

二 《学记》教育范畴的文本阐释

《学记》教育范畴的文本阐释包括两个方面的内容：《学记》文本的研读和《学记》教育范畴的文本解读。其中：《学记》文本的研读,主要在于分析古代学者对于《学记》文本本身的整体认识和评价；《学记》教育范畴的文本解读,主要在对文本本身进行学理分析的基础之上,呈现《学记》教育范畴的逻辑体系和系统结构,就范畴体系之间构成关系进行阐释,从而形成本研究之中《学记》教育范畴的主体结构。

（一）《学记》文本的研读

历代学者对《学记》文本的整体认知,主要表现为对《学记》文本的总体评价及对文本各段落的整体认识,本研究试对两个方面的情况进行研究。

1. 《学记》文本的总体评价

从郑玄开始,古代学者对《学记》文本的总体评价如表 1-11 所示。

表 1-11　　　　　　古代学者对《学记》的总体评价

评价者及出处	评价内容
孔颖达：《礼记正义》	按郑目录云,名曰《学记》者,以其记人学教之义,此于别录属通论

第一章 郑注与孔疏:《学记》教育范畴的辨析厘定

续表

评价者及出处	评价内容
程颐:《续礼记集说》（杭世骏）	《礼记》除《中庸》《大学》,惟《学记》最近道
戴溪:《礼记集说》（卫湜）	《学记》之论,由末以造本；《大学》之论,自本以徂末；其为教则一也
朱熹:《续礼记集说》（杭世骏）	此言古者学校教人传道授业之序,与其得失兴废之由,盖兼大小学言之
石梁王氏:《陈氏礼记集说补正》（纳兰性德）	此篇不详言先王学制,与教者学者之法,多是泛论,不如《大学》篇,教是教个甚,学是学个甚
邓元锡:《礼记集说》（郑元庆）	《学记》古成均教学造士之法也。曰,《大学》篇深乎？曰,《大学》言其道,《记》言其法,法非道不尊,道非法不行
芮城:《续礼记集说》（杭世骏）	此篇记学非记礼,然礼固在焉；家塾、党庠、州序、国学,立学之礼；皮弁祭菜,《小雅》肄三,入学之礼；诏于天子曰无北面,尊师之礼
王夫之:《礼记章句》	先王以礼齐民,学为之首,则系学于礼,道莫重焉。故此篇与《经解》《中庸》《儒行》《大学》,戴氏汇记之,以为礼经,亦犹《大戴礼》之有《劝学》诸篇也。此篇之义,与《大学》相为表里,《大学》以发明其所学之道,推之大,析之密,自宋以来,为学者之所服习,而此篇所论亲师敬业,为入学之事,故或以为末,而末及其本,然玩其旨趣,一皆格物致知之实功,为大学始教之切务,则抑末可为末而忽之也
李光坡:《礼记述注》	古人论道纪事之文,皆有所主。《大学》主于修己治人,则论学之条目工夫；此篇主于建学立师,则论教之终始兴废,使学者各作一意志求之,通贯之后,教学者或源或委,则自求之《大学》,志学者亲师取友,则自求之此篇
纳兰性德:《陈氏礼记集说补正》	此篇"家有塾"至"九年大成",详言先王学制也。"大学始教"至"学不躐等",及"时教必有正业,退息必有居学",与"知四者教之所由兴","六者教之所由废",而"长善救失"及"善喻""继志""撞钟""攻木","记问""听语",皆教者之法也。"察于三者,有志于学","察于四者,有志于本",皆学者之法也。岂必与《大学》雷同,然后谓之非泛论乎！且篇中言"大道""至道",言"敬道""信道",言"辨志""先志",言"游志""继志",言"敬业""孙业",亦何尝非所教所学之事？王氏之云不免于诬矣！

续表

评价者及出处	评价内容
姜兆锡：《续礼记集说》（杭世骏）	石渠王氏曰："此篇不详先王学制与教者学者之法，多是泛论，不如《大学》篇教是教个甚，学是学个甚。"愚按此篇义似浅，但塾、庠、序、学，自一年至九年之教；又如"始教"七条，及"时教""退息"之属，正是言学制与教学之法。盖《大学》篇是此篇归宿处，此篇是《大学》篇从入处，义有浅深，而事无同异，未可以朱子独表章《大学》，而遂轻议此篇也
姚际恒：《续礼记集说》（杭世骏）	此亦是当时子书，辑《礼》者以其言学，故采之，义近纯正，所乏精深之致。观篇中托物比兴语，似矜词采，而于圣人之道尚有未契合者。石渠王氏以"泛论"目之，可为有见。后儒但以其篇名言学，便极为推崇，力驳"泛论"二字之非，正未晓其义尔
任启运：《礼记章句》	篇中言大学者六，其及小学止"家有塾"一语，是意固主乎大学也。
汪绂：《礼记或问》	此篇虽不如《大学》实际，然言实纯正无疵，中间言教学之得失，尤施教受学者之所当奉为法戒也
陈澧：《东塾读书记》	《大学》篇首云"大学之道"，《学记》亦云"此大学之道也"，可见《学记》与《大学》相发明，知类通达，物格知至也。强立不反，意诚心正，身修也。化民易俗，近者说服，远者怀之，家齐国治天下平也。其离经辨志、敬业乐群、博习亲师、论学取友，则格物致知之事也。分其年，定其课，使学者可以遵循，后世教士当以此为法。夫七年可以小成，九年可以大成。有志于学者，当无不乐而从之。若以此为法，学术由此而盛，人才由此而出矣

以上关于《学记》文本的总体评价，可以从道—理—法层面形成认识，具体如下。

第一，从道的层面来看：《学记》与《大学》之间互为表里，《学记》论"法"，《大学》论"道"，"法"为践"道"，"道"为"法"旨。

第二，从理的层面来看：《学记》从其实质上来说，就是论述"学教之义"的著作，主要论述关于教者之理和学者之理两个方面的内容。

第三，从法的层面来看：《学记》之"法"，属于方法论层面之法。虽然《学记》篇中论述涉及大学之道、大学始教、大学之教、大学之法，但是从方法论层面来看《学记》之法涵盖"大小学"，可适用于"大小学"。

2.《学记》各段落的整体认知

古代学者对于《学记》各段落的整体认知，主要体现在孔颖达的《礼记正义》和王夫之的《礼记章句》之中。

(1)《礼记正义》与《学记》各段落的整体认知

孔颖达本着"学教之义"的注解宗旨，试图在把握《学记》文本要义的基础上，对郑玄《礼记注·学记》文本进行疏解。孔颖达通过"发虑"至"学乎"[①]的文本疏解方式，"《正义》曰：此一节明虽有余善，欲化民成俗，不如学之为重"，表达其对《学记》文本各段落主旨的解读（见表1-12）。

表1-12　　　　《礼记正义》对《学记》的解读

段落划分	段落主旨
"发虑"至"学乎"	正义曰：此一节明虽有余善，欲化民成俗，不如学之为重
"玉不"至"谓乎"	正义曰：此一节论喻学之美，故先立学之事
"虽有"至"谓乎"	正义曰：此一节明教学相益
"古之"至"谓乎"	正义曰：此一节明国家立庠、序上下之殊，并明人学年岁之差
"大学"至"谓乎"	正义曰：此一节明天子诸侯教学大理，凡有七种，各依文解之
"大学"至"谓乎"	正义曰：此一节论教学之道，必当优柔宽缓，不假急速，游息孙顺，其学乃成
"今之"至"由乎"	正义曰：此一节论教者违法，学者所以不成，是今师之失，故云"今之教者"
"大学"至"由兴也"	正义曰：此一节论教之得理，则教兴也
"发然"至"废也"	正义曰：此一节论学不依理，教之废耳
"君子"至"喻矣"	正义曰：此一节明君子教人，方便善诱之事
"学者"至"者也"	正义曰：此一节明教者识学者之心，而救其失也。故云学者有四失，教者必先知之
"善歌"至"志矣"	正义曰：此一节论教者若善，则能使学者继其志于其师也
"君子"至"谓乎"	正义曰：此一节明为师法
"凡学"至"师也"	正义曰：此一节论师德既善，虽天子以下，必须尊师

---

① 注："发虑"至"学乎"，即《学记》文本"发虑宪，求善良，足以謏闻，不足以动众。就贤体远，足以动众，未足以化民。君子如欲化民成俗，其必由学乎！"的概括，以此类推，将《学记》全文分为十九段。

续表

段落划分	段落主旨
"善学"至"道也"	正义曰：此一节明善学及善问，并善答不善答之事
"记问"至"舍之可也"	正义曰：此一节论教者不可为记问之学
"良冶"至"于学"	正义曰：此一节论学者数见数习，其学则善，故三譬之
"古之"至"不亲"	正义曰：此一节论弟子当亲师之事，各依文解之
"君子"至"务本"	正义曰：此一节论学为众事之本

从"学之为重"始至"学为众事之本"终，《礼记正义》突出和强调了《学记》论学的旨圭所在——"学为圣本"，即由学成圣。

（2）《礼记章句》与《学记》各段落的整体认知

王夫之在《礼记章句》卷十八《学记》之中，将《学记》全文分为十六章的基础之上又将十六章内容分为四大部分，其解读如表1-13所示。

表1-13 《礼记章句》对《学记》的解读

	主旨内容	包含章节
第一部分	第一章，言人君建学之旨。	第一章："发虑宪"至"此之谓乎"
第二部分	第二章及自此以下八章，言为师之道，教者之事也。	第二章："虽有嘉肴"至"此之谓乎"
		第三章："古之教者"至"此之谓乎"
		第四章："大学始教"至"此之谓乎"
		第五章："大学之教"至"此之由乎"
		第六章："大学之法"至"为人师也"
		第七章："故君子之教"至"善喻矣"
		第八章："学者有四失"至"失者也"
		第九章："善歌者"至"继其志"
第三部分	第十章，此章承上章师道之大而言择师之当慎。	第十章："君子"至"此之谓乎"
第四部分	第十一章及自此以下六章，言亲师为学之道，学者之事也。	第十一章："凡学之道"至"尊师也"
		第十二章："善学者"至"进学之道也"
		第十三章："记问之学"至"舍之可也"
		第十四章："良冶之子"至"志于学矣"
		第十五章："古之学者"至"弗得不亲"
		第十六章："君子曰"至"此之谓务本"

按照王夫之所划分的四部分内容（其中第三部分内容为承上启下段），《学记》全文就可以分为三个方面的主旨内容：建学之旨—为师之道（教者之事）—（择师当慎）—为学之道（学者之事）。

（二）《学记》教育范畴的文本解读

我们通过对《学记》文本的研读，从道—理—法的层面形成对《学记》文本的总体评价，从建学之旨—为师之道—（择师当慎）—为学之道的层面形成关于《学记》各段落的整体认知。从道—理—法层面来看，《学记》是以由末致本的方式行《大学》之"道"，《学记》与《大学》同道，"人不学不知道"，学为了道，道是学的宗旨所在；从为师之道—为学之道层面来看，《学记》就是围绕学—教活动所展开的，以追求教学相长为旨趣的为己之学。《学记》教育范畴就是以"学"为中心，围绕"道—学"观和"学—教"体系而形成的概念体系。其中："道—学"观体现了《学记》文本关于"学"的认知，"学—教"体系则是在"道—学"观的支配之下所产生的学—教活动。

1. "道—学"观

《学记》作为先秦时期儒家教育和教学活动的思想总结，既要满足古人对于教育认识的需要，也要体现古人对于教育实践的需要。古人对于教育认识的需要就是"教育应该是什么"的问题，对于教育实践的需要就是"教育应该怎么做"的问题，《学记》教育范畴中"道—学"观，就是要回答"教育应该是什么"的问题；"学—教"体系，就是要解决"教育应该怎么做"的问题。即"知——知支配下对行的设想——行"，共同构成了《学记》教育范畴体系。作为一种培养人的活动，从教育本身来说就应该是从活动开始的；同样，作为一种对教育经验的总结，一种思想层面上的教育就是从认识和观念开始的。《学记》就是一种思想层面上的教育认识，"建国君民，教学为先"，"化民成俗，其必由学"就是对教学或学的认识和理解的思想产物。

《学记》文本是从对学或教学作用的认识开始的，而学或教学作用的发挥又必须是通过——"人"这个主体来实现的，所以才有"人不学不知道"的推论。同样，"人不学不知道"之中的"学"，既沟通了人—学—道之间的关系，又引出了学—教—化—成之间的逻辑推演。"学"就成为沟通"人"与"道"及通过"教"实现"成"的核心要素，学是学道，成也是成道，道就是关系链中的本原要素，即始于道而终于道。作为核心要素的"学"，从学者的为学历程来看，既包括成己之学，又包括成人之教的学，学者只有成己成人才能达到学的最终目标——大成。从教学活动的组成要素来看，教和学是两种不同的活动，教是施教者的行为活动，学是受学者的行为活动，二者从同一层面上构成教学活动领域的施教与受学。从施教者本身教的行为来看，又是一种成人之教的学，施教者通过教实现了成人的目的，成己成人才是成己之学的本真。从受学者自身学的行为来看，施教者的教为受学者学的重要途径，并通过化育的功用实现小成乃至大成的为学目的。故此，从本质上来说，施教者和受学者都是学者，学只有先后之别，成己成人之宗旨一致。这就是说："人在通过学习达到'小成'和'大成'之后，又通过教人，使一种学习（自身的学习）转化为另一种学习（更多人的学习）。这样就不仅使原本仅仅属于个人的学与教具有了更为重要的社会意义和政治意义，而且学习着和教导着的个人也就具有更为重要的政治身份。所以在早期儒家看来，政治的实现遵循着学习—教育—政治的逻辑过程。"[①]

作为本原要素的"道"，既是学的对象又是学的目的，人—道—学—教之间的逻辑关系在《中庸》中的表述为："天命之谓性，率性之谓道，修道之谓教"，"修道"即教，教的作用即"率性"，就是要循顺着先天的善性发展，使之得以发扬和扩充。依《中庸》之见：学者可以从两条途径得到完善，其一是发掘人的内在天性，进而达到对外部世界的体认，这就是"自诚明，谓之性"，或者"尊德性"；其二是通过向外部世界的求知，以达到人的内在本性的发扬，这就是"自明诚，谓之教"，或者"道问学"。"诚明—性"与"明诚—教"，就是在于说明学与教的实现需要人性的依据，而人性的完善又依赖于学与教。这样就形成了相互联系的逻辑关系，即性—道—学与性—道—教。从施教者的角度来看，性—道—教之中的"教"就是施教者另一种形式的"学"；从受学者的角度来看，性—道—教之中的"教"也可以被理解为有助于受学者"学"的"教"，同样也是另一种形式的"学"。故此，无论是性—道—学还是性—道—教，从其本质上来说就是性—道—学，就是成己之学的性—

---

① 杜成宪：《早期儒家学习范畴研究》，博士学位论文，华东师范大学，1988年。

第一章 郑注与孔疏：《学记》教育范畴的辨析厘定

道—学。"唯天下至诚为能尽其性，能尽其性则能尽人之性，能尽人之性则能尽物之性，能尽物之性则可以赞天地之化育，可以赞天地之化育则可以与天地参矣"，而"诚者非自成己而已也，所以成物也。成己，仁也；成物，知也"，仁、智合一之学亦便是成己、成物一体之学，成己、成人一体联动之学即儒家的"为己之学"。

通过对"道—学"观中"道"与"学"内涵的分析，本研究对《学记》教育范畴之"道—学"观的逻辑体系建构如下。

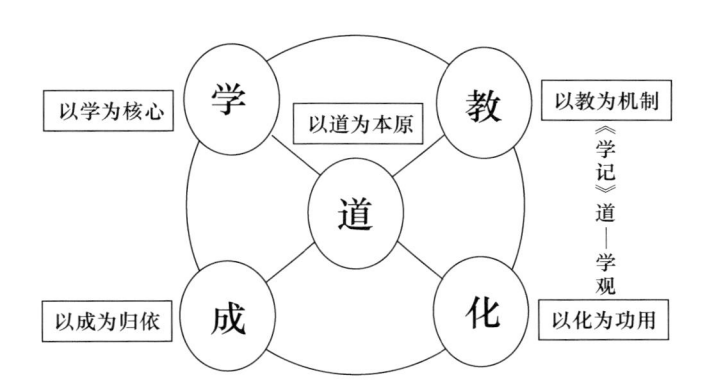

第一，构成"道—学"观的关键词为：性、道、学、教、化、成。其中：以道为本原、以学为核心、以教为机制、以化为功用、以成为归依。

第二，性是始源性关键词。儒家对于学的探讨是从对人性的认识开始的，无论是孔子的"性相近，习相远"，还是孟子的"性善论"或荀子的"性恶论"都是如此。《学记》文本对人性的认识，持"性善论"的观点。

第三，道为本原性关键词。《学记》与《大学》同道，即《学记》之学以实现《大学》之道为宗旨。"道—学"观中的关键词：学、教、化、成，与道之间都形成对象关系，从横切面上可表述为：学道—教道—化道—成道。

第四，学为核心性关键词。《学记》始于建学之旨终于为学务本，体现了以学为核心话语体系的思维运作方式。"大学之道"就是以学为核心，经教化而成，学—教—化—成，契合了《大学》"明德、新民、止于至善"之"三纲领"。

第五，成为归依。在《学记》之中，无论是由小成而至大成还是由成己乃至成人，都是君子"为己之学"必不可少的重要内容。从学的逻辑推衍来看，成是学的归依，学至成而止；从君子为学历程来看，学为成的起始和旨圭，无论小成还是大成，成只是学的外在结果，学是成的内在追求，孔子为此才有"发愤忘食，乐以忘忧，不知老之将至"的人生感慨！故此，"道学"观就体现了古代学者循环往复、不断提升自我的为学历程：学—成—学。

据此，"道—学"观诸关键词之间的层次结构体现如表 1-14 所示。

表 1-14　　　　"道—学"观诸关键词之间的层次结构

第一个层面	道
第二个层面	性—学—道
第三个层面	性—教—道
第四个层面	学—教（师—长—君）
第五个层面	教—化—成（大学之道）

2. "学—教"体系

"学—教"体系就是在"道—学"观的支配之下所展开的学—教活动。《学记》文本从"古之教者"开始进入学—教活动，塾庠序学—比年入学—中年考校—大学始教—大学之教—大学之法—善教继志—博喻为师—师严道尊—善学善教—记问之学—有志于学—有志于本—为学务本，就是《学记》文本所记述的学—教活动进程。王夫之在《礼记章句》之中将此进程概括为两个阶段，一是教者之事，一是学者之事，教者和学者之间活动就成为教—学活动的主体。我们如果再对《学记》文本进行深入研读，不难发现《学记》之中存在对"教学之制"的构想，塾庠序学、比年入学、中年考校直至正业居学、卜禘视学等，将教—学活动纳入有"制"可循的范围之内，从而使得中国古代教育在前制度化教育阶段出现了制度化教育的萌芽。

故此，将"学—教"体系概括为：教学之制—教者之事—学者之事三个重要组成部分，并在此基础之上从教育范畴的层面提炼出，"学—教"体系之中的《学记》教育范畴。"学—教"体系之中的《学记》教育范畴，就是围绕教学相长而展开并以为学务本为旨圭的操作体系。从

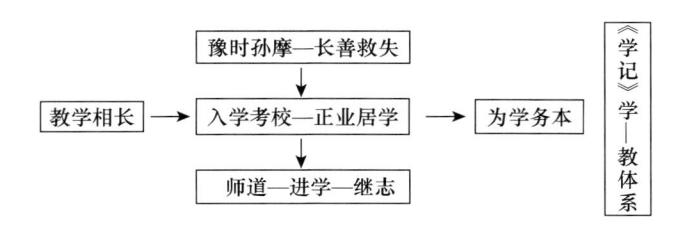

第一章　郑注与孔疏：《学记》教育范畴的辨析厘定

```
                  ┌─ 豫时孙摩—长善救失 ─┐
教学相长 ──→ ├─ 入学考校—正业居学 ─┤──→ 为学务本      《学记》学—教体系
                  └─ 师道—进学—继志 ──┘
```

构成其核心体系的三个组成部分来看，入学考校—正业居学就是教学之制，豫时孙摩—长善救失就是教者之事，师道—进学—继志就是学者之事。我们结合《学记》文本的具体内容，对"学—教"体系的三个核心要素进行文本还原，可推导出五个层面的结构体系，如表1-15所示。

表1-15　　**"学—教"体系五个层面的结构体系**

第一个层面	比年入学—正业居学—卜禘视学—中年考校	教学之制
第二个层面	豫时孙摩—长善救失	教学之法
第三个层面	师—道—学 师严—道尊—敬学　逆师—废学 安学—亲师　隐学—疾师	尊师之道
第四个层面	学—教—问 善学—师逸—功倍—庸之　不善学—师勤—功半—怨之 善教—善问　善问—善待问（语之—舍之） 力能问—听语—语之　力不能问—语之—舍之	进学之道
第五个层面	为学务本	

其中：尊师之道、进学之道和为学务本就是学者之事。

教学之制包括四个方面的主要内容，各个方面所涉及的具体问题如表1-16所示。

表1-16　　**教学之制四个方面的具体问题**

比年入学	（1）何人何岁入学？（2）入何学？（3）入学之礼？（4）入学年限？
正业居学	（1）何谓正业？（2）何谓居学？（3）正业与居学的关系？
卜禘视学	（1）何谓视学？（2）何人何时视学？（3）视何学？（4）视学内容？
中年考校	（1）何谓考校？（2）何人何时考校？（3）考何校？（4）考校内容？

— 69 —

在上述四个方面的内容之中，依据对教学之制的理解和把握，认为入学考校和正业居学为教学之制的核心概念。入学、考校、正业、居学，就构成了教学之制的核心关键词。

教学之法主要体现为豫时孙摩和长善救失，而其中所关涉的核心问题如表1-17所示。

表1-17　　　　　　　　　　　教学之法的核心问题

豫时孙摩	（1）何谓教之兴废？（2）何谓豫时孙摩？
长善救失	（1）何谓长善救失？（2）何谓善喻？（3）何谓知心？

《学记》文本之中对"大学之法"的论述，是从对教之兴废的缘由分析开始的，而导致产生教或兴或废的结果，就在于教者对于豫时孙摩的认识和把握。同样，在豫时孙摩之中隐藏着一个重要的判断——"教，善喻"。如果说"教，善喻"是从教的层面来阐述"大学之法"的话，那么"学，知心"则更多是从学者"学之得失"的层面来理解"大学之法"。既然学有得失，则教就必须做到长善救失。"教也者，长善而救其失者也"就是关于教的第二个判断。豫时孙摩、长善救失，就成为教学之法的核心关键词。

学者之事包括尊师—进学—继志三部分内容，各部分所关联的基本问题为：尊师就是体现师—道—学三者之间的关系，具体涉及师与道、师与学、学与师三个方面的主要问题；进学为学—教—问乃至行方面的问题，体现为善学与善教、善教与善问、善问与善答问之间的逻辑关系；善教继志，学与本就是继志的关键所在。善学、善教、善问、善答问，就是《学记》对于古代教育经验的总结和概括，折射出古代学者对于教学活动的认识未上升到教育理论的层面。师道、进学、继志，就成为学者之事的核心关键词。

《学记》教育范畴就是由"道—学"观和"学—教"体系两部分构成，其中：道与学、学与教，既是"道—学"观和"学—教"体系的核心又是教育范畴的核心所在（见表1-18）。

表 1-18　　　　　"道—学"观与"学—教"体系

"道—学"观	性—（学）教—道
	学—教
	教—化—成
"学—教"体系	制：入学考校—正业居学
	教：豫时孙摩—长善救失
	学：师道—进学—继志

其中："道—学"观，包括性—学（教）—道、学—教、教—化—成三部分，性—学（教）—道指向于道，教—化—成指向于学；"学—教"体系，包括入学考校—正业居学、豫时孙摩—长善救失、师道—进学—继志三部分，其中入学考校—正业居学指向于制，豫时孙摩—长善救失指向于教，师道—进学—继志指向于学，由此形成了《学记》教育范畴体系。

第三节　《学记》教育范畴的郑注孔疏

郑玄虽然不是第一位对《礼记》进行注解之人，但是《礼记》却因郑玄的注解而使得自身的学术地位得以确证和提升。同样，郑玄在注解《学记》篇章时，对其"记人学教之义"的总体特征评价，成为《学记》在《礼记》诸篇中的学术标签。

一　郑注孔疏与《学记》学术地位的确证

从《礼记》被编纂成册到最终确定专属名称，从《礼记》确定专属名称之后的注解到郑注孔疏的形成，既体现了《礼记》文本自身版本和名称的历史变迁，又折射了中国古代学者乃至历代统治者对《礼记》的选择和确证。

（一）郑注孔疏之前的《礼记·学记》及其注解

在孔颖达《礼记正义》秉承"疏不破注"的原则而出现郑注孔疏之前，我们需要对《礼记》编纂、定名、传承、注解等情况进行简要的说明，以大致厘清唐代之前《礼记》自身的传承情况。

1. 编纂：成于戴圣定于刘向

正如蔡介民曾经指出："《礼记》一书成于鸠集，非出于一手，非出于一时，执其一篇而推论其全体，是犹生而瞽者之论曰，宜其说之捍格不能通也。是以考究《礼记》成书之时代者，乃考其最后编定之人，最后编定之时，非考每篇之作于何人何时也"①。本研究对于《礼记》编纂者的确证，就是考证其最后编定之人，至于《礼记》每篇②作者则因不在本研究范围之内而不予考证。关于《礼记》最后编定之人有七种代表性观点：西汉戴圣编纂说、叔孙通编纂说、成于六国说、汉儒编纂说、伪托戴圣编纂说、马融与卢植删定说、河间献王之徒编纂说，其中西汉戴圣编纂说为诸说之主流，"《礼记》一书，不见于《汉志》；它的内容来源，学者间的意见也未一致；但这书为小戴所纂集、所传授，则大概没有疑义"③。本研究采西汉戴圣编纂说。

西汉戴圣编纂说盖可追溯至郑玄的论断，《礼记正义序》引其说曰："《六艺论》云：'案《汉书·艺文志》、《儒林传》云，传《礼》者十三家，唯高堂生及五传弟子戴德、戴圣名在也。'……郑玄《六艺论》云：'今礼行于世者，戴德、戴圣之学也。'又云：'戴圣传《记》八十五篇，则《大戴礼》是也；戴圣传《礼》四十九篇，则此《礼记》是也。'"由于郑玄并没有说明大、小戴《礼记》各取自何书，故又引发了关于《礼记》各自篇章来源的论争。其中代表性的观点有三：小戴删大戴说、二戴各自采辑古文《记》一百三十篇成书说、大小《戴记》分别取自多种文献编纂而成说。本研究赞同大、小《戴记》分别取自多种文献编纂而成说，其中文献来源于：诸子之说、先秦到秦汉时期礼学家的《记》文、《礼古经》等三种主要文献。

《礼记》成书之后，在流传过程之中形成了多种版本，在诸多版本之中起到定本作用的为刘向所校定版本。刘向在《别录》之中将《礼记》篇章分为九类，开启了后世学者对《礼记》分类的先河，也成为

---

① 蔡介民：《〈礼记〉成书时代再考》，载陈其泰编《二十世纪中国礼学研究论集》，学苑出版社1998年版，第154—172页。（原载：《新东方》1940年第5期。）
② 关于《学记》作者已经做了详细考证。
③ 周予同著，朱维铮编：《群经概论·三礼》，《周予同经学史论著选集（增订本）》，上海人民出版社1996年版，第251页。

《礼记》学之中颇具风格的文化现象。刘向在《别录》中对《礼记》分类如表1-19所示。

表1-19　　　　　　　《别录》对《礼记》的分类

类别	篇章
制度（6篇）	《曲礼》（上下）、《王制》、《礼器》、《少仪》、《深衣》
通论（16篇）	《檀弓》（上下）、《礼运》、《玉藻》、《大传》、《学记》、《经解》、《哀公问》、《仲尼燕居》、《孔子闲居》、《坊记》、《中庸》、《表记》、《缁衣》、《儒行》、《大学》
明堂阴阳记（2篇）	《月令》、《明堂位》
丧服（11篇）	《曾子问》、《丧服小记》、《杂记》（上下）、《丧大记》、《奔丧》、《问丧》、《服问》、《间传》、《三年问》、《丧服四制》
世子法（1篇）	《文王世子》
祭祀（4篇）	《郊特牲》《祭法》《祭义》《祭统》
子法（1篇）	《内则》
乐记（1篇）	《乐记》
吉事（7篇）	《投壶》《冠义》《昏义》《乡饮酒义》《射义》《燕义》《聘义》

刘向在《别录》之中对《礼记》所进行的分类，虽然存在诸多不妥之处①，但是在某种程度上起到了定本归类的作用。孔颖达在《礼记正义》之中，对《学记》的整体评述——"按郑目录云，名曰《学记》者，以其记人学教之义，此于《别录》属通论"，成为古代学者在注解《学记》过程中的参照标准。郑玄对刘向《别录》中《礼记》分类的采纳，在一定程度上确证了《礼记》分类的地位和价值。

2. 定名：始于《仪礼》专名《礼记》

现本《礼记》始名于《仪礼》，混名于《大戴礼记》和《小戴礼记》之中，专名于《礼记》。《礼记》殆始于《史记·孔子世家》之

---

① 杨天宇在《礼记译注》中鉴于《别录》分类存在诸如分类标准不一、分类内容之间不一等现象，指出"《别录》的分类，对于帮助人们理解《礼记》的复杂内容作用并不大，有些地方反而更加淆乱了"。（《礼记译注》，上海古籍出版社2004年版，第18页。）

记载：

> 孔子之时，周室微而礼乐废，诗书缺。追迹三代之礼，序书传，上纪唐虞之际，下至秦缪，编次其事。曰："夏礼吾能言之，杞不足徵也。殷礼吾能言之，宋不足徵也。足，则吾能徵之矣。"观殷夏所损益，曰："后虽百世可知也，以一文一质。周监二代，郁郁乎文哉。吾从周。"故《书传》《礼记》自孔氏。

此《礼记》即《仪礼》①。结合相关历史文献资料，可得考证《仪礼》名称演变：

《仪礼》：（先秦）礼（士礼）——（汉）礼经——礼＋记——礼记——（汉末以后）专名《仪礼》

《礼记》称名由来，则先是有关《礼》的记文，至西汉戴德、戴圣编辑成书而有"大戴礼"和"小戴礼"之分，则至郑玄注解《三礼》而定名。

《礼记》：（先秦至汉初）记——（戴圣）小戴礼记——小戴记——礼记——《礼记》（定名，专指戴圣本）

《大戴礼记》：（先秦至汉初）记——（戴德）大戴礼记——大戴记——礼记——《大戴礼记》（定名，即戴德本）

虽然称《小戴礼记》为《礼记》并非始于郑玄，然而郑玄遍注《三礼》的学术价值和影响，乃是《小戴礼记》得以《礼记》成为其专名的重要原因，"大小《戴记》在汉代同称《礼记》，自郑玄注《小戴》，与《周礼》《仪礼》合称'三礼'，于是《礼记》为《小戴记》专名，而《大戴记》则渐至亡佚"②，古代社会和古代学者最终选择和接受了《礼记》专名，并随古代社会发展在"三礼"之中占有突出的地位。据刘汝霖考证，魏代所立十九博士，其中包括《礼记》③。魏代将《礼记》立为学官，标志着《礼记》的地位已经开始由"记"升格为"经"。刘师培

---

① 钱玄就曾指出，"《仪礼》亦称《礼记》，因为《仪礼》一书中既有经，又有记，故有此名"。（《三礼通论》，南京师范大学出版社1996年版，第5页。）
② 范文澜：《范文澜全集·群经概论》，河北教育出版社2002年版，第205页。
③ 刘汝霖：《汉晋学术编年》（卷6），中华书局1987年版。

曾对此种经学现象进行过评价,"东汉以前,本无'三礼'之名,《周官经》《小戴礼》本不得称之为经,不过与《礼经》相辅之书耳。自郑玄作《三礼注》,而'三礼'之名遂一,定而不可易。至后代以《小戴礼》为本经,则又歧中之歧矣。非不正名之故与!"① 至唐代,《礼记》为"经"得到了国家认可。

3. 传承:高堂生—戴德并戴圣

郑玄在《六艺论》中指出,"案《汉书·艺文志》《儒林传》云,传《礼》者十三家,唯高堂生及五传弟子戴德、戴圣名在也"。郑樵在《六经奥论》论《六经传授》之中,对《礼记》传授关系②给予了图示:

```
                                    ┌ 大戴
五传弟子高堂生——萧奋——孟卿——后苍┤ 小戴——卢植
                                    └ 庆普——马融
```

从高堂生至大戴、小戴的传承关系来看,可以简要地了解西汉时期《礼记》的传承情况。实际上,西汉时期《礼记》传承情况绝非上图所示的如此简单明了,且戴德与戴圣不仅仅与《礼记》传承有关,二戴并为《仪礼》学大师,"汉兴,鲁高堂生传《士礼》十七篇。讫孝宣世,后仓最明。戴德、戴圣、庆普皆其弟子,三家立于学官"③。同样,戴德也有再传弟子,戴圣的再传弟子也非仅卢植一人(梁人桥仁季卿、杨荣子孙等)。《后汉书》桥玄本传曰:"桥玄字公祖,梁国睢阳人也。七世祖仁,从同郡戴德学,著《礼记章句》四十九篇,号曰'桥君学'"④,桥仁《礼记章句》为目前已知最早的《礼记》学著作之一,其就曾随戴德学礼就是明证。

在东汉,传习《礼记》最为代表的有马融、卢植、郑玄三位大儒。《经典释文序录》指出,"后汉马融、卢植考诸家同异,附戴圣篇章,去其繁重,及所叙录,而行于世,即今之《礼记》是也。郑玄亦依卢、马

---

① 刘师培:《经学教科书》,岳麓书社2013年版,第28页。
② (宋)郑樵:《六经奥论》,文渊阁《四库全书》(册184),上海古籍出版社1987年版,第102页(下)。
③ 《汉书》(册6),中华书局1962年版,第1701页。
④ 《后汉书》(册6),中华书局1965年版,第1695页。

之本而注焉"①，卢植与郑玄皆为马融之高徒，师徒三人都曾注解《礼记》，唯独郑玄《礼记注》最为代表。"郑氏不没别本异文，以待后贤考定，亦多闻阙疑之意，与他家之有伪窜经文流传后世者异其趣矣"②，择善而从又保存异文，故受到学术界推崇。但是，皮锡瑞在《经学历史·经学中衰时代》中指出，"盖以汉时经有数家，家有数说，学者莫知所从；郑君兼通今古文，沟合为一；于是经生皆从郑氏，不必更求各家。郑学之盛在此，汉学之衰亦在此"③，"汉学衰废，不能尽咎郑君；而郑采今古文，不复分别，使两汉家法亡不可考，则亦不能无失。故经学至郑君一变"④，郑学盛而经学衰，虽然不能把两汉经学的衰败全部归责于郑玄一人，但其也难逃其咎，"郑玄之学行而大小戴渐废"⑤。从另一方面足见，郑玄《礼记注》的学术地位和历史影响。

"郑学出而汉学衰，王肃出而郑学亦衰"，在魏晋南北朝时期《礼学》的传承，既有如魏代王学与郑学之间的人物论争，又有南学和北学之间的地域论争。关于人物论争，"郑学出而汉学衰，王肃出而郑学亦衰。肃善贾（指贾逵）、马（指马融）之学，而不好郑氏"⑥。事实上，王肃与郑玄之间的经学分歧主要在于对礼制的认识而已⑦。关于地域论争，"自刘、石十六国并入北魏，与南朝对立，为南北朝分立时代；而其时学经者亦有'南学''北学'之分。此经学之又一变也"⑧。南北朝时期，重《礼记》学的学者北首推熊安生、南当数皇侃。《北史·儒林传》记述熊安生治学经历：

  少好学，励精不倦。初从陈达受《三传》，又从房虬受《周礼》，事徐遵明，服膺历年，后受《礼》于李宝鼎，遂博通《五

---

① （唐）陆德明撰，黄焯断句本：《经典释文》，中华书局1983年版，第11页（下）。
② 李云光：《郑氏三礼学发凡》，台湾学生书局1967年版，第38页。
③ 皮锡瑞著，周予同注释：《经学历史》，中华书局2011年版，第95—96页。
④ 皮锡瑞著，周予同注释：《经学历史》，中华书局2011年版，第101页。
⑤ 钱基博：《经学通志》，上海古籍出版社2011年版，第87页。
⑥ 皮锡瑞著，周予同注释：《经学历史》，中华书局2011年版，第105—106页。
⑦ 钱基博在《经学通志》中认为："郑玄择善而从，立说皆有所据"，而王肃之说对礼制的解释与郑玄相比存在论证证据不足之陋。
⑧ 皮锡瑞著，周予同注释：《经学历史》，中华书局2011年版，第118页。

经》,然专以《三礼》教授,弟子自远方至者千余人。乃讨论图纬,捃摭异闻,先儒所未悟者,皆发明之。……所撰《周礼义疏》二十卷,《礼记义疏》三十卷、《孝经义》一卷,并行于世。①

《南史·儒林传》记录皇侃学术生平:

> 少好学,师事贺玚,精力专门,尽通其业,尤明《三礼》《孝经》《论语》。为兼国子助教,于学讲说,听者常数百人。撰《礼记讲疏》五十卷。书成奏上,诏付秘阁。顷之,召入寿光殿说礼记义,梁武帝善之,加员外散骑侍郎。侃性至孝,常日限诵孝经二十遍,以拟观世音经。丁母忧还乡里,平西邵陵王钦其学,厚礼迎之。及至,因感心疾卒。所撰《论语义》《礼记义》,见重于世,学者传焉。②

南北朝时期,除熊安生、皇侃关于《礼记》义疏之外,据王锷《三礼礼著提要》所录,魏代《礼记》学著述8部,晋代19部,南北朝时期共30部,这57部《礼记》学著述除部分记载于马国翰《玉函山房辑佚书》之外,其余部分都佚失。熊安生和皇侃的《礼记》学部分内容,被保存于孔颖达《礼记正义》之中。

4. 注解:马国翰辑佚见真容

"今自皇、熊二家见采于《礼记疏》外,其余书皆亡佚。然渊源有自,唐人五经之疏未必无本于诸家。论先河后海之义,亦岂可忘筚路蓝缕之功乎!"③魏晋南北朝经传义疏之体实由南北朝开其端也,南北朝诸儒义疏实为唐人义疏所源也。

魏晋南北朝时期的《礼记》诸种义疏部分被保存在马国翰的《玉函山房辑佚书》④(广陵书社2005年版)之中,我们从中梳理出注解《学

---

① 《北史》(册9),中华书局1975年版,第2743—2744页。
② 《南史》(册6),中华书局1975年版,第1744页。
③ 皮锡瑞著,周予同注释:《经学历史》,中华书局2011年版,第130页。
④ 魏晋南北朝时期的《礼记》注疏已佚失,包括皇侃和熊安生的《礼记》著述。马国翰的《玉函山房辑佚书》之中,保存了部分魏晋南北朝时期的礼学著述。

记》章句的注疏，以大致了解魏晋南北朝时期关于《学记》的注释情况（见表1-20）。

表1-20　　　　《玉函山房辑佚书》中对《学记》的注释

朝代	著者	著作名称	《学记》章句
后汉	卢植	礼记卢氏注	夏楚二物收其威也　朴作教刑是挞犯礼者（正义）
宋	庾蔚之	礼记略解	1. 党有庠　党有庠谓夏殷礼（正义）　2. 燕朋逆其师燕辟废其学　不裹朋友及师之譬喻自是学者之常理若不为燕朋燕譬则亦不足以致与言若此燕朋燕譬则学废替矣　3. 记曰三王四代唯其师此之谓乎　举四代以兼包三王所以重言者以成其辞耳言人之从师古而然师则己善其此之谓乎者记者证前运择师不可不慎即此唯其师之谓也　4. 察于此四者可以有志于本矣四者谓不官为群官之本不器为群器之本不约为群约之本不齐为群齐之本言四者莫不有本人亦以学为本也（并同上）
梁	贺玚	礼记新义疏	强而弗抑则易　师但劝强其神识而不抑之令晓则受者和易和易亦易成也（正义引贺氏）
梁	皇侃	礼记皇氏义疏（卷三）	1. 党有庠　遂学曰庠（正义）　2. 中年考校　此中年考校亦周法（正义）谓乡遂学也（同上）　3. 大学始教　始教谓春时士始入学也　4. 未卜禘不视学游其志也禘大祭在于夏天子诸侯视学之时必在禘祭之后卜禘谓未禘也禘是大祭必先卜故连言之是未为禘祭不视学所以然者欲游其志学者之志谓优游纵暇学者之志不欲急切之故禘祭之后乃视学考校优劣焉（并同上）　5. 大学之礼虽诏天子无北面　注王斋三日端冕师尚父亦端冕谓衮冕也乐记魏文侯端冕谓玄冕也（正义）注师尚父西面道书之言者王在宾位师尚父主位故西面王庭之位若寻常师徒之教则师东面弟子西面与此异也。（同上）　6. 或源也或委也　河海之外源之与委也（同上）
后周	熊安生	礼记熊氏义疏（卷三）	1. 大学始教皮弁祭菜　始教谓始立学教皮弁祭菜者谓天子使有司服皮弁祭先圣先师以萍藻之菜也（正义）　2. 未卜禘不视学　此禘谓夏正郊天视学谓仲春视学若郊天则不视学（同上）

（二）郑注孔疏对《礼记·学记》学术政治地位的影响

如果说郑玄的《礼记注》提升了其学术地位，那么孔颖达的《礼记正义》则可以称得上是确证了其官学地位，《礼记》因郑注孔疏由"记"升格为"经"并位列官学之中，并成为古代学者为学和取仕的重要典籍内容。

— 78 —

第一章 郑注与孔疏：《学记》教育范畴的辨析厘定

1."学术"《礼记》：郑玄与《礼记注》

郑玄为《礼记》作注，对戴圣所编辑的《礼记》产生了非常重要的学术影响。首先，《礼记》成为《小戴记》的专有名称，以至于古人逐渐忽略了《礼记》首先源于《仪礼》之肇始。其次，《礼记》成为"三礼"之一，除魏代因王肃特殊的地位而贬抑郑学之外，《礼记》学一直主郑注，并成为孔颖达《礼记正义》的重要组成部分。最后，因郑玄于三《礼》之学用力最深，使礼学在魏晋南北朝时期成为专门之学，包括《礼记》在内的三《礼》之学影响深远。范晔在《后汉书·郑玄列传》中对郑玄学术地位评价如下：

自秦焚六经，圣文埃灭。汉兴，诸儒颇修艺文；及东京，学者亦各名家。而守文之徒，滞固所禀，异端纷纭，互相诡激，遂令经有数家，家有数说，章句多者或乃百余万言，学徒劳而少功，后生疑而莫正。郑玄括囊大典，网罗众家，删裁繁诬，刊改漏失。自是学者略知所归。①

清人皮锡瑞在其所著《经学历史·经学中衰时代》中评论此学术现象为：

郑君博学多师，今古文道通为一，见当时两家相攻击，意欲参合其学，自成一家之言，虽以古学为宗，亦兼采今学以附益其义。学者苦其时家法繁杂，见郑君闳通博大，无所不包，众论翕然归之。不复舍此趋彼。于是郑《易注》行而施、孟、梁丘、京之《易》不行矣；郑《书注》行而欧阳、大小夏侯之《书》不行矣；郑《诗笺》行而鲁、齐、韩之《诗》不行矣；郑《礼注》行而大小戴之《礼》不行矣；郑《论语注》行而齐、鲁之《论语》不行矣。②

从上述评价之中，可以寻找到的关键术语：第一，"郑君闳通博大，无所不包，众论翕然归之"（皮锡瑞）；第二，"郑《礼注》行而大小戴之《礼》不行矣"（皮锡瑞）；第三，"学者略知所归"（范晔），郑玄对于《礼记》学术地位之提升可见一斑。难怪王桀称伊洛以东，淮、汉以

---

① 《后汉书》（卷35），中华书局1965年版，第1212—1213页。
② 皮锡瑞著，周予同注释：《经学历史》，中华书局2011年版，第101页。

北，惟康成一人而已。总之，郑学出而两汉今文经学遂告终结，"郑君徒党遍天下。即经学论，可谓小统一时代"（皮锡瑞语）。

2."政治"《礼记》：孔颖达与《礼记正义》

孔颖达等人负责编撰《五经正义》，是唐代实现国家统一之后而展开学术统一的政治和学术需要，作为《五经正义》的重要一部——《礼记正义》的编纂，标志着《礼记》在政治层面上的学术地位得到了国家的认可。我们以《经学历史·经学统一时代》①为范本，来呈现《礼记正义》的编撰对《礼记》所产生的巨大影响。

> 隋平陈而天下统一，南北学亦归统一。（135页）
>
> 唐太宗以儒学多门，章句繁杂，诏国子祭酒孔颖达与诸儒撰定五经义疏，凡一百七十卷，名曰《五经正义》。（139页）
>
> 永徽四年，颁孔颖达《五经正义》于天下，每年明经依此考试。自唐至宋，明经取士，皆遵此本。（139页）
>
> 其时同修《正义》者……《礼记》则朱子奢、李善信、贾公彦、柳士宣、范义頵、张权。标题孔颖达一人之名者，以年辈在先，名为独重耳。（142页）
>
> 《诗》《礼》《周礼》，皆主郑氏，文本详实；名物度数，疏解亦明；故于诸经《正义》为最优。（143页）
>
> 窃谓《周礼》是一代之制，犹不如《礼记》可以通行，学术治术无所不包。（143页）
>
> 自《正义》《定本》颁之国胄，用以取士，天下奉为圭臬。唐至宋初数百年，士子皆谨守官书，莫敢异议矣。故论经学，为统一最久时代。（146页）
>
> 唐以《易》、《书》、《诗》、三《礼》、三《传》合为九经，取士。《礼记》《左传》为大经……盖大经，《左氏》文多于《礼记》，故多习《礼记》，不习《左氏》。中小经……多习《易》《书》《诗》，不习《周礼》《仪礼》《公羊》《穀梁》。此所以四经殆绝也。（148—149页）

---

① 皮锡瑞著，周予同注释：《经学历史》，中华书局2011年版，第135—155页。

依据上述文献材料，可得关键词为：第一，国家统一，经学统一，编撰《五经正义》，孔颖达因年辈在先，而名为独重；第二，自唐至宋，《五经正义》颁于官学，用于取士；第三，《五经正义》之中，《诗》《礼》《周礼》，皆主郑氏，为其中最优；第四，《礼记》为九经之大经，士子多传习，《周礼》《仪礼》地位衰落。《礼记》在郑玄作注之后，其学术地位再次得以提升。同样，在三《礼》之中，《礼记》学术地位高于《周礼》《仪礼》，《五经正义》独取《礼记》，究其原因，明人郝敬《读礼记序》曾予某种说明："先儒推《周礼》《仪礼》以为经，欲割《记》以为传，夫三书皆非古之完璧，而《周礼》尤多揣摩，杂以乱世阴谋富强之术，《仪礼》枝叶繁琐，未甚切日用，惟此多名理微言，天命人性易简之旨，圣贤仁义中正之道，往往而在。如《大学》《中庸》两篇，岂《周官》《仪礼》所有？故《三礼》以《记》为正，今之学官守此程式良有以也"①。诚然，《礼记》学术地位得以提升是由多种原因造成的，但与《学记》文本自身的学术特质，特别是与郑玄和孔颖达等古代学者的历史贡献是分不开的。至此，《礼记》由"记"成"经"，颁于学官，取士天下。

二 郑注孔疏与《学记》教育范畴的诠释

《学记》为儒家思孟学派的著作，我们依据《学记》文本从"道—学"观和"学—教"体系两个方面，归纳和概括出了《学记》教育范畴。郑注孔疏是现存最早对《学记》教育范畴中的关键概念进行注疏的范本，后世学者都是在郑注孔疏的基础之上来表达其相同或不同的观点和看法。因此，郑注孔疏对于《学记》教育范畴的诠释为基础性的和始源性的，为历代学者深入理解和阐释《学记》教育范畴提供了范本。

（一）《学记》之中的道、学、教核心教育范畴

《学记》文本之中，作为核心教育范畴的"道""学""教"分别出现的文本表述和次数如表 1-21 所示。

---

① （明）郝敬：《读礼记》，《续修四库全书》（册97），上海古籍出版社2002年版，第71页。

表1-21　　　　"道""学""教"文本出现的表述与次数

次数	文本表述
道（7处①）	（1）人不学不知道　（2）至道　（3）大学之道　（4）乐其友而信其道　（5）师严然后道尊　（6）进学之道　（7）大道不器
学（46处）	（1）其必由学　（2）人不学不知道　（3）教学为先　（4）念终始典于学　（5）弗学不知其善也　（6）学然后知不足　（7）教学相长　（8）学学半　（9）国有学　（10）比年入学　（11）七年视论学取友　（12）大学之道　（13）大学始教　（14）入学鼓箧　（15）未卜禘不视学　（16）学不躐等　（17）凡学，官先事，士先志　（18）大学之教　（19）退息必有居学　（20）不学操缦、不学博依、不学杂服（共3处）　（21）不兴其艺，不能乐学　（22）君子之于学　（23）安其学而亲其师、隐其学而疾其师（共2处）　（24）大学之法　（25）时过然后学　（26）独学而无友　（27）燕辟废其学　（28）学者有四失　（29）人之学也　（30）君子知至学之难易而知其美恶　（31）学为君　（32）凡学之道　（33）道尊然后民知敬学　（34）大学之礼　（35）善学者、不善学者（共2处）　（36）进学之道　（37）记问之学　（38）必学为裘、必学为箕（共2处）　（39）有志于学　（40）古之学者　（41）学无当于五官
教（19处）	（1）教学为先　（2）教然后知困　（3）教学相长　（4）古之教者　（5）大学始教　（6）教之大伦　（7）大学之教　（8）时教必有正业　（9）今之教者　（10）教人不尽其材　（11）教之不刑　（12）教之所由兴，教之所由废（各出现2次，共4次）　（13）君子之教　（14）教者必知之　（15）教也者　（16）善教者

我们在对《学记》文本之中的"道""学""教"进行梳理的基础之上，再进一步结合郑玄与孔颖达的注解内容对其进行分类，以此作为考察《学记》教育范畴的诠释内容演变的文献依据。

1．"道"的诠释如表1-22所示。

表1-22　　　　　　　　　　"道"的诠释

"道"的文本	"道"的注疏
人不学不知道	［注］［疏］大学圣贤之道理
至道	［注］［疏］至极大道
大学之道	［注］［疏］大学圣贤之道理
乐其友而信其道	［注］［疏］己道或师友之道

---

① 《学记》文本之中，还有3处"道"而忽略不计，其中2处是以"道"为"导"的"导而弗牵"，1处为"师严然后道尊，道尊然后民知敬学"之中，第二次出现的"道尊"的"道"可以忽略不计。

第一章 郑注与孔疏：《学记》教育范畴的辨析厘定

续表

"道"的文本	"道"的注疏
师严然后道尊	[注][疏] 尊师重道
进学之道	[注][疏] 进益学者之道
大道不器	[注][疏] 圣人之道

《学记》文本之中的"道"，根据注疏可以归纳为四个方面：大学圣贤之道理、己道或师友之道、进益学者之道、圣人之道。我们如果对这四个方面加以归纳发现，除"进学之道"中的"道"指具体的"进益学者之道"外，其余均为抽象的"圣人之道"，也就是"大学圣贤之道理"。

2. "学"的诠释如表1-23所示。

表1-23　　　　　　　　　　"学"的诠释

"学"的文本	"学"的注疏
其必由学、念终始典于学	[注][疏] 教学
人不学不知道	[注][疏] 教学
弗学不知其善也	[注] 学　　[疏] 学
国有学	[注][疏] 天子立四代学、诸侯立时王之学
未卜禘不视学	[注] 视学考校　　[疏]
七年视论学取友	[注][疏] 论学问向成
大学之道	[注][疏] 大学圣贤之道理
学不躐等	[注] 教　　[疏] 教
凡学，官先事，士先志	[注][疏] 学
不学操缦	[注][疏] 教
不兴其艺，不能乐学	[注][疏] 乐于所学之正道
君子之于学	[注][疏] 学
安其学、隐其学	[注][疏] 学业
时过然后学、独学而无友	[注][疏] 学
燕辟废其学	[注][疏] 学业
君子知至学之难易	[注][疏] 至学
学为君	[注] 学　　[疏]
凡学之道	[注][疏]

续表

"学"的文本	"学"的注疏
道尊然后民知敬学	[注][疏]
进学之道	[注][疏] 进益学者之道
记问之学	[注][疏] 学问
必学为裘、必学为箕	[注][疏] 学或学习
有志于学	[注][疏] 以学为本
学无当于五官	[注][疏] 学

《学记》文本之中的"学",根据注疏可以归纳为七个方面:教学、大学、教、学业、学问、学(学习之学)、学(学习机构之学,如"国有学"之中的"学")。其中:学可以用来表达教之义,也有用来表达教学之义。

3."教"的诠释如表 1-24 所示。

表 1-24　　　　　　　　"教"的诠释

"教"的文本	"教"的注疏
教然后知困	[注][疏] 教
古之教者、今之教者	[注][疏] 古之教者,谓上代也/今之师
大学始教、大学之教	[注][疏] 始立学教/教学之道
教之大伦	[注][疏] 教学大理
时教必有正业	[注][疏] 教必用正典教之也
教人不尽其材	[注] 教　　[疏] 教
教之不刑	[注][疏] 师教弟子不成
教之所由兴	[注] 教　　[疏] 教成之所起也
君子之教喻也	[注][疏] 师教/教喻
教也者	[注][疏] 教

《学记》文本之中的"教",根据注疏可以归纳为五个方面:"古之教者"之"教"代指塾庠序学、"今之教者"之"教者"为师、教(教的行为)、教学、"大学始教"之"教"代指"始教"(开始教学的组织或过程)。其中,教可以指教学,不可以指代学,学与教是单向关系;

— 84 —

教既可以指教者即教师，也可以指教的行为，也可以指开始教学的组织或过程。

（二）"道—学"观的注疏

"道—学"观的注疏，就是郑注孔疏之中对于：性、道、学、教、化、成及其相互关系之间的诠释。《学记》文本之中对于"道—学"观的阐释，主要在第一节和第二节之中（分段按前文所述），我们试从中择取出相关的文本信息加以分析。

1. 性—学（教）—道

《学记》文本之中对于性—学（教）—道关系的表述为：

玉不琢，不成器；人不学，不知道。是故古之王者，建国君民，教学为先。《兑命》曰："念始终典于学"，其此之谓乎！（正义曰：此一节论喻学之美，故先立学之事。）

[注] 谓内则设师保以教，使国子学焉；外则有大学、庠序之官。

[疏] 内则设师保，外则设庠序以教之，故云教学为先。

案：我们试对注疏的内容进行分析：第一，师保教与（使）国子学，学是在教的行为中所发生的，从设学和立学的条件下来看，就是有教有学。"人不学不知道"，既是指人通过教而知道，又是指人通过教而学然后知道。在《学记》文本之中更加突出和强调的是"教学为先"，就是注重教和学的统一过程。即：教者教与学者学。第二，西周有国学与乡学之分，按《周礼》记载：师氏以三德、三行教国子，保氏教国子以六艺、六仪，"人不学不知道"中的"人"就是国子；乡学有庠序之分，一般庶民子弟接受乡学教化，"人不学不知道"中的"人"也可指一般庶民子弟。因此，"人不学不知道"之中的人，就包括国子和一般庶民子弟。第三，以玉和器譬喻人和道，是为了说明人具有如同玉一样的先天禀性，就是儒家所秉持的性善论；琢为制玉成器的加工动作，"治玉曰琢"，玉经琢而成器，强调外部行为在物体身上所产生的变化，同样人也需要一种类似于琢一样的外部行为而知道，学就是类似于琢的外部行为。因此，"人不学不知道"之中就包含性、学（教）、道等教育

— 85 —

范畴，以及三者之间由性而学（教）然后知道的逻辑关系。即：性—学（教）—道。

2. 学—教

《学记》文本之中对于学与教关系的表述为：

> 虽有嘉肴，弗食不知其旨也；虽有至道，弗学不知其善也。是故学然后知不足，教然后知困。知不足，然后能自反也；知困，然后能自强也。故曰：教学相长也。《兑命》曰："学学半"，其此之谓乎！（正义曰：此一节明教学相益）
>
> ［注］故学然后知不足，教然后知困；学则睹己行之所短，教则见己道之所未达。知不足，然后能自反也；知困，然后能自强也。故曰："教学相长也。"自反，求诸己也。自强，修业不敢倦。《兑命》曰："学学半"。其此之谓乎！言学人乃益己之学半。学学，上胡孝反，下如字。学人，胡孝反。又音教。
>
> ［疏］虽有嘉肴，弗食不知其旨也者，嘉，善也。旨，美也。虽有嘉美之肴，兼陈列于前，若不食，即不知其肴之美也。虽有至道，弗学不知其善也者至，谓至极。虽有至极大道，若不学，则不知大道之善。是故学然后知不足者，若不学之时，诸事荡然，不知己身何长何短。若学，则知己之所短，有不足之处也。教然后知困者，不教之时，谓己诸事皆通。若其教人，则知己有不通，而事有困弊，困则甚于不足矣。知不足然后能自反也者，凡人皆欲向前相进，既知不足，然后能自反向身，而求诸己之困，故反学矣。知困然后能自强也者，凡人多有解怠，既知困弊，然后能自强学其身，不复解怠也。故曰：教学相长也者，谓教能长益于善，教学之时，然后知己困而乃强之，是教能长学善也。学则道业成就，于教益善，是学能相长也。但此礼，本明教之长学。《兑命》曰："学学半"者上学为教，音敩；下学者，谓习也，谓学习也。言教人乃是益己学之半也。《说命》所云"其此之谓乎"，言学习不可暂废，故引《说命》以证之。言恒思念，从始至终，习礼典于学也。

案：我们试结合注疏来阐释"学—教"范畴之间的"教学相长"关

系：第一，《学记》文本在此前一节阐述"教学为先",这一节依据《正义》在于说明"教学相益",并且论述具有相同之处——嘉肴譬喻至道、食对学、旨对善,嘉肴不食不知旨,类似于玉不琢不成器;同样,至道不学不知善,类似于人不学不知道,都在于强调食和学的行为。前一个"学"是为了总结"建国君民,教学为先"之"学",更多是从"建国君民"的立场来论述立学设教的重要性;后一个"学"更多的是从论述"教学相长"的立场,来分析由"学"引发的"学"与"教"之间的关系。第二,郑注指出"学"和"教"都为"己"所发出的行为,孔疏同样认为是"己之所短"和"己有不通"的"己"所发生的行为,突出"学人乃益己之学半"。正如孔疏所指出"此礼,本明教之长学",说明郑注孔疏所谈论的"学"为"为己之学"的"学",儒家"为己之学"强调教是学应有之意,是另一种形式的学,就是实现"成己—成人"之学。故"教学相长"就是指古代"为己之学"中包含"教"的"学",表明"教"是"学"的应有之义,与"学"相对的"教"和"学"都是"为己之中"的"学"。第三,"为己之学"中"学"的主体为"己",无论学和教都是"己"自身的行为,体现了古代学者主客体相容的思维特征,反映了古代教育"以学论教"的教育现象,"虽然同时也在论教,但立足点完全是学,即把教的过程也看成一种特殊的学习过程。这种学习虽然也是一种个体的获得过程,但却表现为教人,因此具有更为复杂的内涵。它既可以指通过教,学习教人;也可以指通过教,意识到自身知识和道德的贫乏与不足,又促使自己去学;甚至还可以是指通过教,向他人学习。依《学记》的论述,教对于施教者来说,无非是由一种学习转化为另一种学习,即由个人知识和道德的学习转化为以教人为内涵的行动的学习"①。

3. 教—化—成

《学记》文本之中出现"化"与"成"的次数为:"化":《学记》文本之中共出现3次,分别为:(1)未足以化民(2)化民成俗(3)化民易俗;"成":《学记》文本之中共出现3次,分别为:(1)化民成俗(2)小成(3)大成如表1-25所示。

---

① 杜成宪:《早期儒家学习范畴研究》,博士学位论文,华东师范大学,1988年。

表1–25　　　　　　　　"化""成"的注疏

"化""成"的文本	"化""成"的注疏
化民成俗	［疏］教化其民，成其美俗
小成	［疏］论学：学问向成，论说学之是非；取友：选择好人，取之为友
大成	［疏］言知义理，事类通达，专强独立，不违失师教之道

《学记》文本之中对于教—化—成的表述为：

　　古之教者，家有塾，党有庠，术有序，国有学。比年入学，中年考校：一年视离经辨志，三年视敬业乐群，五年视博习亲师，七年视论学取友，谓之小成。九年知类通达，强立而不反，谓之大成。夫然后足以化民易俗，近者说服而远者怀之。此大学之道也。《记》曰："蛾子时术之"，其此之谓乎！

　　［注］离经，断句绝也。辨志，谓别其心意所趣向也。知类，知事义之比也。强立，临事不惑也。不反，不违失师道。

　　［疏］一年视离经辨志者，谓学者初入学一年，乡遂大夫于年终之时，考视其业。离经，谓离析经理，使章句断绝也。辨志，谓辨其志意趣向，习学何经矣。三年视敬业乐群者，谓学者入学三年，考校之时，视此学者。敬业，谓艺业长者，敬而亲之。乐群，谓群居朋友善者，愿而乐之。五年视博习亲师者，言五年考校之时，视此学者。博习，谓广博学习也。亲师，谓亲爱其师。七年视论学取友者，言七年考校之时，视此学者。论学，谓学问向成，论说学之是非。取友，谓选择好人，取之为友。谓之小成者，比六年已前，其业稍成，比九年之学，其业小，故曰"小成"。九年知类通达强立而不反者，谓九年考校之时，视此学者。言知义理，事类通达无疑。强立，谓专强独立，不有疑滞。"而不反"，谓不违失师教之道，谓之大成。此大学之道也者，言如此所论，是大学贤圣之道理，非小学技艺耳。《记》曰：蛾子时术之者谓旧人之《记》，先有此语，记礼者引旧《记》之言，故云"蛾子时术之"。蚁子小虫，蚍蜉之子，时时术学衔土之事，而成大垤，犹如学者时时学问，而成

— 88 —

大道矣。《记》之所云,其此学问之谓乎。

案:我们试结合注疏对"教—化—成"范畴进行分析:

第一,此节结尾以"大学之道"进行总括,《大学》之中所论述的"大学之道"就是"明明德、亲民、止于至善",就是由自身到他人以至群体社会的过程,表达了儒家以教化为手段的仁政、德治思想。《大学》中由自身到他人以至群体社会的教化思想,在《论语·宪问》之中曾做出过如下表述:

> 子路问君子,子曰:"修己以敬。"
> 曰:"如斯而已乎?"曰:"修己以安人。"
> 曰:"如斯而已乎?"曰:"修己以安百姓。修己以安百姓,尧舜其犹病诸。"

在孔子看来,君子的品格可归为两方面:即对己要能"修己",对人能"安人",以至"安百姓"。即"知所以修身,则知所以治人"(《中庸》),修己安人就是儒家教化的核心。

第二,儒家"修己安人"教化思想在《学记》文本之中得以具体化和可操作化。如果说"小成"和"大成"可以被视作为"修己"的话,那么"化民易俗,近者说服而远者怀之"就是安人。教化对己来说就是成己——小成和大成两个阶段,对人来说就是成人——化民易俗、近者说服而远者怀之。成己成物就是儒家教化的目的所在,《学记》之小成与大成使得成己变成一个可操作化的教学过程。修己是成己成物的前提,安人才是成己成物的核心所在。《学记》文本之中的"教—化—成",既是对儒家大学之道的生动体现,更是儒家教化之道在教学领域中的具体落实,体现了《学记》"由末以至本"的思维运作方式。即通过"学"实现"化民成俗"之教化目的。

(三)"学—教"体系的注疏

"学—教"体系的注疏,主要从制、教、学三个层面来展开,就是要在对相关教育范畴进行诠释的基础之上,分析教育范畴之间的逻辑关系。

1. 制：入学考校—正业居学

（1）入学与考校

《学记》文本之中对于入学—考校的表述为：

> 比年入学，中年考校。
>
> [注] 比年入学，学者每岁来入也。中年考校中犹间也。乡遂大夫间岁，则考学者之德行道艺。《周礼》三岁大比乃考焉。
>
> [疏] 比年入学者，比年，谓每年也，谓年年恒入学也。中年考校者，中，犹间也。谓每间一岁，乡遂大夫考校其艺也。
>
> 《正义》曰：间年，谓下一年、三年、五年、七年之类是也。云"乡遂大夫间岁则考学者"，计学者入学多少之间岁，非是乡遂大夫间岁三年入学也。云"《周礼》三岁大比乃考焉"者，郑引《周礼》"三年大比考校"，则此中年考校，非《周礼》也。故《周礼·乡大夫职》云："三年大比，而兴贤者能者。"皇氏云"此中年考校亦周法"，非也。皇氏又以此"中年考校"，谓乡遂学也。下文云"一年视离经辨志"以下，皆谓国学，亦非也。但应入大学者，自国家考校之耳。其未入大学者，乡遂大夫考校也。

案：我们试结合注疏对"入学与考校"范畴进行分析：第一，案郑注：入学为每岁，考校为入学后的下一年，考校的内容分为德行和道艺两部分。郑注引《周礼》"三岁大比"，来说明《学记》之中的"中年考校"。第二，案郑注：考校为乡遂大夫来进行考核。第三，孔疏对郑注的疏证有二：其一，"中年考校"非《周礼》"三岁大比"；其二，"中年考校"非只是"乡遂大夫"的考校。第四，案《正义》：中年考校为"乡遂"和"学"都有的考核，"应入大学者，自国家考校之耳。其未入大学者，乡遂大夫考校也"。

郑注与孔疏所引发的思考：第一，学者每岁入学，"每岁"究竟为几岁，即入学年龄的问题。第二，入学中的"学"，究竟是何学，是乡遂学还是国学。第三，中年考校之"一、三、五、七"乃至"九"年，应作何解。

第一章　郑注与孔疏：《学记》教育范畴的辨析厘定

（2）正业与居（学）

《学记》文本之中对正业—居学的表述为：

时教必有正业，退息必有居学。

［注］有居，有常居也。

［疏］大学之教也，时者言教学之道，当以时习之。教必有正业者，正业，谓先王正典，非诸子百家，是教必用正典教之也。退息必有居者，退息，谓学者疲倦而暂休息。有居，谓学者退息，必有常居之处，各与其友同居，得相谘决，不可杂滥也。

案：我们结合注疏对"正业与居（学）"范畴进行分析：第一，此节首先存在断句争议。郑注与孔疏都以"时""居"字句绝，故注疏对"正业"和"居"进行解释。第二，案郑注孔疏：正业谓先王正典，居就是常居，有常居之处。第三，"正业与居（学）"与"藏、修、息、游"互为佐证。案孔疏：藏，谓心常怀抱学业也。修，谓修习不能废也。息，谓作事倦息之时，而亦在学也。游，谓间暇无事游行之时，亦在于学，言君子于学无时暂替也。第四，"正业与居（学）"的内容就是"不学博依，不能安诗；不学杂服，不能安礼。不兴其艺，不能乐学"。案郑疏：

学不学操缦，不能安弦者，此以下并正业积渐之事也。此教乐也。乐主和，故在前，然后须以积渐，故操缦为前也。操缦者，杂弄也。弦，琴瑟之属。学之须渐，言人将学琴瑟，若不先学调弦杂弄，则手指不便；手指不便，则不能安正其弦。先学杂难，然后音曲乃成也。不学博依，不能安诗者此教诗法也。诗是乐歌，故次乐也。博，广也。依，谓依倚也，谓依倚譬喻也。若欲学诗，先依倚广博譬喻。若不学广博譬喻，则不能安善其诗，以诗譬喻故也。不学杂服，不能安礼者此教礼法也。前诗后礼，亦其次也。杂服至皮弁至朝服，玄端服属之类。礼谓礼之经也。《礼经》正体在于服章，以表贵贱。今若欲学礼，而不能明杂衣服，则心不能安善于礼也。不兴其艺，不能乐学者，此总结上三事，并先从小起义也。兴，谓歆喜也，故《尔雅》云："歆、喜，兴也。"艺，谓操缦、博依、六艺之等。若欲学《诗》《书》正典，意不敢喜其杂艺，则不能耽玩乐于所学之正道。

依据郑疏："正业"为《乐》《诗》《礼》，且三者之间学习的内在顺序为先《乐》、次《诗》、后《礼》；"居学"就是操缦、博依、杂服之事。《论语·泰伯》之中"兴于《诗》，立于礼，成于乐"的论述，与《学记》对于正业的论述具有内在的一致性。

此外，正业与居（学）的背后隐藏着教与学之间的相互关系，教—正业与学—居学就是对教者教与学者学之间相互关系的表达。《学记》文本强调居之常居，注重与其友同居而得相谘决之学习功效，就表明此居非家中独居，同样此学也非自己独学，而是一种教环境下的学而非无教的自学，"教乐法""教诗法"与"教礼法"。但是，学从表面是为了教者更好地教，然而究其实质是为了学者更好地学。

2. 教：豫时孙摩—长善救失

（1）豫时孙摩

《学记》文本之中对于豫时孙摩的表述为：

大学之法，禁于未发之谓豫，当其可之谓时，不陵节而施之谓孙，相观而善之谓摩。此四者，教之所由兴也。发然后禁，则扞格而不胜；时过然后学，则勤苦而难成；杂施而不孙，则坏乱而不修；独学而无友，则孤陋而寡闻。燕朋逆其师；燕辟废其学。此六者，教之所由废也。君子既知教之所由兴，又知教之所由废，然后可以为人师也。

［注］大学之法，禁于未发之谓豫，未发，情欲未生，谓年十五时。当其可之谓时，可，谓年二十，时成人。不陵节而施之谓孙，不陵节，谓不教长者、才者以小，教幼者、钝者以大也。施，犹教也。孙，顺也。相观而善之谓摩，不并问，则教者思专也。摩，相切磋也。此四者教之所由兴也，兴，起也。发然后禁，则扞格而不胜，教不能胜其情欲。时过然后学，则勤苦而难成，时过则思放也。杂施而不孙，则坏乱而不修，小者不达，大者难识，学者所惑也。独学而无友，则孤陋而寡闻，不相观也。燕朋逆其师，燕，犹亵也，

亵其朋友。燕辟废其学，亵师之譬喻。此六者，教之所由废也，废，灭。

[疏]禁于未发之谓豫者，发，谓情欲发也。豫，逆也。十五以前，情欲未发，则用意专一，学业易入。为教之道，当逆防未发之前而教之，故云"禁于未发之谓豫"。当其可之谓时者，可，谓年二十之时。言人年至二十，德业已成，言受教之端，是时最可也。不陵节而施之谓孙者，陵，犹越也。节，谓年才所堪。施，犹教也。孙，顺也。谓教人之法，当随其年才，若年长而聪明者，则教以大事，而多与之；若年幼又顽钝者，当教以小事，又与之少，是不越其节分而教之。所谓孙，顺也，从其人而设教也。相观而善之谓摩者，善，犹解也。受学之法，言人人竞问，则师思不专，故令弟子共推长者能者一人谘问，余小不能者，但观听长者之问答，而各得知解。此朋友琢磨之益，故谓之"摩"也。此四者，教之所由兴也者，结上四者。兴，起也。四事并是教成之所起也。发然后禁，则扞格而不胜者，发，谓情欲既生也。扞，谓拒扞也。格，谓坚强。若情欲既发而后乃禁，教则扞格于教，教之不复入也。是教弱而欲强，为教不胜矣。时过然后学，则勤苦而难成者，时过，谓学时已过，则心情放荡，虽欲追悔欲学，精明已散，徒勤苦四体，终难成也。杂施而不孙，则坏乱而不修者，杂施，谓教杂乱无次越节，则大才轻其小业，小才苦其大业，并是坏乱之法，不可复修治也。独学而无友，则孤陋而寡闻者，独学，谓独自习学而无朋友。言有所疑，无可谘问，则学识孤偏鄙陋，寡有所闻也。燕朋逆其师者，以前四条皆反上教之所兴，此"燕朋""燕譬"，特加二条，不与上相对。燕朋，谓燕亵朋友，不相尊敬，则违逆师之教道也。燕譬废其学者，譬，譬喻也。谓义理钩深，或直言难晓时，须假设譬喻，然后可解。而堕学之徒，好亵慢笑师之譬喻，是废学之道也。此六者，教之所由废也者，结上六事，是废学之由。前兴有四，后废有六者，庾云："不亵朋友及师之譬喻，自是学者之常理。若不为燕朋、燕譬，则亦不足以致兴。"言若作此燕朋、燕譬，则学废替矣。

案：我们结合注疏对"豫时孙摩"范畴进行分析：

第一，豫时孙摩的字义分析。豫，逆也，为教之道，当逆防未发之前而教之；时，年二十之时，受教之端，是时最可也；孙，顺也，从人之年才而设教；摩，相切磋也，朋友琢磨之益。

第二，豫时孙摩的关键节点如表1-26所示。

表1-26　　　　　　　　"豫时孙摩"的关键节点

	豫	时	孙	摩
关键节点	情欲	最可	年才	问答观摩

豫的节点是十五，十五之时若情欲已发，教则扞格于教，教弱而欲强，则为教不胜；时的节点是二十，二十之时为受教"最"可时，若错过"最"可之时，则徒勤苦四体而终难成；孙的节点是年才，教人之法当遵人之年才，因从其人而设教，若教杂乱无次且越节，则不可复修治；摩的节点是问答，受学之法，令弟子同推长者能者一人谘问，余小不能者则观听长者之问答，若独自学习则无此观摩之机。教者之教如果能把握此关键节点，则是教成之所起也；如果不能把握此关键节点，则会产生相反的结果——扞格而不胜、勤苦而难成、坏乱而不修、孤陋而寡闻，则是教不成之所由也。同样，违逆师教和学道，也是导致教不成的缘由。"燕，犹亵也；譬，譬喻也"，燕朋即燕亵朋友，不相尊敬，则违逆师之教道；燕譬即堕学之徒，好亵慢笑师之譬喻，则废学之道。

第三，豫时孙摩的争议点。首先，郑注孔疏所标明的"十五"与"二十"之年龄节点，有待进一步考证。其次，"孙"之中的年与才，年分长者和幼者，才分聪明者和顽钝者，教人之法依据年才的关系（见表1-27）。

表1-27　　　　　"教人之法"依据"年""才"的关系

	年长者	年幼者
聪明者	教以大事，而多与之	
顽钝者		教以小事，而少与之

长者与幼者（年）、聪明者与顽钝者（才）、大事与小事（事）、多

与少（量）之间的区分与关系，需要做进一步的说明。最后，摩谓相切磋，此相观而善，为对"问答"的观摩。《学记》文本之中关于"问"的表述有："幼者听而弗问，学不躐等也"，此处之"问"既包括幼者对长者发问之间的相互切磋，也包括幼者观摩长者与教者之间的问答。此"问"与"相观而善之谓摩"，具有异曲同工之妙。故此，此"摩"就应该包括两个层面的意思，其一是学者之间的相互切磋，其二是观摩学者与教者之间的问答。

（2）长善救失：善喻—知心

《学记》文本之中对于长善救失的表述为：

> 故君子之教，喻也：道而弗牵，强而弗抑，开而弗达。道而弗牵则和，强而弗抑则易，开而弗达则思。和、易、以思，可谓善喻矣。（正义曰：此一节明君子教人，方便善诱之事。）
>
> 学者有四失，教者必知之。人之学也，或失则多，或失则寡，或失则易，或失则止。此四者，心之莫同也。知其心，然后能救其失也。教也者，长善而救其失者也。（正义曰：此一节明教者识学者之心，而救其失也。）
>
> [注] 失于多，谓才少者。失于寡，谓才多者。失于易，谓好问不识者。失于止，谓好思不问者。救其失者，多与易则抑之，寡与止则进之。
>
> [疏] 故君子之教，喻也，喻，犹晓也，道而弗牵者；道，犹示也；牵，谓牵逼。师教既识学之废兴，故教喻有节，使人晓解之法，但广开道示，语学理而已。若人苟不晓知，亦不逼急，牵令速晓也。强而弗抑者，抑，推也。谓师微劝学者，使神识坚强。师当随才而与之，使学者不甚推抑其义而教之。开而弗达者，开，谓开发事端，但为学者开发大义头角而已，亦不事事使之通达也。道而弗牵则和者，此下三句，释上三事之所由也。若人苟不晓而牵逼之，则彼心必生忿恚，师与弟子不复和亲。今若但示正道，宽柔教之，则彼心和而意乃觉悟也。强而弗抑则易者，贺氏以为师，但劝强其神识，而不抑之令晓，则受者和易，和易亦易成也。开而弗达则思者，但开发义理，而不为通达，使学者用意思念，所得必深，故云

则思也。和易以思可谓善喻矣者，结上三事之功，若师能教弟子如此三事，则可谓善教喻矣。

人之学也，或失则多者，一失也。假若有人才识浅小，而所学贪多，则终无所成，是失于多也。或失则寡者，二失也。或有人才识深大，而所学务少，徒有器调，而终成狭局，是失于寡少也。或失则易者，三失也。至道深远，非凡浅所能，而人不知思求，唯好泛滥外问，是失在轻易于妙道，故云或失则易，此是学而不思则罔。或失则止者四失也。人心未晓知，而不肯谘问，惟但止住而自思之，终不能达其实理，此失在于自止也。此是思而不学则殆。此四者，心之莫同也者。结前四失，是由人心之异故也。知其心，然后能救其失也者，结救失四事。师既前识其四心之不同，故后乃能随失而救之也。教也者，长善而救其失者也者，使学者和易以思是长善，使学者无此四者之失是救失，唯善教者能知之。

案：我们结合注疏对"长善救失"范畴进行分析：第一，何谓"长善救失"。案孔疏："使学者和易以思是长善，使学者无此四者之失是救失，唯善教者能知之"，和易以思可善喻，知其心则能救失，善喻长善，知心救失。第二，何谓"善喻"。和易以思可谓善喻，"和"为"道而弗牵"之所由，"示正道，宽柔教之，则彼心和而意乃觉悟"；"易"为"强而弗抑"之所由，"但劝强其神识，而不抑之令晓，则受者和易，和易亦易成"；"思"为"开而弗达"之所由，"但开发义理，而不为通达，使学者用意思念，所得必深"。在和易以思之中，教者通过示正道（导）、强其神识（强）、开发义理（开）之教，而达到让学者和、易以思的长善功效。第三，何谓"知心"。人之学有四失，各由其因。才识浅小而所学贪多，其为一失（多）；才识深大而所学务少，其为二失（寡）；不知思求而唯好泛滥外问，其为三失（易）；心未晓知而不肯谘问，自思而终不能达其实理，其为四失（止）。由此，四失之因可合并为二，或因才识，或因学思，知心就是知四失之因而救之。

3. 学：师道—进学—继志

（1）师道：师严与道尊、道尊与敬学、安学与亲师

《学记》文本之中对于师道的相关表述为：

第一章 郑注与孔疏：《学记》教育范畴的辨析厘定

> 凡学之道，严师为难。师严然后道尊，道尊然后民知敬学。
> [注] 严，尊敬也。
> [疏] 正义曰：此一节论师德既善，虽天子以下，必须尊师。

郑注只对"严"字进行注解，严师，即尊师。师尊然后道尊，即尊师然后尊道，尊道然后敬学。孔疏在阐明本节尊师之义后，只对天子以下必须尊师的内容进行疏解。郑注孔疏都没有对师尊与道尊，道尊与敬学之间的关系进行疏解。此节只表明师与学的关系，《学记》文本之中还有关于学与师之间的关系表述：

> 夫然，故安其学而亲其师，乐其友而信其道，是以虽离师辅而不反也。
> 夫然，故隐其学而疾其师，苦其难而不知其益也。
> [疏] 夫然，故安其学而亲其师者，此明亲师爱友也。然，如此也。若能藏、脩、息、游，无时暂替，能如此者，乃能安其所学业。言安学业既深，必知此是深由本师，故至于亲爱师也。乐其友者师既获亲，而同志之友亦被于乐重。然前三年乐群，五年亲师，亲师在乐群之后，而此前亲后乐友者，群即友也，为义然也。前明始学，故乐友在前。此明学业已成，故亲师为首矣。而信其道者其道，己道也。既亲其师乐友，己道深明，心自说信，不复虚妄。一云：信师友之道，前安学，故乃亲师乐友，后乃信道也。是以虽离师辅而不反也者，辅，即友也，友主切磋，是辅己之道深远也。离犹违也。己道深明，不复虚妄，心自信之。若假令违离师友，独在一处而讲说，不违反于师友昔日之意旨，此则强立不反也。
> 夫然，故隐其学而疾其师者由师教既悖，而受者又违，故受学者弟子不荷师教之德，乃隐没其师之学，而憎疾其师也。苦其难而不知其益也者，师说既不晓了，故弟子受之，苦其难。既难不解，故不自知其有益。虽终其业，其去之必速者学者勉力自强，虽得终竟其业，为心不晓解，其亡去之必速疾矣。

案：从孔疏对上述两节的注解之中，我们不难发现：学—师—友—

道之间的逻辑关系，即从学者为学结果来看：安学然后亲师，亲师然后乐友，乐友然后信道；隐学则憎师，隐学是由于"教者，呻其占毕，多其讯，言及于数，进不顾其安，使人不由其诚，教人不尽其材，其施之也悖，其求之也佛"所造成的。实质在于教者违理，则学者不能安于义理。故此，教者依理则学者安学，学者安学则就会亲师乐友信道；教者违理则学者隐学，学者隐学则会憎师弃道。

（2）进学：善学者与不善学者、善问与不善问、善待问者与不善答问者、善教者与不善教者

《学记》文本之中关于进学的相关表述为：

> 善学者，师逸而功倍，又从而庸之。不善学者，师勤而功半，又从而怨之。善问者如攻坚木，先其易者，后其节目，及其久也，相说以解。不善问者反此。善待问者如撞钟，叩之以小者则小鸣，叩之以大者则大鸣，待其从容，然后尽其声。不善答问者反此。此皆进学之道也。（正义曰：此一节明善学及善问，并善答不善答之事。）

[注] 从，随也。庸，功也。功之，受其道，有功于己。此皆善问善答也。

[疏] 善学者师逸而功倍者，受者聪明易入，是为学之善，故师体逸豫，而弟子所解又倍于他人也。又从而庸之者庸亦功也。所得既倍于他人，故恒言我师特加功于我者，是"从而功之"也。不善学者师勤而功半者此明劣者也。己既暗钝，故师体勤苦，而功裁半于他人也。又从而怨之者己既暗钝，而不自责己不明，乃反怨于师，独不尽意于我也。善问者如攻坚木，先其易者，后其节目者此明能问者。问，谓论难也。攻，治也。言善问之人，如匠善攻治坚木，先研治其濡易之处，然后斫其节目。其所问师之时，亦先问其易，后问其难也。及其久也，相说以解者言问者顺理，答者分明，故及其经久，师徒其相爱说，以解义理。不善问者反此者若暗劣不解问之人，则与能问者意反也。谓先问其难，心且不解，则答问之人，不相喜说，义又不通也。故云"反此"矣。善待问者如撞钟，叩之以小者则小鸣，叩之以大者则大鸣者向明问，此明答也。以为

设喻譬，善能答问难者，如钟之应撞，撞小则小鸣应之，撞大则大鸣应之。能答问者，亦随彼所问事之大小而答之。待其从容，然后尽其声者又以钟为喻也。不善答问者反此者谓不善答他所问，则反此。上来之事，或问小而答大，或问大而答小，或暂问而说尽，此皆无益于所问，故云"不善答问者反此"。此皆进学之道也者言上善问善答，此皆进益学者之道也。

案：我们依据郑注孔疏进行分析：第一，善学者和不善学者。善学者为聪明易入者，不善学者为暗钝者。善学则师体逸豫、成效显著，又归功于师；不善学则师体勤苦、成效不明，又怨恨于师。即善学—师逸—功倍—归功于师，不善学—师勤—功半—怨恨于师。第二，善问者与不善问者。善问者先问其易，后问其难也；不善问者先问其难。先易后难则问者顺理，答者分明，师徒其相爱说，以解义理；先问其难，心且不解，则答问之人，不相喜悦，义又不通也。第三，善待问者与不善答问者。善待问者，就是指善能答问难者，随彼所问事之大小而答之；不善答问者，就是指不善答他所问者，或问小而答大，或问大而答小，或暂问而说尽。

《学记》文本针对上一节阐述善学及善问并善答不善答之事之后，专门指出"记问之学，不足以为人师，必也其听语乎！力不能问，然后语之。语之而不知，虽舍之可也"。教者需要回答学者之问，但反对教者成为"记问"之师。按孔疏：

> 教人之时，不善教学者，谓心未解其义，而但逆记他人杂问，而谓之解。至临时为人解说，则先述其所记而示人，以其不解，无益学者。

可见，"记问之学"就是指不善教者本人心未解其义，而以逆记他人杂问作为其解，并以此作为应答学者所问的依据，而不是依学者所问而能给予所答。那么，作为善教者必先听其语再作答；如果学者因才力苟不能见问，则必待其愤愤悱悱之时再语之，语之而不能知且舍住，待后别更语之可也。此处即说明了善教者与不善教者在答问环节的根本区别。

我们用图表对进学之道归纳如表 1-28 所示。

表 1-28　　　　　　　　　　进学之道

第一	善学者	善学—师逸—功倍—归功于师
	不善学者	不善学—师勤—功半—怨恨于师
第二	善问者	先易后难则问者顺理，答者分明，师徒其相爱说，以解义理
	不善问者	先问其难，心且不解，则答问之人，不相喜悦，义又不通
第三	善待问者	随彼所问事之大小而答之
	不善答问者	或问小而答大，或问大而答小，或暂问而所尽
第四	善教者	听语而答；力不能问—语之—舍之
	不善教者	记问之学，不依学者所问而能给与所答

（3）继志：善教与继志

《学记》文本之中关于继志的相关表述为：

> 善歌者，使人继其声。善教者，使人继其志。其言也，约而达，微而臧，罕譬而喻，可谓继志矣。（正义曰：此一节论教者若善，则能使学者继其志于其师也）
>
> [注] 善歌者，使人继其声。善教者，使人继其志言为之善者，则后人乐放效。其言也，约而达，微而臧，罕譬而喻，可谓继志矣师说之明，则弟子好述之，其言少而解。臧，善也。
>
> [疏] 善歌谓音声和美，感动于人心，令使听者继续其声也。善教者，使人继其志者设譬既毕，故述其事，而言善教者必能使后人继其志，如善歌之人能以乐继其声，如今人传继周、孔是也。其言也，约而达者，此释所以可继之事。言善为教者，出言寡约，而义理显达易解之。微而臧者微，谓幽微。臧，善也。谓义理微妙，而说之精善也。罕譬而喻者，罕，少也。喻，晓也。其譬罕少而听者皆晓。可谓继志矣者。能为教如上，则可使后人继其志意。不继声而继志者，本为志设，故不继声也。

案：郑注孔疏对"善教与继志"的关系分析如下：第一，何谓善

第一章 郑注与孔疏：《学记》教育范畴的辨析厘定

教。案郑注：师说之明，则弟子好述之，其言少而解。首先，从言语层面来看，教者讲解言少而明了；其次，从效果层面来看，学者晓解师者所讲之内容，并能明白其中的义理；最后，从师与弟子关系层面来看，弟子乐于仿效师者言论，师与弟子关系融洽。案孔疏：无论是约而达、微而臧，还是罕譬而喻，都是在强调师者善解义理微妙的精善之说。第二，何谓继志。案郑注孔疏：以善歌者使人继其声为譬喻，来说明善教者使人继其志之理，用来说明学者仿效教者之理。善教者所传达和学者所仿效之理，就是传继周、孔之理，善教者所教与学者所学之理一也。正如《学记》文本所言：

> 君子曰：大德不官，大道不器，大信不约，大时不齐。察于此四者，可以有志于学矣。三王之祭川也，皆先河而后海，或源也，或委也。此之谓务本。（正义曰：此一节论学为众事之本。）
>
> [注] 君子曰：大德不官谓君也。大道不器谓圣人之道，不如器施于一物。大信不约谓若胥命于蒲，无盟约。大时不齐或时以生，或时以死。齐如字。察于此四者，可以有志于学矣。本立而道生，言以学为本，则其德于民无不化，于俗无不成。三王之祭川也，皆先河而后海，或源也，或委也。此之谓务本源，泉所出也。委，流所聚也。始出一勺，卒成不测。
>
> [疏] 君子曰者，《记》者引君子之言，故云君子曰也。大德不官者，大德，谓圣人之德也。官，谓分职在位者。圣人在上，垂拱无为，不治一官，故云大德不官也，不官而为诸官之本。大道不器者，大道，亦谓圣人之道也。器，谓物堪用者，夫器各施其用，而圣人之道弘大，无所不施，故云不器，不器而为诸器之本也。《论语》云君子不器，又云孔子博学而无所成名是也。大信不约者，大信，谓圣人之信也。约，谓期要也。大信，不言而信。孔子曰："予欲无言，天何言哉，四时行焉。"不言而信，是大信也。大信本不为细言约誓，故云不约也，不约而为诸约之本也。大时不齐者，大时，谓天时也。齐，谓一时同也。天生杀，不共在一时。犹春夏华卉自生，荞麦自死；秋冬草木自死，而荞麦自生，故云不齐也，不齐为诸齐之本也。察于此四者，可以有志于本矣者结之也。若能察此在

上四者之事，则人当志学为本也。庾云："四者，谓不官为群官之本，不器为群器之本，不约为群约之本，不齐为群齐之本。言四者莫不有本，人亦以学为本也。"三王之祭川也，皆先河而后海，或源也，或委也者，言三王祭百川之时，皆先祭河而后祭海也。或先祭其源，或后祭其委，河为海本，源为委本，皆曰川也，故总云三王之祭川。源、委，谓河海之外，诸大川也。此之谓务本者先祭本，是务重其本也。本小而后至大，是小为大本。先学然后至圣，是学为圣本也。

案：正如郑注孔疏所言，君子之学就在于有志于本，继志就是要继本。"大德不官，大道不器，大信不约，大时不齐"所体现的圣人之德、圣人之道、圣人之信和天时就是本，学者洞察此四者就可养成以学为本之志向。三王祭川先河而后海，就是说明小为大本，本小而后至大。由此，学为圣本，先学然后至圣。继志，就是学者要继学为圣本之志，就是学者要有志于学，并最终实现由学至圣的根本宗旨。《学记》从"化民成俗，其必由学""建国君民，教学为先"始至"学为圣本"终，"以学论教"的重学特色跃然纸上。

第二章 义理与考证：《学记》教育范畴的代际濡化
——教育文本诠释与教育思想演进之间的互动与共生

《学记》教育范畴的代际濡化，就是在儒学的传承和演变过程中，年轻一代在年长一代的指示、引导或强制下接受《学记》教育范畴的过程。具体来说，就是宋元明清以来中国古代学者在儒学文化体系之内，在对《学记》教育文本进行诠释的过程之中，对前代《学记》教育范畴诠释内容进行修正和接受的过程。

第一节 荆公新学与《学记》教育范畴的新义肇始

> 自汉儒至于庆历间，谈经者守训故而不凿。《七经小传》出而稍新奇矣。至《三经义》行，视汉儒之学若土梗。
> ——王应麟《困学纪闻》

一 荆公新学与《学记》诠释

王应麟《困学纪闻》之中所指出的"守训故而不凿"，就是治经学者自唐以至宋初笃守古义，各承师传，在经学诠释方面几乎无所新意的局面。刘敞《七经小传》和王安石《三经新义》起到开风气之先的作用，尤其是对汉唐至宋初以来学者们所推崇的郑注孔疏提出了挑战，经学发展进入"变古时代"（皮锡瑞语）。

（一）《七经小传》之《学记》新义

刘敞之《七经小传》被视作北宋开学术风气之先的作品，《七经小传》分为上、中、下三卷，其中上卷包括《尚书》《毛诗》，中卷包括《周礼》《仪礼》《礼记》《公羊》，下卷包括《论语》。我们以《七经小传》之《礼记》中的《学记》条为例，来分析刘敞开风气之先的诠释风格。

《七经小传·礼记》之中对《学记》的诠释只有一条，在卫湜《礼记集说》之中也有相应的收录。

［原文］发虑宪，求善良，足以謏闻，不足以动众。就贤体远，足以动众，未足以化民。君子如欲化民成俗，其必由学乎！

［小传］发虑宪者，言发动知虑能求宪法也。动读如《中庸》明则动之动，言此皆徒善，未足以动人也。就贤体远，贤，谓贤于人之贤；远，谓远于人之远；可以动人矣，未能使人化也。凡动者，言矜式之；化者，言心服之。唯学可以化民成俗，谓其所传者博，所教者众，见之者详也。

郑玄与孔颖达对此语段的注疏内容为：

［郑注］发虑宪，求善良，足以謏闻，不足以动众。宪，法也，言发计虑当拟度于法式也。求，谓招来也。謏之言小也。动众，谓师役之事。就贤体远，足以动众，未足以化民。就，谓躬下之。体，犹亲也。所学者，圣人之道在方策。

［孔疏］发虑宪者，发，谓起。发虑，为谋虑。宪，谓法式也。言有人不学而起发谋虑，终不动众。举动必能拟度于法式，故云发虑宪。求善良者良亦善也，又能招求善良之士。足以謏闻者謏之言小。闻，声闻也。言不学之人，能有片识谋虑法式，求善以自辅。此是人身上小善，故小有声闻也。不足以动众者，众，谓师役也。虽有以小善，恩未被物，若御军动众则不能，故云不足以动众也。就贤体远者，贤，谓德行贤良，屈下就从之。远，谓才艺广远，心意能亲爱之也。足以动众者，以恩被于外，故足以动众也。未足以化民者，虽复恩能动众，识见犹浅，仁义未备，故未足以化民也。君子如欲化民成俗者，君，谓君于上位。子，谓爱下民。谓天子诸侯及卿大夫欲教化其民，成其美俗，非学不可，故云其必由学乎。学则博识多闻，知古知今，既身有善行，示民轨仪，故

第二章 义理与考证：《学记》教育范畴的代际濡化

可以化民成俗也。

我们如果把刘敞与郑玄和孔颖达对《学记》原文的注解进行对比，不难发现刘敞《七经小传》的诠释引入了《中庸》"明则动"之中的"动"，用来注解《学记》文本之中"动众"的"动"。《中庸》之中对"动"的表述为：

> 诚则形，形则著，著则明，明则动，动则变，变则化，唯天下至诚为能化。

诚—形—著—明—动—变—化之间的内在理路在《中庸》中有清晰的阐述，"动众"和"化民"的思想和道德行为基础便是"诚"，即由"诚"至"化"，而"诚"与"化"正是《中庸》之中的两大重要范畴——"唯天下至诚为能化"。正如朱熹在《四书章句集注》中所言，"积而至于能化，则其至诚之妙，亦不异于圣人矣"，此乃"言人道也"。

刘敞引用《中庸》之中的"动"来阐述"动众"所隐含的内在理路，就是其诠释不同于郑注与孔疏的最大之处，也是其"新义"之所在。

（二）荆公新学与经典诠释

1. 何谓荆公新学

《宋元学案》之中有专门的《荆公新学略》，之所以被称作"学略"而不是"学案"，《荆公新学略序录》对其解释如下：

> 祖望谨案：荆公《淮南杂说》初出，见者以为《孟子》。老泉文初出，见者以为《荀子》。已而聚讼大起。《三经新义》累数十年而始废，而蜀学亦遂为敌国。上下《学案》者，不可不穷其本末也。且荆公欲明圣学而杂于禅，苏氏出于纵横之学而亦杂于禅，甚矣，西竺之能张其军也！述《荆公新学略》及《蜀学略》。梓材案：是条《序录》兼蜀学而言之，谢山以其并为杂学，故列之《学案》之后，别谓之《学略》云。①

---

① （清）黄宗羲：《宋元学案》卷九十八《荆公新学略》，中华书局1986年版，第3237页。

我们对《序录》中包含的关键词进行分析：

（1）学略：荆公新学、蜀学。北宋中期儒学复兴运动之中兴起的学派有：新学、蜀学和理学。其中：新学，即荆公新学，以王安石等主持修撰的《三经新义》而得名。但应明确指出的是，荆公新学的内容不局限于《三经新义》。蜀学，即苏氏蜀学（"三苏"），创始人为苏洵，由苏轼、苏辙兄弟发展而成学派。理学，即程颢、程颐的"二程"洛学。

（2）著作：《淮南杂说》《三经新义》。《淮南杂说》为荆公新学创立初期王安石的著作，王安石弟子陆佃、蔡卞都曾记述《淮南杂说》在当时的学术影响。陆佃的记述为：

> 嘉祐、治平间，淮之南，学士大夫宗安定先生之学，予独疑焉。及得荆公《淮南杂说》与其《洪范传》，心独谓然，于是愿扫临川先生之门。后余见公，亦骤见称奖，语器言道，朝虚而往，暮实而归。觉平日就师十年，不如从公之一日也。①

蔡卞的记述为：

> 自先王泽竭，国异家殊。由汉迄唐，源流浸深。宋兴，文物盛矣，然不知道德性命之理。安石奋乎百世之下，追尧舜三代，通乎昼夜阴阳所不能测而入于神。初著《杂说》数万言，世谓其言与孟轲相上下。于是天下之士，始原道德之意，窥性命之端云。②

从陆佃与蔡卞对《淮南杂说》情况的记述，足以看出《淮南杂说》所引发的思想革命——"原道德之意，窥性命之端"，这与全祖望"荆公《淮南杂说》初出，见者以为《孟子》"的评述本义相一致。

如果说《淮南杂说》旨在引导学者们摆脱经传注疏的束缚，而在学术思想领域引发思想解放潮流，那么《三经新义》颁行的主旨就在于通过训释六艺之文，阐明先王之道，统一思想纷争。

---

① （宋）陆佃：《陶山集》卷十五《傅府君墓志》。
② 晁公武：《郡斋读书志》卷四下。

第二章 义理与考证：《学记》教育范畴的代际濡化

由此，《三经新义》应运而生。熙宁八年（1075）元月，《三经义》（《诗》《书》《周礼》）修成奏御，不久颁行天下，作为为学和取士之经学标准。"一时学者，无敢不传习，主司纯用以取士，士莫得自名一说，先儒传注，一切废不用"①，《三经新义》之地位可见一斑。

（3）事件：荆公新学与蜀学之争。

《孟子》和《荀子》因其记述儒家之道而为后世学者所推崇，荆公新学因其欲明圣学之道而有"见者以为《孟子》"的学术影响。那么，荆公新学所要面对和解决的思想困境到底是什么呢？

经学自唐以至宋初，已陵夷衰微矣。然笃守古义，无取新奇；各承师傅，不凭胸臆，犹汉唐注疏之遗也。②

"笃守古义，无取新奇"的后果就是，"说《尧典》篇目两万字之谊，至十余万言。但说'曰若稽古'，三万言"③，士子皓首穷经却仍未能窥儒学堂奥，陈陈相因而无所发明，热衷名物章句而无心儒学大旨精义。最为严重的后果就是"儒门淡泊，收拾不住"的难堪局面的产生。而与此同时，佛、道二教却长盛不衰，在思想学术领域对儒学造成了极大的冲击。反思、反应，就必然成为儒家学者的应有之义。王安石批判经传注疏之学，"章句之文胜质，传注之博溺心"，提倡阐发儒家经典义理，以至建构新的儒学体系，其用意就在于此。其在《虔州学记》之中就曾表达其对性命之理的思考：

> 先王之道德，出于性命之理，而性命之理，出于人心，《诗》《书》能循而达之。④

《三经新义》就是倡导义理之学的奠基之作，"自王氏之学兴，士大夫非道德性命不谈"⑤，是北宋学风由章句训诂之学向性命义理之学转向的标志性著作。"道德性命之学，为宋道学家所侈谈者，在安石的学

---

① 《宋史》卷三二七《王安石传》。
② 皮锡瑞：《经学历史》，中华书局2011年版，第156页。
③ 颜师古：《汉书·艺文志注》。
④ 《王文公文集》卷三十四《虔州学记》。
⑤ 赵秉文：《滏水文集》（卷一）。

术思想里，开别树一帜的'先河'，也是事实"①，《三经新义》的"新"就在于此。蜀学、理学正是沿着荆公新学所开辟的阐发道德之意、性命之理的学术道路，共同开启了北宋中期儒学复兴的新的历史阶段。

至于全祖望指出，荆公新学"欲明圣学而杂于禅"而将其归为"杂学"称之为"学略"，事实上就是指荆公新学在阐述儒家义理之时，吸取佛道哲学长于思辨、重视义理的治学方式。实际上，需要说明的是儒家发展过程中的三教合一，王安石的荆公新学并不是个案，理学发展过程中也有三教合一的学术融合现象。全祖望对荆公新学的批判，并不能真正影响《三经新义》的学术历史地位，并不能抹杀《三经新义》发明经典义理的学术贡献。

2. 荆公新学的学术传承与经典诠释

全祖望在《荆公新学略》中引用陈用之《论语解序》，对荆公新学的学术传承和经典诠释情况进行了说明：

> 荆公六艺之学，各有传者。考之诸家著录中，耿南仲、龚深父之《易》，陆佃之《尚书》《尔雅》，蔡卞之《诗》，王昭禹、郑宗颜之《周礼》，马希孟、方悫、陆佃之《礼记》，许允成之《孟子》，其渊源具在，而陈祥道之《论语》，鲜有知者，但见于昭德晁氏《读书志》而已。荆公尝自解《论语》，其子雱又衍之，而成于祥道。长乐陈氏兄弟，深于礼乐，至今推之，乃其得荆公之传，则独在《论语》。昭德谓"绍圣以后，场屋皆遵此书"，则固尝颁之学官矣。或曰："是书本出于道乡邹公，而托于祥道。"予谓："道乡，伟人也，岂有袭阮逸辈之所为哉！诸家为荆公之学者，多牵于《字说》，祥道疵颣独寡，为可喜也。况荆公父子之《论语》不传，而是书独存，亦以幸矣。予家居，细为校雠，欲觅穷经家之有力者，取荆公《周礼新义》、王昭禹《周礼解》、郑宗颜《考工记注》、陆佃《尔雅新义》暨是书合梓之，以见熙、丰之学之概，无使蔡卞之《诗》独行，而未能也。经师之作，存于今者稀矣，虽或不醇，要

---

① 侯外庐：《中国思想通史》（第四卷上册），人民出版社1959年版，第423页。

第二章　义理与考证：《学记》教育范畴的代际濡化

当力为存之。"①

从此段话语之中，首先，我们能知晓荆公新学的传人：耿南仲、龚深父、陆佃、蔡卞、王昭禹、郑宗颜、马希孟、方悫、许允成、陈祥道、王雱；其次，荆公新学与六艺之学各有所传，包括《易》《尚书》《尔雅》《诗》《周礼》《礼记》《孟子》《论语》及《字说》；再次，荆公新学之中精于《礼记》者有马希孟、方悫、陆佃等人，还包括陈祥道。本书因研究内容的限制，只选择荆公新学之中与《礼记》相关的人物进行研究。

（三）荆公新学之《礼记·学记》诠释

在荆公新学的传人之中，与《礼记》学有关的有：马希孟、方悫、陆佃、陈祥道。我们选取《荆公新学略》之中对马希孟、方悫、陆佃、陈祥道等人的简要介绍，来梳理其各自的学术历程和人生历程。

> 右丞陆陶山先生佃：陆佃，字农师，山阴人。居贫苦学，夜无灯，映月读书。蹑屩从师，不远千里，受经于王敬公。入京，适荆公当国，首问新政，先生曰："法非不善，但推行不能如初意，还为扰民，如青苗是也。"擢甲科，授蔡州推官。召补国子监直讲。荆公子雱用事，好进者坌集其门，先生待之如常。同王子韶修定《说文》。入见，神宗问大裘袭裘，先生考礼以对。神宗悦，用为详定郊庙礼文官。每有所议，神宗辄曰："自王、郑以来，言礼未有如佃者。"加集贤校理、崇政殿说书。元丰定官制，擢中书舍人、给事中。哲宗立，去荆公之党。荆公卒，先生率诸生哭而祭之，识者嘉其无向背。徽宗即位，召为礼部侍郎。拜尚书右丞。逸者诋先生，名在党籍，罢为中大夫、知亳州，数月卒，年六十一。追复资政殿学士。先生著书二百四十二卷，于礼家、名数之说尤精，如《埤雅》《礼象》《春秋后传》皆传于世。
>
> 正字陈先生祥道：陈祥道，字用之，福州人。元祐中，为太常

---

① （清）黄宗羲：《宋元学案》卷九十八《荆公新学略》，中华书局1986年版，第3260—3261页。

博士，终秘书省正字。所著《礼书》一百五十字。

进士马先生晞孟：马晞孟，云濠案：一作晞孟。① 字彦醇，庐陵人。熙宁癸丑等第。著有《礼记解》七十卷。

侍郎方先生悫：方悫，字性夫，桐庐人。性至孝，父死，庐墓三年。领乡荐表，进《礼记解》于朝。诏赐上舍释褐，而颁其书于天下，学者宗之。居官以刚廉称。云濠案：先生政和八年进士，仕至礼部侍郎。家置万卷书堂，虽老，手不释卷。朱文公尝曰："方氏《礼记解》尽有说得好处，不可以新学而黜之。"

从以上四位或荆公门人或为新学者的学术历程和人生历程的介绍之中，我们不难发现四位对于礼都有研究，我们试以卫湜《礼记集说》②为范本，从中寻觅四位荆公新学学者对于《礼记·学记》诠释的大致情况（见表2-1）。

表2-1　　　　　　　《礼记集说》对《学记》的诠释

《学记》语段	注解情况
发虑宪，求善良，足以謏闻，不足以动众。就贤体远，足以动众，未足以化民。君子如欲化民成俗，其必由学乎！	陈祥道、马晞孟　陆佃
玉不琢，不成器；人不学，不知道。是故古之王者，建国君民，教学为先。《兑命》曰："念终始典于学"，其此之谓乎！	陈祥道、方悫　陆佃
虽有嘉肴，弗食不知其旨也；虽有至道，弗学不知其善也。是故学然后知不足，教然后知困。知不足，然后能自反也；知困，然后能自强也。故曰：教学相长也。《兑命》曰："学学半"，其此之谓乎！	陈祥道、方悫
古之教者，家有塾，党有庠，术有序，国有学	陈祥道、陆佃
比年入学，中年考校：一年视离经辨志，三年视敬业乐群，五年视博习亲师，七年视论学取友，谓之小成。九年知类通达，强立而不反，谓之大成。夫然后足以化民易俗，近者说服而远者怀之。此大学之道也。《记》曰："蛾子时术之"，其此之谓乎！	陈祥道、方悫　陆佃

---

① 按照云濠注解，希孟也可作晞孟，故本书为研究的便利将以马晞孟作为名字的统称。
② 依据清朱彝尊《经义考》的整理和记录，陈祥道、方悫、马晞孟、陆佃等荆公门人关于《礼记》注解的著述都自佚或未见的保存状态，宋卫湜《礼记集说》为我们了解四位学者关于《礼记》注解的资料提供了学术便利。

第二章 义理与考证:《学记》教育范畴的代际濡化

续表

《学记》语段	注解情况
大学始教,皮弁祭菜,示敬道也。《宵雅》肄三,官其始也。入学鼓箧,孙其业也。夏楚二物,收其威也。未卜禘不视学,游其志也。时观而弗语,存其心也。幼者听而弗问,学不躐等也。此七者,教之大伦也。《记》曰:"凡学,官先事,士先志",其此之谓乎!	陈祥道、方悫
大学之教也,时教必有正业,退息必有居学。	陈祥道、陆佃
不学操缦,不能安弦;不学博依,不能安《诗》;不学杂服,不能安礼。不兴其艺,不能乐学。故君子之于学也,藏焉,修焉,息焉,游焉。夫然,故安其学而亲其师,乐其友而信其道,是以虽离师辅而不反也。《兑命》曰:"敬孙务时敏,厥修乃来",其此之谓乎!	陈祥道、方悫 陆佃
今之教者,呻其占毕,多其讯言,及于数进,而不顾其安,使人不由其诚,教人不尽其材,其施之也悖,其求之也佛。夫然,故隐其学而疾其师,苦其难而不知其益也。虽终其业,其去之必速,教之不刑,其此之由乎!	方悫
大学之法,禁于未发之谓豫,当其可之谓时,不陵节而施之谓孙,相观而善之谓摩。此四者,教之所由兴也	陈祥道、方悫 马希孟、陆佃
发然后禁,则扞格而不胜;时过然后学,则勤苦而难成;杂施而不孙,则坏乱而不修;独学而无友,则孤陋而寡闻。燕朋逆其师,燕辟废其学。此六者,教之所由废也。	方悫、陆佃
君子既知教之所由兴,又知教之所由废,然后可以为人师也。故君子之教,喻也:道而弗牵,强而弗抑,开而弗达。道而弗牵则和,强而弗抑则易,开而弗达则思。和、易、以思,可谓善喻矣。	陈祥道、方悫
学者有四失,教者必知之。人之学也,或失则多,或失则寡,或失则易,或失则止。此四者,心之莫同也。知其心,然后能救其失也。教也者,长善而救其失者也	陈祥道、方悫、陆佃
善歌者,使人继其声。善教者,使人继其志。其言也,约而达,微而臧,罕譬而喻,可谓继志矣	陈祥道、方悫、陆佃
君子知至学之难易,而知其美恶,然后能博喻;能博喻,然后能为师;能为师,然后能为长;能为长,然后能为君。故师也者所以学为君也。是故择师不可不慎也。《记》曰:"三王四代唯其师",其此之谓乎!	陈祥道、方悫、陆佃
凡学之道,严师为难。师严然后道尊,道尊然后民知敬学。是故君之所以不臣于其臣者二:当其为尸,则弗臣也;当其为师,则弗臣也。大学之礼,虽诏于天子无北面,所以尊师也	方悫

续表

《学记》语段	注解情况
善学者,师逸而功倍,又从而庸之。不善学者,师勤而功半,又从而怨之。善问者如攻坚木,先其易者,后其节目,及其久也,相说以解。不善问者反此。善待问者如撞钟,叩之以小者则小鸣,叩之以大者则大鸣,待其从容,然后尽其声。不善答问者反此。此皆进学之道也	方悫、马希孟、陆佃
记问之学,不足以为人师,必也其听语乎。力不能问,然后语之。语之而不知,虽舍之可也	方悫、陆佃
良冶之子,必学为裘;良弓之子,必学为箕;始驾马者反之,车在马前。君子察于此三者,可以有志于学矣	陈祥道
古之学者,比物丑类。鼓无当于五声,五声弗得不和;水无当于五色,五色弗得不章;学无当于五官,五官弗得不治;师无当于五服,五服弗得不亲	陈祥道、方悫
君子曰:大德不官,大道不器,大信不约,大时不齐。察于此四者,可以有志于本矣。三王之祭川也,皆先河而后海,或源也,或委也。此之谓务本	陈祥道、方悫、陆佃

从整理资料的情况来看,在对《学记》原文的 21 个语段的注解之中,陈祥道注解了其中 16 个语段,方悫注解了其中 17 个语段,马希孟注解了其中 3 个语段,陆佃注解了其中 14 个语段,方悫对《学记》语段的注解最多,且方悫本人关于《学记》的注解著作——《礼记解》曾得到朱熹较高的评价。虽然四位荆公门人对《学记》语段的注解情况不一,但是他们从整体上完成了对《学记》全文的注解,为我们完整呈现了荆公新学对于《学记》及其教育范畴的注解研究。

二 《学记》教育范畴的新义肇始

我们研究荆公门人关于《学记》教育范畴的新义注解,就是在郑注孔疏对相关教育范畴研究的基础之上进行的比较研究,并以此来探寻关于《学记》教育范畴注解的新义。

(一)"道—学"观的新义肇始

1. 性—学(教)—道

《学记》文本之中对于性—学(教)—道关系的表述为:

— 112 —

第二章　义理与考证:《学记》教育范畴的代际濡化

　　玉不琢，不成器；人不学，不知道。是故古之王者，建国君民，教学为先。《兑命》曰："念始终典于学"，其此之谓乎！

　　[陈] 玉，则璞之至美者也。人，则性之至贵者也。器，待琢而后成，苟不琢焉，虽其质至美，不成器者有矣。道，待学而后知，苟不学焉，虽其性至贵，不知道者有矣。《聘义》曰：君子比德于玉，终之以天下莫不贵者道也。《经》曰：大道不器，是则以器明道非大道也，特就所学者言耳。

　　又曰：《诗》云鲁侯戾止，在泮饮酒，顺彼长道，屈此群丑。由是知，鲁侯非特在泮教人，抑又在泮学而受教焉。顺彼长道，学而受教之谓也。岂非念终始典于学之意欤。

　　[方] 道，则器之所出也；器，则道之所寓也，故以器比道。天子则有辟雍，诸侯则有泮宫，始于学，终于教。教亦学也。

　　[陆] 以玉取譬，玉之质美者也，故曰大匠不能斫冰。

　　案：我们试对陈祥道、方悫、陆佃的注解内容进行分析：第一，与郑注孔疏相比，荆公门人更加注重文本所内涵的儒学义理。第二，陈祥道的注解之中出现了：器、道、性、学等术语以及对其关系的论述。人性至贵，待学而后知道，对于性—学—道三者之间的关系有清晰的表述。首先，引用《聘义》来说明君子的德操具有像玉一样的品质，"温润而泽"，用来说明君子应拥有仁的品质。而君子要拥有仁的品质，就必须通过学习而知道。其次，引用《经》来说明虽道、器有别，大道不器，但此处以器明道，主要是为了隐喻学而知道的道理。最后，引用《诗经·鲁颂·泮水》之中的"顺彼长道"，而印证《兑命》"念始终典于学"之中所包含的道理，即学不舍业之谓，贵为天子也需要始终坚持学习。第三，方悫的注解之中明确说明了道与器之间的关系，并指出以器比道的道理，更加突出了由学知道之理。方悫认为教亦学，就是教包含在学之中，通过教而使人学，使人知道。无论是天子的辟雍还是诸侯的泮宫，都是教的场所并发挥教的功效，但是在其背后目的是学。故此，由学知道，学需教，教为了学，最终为了知道。即：性—学—教（学）—道。人性至贵，但需学而知道，不学则不知道；学需要教，但教还是为了学，为了知道，教成为学过程的一个中间环节。从宏观层面上来说就是：性

—学—道，从具体层面上则就是：性—教—道。

荆公门人对性—学（教）—道的新义注解，从学理层面上梳理了三者之间的相互关系，即从性—学—道至教（学）—道直至学—道的终极目标。学为"始终"的行为，其最终目的是为了道，并最终拥有像玉一样的品质——仁。

2. 学—教

《学记》文本之中对于学与教关系的表述为：

> 虽有嘉肴，弗食不知其旨也；虽有至道，弗学不知其善也。是故学然后知不足，教然后知困。知不足，然后能自反也；知困，然后能自强也。故曰：教学相长也。《兑命》曰："学学半"，其此之谓乎！

[陈] 人皆有所不足，非学无以知；皆有所困，非教无以觉。是以颜渊学孔子之道，然后知其卓然不可及，此学而后知不足者也。任人问"礼食之重"，而屋庐子至于不能答，此教然后知困者也。夫彼不足，而求于我之教，所以长于彼。我之知困，自强则学者，所以长于我。故曰："教学相长也"。方其学也，未尝不教；及其教也，未尝不学。此《说命》所以言"敩学半也"。

[方] 肴有味，唯食之然后可以辨其味。道有理，唯学之然后可以穷其理。然而味有旨否，唯肴之嘉者为旨。理有善恶，唯道之至者为善。人莫不饮食，鲜能知味也。此以食喻道者也，以道之难明，故所况如此。若夫造道之全，则淡乎其无味，又岂肴之可比哉？足则厌矣，故学以不厌为知。困则倦矣，故教以不倦为仁。知其不足，然后能自反，以求其足。知其困，然后能自强，以济其困。自反，若所谓自反而仁之类。自强，若所谓自强不息之类。教人之功得学之半，故引《说命》之言以证之。上"学"字宜读曰"敩"，《说命》亦作敩。敩，即教也。孔子曰："起予者，商也。"又曰："回也，非助我者也。于吾言无所不说"，岂非教学半之谓乎！

案：陈祥道对于学—教关系的注解之中，引用了《论语·子罕》颜渊学孔子之道和《孟子·告子下》任人问"礼食之重"。前者主要用来说明"夫彼不足,而求于我之教,所以长于彼",后者主要说明"我之知困,自强则学者,所以长于我";前者是因学不足而求于教而长学,主要是指学者而言(如颜渊),后者是因教知困而自我学习而长教,主要是指教者而言(如屋庐子)。故此,教学相长就是双向互动关系:(学者)学—(不足)—(求)教——(长)学(学者),(教者)教—(知困)—学——(长)教(教者),即对于学者来说是教长学,对于教者来说是学长教,有学就有教,有教就有学,"方其学也,未尝不教;及其教也,未尝不学",此乃教学相长。

方悫对于学—教关系的注解之中,在对学知道之善的诠释中引用了理,"道有理",学可以穷理;而理又有善恶,至道为善,至道之理也为善。学由道向理转变,体现了荆公新学注重性命之理的思想特点。方悫对学—教关系的注解持"教人之功得学之半"的观点,并引用《孟子·公孙丑》中的观点来论证"不足"与"知困":

> 昔者子贡问于孔子曰:"夫子圣矣乎?"孔子曰:"圣则吾不能,我学不厌而教不倦也。"子贡曰:"学不厌,智也;教不倦,仁也。仁且智,夫子既圣矣。"

"不足"则"不厌"、"知困"则"不倦",而"学以不厌为知","教以不倦为仁","学而不厌,诲人不倦"就是仁、智合一之学。教学相长就是合仁、智为一体的教与学之合一,教与学合一既是夫子圣人之道,更是教者应有之道。

故此,陈祥道是从学者学和教者教两方面来理解教学相长范畴,而方悫则是从教者自身的角度来注解教学相长范畴。但是,二者都是立足于学这一基础之上的。

3. 教—化—成

《学记》文本之中对于教—化—成的表述为:

> 古之教者,家有塾,党有庠,术有序,国有学。比年入学,中年考校:一年视离经辨志,三年视敬业乐群,五年视博习亲师,七年视论学取友,谓之小成。九年知类通达,强立而不反,谓之大成。

夫然后足以化民易俗，近者说服而远者怀之。此大学之道也。《记》曰："蛾子时术之"，其此之谓乎！

[陈] 比年者，必再岁也。周官乡大夫，三年大比，则考其德行道艺。则所谓中年者，必三岁也。比年一小聘。三年一大聘，诸侯之于天子也。比年入学，中年考校，学者之于庠序也。盖学者，由积而成，自小而至大。教者，因年而视，自一而至九，皆中年以考校。以校中夫之实也。离经，以审其师授；辨志，以别其趣向。敬业而不慢，则不知燕辟之为可尚。乐群而不厌，则不知燕朋之为可从。博习而详说，则理无不穷；亲师而信道，则功无不倍。学有先后，而知所论；友有损益，而知所取。知类通达，有以尽知之所及；强立不反，有以尽仁之所守。由离经辨志，至于论学取友，则可与适道，而未可与立，学之小成者也。必四进而后视之，知类通达，强立而不反，则可与立矣，学之大成者也。尚何事于视为哉。今夫王道以九变成化，箫韶以九变成乐，则学以九年大成，亦天数之常。为学日益之事也，知类通达而见善明。强立不反，而用心刚。权利不能倾，群众不能移，天下不能荡。夫然后内能定外能应，非夫以善养人而服天下，孰能与此？今夫蛾有君臣之义，言蛾子又有父子之道焉。内则父子，外则君臣，人之大伦也。大学之道，所以明人伦也，故取此以明之。僖公作泮宫于鲁，礼教达而国人从之，德义达而淮夷怀之。武王立辟雍于镐京，自西自东，自南自北，无思不服。其学虽殊，其成功一也。化民易俗始也，化民成俗终也。近者说服远者怀之，教也；近者说远者来，政也。

[方] 人不可一日不学，故比年入学，又不可比年而视之。故中年考校，如下所言，皆其事也。离经，考经之文也，离其经矣。因习之以为业，敬业者，修其业而不敢慢也。志既辨，则与之同志者在所乐矣。乐群，居而不厌之谓也。乐群，则上足以亲师，而为之法。上能亲师，则下足以取友，以为之助。故继之以取友。上有师，以为之法；下有友，以为之助。则遵道而行，半涂而废者寡矣。故继之以强立而不反焉，以能强立故不反也。不反，则有进而无退矣。知类通达，则告往知来，闻一知十之谓。自取友以上，固足以为成矣。然，或立之不强，有时而反，必待强立而不反，然后足以为大成也。视，与《文王世子》言视学同

第二章 义理与考证：《学记》教育范畴的代际濡化

意。易俗，谓易其污俗也。美俗成，则污俗易矣。俗既易矣，则天下岂有殊俗哉。近者既服，而远者怀之，固其理也。说服者，中心说而诚服也。术者，述其所行之谓也。时者，犹学者之时习也。

［陆］其视亲师友如此，岂有杀羿之事哉。故曰：尹公之他端人也，其取友必端矣。虽然尚非其至也，谓之小成而已。知类通达，强立而不反。立，所谓知及之，仁能守之，似之矣。蛾，读如字，蛾之子，蚕蠋尔。术，蛾之所为，乃复成垤，可以人而不如乎。且蛾俄而生，俄而死矣，其不苟尚如此。此愚公，所以屈知叟之笑也。

案：上述三位荆公门人对此语段的注解，以陈祥道最为代表。

陈祥道认为，成有小成和大成之分，小成就是处于"可与适道，而未可与立"的阶段，大成则是处于"可与立"的阶段。《论语·子罕》云：

> 子曰："可与共学，未可与适道；可与适道，未可与立；可与立，未可与权。"

学、道、立、权为学习的四个阶段，学之小成为"道"，学之大成为"立"。学至大成就能达到"权利不能倾，群众不能移，天下不能荡"之"内能定外能应"的成人境界状态，此状态在荀子《劝学》中整体表述如下：

> 君子知夫不全不粹之不足以为美也，故诵数以贯之，思索以通之，为其人以处之，除其害者以持养之。使目非是无欲见也，使耳非是无欲闻也，使口非是无欲言也，使心非是无欲虑也。及至其致好之也，目好之五色，耳好之五声，口好之五味，心利之有天下。是故权利不能倾也，群众不能移也，天下不能荡也。生乎由是，死乎由是，夫是之谓德操。德操然后能定，能定然后能应。能定能应，夫是之谓成人。天见其明，地见其光，君子贵其全也。

教分为小成和大成两个阶段，至大成而止，大成之人就是拥有君子德操之人。而具有此种德操之人，就是明人之大伦之人。所以，学之功效有二，一是从教的层面来说，达到近者说服远者怀之；二是从政的层面来说，实现近者说而远者来。而究其本质则是相同的——化民易俗始也，化民成俗终也，最终实现政教合一。即：礼教达而国人从之，德义达而淮夷怀之。教即成人，化即成俗，成人最终还是为了成俗。

陈祥道在注解之中提到"九"为天数之常的问题，"王道以九变成化，箫韶以九变成乐，则学以九年大成"。据《尚书·虞书·益稷》记载："箫韶九成，凤皇来仪"，此"九"暗合古之王道。

方慤和陆佃对于此段的注解无它新义。

（二）"学—教"体系的新义肇始

1. 制：入学考校—正业居学

（1）入学与考校

《学记》文本之中对于入学—考校的表述为：

比年入学，中年考校。

［陈］比年者，必再岁也。周官乡大夫，三年大比，则考其德行道艺。则所谓中年者，必三岁也。比年一小聘，三年一大聘，诸侯之于天子也。比年入学，中年考校，学者之于庠序也。盖学者，由积而成，自小而至大。教者，因年而视，自一而至九，皆中年以考校。以校中夫之实也。

［方］人不可一日不学，故比年入学，又不可比年而视之。故中年考校，如下所言，皆其事也。

案：从陈祥道和方慤对于"比年入学，中年考校"的注解来看，比年就是每年，中年就是再岁。陈祥道从《尚书·虞书·益稷》"箫韶九成，凤皇来仪"的记载，认为教者因年而视之考校，就是自一而至九的考核。无论陈祥道做出推论所秉持的依据是否可靠，但他应该是试图对"九年"做出推算的第一人——"学以九年大成"。

（2）正业与居（学）

《学记》文本之中对于正业—居学的表述为：

第二章　义理与考证：《学记》教育范畴的代际濡化

时教必有正业，退息必有居学。

［陈］大学之教也时，所以顺天道。教必有正业，退息必有居，所以尽人道。盖安弦以夏，安《诗》以冬，安《礼》以秋，此所谓时也。教人弦《诗》《礼》学之正，而不以异端，此所谓正业也。退息必有居，教者之事；游焉息焉，学者之事。

［陆］正业，言时教之所教也。若春诵夏弦，春秋教以《礼》《乐》，冬夏教以《诗》《书》是也。居学，言退息之所学也。若不学操缦，不能安弦；不学博依，不能安《诗》是也。

案：陈祥道和陆佃在此段注解之中的最大不同就是，陈祥道认同郑玄和孔颖达以"时"字、"居"字句绝的分段，陆佃则认为应该以"也"字、"学"字句绝。故此，陈祥道和方悫的注解中心各不相同。

陈祥道的理解：大学之教需顺应天道和人道，天道就是"时"，就是按照春夏秋冬四时设教；人道就是教者教人以正业，而不以异端。因此，正业就是弦、《诗》、《礼》。

方悫的注解：正业就是时教之所教，春诵夏弦，春秋教以《礼》与《乐》，冬夏教以《诗》与《书》；居学就是退息之所学，操缦、博依之类，是为了更好地学习正业。

陈祥道还结合"不学操缦，不能安弦；不学博依，不能安诗；不学杂服，不能安礼。不兴其艺，不能乐学"的注解，对正业之间的顺序及义理进行了说明：

不学操缦，不能安弦，以至不学杂服，不能安礼，学者之于业也。不兴其艺，不能乐学，教者之于人也。缦之为乐，钟师之所职，磬师教而奏之。所谓操缦，则燕乐而已，此固音之所存，而易学者也。凡物，杂为文，色杂为采。古者冠而后服备，未冠则冠衣不纯素，所服采衣之杂服而已，此固礼之所存，而易学者也。安弦而后安诗，乐学诵诗之意也。安诗而后安礼，兴诗立礼之意也。夔教胄子，必始于乐。孔子语学之序，则成于乐。《内则》就外傅，必始于书计。孔子述志道之序，则终于游艺，岂非乐与艺固学之终始欤。

案陈祥道的注解：从学者所学之业的操作层面来看，就是需要学习操缦、博依、杂服之事，然后方能安弦、安诗、安礼；从教者所教之业的道理层面来看，只有兴于艺才能乐其学。子曰："兴于《诗》，立于礼，成于乐"（《论语·泰伯》），此为学之序；子曰："志于道，据于德，依于仁，游于艺"（《论语·述而》），此志道之序。这就是陈祥道得出乐与艺为学之终始的依据，游于艺是志道之始，成于乐是为学之终。

2. 教：豫时孙摩—长善救失

（1）豫时孙摩

《学记》文本之中对于豫时孙摩的表述为：

> 大学之法，禁于未发之谓豫，当其可之谓时，不陵节而施之谓孙，相观而善之谓摩。此四者，教之所由兴也。发然后禁，则扞格而不胜；时过然后学，则勤苦而难成；杂施而不孙，则坏乱而不修；独学而无友，则孤陋而寡闻。燕朋逆其师，燕辟废其学。此六者，教之所由废也。君子既知教之所由兴，又知教之所由废，然后可以为人师也。

[陈] 邪不闲，则诚有所不存。回不释，则美有所不增。故禁于未发之谓豫，所以救失于未然之前。当其可之谓时，所以长善于可教之际。故当其可以学之之时而达之，可以习之之业易。所谓进德修业欲及时也，因时而不违，循理而不逆。不责其所不及，不强其所不能。优而柔之，使自求之。厌而饫之，使自趣之，岂不为孙乎？与夫骤而语之，喧德荡志者异矣。教者不陵节而施，则学者见贤思齐，见善相示。不必亲相与言，而同归于善矣，岂不为摩乎？与夫朋友已潛，不相以谷者异矣。以《内则》推之，七年男女，不同席不共食，十五出就外傅，居宿于外，禁于未发之意也。八年始教之孙，以至二十，敦行孝弟，当其可之意也。学乐而后射御，射御而后学礼，舞勺而后舞象，舞象而后舞夏，不陵节而施之意也。三十博学无方，孙友视志，相观而善之意也。教之有由兴，本诸此而已。

[方] 夫既发而后禁，则为无及矣。未发而先禁，乃为有备。幼子常视毋诳，亦可谓之豫矣。未可以教而教，则欲速而不达。可以教而不教，则虽悔而不可追。若十年学书计，十三年舞勺，成童舞象，则可谓

之时矣。不陵节而施，则理顺而不悖，故谓之孙。若孔子言可与共学未可与适道，可与立未可与权，则可谓之孙矣。以此之善，而见彼之不善，以彼之不善，而见此之善，所谓相观也。有见于上，则知善之可慕。有见于下，则知不善之可戒。荀子所谓见善修然必以自存，见不善愀然必以自省，则可谓之摩矣。夫既有以防其情，又有以成其性；既有以因其才，又有以辅其仁，则教之道尽矣，故曰所由兴也。

情发后禁则扞格，言相抵也。相抵，则禁之有所不胜矣。时过后学则勤苦不倦，欲有所成难矣。杂施而至于乱坏，则术业无由而修矣。独学无友，则孤而无与，陋而不广，所闻寡矣。以燕安为朋，而至于逆其师之教。以燕安为辟，而至于废其学之道。若是，则教何自而兴乎！然教之兴止于四，废至于六者，以见教之为难。所由兴者常少，所由废者常多也。

［马］自洒扫应对进退，而进于成人者，各有当也。当其可之谓时也。鲤趋而过庭，子曰：学诗乎，又曰学礼乎。不陵节而施之谓孙也。切切偲偲相观而善之谓摩也。

［陆］郑氏谓："可，谓二十成人时。"夫谓之可岂特年二十而已？不陵节，若孔子所以教诸弟子，未有同者也。此之谓孙，孙师之事也，学友之事也。郑氏谓："不并问，则教者思专。"夫所谓相观，岂特不并问而已？

燕朋逆其师之意，燕辟废其学之方。

案：荆公门人四位学者都对此段进行了注解，陈祥道、方悫、马希孟、陆佃都注解了"教之所由兴"段，方悫和陆佃还注解了"教之所由废"段。

陈祥道对于豫时孙摩给出了两种不同层面的注解，如表2-2所示。

表2-2　　　　　　陈祥道对于"豫时孙摩"的注释

	相关注解
豫	邪不闲，则诚有所不存。回不释，则美有所不增。故禁于未发之谓豫，所以救失于未然之前
	以《内则》推之，七年男女，不同席不共食，十五出就外傅，居宿于外，禁于未发之意也

续表

	相关注解
时	当其可之谓时，所以长善于可教之际。故当其可以学之时而达之，可以习之之业易。所谓进德修业欲及时也，因时而不违，循理而不逆
	八年始教之孙，以至二十，敦行孝弟，当其可之意也
孙	不责其所不及，不强其所不能。优而柔之，使自求之。厌而饫之，使自趣之，岂不为孙乎？
	学乐而后射御，射御而后学礼，舞勺而后舞象，舞象而后舞夏，不陵节而施之意也
摩	与夫骤而语之，喧德荡志者异矣。教者不陵节而施，则学者见贤思齐，见善相示。不必亲相与言，而同归于善矣，岂不为摩乎？
	三十博学无方，孙友视志，相观而善之意也

依据陈祥道的注解，豫时孙摩分为理和事两个层面，第一层面主要探析豫时孙摩之理，第二个层面则主要分析如何在教学中做到豫时孙摩，并结合具体的年龄阶段分析如何救失于未然之前（豫）——七年和十五、长善于可教之际（时）——八年和二十、同归于善（摩）——三十；结合具体的学业如何做到不陵节而施，依据乐—射御—礼与舞勺—舞象—舞夏的先后顺序就是孙。

方悫对于豫时孙摩注解的新义之处在于："既有以防其情，又有以成其性；既有以因其才，又有以辅其仁，则教之道尽矣"，豫即防其情、时即成其性、孙即因其才、摩即辅其仁。

方悫对于"燕朋逆其师，燕辟废其学"的注解为，逆师之教和废学之道，教之所由废除因违背豫时孙摩之道，还在于逆师之教和废学之道。

马希孟和陆佃对于豫时孙摩的注解没有超出陈祥道从"事"的层面所进行注解的范畴。同样，陆佃对于"燕朋逆其师，燕辟废其学"的注解，与方悫的注解相同——逆师之意和废学之方。

（2）长善救失：善喻—知心

《学记》文本之中对于长善救失的表述为：

故君子之教，喻也：道而弗牵，强而弗抑，开而弗达。道而弗牵则和，强而弗抑则易，开而弗达则思。和、易、以思，可谓善

第二章　义理与考证：《学记》教育范畴的代际濡化

喻矣。

学者有四失，教者必知之。人之学也，或失则多，或失则寡，或失则易，或失则止。此四者，心之莫同也。知其心，然后能救其失也。教也者，长善而救其失者也。

[陈] 君子之教人，道而使之和，则所从者乐。强而使之易，则所进者锐。开而使之思，则所得者深。此所以为善喻也。

失之多者，孔子谓之狂。失之寡者，孔子谓之简。古之教者，观性以知心，因心以求。失多者约之以礼，寡者博之以文。易者抑之以自反，止者勉之以自强，此长善救失之道也。且善譬则苗也，失譬则莠也。欲长善者必救其失，欲长苗者必去其莠。彼闵其苗之不长而揠之者，其智不已疏乎！

[方] 教主乎道，喻形乎言，然道未尝不资乎言，言未尝不本乎道，教无非喻也，喻无非教也。故下有独言善喻者，或独言善教者，君子之教喻也。道之使有所尚，而弗牵之使从，则人有乐学之心。强之使有所勉，而弗抑之使退，则人无难能之病。开之使有所入，而弗达之使知，则人有自得之益。以此三道而喻人，故曰：可谓善喻矣。若孔子循循然善诱人，所谓道而弗牵也。于互乡童子与其进不与其退，所谓强而弗抑也。举一隅不以三隅反则不复，所谓开而弗达也。

失虽见乎外，而所存本乎心。故知其心于内，然后可以救其失于外也。人之性莫不有善，苟无教以长之，则善浸以消。人之心不能无失，苟无教以救之，则失或为害。

[陆] 长善而救其失，将顺其善而匡救其失也。

案：陈祥道认为，"善喻"就是君子教人，使所从者乐、所进者锐、所得者深。和则所从者乐，易则所进者锐，思则所得者深，此乃所谓善喻也。教者观性以知心，知心而知其失，"失多者约之以礼，寡者博之以文，易者抑之以自反，止者勉之以自强"，约之以礼、博之以文、自反、自强就是救失。只有救失才能长善，正如欲长苗者必去其莠，此乃长善救失之道。

方悫认为，"君子之教喻也"，既包括善教也包括善喻，因为"教主乎道，喻形乎言，然道未尝不资乎言，言未尝不本乎道"，所以，"教无

— 123 —

非喻也，喻无非教也"。因此，无论是言善喻者还是言善教者，究其实质都是善教喻者。

那么，如何做到善教喻呢？方悫引证孔子教人之法来论证，"道而弗牵"就是要循循然善诱人（颜渊喟然叹曰："夫子循循然善诱人，博我以文，约我以礼，欲罢不能。"《论语·子罕》），"强而弗抑"就是要于互乡童子与其进不与其退（互乡难与言，童子见，门人惑。子曰："与其进也，不与其退也，唯何甚？人洁己以进，与其洁也，不保其往也。"《论语·述而》）"开而弗达"就是要举一隅不以三隅反则不复（子曰："不愤不启，不悱不发，举一隅不以三隅反，则不复也。"《论语·述而》）。如果能如此教人，则人就有乐学之心和自得之益而无难能之病，此乃善喻。

方悫指出外在之"失"源于内在之"心"，故知其内在之"心"才能救其外在之"失"，人之"心"不可能无"失"，所以才更加需要教来救之；同理，人之"性"都有"善"，通过教善才能得以显现和扩充，否则人性之善就会消失。这就是长人性之善救人心之失的长善救失之理，而要长善就需要善喻，要救失就需要知心。

陆佃对于长善救失的注解，同方悫的理解相同，"顺其善而匡救其失"。

3. 学：师道—进学—继志

（1）师道：师严与道尊、道尊与敬学、安学与亲师

《学记》文本之中对于师道的相关表述为：

> 凡学之道，严师为难。师严然后道尊，道尊然后民知敬学。

[方] 严，即尊也。严师，即虽诏于天子，无北面是矣。以一人之贵，而师匹夫之贱；以四海之富，而师环堵之贫，此严师所以为难也。严师者，人严之也。人严其师，则师道严矣。师所以传道，故师严然后道尊。学所以为道，故道尊然后民知敬学。以神言之，故为尸则弗臣。以道言之，故为师则弗臣。此篇，有曰大学之道，有曰大学之教，有曰大学之法，有曰大学之礼，何也？盖道以言其位，教以言其术，法以言其治，礼以言其文。

第二章 义理与考证:《学记》教育范畴的代际濡化

案:方悫对师严与道尊、道尊与敬学之间的关系作了较为清晰的表述。严即尊也,严师即即尊师,人尊师则就会尊师所传之道,所以尊师然后才能尊道。学所以为道,人尊道自然就会敬学。尊师与敬学,都是因道而起。师因道而尊,以道言之,所以才有为师弗臣之礼。

方悫进一步指出,《学记》文本之中的大学之道、大学之教、大学之法、大学之礼,其中的"道"以言其位、"教"以言其术、"法"以言其治、"礼"以言其文,大学因传道而得其位,师因传道而得其尊。这就是严师、道尊与敬学。

> 夫然,故安其学而亲其师,乐其友而信其道,是以虽离师辅而不反也。
>
> 夫然,故隐其学而疾其师,苦其难而不知其益也。

[陈] 君子之于学也,将以致道没身不怠而已。故藏焉,以蕴其所已知,月无忘其所能是也。修焉,以习其所未知,日知其所亡是也。息焉,则所次必于是,若倪宽带经而锄,休息辄诵是也。游焉,则所造必于是,若孔子出游于观之上,有志于三代之英是也。君子之于学如此,故能安其学而亲其师,乐其友而信其道矣。今夫美吾身者,学也;成吾性者,道也;模范我者,师也;切磋我者,友也。学待师而后正,性不安学,则疾其师而不亲矣。道待友而后明,情不乐友,则疑其道而不信矣。安学而亲师,则外有正以行;乐友而信道,则中有主以正。若然则虽离师辅,亦确乎强立而不反也。

[方] 藏焉,修焉,所以存其心。息焉,游焉,所以游其志。藏则藏于其心,修则修于其身。务学不求师,则道孰为之传。独学而无友,则道孰为之辅。是故,虽安其学必亲其师,必乐其友。既乐其友,然后能信其道,其始也。亲师取友,以至于此,其终也。虽离师辅,亦若是而已。孔子曰:以友辅仁。

隐其学而疾其师,非所谓师逸而功倍,又从而庸之矣。隐,以言其学之不明也。苦其难而不知其益,非所谓和易以思矣。去之必速,非所谓强立而不反矣。

案:"藏焉,以蕴其所已知,月无忘其所能是也。修焉,以习其所未知，日知其所亡是也"出自《论语·子张》：

> 子夏曰："日知其所亡，月无忘其所能，可谓好学也已矣。"

"息焉，则所次必于是，若倪宽带经而锄，休息辄诵是也。游焉，则所造必于是，若孔子出游于观之上，有志于三代之英是也"出自《论语·里仁》：

子曰："富与贵，是人之所欲也；不以其道得之，不处也。贫与贱，是人之所恶也；不以其道得之，不去也。君子去仁，恶乎成名？君子无终食之间违仁，造次必于是，颠沛必于是。"

陈祥道对于"藏、脩、息、游"的注解，是以学为中心而展开的，并强调学者好学之精神。其中：藏有温故之意，脩有知新之意，合而言之就是温故而知新；息和游则更加强调学者无时无刻不在学的学习精神。学者好学是因学能"美吾身"，且"学待师而后正，性不安学，则疾其师而不亲矣"，学必须求师且待师教而后正，如果没有安于学习的精神，自然不会求师学习并亲近老师。即：好学—安学—亲师—正—美吾身—好学；不好学—不安学—疾师。

正如方悫所言，"务学不求师，则道孰为之传。独学而无友，则道孰为之辅"，学与师、友之间的相互关系显而易见，道待师传与道待友辅，学与师及学与友之间的关系明矣。学者不能安学，苦其学之难而不知学之益的原因就在于："非所谓和易以思矣"，和易以思可谓善喻，师不能善喻则学者不能安学，学者不能安学则就会隐学，隐学就会疾师，疾师就不能信道，不信道则必然不好学。

（2）进学：善学者与不善学者、善问与不善问、善待问者与不善答问者、善教者与不善教者

《学记》文本之中关于进学的相关表述为：

> 善学者，师逸而功倍，又从而庸之。不善学者，师勤而功半，又从而怨之。善问者如攻坚木，先其易者，后其节目，及其久也，相说以解。不善问者反此。善待问者如撞钟，叩之以小者则小鸣，叩之以大者则大鸣，待其从容，然后尽其声。不善答问者反此。此

第二章　义理与考证：《学记》教育范畴的代际濡化

皆进学之道也。

[方] 颜渊闻一以知十，子贡告往而知来，所谓师逸而功倍也。颜渊曰："夫子奔逸绝尘，而回瞠乎，若在其后。"子贡则曰："夫子之不可及也，犹天之不可阶而升。"所谓"又从而庸之也"，以其有功于我，我故庸之有德于我，我故德之也。节则木理之刚者，《说卦》所谓为坚多节是矣。目则木理之精者，弓人所谓斫目必荼是矣，皆其至坚难攻之处也。苟先其易攻之处，则其难者亦相说以解矣。欲其因徼以入乎妙，由浅以极其深故也。从，非牵也。容，非迫也。待其从容然后尽其声，则随其所感而为之应，进之以渐而不以顿故也。善问者则足以进己之学，善待问者则足以进人之学，故曰皆进学之道。

[马] 博学而笃志，所谓善学也。善学者务其本，务本则道立。故其为教也，长善而已，不必救其失，故师逸而功倍。切问而近思，所谓善问也。于吾言无所不说，所谓相说以解也。

[陆] 说，怿也。言师弟子相与委，蜕于言意之表。从，读如从容之从。昔子路初见孔子，以为不若己。居二年，以为与己等。居三年，然后知不如，若此可谓从容矣。老子所谓为学日益是欤。

案：方悫认为"善学者"如颜渊、子贡等孔门弟子，闻一以知十、告往而知来就是善学的表现；"善问者""由浅以极其深故也"，就是由浅入深、先易后难；"善待问者"为"进之以渐而不以顿"，就是要"随其所感而为之应"，依据问题引导提问者逐渐认识问题和解决问题。无论是"善问者"还是"善待问者"，都是依据问题由浅入深地且循序渐进地提问问题和解决问题，所以"善问者"则足以"进己之学"，"善待问者"则足以"进人之学"。因此，"进学之道"既包括"进己之学"之道又包括"进人之学"之道，"善问者"与"善待问者"都可增进学者之学，一是善问就是善学，一是善待问可进善问者之学。

马希孟认为，善学就是"博学而笃志"，善问就是"切问而近思"，皆出自《论语·子张》：

子夏曰："博学而笃志，切问而近思，仁在其中矣。"

广博学习并坚持志向就是善学，设身处地去问所习未达和所思未解之事就是善问，学者做到善学和善问，就能达到仁的境界。仁者之性纯笃，今学者既能笃志近思，故曰仁在其中矣。

方悫和马希孟引用《论语》中的相关语句，对善学者和善问者进行了注解，方悫还就善问者和善待问者之间的内在关系进行了说明。通过他们的注解，我们不难发现无论是善学者和善问者还是善待问者，最终都指向于学者之学并都是为了学者之学。

（3）继志：善教与继志

《学记》文本之中关于继志的相关表述为：

> 善歌者，使人继其声。善教者，使人继其志。其言也，约而达，微而臧，罕譬而喻，可谓继志矣。

[陈] 声之不可继者非善歌，志之不可继者非善教。盖高明以绝物，则不足以为善。中庸以导物，然后为善也。夫详而不约，而后能达；显而不微，而后能臧；多譬而不罕，然后能喻，此理之常也。今也约而能达，微而能臧，罕譬而能喻。则是约而人知其要，微而人知其妙，罕譬而人知其简，可谓继志矣。盖约与微，所以明道。罕譬，所以明物。道至于难明，则又明物以显之，此所以为善也。又《乐书》曰：善歌者直已而陈德，未尝无可继之声。善教者易直以开道，未尝无可继之志。其声为可继，则气盛而化神。其志为可继，则德盛而教尊。其故何哉？其为言也，约而达，微而臧，罕譬而喻故也。

[方] 天下之理，太高则与物绝，而人莫能继矣；太卑则与物亵，而人不足继矣，惟得中则为可继焉！夫言苟务多，则人以为惑而不达矣；言苟好大，则人以为迂而不臧矣；言苟多譬，则人以为僻而不喻矣。若然则教者虽有其志，学者焉能继之哉！

[陆] 歌不贵苟难，则易于继其声；教不贵苟难，则易于继其志。若佛老言理则妙矣，以为善教则未也。故昔贤论此，以为无之则昧理，有之则害教，不可谓微而臧也。约而臧，微而达，则罕譬而喻矣。

案：陈祥道理解，"声之不可继者非善歌，志之不可继者非善教"，只有继志才是善教。

第二章　义理与考证：《学记》教育范畴的代际濡化

那么，何谓善教："易直以开道"就是善教，《荀子·不苟》言："君子能，则宽容易直以开道人"，君子有才能就会正直去引导他人，就是善教，学者继君子"直以开道"之德，则仁德就会因此而隆盛且教因此而尊。"德盛而教尊"是为何呢？就是因为学者以继志。那么何谓继志："约而人知其要，微而人知其妙，罕譬而人知其简"就是继志，就可不依教之常理而教，因为"详而不约，而后能达；显而不微，而后能臧；多譬而不罕，然后能喻"为教之常理，而只要学者继承教者之志就能达到"约与微而明道，罕譬而明物"的效果。《学记》文中以善歌作隐喻，就是为了借《乐记》之中"夫歌者，直己而陈德也，动己而天地应焉，四时和焉，星辰理焉，万物育焉"的语句而阐发歌以配德而继声，教以配德而继志的道理。

方慤在注解之中指出，"天下之理，太高则与物绝，而人莫能继矣；太卑则与物褻，而人不足继矣，惟得中则为可继焉！"，此与陈祥道所言"中庸以导物，然后为善也"同理。然而其对于"约而臧，微而达，则罕譬而喻矣"的注解，则不如陈祥道"此理之常也"和"可谓继志矣"两个方面的对比注解到位。

陆佃认为，"歌不贵苟难，则易于继其声；教不贵苟难，则易于继其志"，其中"不贵苟难"之句在《荀子·不苟》，"君子行不贵苟难，说不贵苟察，名不贵苟传，唯其当之为贵"，教之当就在于继志。

那么，陈祥道、方慤、陆佃等人所倡导的善教继志，其中的"志"到底是什么？我们可以从他们对于《学记》文本最后语段的注解之中寻找答案：

> 君子曰：大德不官，大道不器，大信不约，大时不齐。察于此四者，可以有志于本矣。三王之祭川也，皆先河而后海，或源也，或委也，此之谓务本。

[陈] 大德无事于事，故不官。大道妙于无体，故不器。大信无必而唯义所在，故不约。大时无固而唯变是适，故不齐。由德以至道，则入神而无为。由信以至时，则致用而无不为。此四者先后之序也，不官不器者，道德之本，而入于器主于事者，皆道德之末。不约不齐者，时

信之本，而言必信行必果者，皆时信之末。犹之河与源者，海与委之本。海与委者，河与源之末。末虽君子之所不忘，而本则君子之所志。是故末之所不忘，则存乎学。本之所志，则存乎道。学则日益，道则日损，夫推本之事至于此，则君子之道成矣。

[方] 大德不官，不拘于所守也。大道不器，不拘于所用也。大信不约，不拘于所期也。大时不齐，不拘于所遇也。德之大者，无入而不自得。若孔子可以仕则仕，可以止则止是矣。道之大者，无往而不通，若孔子小以成小，大以成大是矣。信之大者，则无可无不可，若孔子不言而信是矣。时之大者，则唯理之适，若孔子圣之时是矣。唯其不官，故无所不官。唯其不器，故无所不器。唯其不约，故无所不约。唯其不齐，故无所不齐，此其所以谓之大，而为之本。河也，海也，源也，委也，名虽不同，合而言之，皆集众流而已，故总以为祭川焉。孟子言源泉混混，不舍昼夜，有本者如是，此以祭川，况务本固所宜矣。

[陆] 大德大道，大信大时，凡所道之事也。于学之终篇言此者，将以道学也。老子曰：绝学无忧。夫守古人之糟粕，而不能远离者，犹虫镂诗书。不能自化，安能化民；不能自成，安能成俗。有见于学，又有见于本，可谓君子矣。作《记》者，以是终焉。以此彼不知因心会道，而溺于末流之弊者，学之失也。源所出者河是已，委所归者海是已。《尔雅》曰：河出昆仑虚，色白。所渠并千七百一川，色黄。百里以小曲，千里一曲一直。盖君子之于学，无以贯之，则无源，无以聚之，则无委，无源非也，无委亦非也。故曰：以予为多学而识之者，与予一以贯之。又曰：寡闻无约也，寡见无卓也。然三王祭川，皆先河而后海，则先后缓急可知。故曰：形度数古人有之，而非所以先也。

案：陈祥道认为，"本则君子之所志"，继志就是要继本，而"本之所志，则存乎道"，本就是道，所以继志就是继道，就是继师所传之道。源于《道德经》之中的"为学日益，为道日损"，则主要是用来说明学之末与本之间的关系，倡导君子以道为本的继志精神。

陆佃则指出，《学记》以此段终结，就是为了强调"有见于学，又有见于本"的学以至道的求学精神，而担心出现"彼不知因心会道，而溺于末流之弊者，学之失也"的舍本逐末现象，更加突出了有志于学且有志于本，即学以为道的崇本之学。

第二节 程朱理学与《学记》教育范畴的义理阐释

宋学之确然自成为一种学问,实由周、程、张、邵。康节之学偏于数。理学家不认为正宗。横渠之学纯矣。然小程谓其"苦心极力之象多,宽裕温和之气少",后人尊之,亦遂不如濂溪之甚。濂溪作《太极图说》及《通书》,实为宋儒言哲学之首出者。二程少尝受业于濂溪,长而所学实由自得。然周子以主静立人极,明道易之以主敬,伊川又益之以致知,其学实一脉相承;朱子又谓二程之学,出自濂溪;后人遂尊为理学之正宗焉。

——吕思勉《理学纲要》

一 程朱理学与《学记》诠释

程朱理学作为宋学中的重要流派,由周、程、张开其续至朱子而集其大成,"道之正统待人而后传。自周以来,任传道之责者不过数人,而其能使斯道章章较著者,一二而止耳。由孔子而后,曾子、子思继其微,至孟子而始著。由孟子而后,周、程、张子继其绝,至熹而始著"(《宋史·朱熹列传》)。本书试就程朱理学的学术渊源及学术传承进行学术梳理,并在分析《大学章句》和《北溪字义》中所内含的学理范畴的基础上,呈现朱熹及其门人对于《礼记·学记》所进行的学术研究。

(一) 程朱理学的学术渊源及学术传承

理学兴起于北宋,也称道学、性理之学或义理之学,"主要代表人物有程颢、程颐,相与论学的有张载、邵雍,后人又溯及二程的本师周敦颐,合成北宋五子。南宋朱熹继承和发展了二程学说,并汲取周、张、邵学说的部分内容,加以综合,熔铸成庞大的体系,建立了理学中居主流地位的学派",朱学在南宋末年就已经确立了主导地位,到明代程朱理学仍是正统官学,至清初理学由盛至衰。以程朱为代表的理学从产生至式微绵延七百多年,在思想界的影响广泛深入,"超过两汉经学、魏晋玄学、南北朝隋唐的佛学"[1]。以义理之学而著称的理学，既是儒学发展的新高峰，也是儒学哲学化的新体现。我们试结合《理学纲要》之中《理学源流派别》来梳理程朱理学的学术渊源和学术传承，并依据《宋元学案》中相关学案来进行学术传承考证，以此来整体把握与程朱理学相关的学术传承情况。

1. 《理学纲要》中的《理学源流派别》

《理学源流派别》中对程朱理学的学术渊源和学术传承情况记录为[2]：

> 二程之门，最著称者为游、杨、尹、谢。游氏书不传，弟子亦不著。谢氏之门，最著者为朱汉上。然汉上《易》学，实由自得，不出师门也。尹氏最后起，守师说亦最醇，其传亦不广。惟龟山最老寿，遂为洛学大宗。
>
> 龟山之学，传之罗豫章。延平、韦斋，皆师豫章。而胡文定与游、杨、谢三先生，义兼师友。其子五峰、致堂，皆学于豫章。籍溪、邦衡，则学于文定。朱子初师屏山、籍溪、白水，而卒业于延平。南轩之学，出于五峰。吕成公亦尝师籍溪。又事汪玉山。玉山者，横浦弟子；横浦亦龟山弟子，故南渡后三先生之学，实皆出于龟山者也。
>
> 乾淳三先生，吕、张皆早世，惟朱子年最高，讲学亦最久，故其流传最远。
>
> 朱门之著者：有蔡西山父子，其律历象数之学，足补师门之阙。勉斋以爱婿为上座，实能总持朱子之学。勉斋殁而后异说兴，犹孔门七十子丧而大义乖矣。勉斋之学，一传而为金华，再传而为鲁斋、白云、仁山、双峰，皆卓有声光。辅汉卿学于朱子，兼受学于成公。其传为魏鹤山、詹元善，亦学于朱子，其传为真西山，皆宋末名儒。詹氏再传，辅氏四传而得黄东发，则体大思精，又非其师所能逮矣。此朱学之在南者也。其衍于北者，始于赵江汉。姚枢、许衡、郝经、

---

[1] （宋）陈淳：《北溪字义》，中华书局1983年版，（序言）第1页。
[2] 吕思勉：《理学纲要》，商务印书馆2015年版，第25—27页。

刘因,皆出其门。朱学自宋理宗时,得朝廷表章;元延祐科举,又用其法,遂如日中天矣。

从吕思勉对于理学源流派别的考证之中,我们能大致梳理出程朱理学的传承情况:

二程—杨时—罗豫章—延平—朱子—蔡西山父子、勉斋、辅汉卿

勉斋—金华—鲁斋、白云、仁山、双峰

辅汉卿—魏鹤山、詹元善(亦学于朱子)

"程朱学派"成员的个人简要情况如表2-3所示。

表2-3 "程朱学派"成员的情况

姓名	个人简历
杨时	杨时,字中乐,南剑将乐人
罗豫章	罗从彦,字仲素,南剑人,学者称豫章先生
延平	李侗,字愿中,南剑人
朱子	朱熹,字元晦,一字仲晦,初居崇安五夫,筑书院于武夷山之五曲,镑曰紫阳。其草堂曰晦庵。自号云谷老人,亦曰晦庵,曰晦翁
蔡西山父子	蔡元定,字季通,建宁之建阳人。子沈,字仲默
勉斋	黄榦,字直卿,闽县人
辅汉卿	辅广,字汉卿,号潜庵,崇德人
金华	何基,字子恭,金华人。居金华山,学者称金华先生
鲁斋	王柏,字会之,金华人
白云	许谦,字益之,金华人,学者称白云先生
仁山	金履祥,字吉父,兰溪人。居仁山下,学者称仁山先生
双峰	饶鲁,字伯舆,一字仲元,余干人,筑石洞书院,前有两峰,因号双峰
魏鹤山	魏了翁,字华父,邛州蒲江人。筑室白鹤山下,学者称鹤山先生
詹元善	詹体仁,字元善,浦城人
黄东发	黄震,字东发,慈溪人。学者称于越先生

我们根据研究的需要对朱门弟子的学术传承情况进行梳理，主要传承情况如下：

朱熹—勉斋—金华—鲁斋、白云、仁山、双峰

在《宋元学案》之中，相应地有：《晦翁学案》《勉斋学案》《双峰学案》等学术传承情况。

2.《宋元学案》之中的朱门弟子学术传承

我们主要分析三个学案：即《晦翁学案》《勉斋学案》《双峰学案》。

据《晦翁学案》记载，晦翁门人共有54人。其中与本研究有关的门人有：蔡元定（又称西山先生，谥文节，别为《西山蔡氏学案》）、黄榦（又称勉斋先生，谥文肃，别为《勉斋学案》）、辅广（又称传贻先生，谥朝奉，别为《潜庵学案》）、陈淳（又称北溪先生，谥文安，别为《北溪学案》）。

据《勉斋学案》记载：勉斋门人共有32人。其中与本研究有关的门人有：何基（又称北山先生，谥文定，别为《北山四先生学案》）、饶鲁（又称双峰先生，谥文元，别为《双峰学案》）。

据《双峰学案》记载：双峰门人共有18人。其中与本研究有关的门人有：陈大猷（东斋先生）、程若庸（徽庵先生）。

陈大猷，字文献，号东斋，都昌人。师双峰饶氏。著《尚书集传会通》。子澔。陈澔，字可大，号云庄，又号北山。于宋季不求闻达，博学好古，有《礼记集说》行于世。

程若庸，字逢原，休宁人。从双峰及沈贵珤得朱子之学。淳祐间，聘湖州安定书院山长。冯去疾创临汝书院于抚州，复聘为山长。咸淳间，登进士，授武夷山书院山长，累主师席，其从游者最盛，称徽庵先生。所著有《性理字训讲义》《太极洪范图说》。徽庵门人共有4人，其中与本研究有关的门人为：吴澄（号草庐先生，谥文正，别为《草庐学案》）。据《草庐学案序录》记载："祖望谨案：草庐出于双峰，固朱学也，其后亦兼主陆学。盖草庐又师程氏绍开，程氏尝筑道一书院，思和会两家。然草庐之著书，则终近乎朱。"①

我们对晦翁门人及其再传弟子的学术传承情况进行梳理，是为了理清从朱熹到吴澄、陈澔之间的理学传承顺序，为探寻程朱理学的《礼

① （清）黄宗羲：《宋元学案》卷九十二《草庐学案》，中华书局1986年版，第3036页。

记》学研究奠定学术基础。

(二)《大学章句》：朱熹论大学之道

正如戴溪所言："《学记》之论，由末以造本；《大学》之论，自本以末；其为教则一也"（卫湜：《礼记集说》），《学记》与《大学》所内含之"本"就是"大学之道"，朱熹在《大学章句序》之中对"大学之道"作了阐述。

1. 《大学章句序》之中的为学为政之道

《大学章句序》[①] 的原文如下：

> 《大学》之书，古之大学所以教人之法也。盖自天降生民，则既莫不与之以仁义礼智之性矣。然其气质之禀或不能齐，是以不能皆有以知其性之所有而全之也。一有聪明睿智能尽其性者出于其间，则天必命之以为亿兆之君师，使之治而教之，以复其性。此伏羲、神农、黄帝、尧、舜，所以继天立极，而司徒之职、典乐之官所由设也。
>
> 三代之隆，其法寖备，然后王宫、国都以及闾巷，莫不有学。人生八岁，则自王公以下，至于庶人之子弟，皆入小学，而教之以洒扫、应对、进退之节，礼乐、射御、书数之文；及其十有五年，则自天子之元子、众子，以至公、卿、大夫、元士之适子，与凡民之俊秀，皆入大学，而教之以穷理、正心、修己、治人之道。此又学校之教、大小之节所以分也。
>
> 夫以学校之设，其广如此，教之之术，其次第节目之详又如此，而其所以为教，则又皆本之人君躬行心得之余，不待求之民生日用彝伦之外，是以当世之人无不学。其学焉者，无不有以知其性分之所固有，职分之所当为，而各俛焉以尽其力。此古昔盛时所以治隆于上，俗美于下，而非后世之所能及也！
>
> 及周之衰，贤圣之君不作，学校之政不修，教化陵夷，风俗颓败，时则有若孔子之圣，而不得君师之位以行其政教，于是独取先王之法，诵而传之以诏后世。若《曲礼》《少仪》《内则》《弟子

[①] 《大学章句序》是《大学章句》的要领，也是朱子学的重要文献之一。

职》诸篇，固小学之支流余裔，而此篇者，则因小学之成功，以著大学之明法，外有以极其规模之大，而内有以尽其节目之详者也。三千之徒，盖莫不闻其说，而曾氏之传独得其宗，于是作为传义，以发其意。及孟子没而其传泯焉，则其书虽存，而知者鲜矣！

自是以来，俗儒记诵词章之习，其功倍于小学而无用；异端虚无寂灭之教，其高过于大学而无实。其他权谋术数，一切以就功名之说，与夫百家众技之流，所以惑世诬民、充塞仁义者，又纷然杂出乎其间。使其君子不幸而不得闻大道之要，其小人不幸而不得蒙至治之泽，晦盲否塞，反复沉痼，以及五季之衰，而坏乱极矣！

天运循环，无往不复。宋德隆盛，治教休明。于是河南程氏两夫子出，而有以接乎孟氏之传。实始尊信此篇而表章之，既又为之次其简编，发其归趣，然后古者大学教人之法、圣经贤传之指，粲然复明于世。虽以熹之不敏，亦幸私淑而与有闻焉。顾其为书犹颇放失，是以忘其固陋，采而辑之，间亦窃附己意，补其阙略，以俟后之君子。极知僭踰，无所逃罪，然于国家化民成俗之意、学者修己治人之方，则未必无小补云。

朱熹在《大学章句序》之中，从"为什么学""学什么""学为了什么"三个主要方面，以及圣人之学的传承顺序来分析为学为政之道。

所谓"为什么学"，原因在于人"气质之禀或不能齐，是以不能皆有以知其性之所有而全之也"，人或因气质之禀的"不能齐"而造成"不能"知其性的问题，所以才有必要让"聪明睿智"且"尽其性"者来教之"复其性"。

所谓"学什么"，就是分小学和大学两个阶段而论。小学阶段教以"洒扫、应对、进退之节"和"礼乐、射御、书数之文"，大学阶段教以"穷理、正心、修己、治人之道"。

所谓"学为了什么"，学者层面"修己治人之方"，国家层面"化民成俗之意"，即为学为政相统一之宗旨。

所谓圣人之学的传承顺序或儒家之道统，朱熹认为古之贤者为：羲、神农、黄帝、尧、舜，三代之后传续古贤之圣道的贤者：孔子—曾子—孟子—二程—朱熹。

2. 《大学章句》① 之中的"经"与"传"

朱熹为了更加清楚地表达其在《大学章句序》中的"为学亦为政"主张，依据"移其文""补其传"的学术思路对《大学》原文进行了调整，即形成了先秦文献的"经传"体裁。

《大学章句》卷首提到：子程子曰："《大学》，孔氏之遗书，而初学入德之门也。"于今可见古人为学次第者，独赖此篇之存，而《论》《孟》次之。学者必由是而学焉，则庶乎其不差矣。《大学》既是学者入德之门，又是学者为学之序；既是学者为学的次第，又是学者为学的宗旨所在。朱熹依据大学之道的学术思路，将《大学》原文分为"经"与"传"两部分，其中"经"一章、"传"十章。其概况见表2－4。

表2－4　　　　　　　　　《大学章句》概况

分类	大意	《大学章句》文本
经	盖孔子之言，而曾子述之。其传十章，则曾子之意而门人记之也。旧本颇有错简，今因程子所定，而更考经文，别为序次如左。	大学之道，在明明德，在亲民，在止于至善。知止而后有定，定而后能静，静而后能安，安而后能虑，虑而后能得。物有本末，事有终始，知所先后，则近道矣。古之欲明明德于天下者，先治其国；欲治其国者，先齐其家；欲齐其家者，先修其身；欲修其身者，先正其心；欲正其心者，先诚其意；欲诚其意者，先致其知；致知在格物。物格而后知至，知至而后意诚，意诚而后心正，心正而后身修，身修而后家齐，家齐而后国治，国治而后天下平。自天子以至于庶人，壹是皆以修身为本。其本乱而末治者否矣，其所厚者薄，而其所薄者厚，未之有也！
传	传之首章。释明明德。	康诰曰："克明德。"大甲曰："顾諟天之明命。"帝典曰："克明峻德。"皆自明也
传	传之二章。释新民。	汤之盘铭曰："苟日新，日日新，又日新。"康诰曰："作新民。"诗曰："周虽旧邦，其命惟新。"是故君子无所不用其极
传	传之三章。释止于至善。	诗云："邦畿千里，惟民所止。"诗云："缗蛮黄鸟，止于丘隅。"子曰："于止，知其所止，可以人而不如鸟乎！"诗云："穆穆文王，于缉熙敬止！"为人君，止于仁；为人臣，止于敬；为人子，止于孝；为人父，止于慈；与国人交，止于信。诗云："瞻彼淇澳，菉竹猗猗。有斐君子，如切如磋，如琢如磨。瑟兮僴兮，赫兮喧兮。有斐君子，终不可諠兮！"如切如磋者，道学也；如琢如磨者，自修也；瑟兮僴兮者，恂栗也；赫兮喧兮者，威仪也；有斐君子，终不可諠兮者，道盛德至善，民之不能忘也。诗云："于戏前王不忘！"君子贤其贤而亲其亲，小人乐其乐而利其利，此以没世不忘也

---

① 朱熹在《大学章句》之外，又作《大学或问》，以详细说明《大学章句》立言命意的理由。

续表

分类	大意	《大学章句》文本
传	传之四章。释本末。	子曰："听讼，吾犹人也，必也使无讼乎！"无情者不得尽其辞。大畏民志，此谓知本
	传之五章。盖释格物、致知之义①。	此谓知本，此谓知之至也
	传之六章。释诚意。	所谓诚其意者：毋自欺也，如恶恶臭，如好好色，此之谓自谦，故君子必慎其独也！小人闲居为不善，无所不至，见君子而后厌然，揜其不善，而着其善。人之视己，如见其肺肝然，则何益矣。此谓诚于中，形于外，故君子必慎其独也。曾子曰："十目所视，十手所指，其严乎！"富润屋，德润身，心广体胖，故君子必诚其意
	传之七章。释正心修身。	所谓修身在正其心者，身有所忿懥，则不得其正；有所恐惧，则不得其正；有所好乐，则不得其正；有所忧患，则不得其正
	传之八章。释修身齐家。	所谓齐其家在修其身者：人之其所亲爱而辟焉，之其所贱恶而辟焉，之其所畏敬而辟焉，之其所哀矜而辟焉，之其所敖惰而辟焉。故好而知其恶，恶而知其美者，天下鲜矣！故谚有之曰："人莫知其子之恶，莫知其苗之硕。"此谓身不修不可以齐其家
	传之九章。释齐家治国。	所谓治国必先齐其家者，其家不可教而能教人者，无之。故君子不出家而成教于国：孝者，所以事君也；弟者，所以事长也；慈者，所以使众也。康诰曰"如保赤子"，心诚求之，虽不中不远矣。未有学养子而后嫁者也！一家仁，一国兴仁；一家让，一国兴让；一人贪戾，一国作乱；其机如此。此谓一言偾事，一人定国。尧舜帅天下以仁，而民从之；桀纣帅天下以暴，而民从之；其所令反其所好，而民不从。是故君子有诸己而后求诸人，无诸己而后非诸人。所藏乎身不恕，而能喻诸人者，未之有也。故治国在齐其家。诗云："桃之夭夭，其叶蓁蓁；之子于归，宜其家人。"宜其家人，而后可以教国人。诗云："宜兄宜弟。"宜兄宜弟，而后可以教国人。诗云："其仪不忒，正是四国。"其为父子兄弟足法，而后民法之也。此谓治国在齐其家

---

① 朱熹认为此处有遗漏，故补之为：闲尝窃取程子之意以补之曰："所谓致知在格物者，言欲致吾之知，在即物而穷其理也。盖人心之灵莫不有知，而天下之物莫不有理，惟于理有未穷，故其知有不尽也。是以大学始教，必使学者即凡天下之物，莫不因其已知之理而益穷之，以求至乎其极。至于用力之久，而一旦豁然贯通焉，则众物之表里精粗无不到，而吾心之全体大用无不明矣。此谓物格，此谓知之至也。"

第二章 义理与考证：《学记》教育范畴的代际濡化

续表

分类	大意	《大学章句》文本
传	传之十章。释治国平天下。	所谓平天下在治其国者：上老老而民兴孝，上长长而民兴弟，上恤孤而民不倍，是以君子有絜矩之道也。所恶于上，毋以使下；所恶于下，毋以事上；所恶于前，毋以先后；所恶于后，毋以从前；所恶于右，毋以交于左；所恶于左，毋以交于右；此之谓絜矩之道。诗云："乐只君子，民之父母。"民之所好好之，民之所恶恶之，此之谓民之父母。诗云："节彼南山，维石岩岩，赫赫师尹，民具尔瞻。"有国者不可以不慎，辟则为天下僇矣。诗云："殷之未丧师，克配上帝；仪监于殷，峻命不易。"道得众则得国，失众则失国。是故君子先慎乎德。有德此有人，有人此有土，有土此有财，有财此有用。德者本也，财者末也，外本内末，争民施夺。是故财聚则民散，财散则民聚。是故言悖而出者，亦悖而入；货悖而入者，亦悖而出。康诰曰："惟命不于常！"道善则得之，不善则失之矣。楚书曰："楚国无以为宝，惟善以为宝。"舅犯曰："亡人无以为宝，仁亲以为宝。"秦誓曰："若有一介臣，断断兮无他技，其心休休焉，其如有容焉。人之有技，若己有之，人之彦圣，其心好之，不啻若自其口出，寔能容之，以能保我子孙黎民，尚亦有利哉。人之有技，媢疾以恶之，人之彦圣，而违之俾不通，寔不能容，以不能保我子孙黎民，亦曰殆哉。"唯仁人放流之，迸诸四夷，不与同中国。此谓唯仁人为能爱人，能恶人。见贤而不能举，举而不能先，命也；见不善而不能退，退而不能远，过也。好人之所恶，恶人之所好，是谓拂人之性，菑必逮夫身。是故君子有大道，必忠信以得之，骄泰以失之。生财有大道，生之者众，食之者寡，为之者疾，用之者舒，则财恒足矣。仁者以财发身，不仁者以身发财。未有上好仁而下不好义者也，未有好义其事不终者也，未有府库财非其财者也。孟献子曰："畜马乘不察于鸡豚，伐冰之家不畜牛羊，百乘之家不畜聚敛之臣，与其有聚敛之臣，宁有盗臣。"此谓国不以利为利，以义为利也。长国家而务财用者，必自小人矣。彼为善之，小人之使为国家，菑害并至。虽有善者，亦无如之何矣！此谓国不以利为利，以义为利也

朱熹注解："凡传十章，前四章统论纲领指趣，后六章细论条目功夫。其第五章乃明善之要，第六章乃诚身之本，在初学尤为当务之急，读者不可以其近而忽之也。""总的来看，《大学章句》的特点是：以明德—气禀—复其明德为基本结构，以明德为心的本然之体，赋予《大学》一种心性论的诠释，而突出心性的功夫，这种高度心性化的经典诠释为道学的发展提供了经典理解的依据。而在朱子的《大学》解释中，一方面，格物和诚意居于核心的地位；一方面，对为学次序的关注称为朱子基本的问题意识。简言之，人之为学，必须遵照《大学》以格物为

起点的顺序，一切功夫以存天理、去私欲的道德修养为中心，循序渐进，不能躐等，才能最终明其明德，止于至善，治国而平天下。"①

（三）《礼记·学记》：朱熹及其门人与礼学

以朱熹为代表的晦翁门人及其再传弟子们对《礼记》进行注解，其中以朱熹、陈澔、吴澄等人最为代表，特别是陈澔的《礼记集说》一度成为科举考试的指定用书，其对于当时学者及《礼记》研究的影响可见一斑。

1. 朱熹与《礼记·学记》

朱熹关于《礼记·学记》的著述主要体现在《朱子语类》（卷八十七）和《仪礼经传通解》之中。首先，在《朱子语类》（卷八十七）、《礼四·小戴礼》之中有朱熹对《礼记》所作的"总论"，以及对部分《礼记》篇目内容的训释。其中"总论"部分共有14则，是朱熹讨论如何阅读《礼记》及阐述《礼记》与《仪礼》之间关系的内容。《朱子语类》之中对各篇训释的具体情况如表2-5所示。

表2-5　　　　《朱子语类》对《礼记》各篇的训释

	《礼记》训释篇目及则数
《朱子语类》	《曲礼》（19则）、《檀弓上》（21则）、《檀弓下》（4则）、《王制》（8则）、《月令》（8则）、《礼运》（17则）、《礼器》（5则）、《郊特性》（5则）、《内则》（2则）、《玉藻》（3则）、《明堂位》（1则）、《丧服小记》（4则）、《大传》（4则）、《少仪》（2则）、《学记》（8则）、《乐记》（23则）、《祭法》（4则）、《祭义》（16则）、《哀公问》（1则）、《仲尼燕居》（1则）、《孔子闲居》（1则）、《表记》（5则）、《深衣》（2则）、《乡饮酒义》（4则）、《乡射义》（3则），此外还有拾遗7则 共：25篇，178则

其中：关于《学记》（8则）的具体情况如下：

在《朱子语类》八则之中，主要包括："九年知类通达""宵雅肄三，官其始也""不学杂服，不能安礼""呻其佔毕，多其讯""使人不由其诚""善问者如攻坚木，先其易者，后其节目"六个方面，以问答方式来解答相关问题的内容如表2-6所示。

---

① 汤一介、李中华：《中国儒学史》（宋元卷），北京大学出版社2011年版，第352—353页。

第二章 义理与考证：《学记》教育范畴的代际濡化

表2-6　　　　　　　　《朱子语类》对《学记》的训释

则	《学记》文本内容
一	"九年知类通达"，横渠说得好："学者至于能立，则教者无遗恨矣。此处方谓大成。"盖学者既到立处，则教者亦不消得管他，自住不得。故横渠又云："学者能立，则自强不反，而至于圣人之大成矣。而今学者不能得扶持到立处。"尝谓此段是个致知之要。如云："一年视离经辨志。"古注云，离经，断绝句也。此且是读得成句。辨志，是知得这个是为己，那个是为人；这个是义，那个是利。"三年敬业乐群。"敬业，是知得此是合当如此做；乐群，是知得滋味，好与朋友切磋。"五年博习亲师。"博习，是无所不习；亲师，是所见与其师相近了。"七年论学取友。"论学，是他论得有头绪了；取友，是知贤者而取之，此谓之小成。"九年知类通达"，此谓之大成。横渠说得"推类"两字最好，如荀子"伦类不通，不足谓之善学"。而今学者只是不能推类，到得"知类通达"，是无所不晓，便是自强不反。这几句都是上两字说学，下两字说所得处；如离经，便是学；辨志，便是所得处。他皆仿此〔赐〕夔孙同
二	子武问"宵雅肄三，官其始也"。曰："圣人教人，合下便是要他用，便要用贤以治不贤，举能以教不能。所以公卿大夫在下，也思各举其职。不似而今上下都恁地了，使穷困之民无所告诉。圣贤生斯世，若是见似而今都无理会，他岂不为之恻然思有以救之？'孔子三月无君，则皇皇如也'，但不可枉尺直寻，以利言之。天生一人，便须管得天地间事。如人家有四五子，父母养他，岂不要他使？但其间有不会底，则会底岂可不出来为他担当一家事？韩退之云：'盖畏天命而悲人穷也。'这也说得好，说得圣贤心出"〔义刚〕
三	问："'不学杂服，不能安礼'。郑注谓，服是皮弁、冕服；横渠谓，服，事也，如洒扫应对沃盥之类。"曰："恐只如郑说。古人服各有等降，若理会得杂服，则于礼亦思过半矣。如冕服是天子祭服，皮弁是天子朝服；诸侯助祭于天子，则服冕服，自祭于其庙，则服鷩冕；大夫助祭于诸侯，则服玄冕，自祭于其庙，则服皮弁。又如天子常朝，则服皮弁，朔望则服玄冕；无疏之冕也。诸侯常朝则用玄端，朔望则服皮弁；大夫私朝亦用玄端，夕深衣；士则玄端以祭，上士玄裳，中士黄裳，下士杂裳，前玄后黄也。庶人深衣"〔佐〕
四	"呻其佔毕，多其讯。"多其讯，如公穀所谓"何"者，是也〔广〕
五	问："'使人不由其诚'，莫只是教他记诵，而中心未尝自得否？"曰："若是逼得他紧，他便来家瞒，便是不由诚。尝见横渠作简与某人，谓其子日来诵书不熟，且教他熟诵，尽其诚与材。"文蔚曰："便是他解此两句，只作一意解。其言曰：'人之材足以有为，但以其不由于诚，则不尽其材。若曰勉率以为之，岂有由其诚也哉？'"曰："固是。既是他不由诚，自是材不尽"〔文蔚〕
六	"善问者如攻坚木，先其易者"，而后其难。今人多以难中有道理，而不知通其易，则难自通，此不可不晓〔可学〕
七	问"善问者如攻坚木"一段。曰："此说最好。若先其难者，理会不得，更进步不去。须先其易者，难处且放下，少间见多了，自然相证而解。'说'字，人以为'悦'，恐只是'说'字。说，证之义也。'解物为解，自解释为解。'恐是相证而晓解"

— 141 —

续表

则	《学记》文本内容
八	"'善问者如攻坚木,先其易者,后其节目'。非特善问,读书求义理之法皆然。置其难处,先理会其易处;易处通,则坚节自迎刃而解矣。若先其难者,则刃顿斧伤,而木终不可攻,纵使能攻,而费工竭力,无自然相说而解之功,终亦无益于事也。"问:"'相说而解',古注'说'音悦,'解'音佳买反"。曰:"说,只当如字;而解音蟹。盖义理相说之久,其难处自然触发解散。"〔佣〕

朱熹在《仪礼经传通解》之中以《仪礼》十七篇为主体,取大、小戴及它书传所载系于礼者附之。虽然朱熹生前只完成了《仪礼经传通解》之家礼、乡礼、学礼、邦国礼、王朝礼(丧、祭二礼由弟子黄榦续成),但是其开启了后世重新编纂三《礼》之先河。《学记》位于《仪礼经传通解》的学礼部分。学礼共分为十一卷,位于《仪礼经传通解》中的卷第九至卷第十九。其中:《学记》第二十七(学礼十)和《大学》第二十八(学礼十一)位于卷第十六,《中庸》第二十九(学礼第十二)位于卷第十七。朱熹在《学记》第二十七之中,以郑注为主对《学记》全文进行了注解。此外,卫湜《礼记集说》之中也部分收录了朱熹关于《学记》的注释内容。

《朱子语类》《仪礼经传通解》和《礼记集说》就成为我们研究朱熹关于《学记》思想的主体文本资料。

2. 吴澄《礼记纂言》与《学记》

吴澄在序言之中对《礼记纂言》的编撰情况作了说明:

第一,《礼记》篇次"杂乱无章"。《礼记》因旁搜博采,勤取残篇断简,会稡成书,无复铨次,读者每病其杂乱而无章。

第二,魏征《类礼》不可得见。唐魏郑公为是作《类礼》二十篇,不知其书果何如也?而不可得见。

第三,朱子与东莱先生曾商定三礼篇次,仅存大纲。朱子尝与东莱先生吕氏商订三礼篇次,欲取戴记中有关于仪礼者附之经,其不系于仪礼者仍别为记。吕氏既不及答,而朱子亦不及为。幸其大纲存于文集,犹可考也。

第四,朱子《仪礼经传通解》有待修正之处。晚年编校仪礼经传,则其条例与前所商订又不同矣,其间所附戴记数篇,或削本篇之文而补以他篇之文，今则不敢。

第五，吴澄认为《礼记纂言》篇次承朱子余绪而更加合理。修而成之篇章，文句秩然有伦，先后始终颇为精审。

吴澄《礼记纂言》共三十六卷，各篇次的具体情况如下：卷一《曲礼》、卷二《内则》、卷三《少仪》、卷四《玉藻》、卷五《深衣》、卷六《月令》、卷七《王制》、卷八《文王世子》、卷九《明堂位》、卷十《丧大记》、卷十一《杂记》、卷十二《丧服小记》、卷十三《服问》、卷十四《檀弓》、卷十五《曾子问》、卷十六《大传》、卷十七《间传》、卷十八《问丧》、卷十九《三年问》、卷二十《丧服》、卷二十一《祭法》、卷二十二《郊特牲》、卷二十三《祭义》、卷二十四《祭统》、卷二十五《礼运》、卷二十六《礼器》、卷二十七《经解》、卷二十八《哀公问》、卷二十九《仲尼燕居》、卷三十《孔子闲居》、卷三十一《坊记》、卷三十二《丧记》、卷三十三《缁衣》、卷三十四《儒行》、卷三十五《学记》、卷三十六《乐记》。

《学记》位于卷三十五、《乐记》位于卷三十六，因为"其文雅驯非诸篇比，则以为是书之终"。《大学》和《中庸》两篇，因为程子朱子既表章之，故没有编撰在《礼记纂言》之中。

3. 陈澔《礼记集说》与《学记》

我们试从《云庄礼记集说序言》之中对陈澔及其《礼记集说》进行分析：

> 元陈澔撰。澔字可大，都昌人。云庄其号也。是书成于至治壬戌。朱彝尊《经义考》作三十卷。今本十卷，坊贾所合并也。初，延祐科举之制，《易》《书》《诗》《春秋》皆以宋儒新说与古注疏相参，惟《礼记》则专用古注疏。盖其时老师宿儒，犹有存者，知《礼》不可以空言解也。澔成是书，又在延祐之后，亦未为儒者所称。明初，始定《礼记》用澔注。胡广等修《五经大全》，《礼记》亦以澔注为主，用以取士。遂诵习相沿。盖说《礼记》者，汉唐莫善于郑、孔，而郑《注》简奥，孔《疏》典赡，皆不似澔注之浅显。宋代莫善于卫湜，而卷帙繁富，亦不似澔注之简便。又南宋宝庆以后，朱子之学大行。而澔父大猷师饶鲁，鲁师黄榦，榦为朱子

— 143 —

之婿。遂藉考亭之馀荫，得独列学官。

序言之中对陈澔的简要生平以及《礼记集说》的学术地位进行了简要说明。其中的关键词为：明初《礼记》用澔注并用以取士，澔注浅显简便，澔父大猷师饶鲁，一是《礼记集说》的学术地位，二是《礼记集说》的注释特点，三是陈澔本人的学术渊源。

陈澔《礼记集说》共分为十卷，各卷的具体情况如表2-7所示。

表2-7　　　　　　　　《礼记集说》各卷情况

卷一	曲礼上第一、曲礼下第二
卷二	檀弓上第三、檀弓下第四
卷三	王制第五、月令第六
卷四	曾子问第七、文王世子第八、礼运第九
卷五	礼器第十、郊特性第十一、内则第十二
卷六	玉藻第十三、明堂位第十四、丧服小记第十五、大传第十六、少仪第十七、学记第十八
卷七	乐记第十九、杂记上第二十、杂记下第二十一
卷八	丧大记第二十二、祭法第二十三、祭义第二十四、祭统第二十五、经解第二十六
卷九	哀公问第二十七、仲尼燕居第二十八、孔子闲居第二十九、坊记第三十、中庸第三十一、表记第三十二、缁衣第三十三、奔丧第三十四
卷十	问丧第三十五、服问第三十六、间传第三十七、三年问第三十八、深衣第三十九、投壶第四十、儒行第四十一、大学第四十二、冠义第四十三、昏义第四十四、乡饮酒第四十五、射义第四十六、燕义第四十七、聘义第四十八、丧服四制第四十九

《学记》位于《礼记集说》卷六第十八，《中庸》第三十一和《大学》第四十二等两篇仅列出标题，无正文内容更无具体的注释，原因为朱子章句之中《大学》《中庸》已列。

4. 朱门其他弟子与《礼记·学记》

朱门弟子除著《礼记纂言》的吴澄和著《礼记集说》的陈澔之外，据卫湜《礼记集说》所载：辅广、魏了翁、真德秀、黄震等都有关于《礼记·学记》的相关注释研究。同样，朱彝尊《经义考》记载了有关辅广、魏了翁、黄震的《礼记》著述。

第二章　义理与考证:《学记》教育范畴的代际濡化

辅广《礼记解》(未见),卫湜曰:"庆源辅汉卿取《注疏》、方氏、马氏、陆氏、胡氏诸说,仿吕氏《读诗记》编集,间有己说";

魏了翁《礼记要义》,《宋志》三十三卷,未见;

黄震《读礼记日抄》十六卷,存。震《自序》曰:"吴郡卫湜集《礼记》解,自郑康成而下,得一百四十六家。惟方氏、马氏、陆氏有全书,其余仅解篇章,凡讲议论说,尝及之者,皆取之以足其数。其书浩瀚,惟严陵郡有官本,岳公珂《集解》亦然,皆未易遍见。天台贾蒙继之,始选取二十六家,视卫、岳为要,而其采取亦互有不同,其书又惟仪真郡学有录本,世罕得其传。今因并合各家所集,而类抄之。昔吕氏《读诗记》简要,而文为姓氏所隔;高氏《春秋集注》文成一家,而不知元注之姓氏为谁。僭窃参用其法,使诸家注文为一,而各出姓氏于下方,间亦节录,或附己意。然所谓存十一于千百,不过老眼便于观省,后生志学之士,自当求之各家全书云"。①

二 《学记》教育范畴的义理阐释

我们试选取以陈澔、吴澄为主,以朱熹、辅广、魏了翁、真德秀等为辅的关于《学记》的注解内容,在依据《学记》的教育范畴对其原文进行分析的基础之上,剖析晦翁及其门人对《学记》教育范畴的义理阐释。

(一)"道—学"观的义理阐释

1. 性—学(教)—道

《学记》文本之中对于性—学(教)—道关系的表述为:

玉不琢,不成器;人不学,不知道。是故古之王者,建国君民,教学为先。《兑命》曰:"念始终典于学",其此之谓乎!

[吴]澄曰:治玉,曰琢。玉质虽美,然不以玉工琢之,则不能成有用之器。学之为言效也。道者,人伦日用所当行之路,人性所固有。然惟上知之资,生而知之,无所亏欠。大贤已下,知而不遍。百姓之愚,由而不知。苟非有以教之,使之效乎先觉者,则不能知人伦日用所当行

---

① (清)朱彝尊:《经义考》,上海古籍出版社2010年版,第2633页。

之道何如也。古者建王国，天子自君其畿内之民；又建侯国，命诸侯各君其封内之民。其民饱暖逸居，而无以教之，则近于禽兽。故天子诸侯之国，皆必建学立师，以教其民，使之知有理义。子游宰小邑，犹且以弦歌教民。夫子问，而子游引昔者所闻，君子学道则爱人，小人学道则易使之语以对。盖教民者，使之学而知道也。典，常也。《说命》所言谓人之为学，念念不忘，自始及终，当有常而不间断。此引之谓君之教民为学，亦当终始有常，而不暂废也。

案：晦翁门人对此段注解以吴澄最为代表。

吴澄认为，道为人性所固有，道就是人伦日用所当行之路。既然道为人性所固有，那么人为何还需要学道？那就是因为人性分为：上知之资、大贤以下、百姓之愚三种。上知者为生而知之，于道无所亏欠；大贤以下者，知而不全；百姓者，由而不知。不全就需全、不知更需知，教就此发生，即先觉者觉后觉者，后觉者效仿先觉者。

2. 学—教

《学记》文本之中对于学与教关系的表述为：

> 虽有嘉肴，弗食不知其旨也；虽有至道，弗学不知其善也。是故学然后知不足，教然后知困。知不足，然后能自反也；知困，然后能自强也。故曰：教学相长也。《兑命》曰："学学半"，其此之谓乎！

［吴］肴，肉未去骨，骨肉相杂者。"学学"上学，读作效，教也。郑氏曰：旨，美也。学则睹己行之所短，教则见己道之所未达。自反，求诸己也。自强，修业不敢倦也。"学学半"言学人乃益己之学半。孔氏曰：此一节明教学相益。马氏曰：自反而得之，则优于教矣，是以学长教也；能自强而兴之，则进于学矣，是以教长学也。

［陈］学然后知不足，谓师资于人，方知己所未至也。教然后知困，谓无以应人之求，则自知困辱也。自反，知反求而已。自强，则有黾勉倍进之意。教学相长，谓我之教人与资人，皆相为长益也。引《说命》敩学半者，刘氏曰：教人之功，居吾身学问之半。盖始之修己所以立其体，是一半，终之教人所以致其用，又是一半。此所以终始典于学，成

— 146 —

第二章 义理与考证：《学记》教育范畴的代际濡化

己成物合内外之道，然后为学问之全功也。

案：吴澄引用郑选、孔颖达、马希孟的观点来说明其对于学教关系的认识，强调自反自强之教学相益之功。

陈澔在对学教关系的注解中认为，教学相长谓我之教人与资人皆相为长益。并引用刘氏之注解，始之修己以立其体，终之教人以致其用，学与教就是体与用，就是学之成己和教之成物的统一体。教学相长，就是体用结合的过程，就是实现成己成物的过程。

3. 教—化—成

《学记》文本之中对于教—化—成的表述为：

> 古之教者，家有塾，党有庠，术有序，国有学。比年入学，中年考校：一年视离经辨志，三年视敬业乐群，五年视博习亲师，七年视论学取友，谓之小成。九年知类通达，强立而不反，谓之大成。夫然后足以化民易俗，近者说服而远者怀之。此大学之道也。《记》曰："蛾子时术之"，其此之谓乎！

朱熹、辅广、吴澄和陈澔都对此语段进行了注解，其中吴澄和陈澔之说较为代表：

[吴] 澄曰：按考校与周官大比不同。考校者，谓九年大成。以前，每间一岁教者，察视其学业之进何如。大比者，谓九年大成之后，每三年，则乡大夫比其德行道艺，而宾兴之也。初入学一年，于岁终视其读经断句，而分别其志之果向学与否。敬业者谓于所读之经，而专心致志。乐群者，如食而已知其味，乐与同居之群共讲肄之，此于三年之岁终察视之。博习谓所学经外，又能泛及它经传授师说，服膺不失而亲近其师，惟恐或离也，此于五年之岁终察视之。论学谓义理已明，能论说学之是非，识人品高下，而取其善者以为友，此于七年之岁终察视之。以上皆小学之事。九年则十五入大学之次年，自始入小学之年，而通数之为九年也，能知事理，而推其类，由此以通达于彼。犹子贡之闻一知二，此大学致知之功也。强立，谓守之坚固；不反，谓其已能者不退转，此大学力行之效也。若此而教，则可化其民，使之为贤能而移易其俗，人人有士君子之行也。故近而被其教者，能皆心说而服；远而闻其风者，亦

且怀而慕之也。

［陈］比年，每岁也。每岁皆有入学之人。中年，间一年也。与《小记》中一以上之中同。每间一年而考校其艺之进否也。离经，离绝经书之句读也。辨志，辨别其趋向之邪正也。敬业，则于所习无怠忽。乐群，则于朋徒无睽贰。博习，则不以程度为限制。亲师，则于训诲知嗜好。论学，讲求学问之缊奥也。取友，择取益者而友之也。能如此，是学之小成也。至于九年，则理明义精，触类而长，无所不通，有卓然自立之行，而外物不得以夺之矣，是大成也。朱子曰："这几句，都是上两字说学，下两字说所得处。如离经便是学，辨志是所得处。他仿此。"前言成俗，成其美俗也。此言易俗，变其污俗也。以此大成之士而官使之，其功效如此，是所谓大学教人之道也。蛾子，虫子微者，亦时时述学衔土之事而成大垤，以喻学者由积学而成大道也。此古记之言，故引以证其说。

案：吴澄认为，小成是小学之事，大成是大学之事。大成的表现有二：一是成己之内，即大学致知之功和大学力行之效。致知之功就是能知事理，而推其类，由此以通达于彼；力行之效就是在学习中能做到强立而不返。二是成己之外，即大学的致知之功和力行之效，知行合一就可使人成为贤能之人，而移易其俗且有士君子之行，行就是外在表现。内塑其体，外致其用。大学之教所能达到的成效，近者受教，心悦而服；远者闻风，怀而慕之。

陈澔则进一步指出，大成之士而官使之，"学而优则仕"，就会承担化民之作用：成其美俗和变其污俗，这就是积学而成大道的大学教人之道。

（二）"学—教"体系的义理阐释

1. 制：入学考校—正业居学

（1）入学与考校

《学记》文本之中对于入学—考校的表述为：

比年入学，中年考校。

吴澄和陈澔对此注解较为到位。

第二章 义理与考证：《学记》教育范畴的代际濡化

吴澄首先对考校与周官大比进行了区分，并认为周官大比是在九年大成之后，每三年所考核其德行道艺之事。其次，在对九年大成进行注解之时，吴澄认为"九年则十五入大学之次年"，次年就是十六岁，若依此，九年大成之时就是十六岁。那么入学之年就是七岁。

陈澔引用朱熹的注解对考校内容进行了说明：

朱子曰："这几句，都是上两字说学，下两字说所得处。如离经便是学，辨志是所得处。他仿此。"

学就是道艺，得就是德行，考校就是考核德行和道艺。

（2）正业与居（学）

《学记》文本之中对于正业—居学的表述为：

时教必有正业，退息必有居学。

［朱］今案上句郑注孔疏读"时"字、"居"字句绝，而"学"字自为一句，恐非文意。当以"也"字、"学"字为句绝。时教，如春夏《礼》《乐》，秋冬《诗》《书》之类。居学，谓居其所学。如《易》之言居业，盖常习所习，如下文操缦博依兴艺，藏修息游之类。所以学者能安其学，而信其道。

［吴］时教，谓春夏秋冬四时之教。业，谓所学之事。正业，谓春学《乐》，夏学《诗》，秋学《礼》，冬读《书》，各当其时，正所当学之事也。退，谓进受正业，既毕而退也。息，谓燕间之时。居学，谓私居所学之事也，非正受业于学官者，如下文，操缦博依之类是也。

［陈］旧说，大学之教也时，句绝。退息必有居，句绝。今读时字连下句，学字连上句，谓四时之教，各有正业，如春、秋教以《礼》《乐》，冬、夏教以《诗》《书》，春诵夏弦之类是也。退而燕息，必有燕居之学，如退而省其私，亦足以发是也。弦也，《诗》也，《礼》也，此时教之正业也。操缦、博依、杂服，此退息之居学也。凡为学之道，贵于能安，安则心与理融而成熟矣。然未至于安，则在乎为之不厌，而不可有作辍也。

案：朱熹是第一个对此句的句读作出确切划分的人。虽然荆公门人陆佃在注解此句之时，就是按照"时教"和"居学"进行注解，但是并

— 149 —

没有明确地进行句读划分。按照吴澄理解，正业就是学官所学之事，居学就是私居所学之事，正业和居学所学之事的地点有别。同样，内容也有异，正业以《礼》《乐》《诗》《书》为主，居学以操缦、博依、杂服为辅。

朱熹在对居学进行注解之时指出，"居学，谓居其所学。如《易》之言居业，盖常习所习，如下文操缦博依兴艺，藏修息游之类。所以学者能安其学，而信其道"。其中，"《易》之言居业"，则为"修辞立其诚，所以居业也"（《易·乾》），孔颖达的疏解为：

> 辞谓文教，诚谓诚实也，外则修理文教，内则立其诚实，内外相成，则有功业可居，故云居业也。

内外结合则有功业可居，就如同正业和居学相结合，则学者可安学信道。

陈澔在对"安"的注解之中，认为"安"就是心与理融而成熟的状态。朱子理学的根本目的是实现"心与理一"的人格境界，这种境界就是"心体浑然"、"浑然一理"的圣人境界。理学家所谓的"孔颜之乐"或"曾点之乐"，就是指学者达到"心与理一"之后的一种自我体验。

2. 教：豫时孙摩—长善救失

（1）豫时孙摩

《学记》文本之中对于豫时孙摩的表述为：

> 大学之法，禁于未发之谓豫，当其可之谓时，不陵节而施之谓孙，相观而善之谓摩。此四者，教之所由兴也。发然后禁，则扞格而不胜；时过然后学，则勤苦而难成；杂施而不孙，则坏乱而不修；独学而无友，则孤陋而寡闻。燕朋逆其师，燕辟废其学。此六者，教之所由废也。君子既知教之所由兴，又知教之所由废，然后可以为人师也。

［朱］禁于未发，但谓豫为之防。其事不一，不必皆谓十五时也。当其可，谓适当其可告之。时，亦不必以年为断。相观而善，但谓观人

第二章　义理与考证：《学记》教育范畴的代际濡化

之能而于己有益，如以两物相摩而各得其助也。燕朋逆其师，《大戴礼记·保傅篇》作左右之习反其师朋，此燕朋是私亵之友，所谓损者三友之类。注说非也。燕辟，但谓私亵之谈无益于学，而反有所害也。

[吴] 澄曰：陵，犹越也。节，如竹之节。俟其能此事，然后又教一事，则为顺，叙而不丛併。相观，谓甲观乙乙观甲，此有未善观彼所善而效之，则此亦善矣。摩，如两石相摩，互相资借。程子曰：朋友讲习，莫如相观而善之益多。澄谓：此四者，三属于师，一属于友。扞格，谓抵拒，胜犹堪也。燕犹亵也，辟犹语也。不禁之于未发，待其已发，然后禁之，则受教者抵拒而不堪其禁制。教之必当其可以受教之时，至于其时已过，则其聪明知虑已不及。昔学之虽勤苦，而难得完成也。学者须是已能一事，然后再学一事。若无节次，杂然施之，而不顺序，则所学多端，必皆隳毁棼乱，而不修治也。学者虽是群居共学，相观而善，互有所益。若独自为学，则孤单僻陋，而所闻者寡。师帅以正者也，若身亲亵慢之朋，则染习不正，必至于违逆其师。学者于无益之言勿听，若耳闻亵慢之语，则无益有损，必至于荒废其学。朱子曰：燕朋，谓私亵之朋，损者三友之类。《大戴礼记·保傅篇》作左右之习反其师。燕辟，谓私亵之谈无益于学，而反有所害也。澄谓：前四者教所由兴，在师者三，在学者一。后六者教之所由废，在师者三，在学者三。方氏曰：教之兴止于四，废至于六者。以见所由兴者常少，所由废者常多也。

[陈] 豫者，先事之谓；时者，不先不后之期也。陵，逾犯也。节，如节候之节。礼有礼节，乐有乐节，人有长幼之节，皆言分限所在。不陵节而施，谓不教幼者以长者之业也。相观而善，如称甲之善，则乙者观而效之，乙有善可称，甲亦如之。孙，以顺言；摩，以相厉而进为言也。扞，拒扞也。格，读如冻洛之洛，谓如地之冻，坚强难入也。不胜，不能承当其教也。一读为去声，谓教不能胜其为非之心，亦通。杂施，谓躐等陵节也。燕私之朋，必不责善，或相与以慢其师。燕游邪僻，必惑外诱，得不废其业乎？此"燕朋""燕辟"之害，皆由于发然后禁以下四者之失，皆与上文四者相反也。

案：朱熹在对豫与时的注解之中，认为"不必以年为断"，在此前"禁于未发"的"豫"及"当其可"的"时"都依据年龄来进行注解。朱熹认为豫与时的注解"不必"仅局限于年龄，有其可取之处。同样，朱熹对燕朋与燕辟的注解也颇有新意，燕朋为私亵之友、燕辟为私亵之谈，并引《大戴礼记·保傅篇》作为论据。

  天子宴瞻其学，左右之习反其师，答远方诸侯，不知文雅之辞，应群臣左右，不知已诺之正，简闻小诵，不传不习，凡此其属，少师之任也。

吴澄在朱熹注解的基础之上，认为亵慢之朋使学者染习不正，必至于违逆其师；亵慢之语使学者无益有损，必至于荒废其学，逆师与废学就是燕朋与燕辟之危害。依此，吴澄对教所由兴和所由废的缘由进行归类，兴者在师者三与在学者一，废者在师者三与在学者三。其中：兴者之中三属于师，一属于友；废者之中三属于师，三属于友，足见师与友在大学之教兴与废中的作用。

（2）长善救失：善喻—知心

《学记》文本之中对于长善救失的表述为：

  故君子之教，喻也：道而弗牵，强而弗抑，开而弗达。道而弗牵则和，强而弗抑则易，开而弗达则思。和、易、以思，可谓善喻矣。

  ［吴］喻，以言晓之也。道，谓引导其前。牵，犹拽也。强，谓激勉。抑，犹逼也。开，谓发其端倪。达，谓通透至于底里。言知前四者，为教之所由以兴；又知前六者，为教之所由以废，则可以为师而教人矣。故其教而晓喻之也，但引导其前使之自进，而不以力拽之以速其进，则受教者不至于乖戾。激勉其志使之自能，而不以力逼之以速其能，则受教者不至于艰难。但开发其端倪，而不尽言以直透于底里，则受教者必须致思而自得之。于学者之情不乖而和，不难而易，俾思而后得。如此，则可谓善于教而喻人者矣。

  ［陈］示之以入道之所由，而不牵率其必进；作兴其志气之所尚，而不沮抑之使退；开其从入之端，而不竟其所通之地。如此，则不扞格而和，不勤苦而易，不杂施以乱其心，有相观以辅其志，而思则得之矣。

第二章　义理与考证:《学记》教育范畴的代际濡化

案：吴澄指出，为师而能教人的条件就是知教之所由兴和废，这是为师的先决条件；而为师会教人的条件就是知教而喻人之道，受教者不至于乖戾、不至于艰难且致思而自得，才能称得上教者善喻。

陈澔则指出，教者善喻就能"道而弗牵，强而弗抑，开而弗达"，如此则能纠正教之所由废的弊端，和则不扞格，易则不勤苦，思则不杂施以乱其心、有相观以辅其志。如此而言，教之善喻则就能防止教之所由废的弊端。

> 学者有四失，教者必知之。人之学也，或失则多，或失则寡，或失则易，或失则止。此四者，心之莫同也。知其心，然后能救其失也。教也者，长善而救其失者也。

[吴] 延平周氏曰：失则多者，知之所以过。失则寡者，愚之所以不及。失则易者，贤之所以过。失则止者，不肖之所以不及。东莱吕氏曰：多才有余者，寡才不足者，易俊快者，止钝迟者，四者心之莫同，病各自别，知其心然后能救其失，譬如医者要识他病，处方始随症用药，若不识学者之病，去它病上加添无缘得成就。长乐陈氏曰：多者约之以礼，寡者博之以文，易者抑之以自反，止者勉之以自强，此救其失也。澄曰：学者有所善，则教之者使之增益加进以长其善，学者有所失则教者使之减省除去以救其失，此一节皆言学者之失所当救者。

[陈] 方氏曰：或失则多者，知之所以过。或失则寡者，愚之所以不及。或失则易，贤者之所以过。或失则止，不肖者之所以不及。多闻见而适乎邪道，多之失也。寡闻见而无约无卓，寡之失也。子路好勇过，我无所取材，易之失也。冉求之今女画，止之失也。约我以礼，所以救其失之多；博我以文，所以救其失之寡；兼人则退之，所以救其失之易；退则进之，所以救其失之止也。

案：吴澄在延平周氏、东莱吕氏、长乐陈氏等关于"学者四失"情况分析的基础之上，认为长善就是教者增益学者之善，救失就是教者减省除去学者之善。多寡易止就是学者之失，只有识学者之病，才能救学者之失，正如医者只有识患者之病，才能随患者之病症而对症下药。

同样，陈澔也指出，知者失多、愚者失寡、贤者失易、不肖者失止，

— 153 —

只有知其心才能救其失，约以礼、博以文、兼人则退之、退则进之，就是救其失也。

3. 学：师道—进学—继志

（1）师道：师严与道尊、道尊与敬学、安学与亲师

《学记》文本之中对于师道的相关表述为：

> 凡学之道，严师为难。师严然后道尊，道尊然后民知敬学。

[吴] 郑氏曰：严，尊敬也。武王践祚问：黄帝、颛顼之道存乎。师尚父曰：在《丹书》。王斋三日，端冕，师尚父亦端冕，奉书而入，负屏而立。王下堂南面。师尚父曰：先王之道不北面。王行西、折而南，东面而立，师尚父西面道书之言。孔氏曰：虽天子必尊师，并言尸者，欲见尊师与尸同也。诏，诰也。天子虽至尊，当告诏之时，不使师北面。永嘉戴氏曰：此为人君尊师，言以人君而尊师，若此学者可知矣。古人行礼，有教化存焉。严师所以尊道，尊道则民知敬学。帅天下之人，而皆知敬学，天下岂不大治？故先王养老尊贤之义，非特为其人也。所以令众庶见也。庆源辅氏曰：凡学之道，则非独君也，严师为难，盖言尽严师之道为难尔。能尽严师之道，则师始严。师所以传道，师严则道自尊，道未尝不尊，因其尊而尊之，则系乎人之严师也。

[陈] 严师，如《孝经》严父之义，谓尊礼严重之也。无北面，不处之以臣位也。石梁王氏曰："'诏于天子无北面'注引武王践祚，出《大戴礼》。"

案：吴澄和陈澔对于师严与道尊、道尊与敬学之间关系的注解，都是强调尊师之礼并引用武王践祚尊师之事例进行论证。吴澄引用郑氏、孔氏、永嘉戴氏、庆源辅氏之注解，来说明"师所以传道，师严则道自尊，道未尝不尊，因其尊而尊之，则系乎人之严师也"，师尊则道自尊，尊师为道之理明矣。

> 夫然，故安其学而亲其师，乐其友而信其道，是以虽离师辅而不反也。

第二章 义理与考证：《学记》教育范畴的代际濡化

[吴]安其学即上文，安弦、安诗、安礼之安。于藏之时修其业，于息之时游其学，则己之独学独得者，便习无强而安，又且益亲其所从之师。人之同学同得者，欢欣交畅而乐，又且益信其所闻之道。安其学，于亲其师之先；信其道，于乐其友之后。则虽已离去师友，而所守坚固，不复变移也。

案：吴澄认为，安学在亲其师之先，即学者知学之益而亲其所从之师；信道在乐友之后，即学者之间同学同得而益信其所闻之道。此乃，安学而亲师、乐友而信道之理，足见师友在学者学习之中的重要性。如果我们再结合吴澄对于教之所由兴和所由废的分析，就会更进一步体悟师友在大学之教中的重要作用。

> 夫然，故隐其学而疾其师，苦其难而不知其益也。

[吴]如是，则莫能明其所受于师之学，不愿亲其师而反疾其师矣。已知已行者未能安则苦其难，进之以其所未可，虽欲益之而彼不能知其益也。纵使强益，俾终受其业，然所知非久，必又昏忘；所行非久，必又遗失，故曰其去之必速。

[陈]不顾其安，不恤学者之安否也。不由其诚，不肯实用其力也。不尽其材，不能尽其材之长也。夫多其讯而言及于数，则与时教必有正业者异矣。使人不由其诚，教人不尽其材，则与退息必有居学者异矣。惟其如此，是以师之所施者，常至于悖逆；学者之所求，每见其拂戾也。隐其学，不以所学自表见也。终业而又速去之，以其用工间断，卤莽灭裂而不安不乐故也。刑，成也。朱子曰："横渠作简与人，言其子日来诵书不熟且教他熟诵，以尽其诚与材。他解此两句，只作一意解，言人之材足以有为，但以不由于诚，则不尽其材。"

案：吴澄在指出安学必亲师之后，反过来说，学者不能安于其学，必不能知学习之益，而导致不愿亲其师却疾其师的情况发生，从而进一步突出了安学对于亲师的重要性。

陈澔则进一步认为，"多其讯而言及于数"违背"时教必有正业"，"使人不由其诚，教人不尽其材"违背"退息必有居学"。正业和居学相结合，学者就能安学而亲师，否则就会出现背离的现象——隐学而疾师。

（2）进学：善学者与不善学者、善问与不善问、善待问者与不善答问者、善教者与不善教者

《学记》文本之中关于进学的相关表述为：

> 善学者，师逸而功倍，又从而庸之。不善学者，师勤而功半，又从而怨之。善问者如攻坚木，先其易者，后其节目，及其久也，相说以解。不善问者反此。善待问者如撞钟，叩之以小者则小鸣，叩之以大者则大鸣，待其从容，然后尽其声。不善答问者反此。此皆进学之道也。

[朱] 善问者如攻坚木，先其易者，后其节目。非特善问，读书求义理之法皆然。置其难处，先理会其易处，易处通则坚节自迎刃而解矣。若先其难者，则刃顿斧伤而木终不可攻。纵使能攻而费工竭力，无自然说而解之之效，终亦无益于事也。"相说而解"，说只当如字，而解音解，盖义理相说之久，其难处自然触发解散也。

[吴] 郑氏曰："从，随也。庸，功也。"孔氏曰："善学者，谓聪明易入，师逸豫，而己之所解又倍于他人。恒言师特加功于己。不善学者，己暗钝，故师勤苦，而功裁半于它人。又怨师不尽意于我也。"方氏曰："以其有功于我，故庸之。"庆源辅氏曰："颜子曰：'夫子循循然善诱人，博我以文，约我以礼，欲罢不能，既竭吾才，如有所立卓尔。虽欲从之，未由己也'"，所谓"又从而庸之也"。公孙丑曰："道若登天，然似不可及也。何不使彼为可及，而日孳孳也"，所谓"又从而怨之。"说，如字，旧音悦。朱子曰："善问者如攻坚木，先其易者，后其节目，非特善问。读书求义理之法皆然。置其难处，先理会其易处，易处通则坚节自迎刃而解矣。若先其难者，则刃顿斧伤而木终不可攻。纵使能攻而费工竭力，无自然说而解之之功，终亦无益于事也。盖义理相说之久，其难处自能触发解散也。从容，谓声之余韵，从容而将尽者也。言必答尽所问之意，然后止也。"方氏曰："节木理之刚者，《说卦》所谓坚多节是矣。目木理之精者，弓人所谓斫目必荼是矣。皆至坚难攻之处也，苟先其易攻之处，则其难者亦相说以解矣。从，非牵也。容，非迫也。待其从容然后尽其声，则随其所感而为之应，进之以渐而不以顿也。善

第二章 义理与考证:《学记》教育范畴的代际濡化

问者则足以进己之学,善待问者则足以进人之学,故曰皆进学之道。"

[陈] 庸,功也,感师之有功于己也。相说以解,旧读说为悦,今从朱子说读如字。疏曰:"从读为舂者,舂,谓击也,以为声之形容。言钟之为体,必待其击,每一舂而为一容,然后尽其声。善答者,亦待其一问,然后一答,乃尽说义理也。"愚谓从容,言优游不迫之意。不急疾击之,则钟声之小大长短得以自尽,故以为善答之意。朱子曰:"说字人以为悦,恐只是说字。先其易处,难处且放下,少间见多了,自然相证而解,解物为解,自解释为解,恐是相证而晓解也。"

案:从朱熹、吴澄、陈澔对此语段的注解情况来看,对于善学者与不善学者,善问与不善问,善待问者与不善待问者之间关系的认识,相比前代的注解来说并没有形成更新的认识。从吴澄对此语段的注解来看,主要是罗列郑氏、孔氏、方氏、庆源辅氏、朱子、方氏等人的注解,与此前注解相比,只是增加了朱子的注解内容。我们如果再对朱子的注解内容进行分析,不难发现,相比来说也无更大的突破。陈澔关于此语段的注解,是采纳朱子的注解内容,故也无新意。

> 记问之学,不足以为人师,必也其听语乎。力不能问,然后语之,语之而不知,虽舍之可也。

[吴] 语,去声,舍,上声,因上文善答问,不善答问而又言此。郑氏曰:记问,谓豫诵杂难杂说,至讲时,为学者论之。或师不心解,或学者所未能问。听语,必待其问,乃说之,舍之须后。孔氏曰:记问谓逆记它人杂问,听问谓听问者之语,依问为说也。受业者,才力不能见问,待其愤悱之间,然后语之。语之不能知,且舍住待后更语之也。庆源辅氏曰:记问之学,据已所有以告人,听语者因人之所疑,以启之。

[陈] 记问,谓记诵古书以待学者之问也。以此为学,无得于心,而所知有限,故不足以为人师。听语,听学者所问之语也。不能问则告之,不知而舍之,以其终不可入德也。"不以三隅反则不复",亦此意。

案:吴澄对此语段的注解无新意。

陈澔认为,记问之学就是无得于心之学,此类师者因所知有限,故不足以成为学者之师。听语就是教者听学者所问之语,然后根据学者所问之语而告之;如果学者不能发问,教者告之而不能知,则教者以其不可入德而舍之。

(3) 继志:善教与继志

《学记》文本之中关于继志的相关表述为:

> 善歌者,使人继其声。善教者,使人继其志。其言也,约而达,微而臧,罕譬而喻,可谓继志矣。

[朱] 继声继志者,皆谓微发其端,而不究其说,使人有所玩索而自得之也。约而达,微而臧,罕譬而喻。三者皆不务多,言而使人自得之意。

[吴] 朱子曰:继声继志者,皆谓微发其端而不究其说,使人有所玩索而自得之也。约而达,微而臧,罕譬而喻,三者皆不务多言而使人自得之意。澄曰:善于歌者,倡起其声而不终曲,使人和而叹之,以继续其声,然后歌者之声终。善于教者,开示其志而不尽言,使人思而绎之以继续其志,然后教者之志尽。故教者之言,虽至约不繁,而能使人通之。虽至微不显,而能使人善之。虽少所取譬,而能使人晓之。达之为通,如樊迟未达之达。臧之为善,如王曰善哉言乎之善。喻之为晓,如夷子怃然曰命之矣是也。三者皆不尽言,而使学者自思绎而得之者。约微罕喻,教者之不尽言也。达臧喻,学者之能自得也。如此可谓,能使人继其志者矣。

[陈] 约而达,辞简而意明也。微而臧,言不峻而善则明也。罕譬而喻,比方之辞少而感动之意深也。继志,谓能使学者之志与师无间也。

案:朱熹强调继志就是教者使学者有所玩索而自得,"约而达,微而臧,罕譬而喻"就是突出自得之意。吴澄在朱熹的基础之上进一步认为,"善于教者,开示其志而不尽言,使人思而绎之以继续其志,然后教者之志尽"。继志之教,就是教者开示其志而不尽其言,学者思而绎之以尽其言而继其志。其中,教者不尽言之善教就是"约微罕喻",学者继志而自得之学就是"达臧喻"。陈澔则是从继志之"志"来分析何谓继志,继志就是学者之志与教者之志"无间","无间"就是教者与学者同志。

那么，学者所继之志又是何志呢？

> 君子曰：大德不官，大道不器，大信不约，大时不齐。察于此四者，可以有志于本矣。三王之祭川也，皆先河而后海，或源也，或委也，此之谓务本。

[陈] 君子察于此，可以有志于学而洪其本矣。河为海之源，海乃河之委，承上文志于本而言。水之为物，盈科而后进，放乎四海，有本者如是也。君子之于学，不成章不达，故先务本。

案：陈澔所理解继志之志，就是志于学而洪其本。正如《孟子·尽心上》指出：

> 孟子曰："孔子登东山而小鲁，登泰山而小天下。故观于海者难为水，游于圣人之门者难为言。观水有术，必观其澜。日月有明，容光必照焉。流水之为物也，不盈科不行；君子之志于道也，不成章不达。"

为学务本，本即道，君子有志于道，则不成章不达。君子之不成章不达，就是继志之表现。继志就是有志于学，有志于本，有志于道。

第三节　明清礼学与《学记》教育范畴的考据补正

明永乐十二年，敕胡广等修《五经大全》，颁行天下。此一代盛事，自唐修《五经正义》后，越八百余年而再见者也。乃所修之书，大为人姗笑。

国朝经学凡三变。国初，汉学方萌芽，皆以宋学为根柢，不分门户，各取所长，是为汉、宋兼采之学。乾隆以后，许、郑之学大明，治宋学者已鲜。说经皆主实证，不空谈义理。是为专门汉学。嘉、道以后，又由许、郑导源而上。

——皮锡瑞《经学历史》

一 明清礼学及《学记》诠释

明清时期的《礼记》学研究，主要包括有明一代、明清之际以及乾嘉之际等三个阶段的有关《礼记》的研究。本研究主要选取胡广《礼记大全》、孙希旦《礼记集解》、朱彬《礼记训纂》等《礼记》代表性著作，来考察明清之际学者们关于《礼记》的注释研究状况。

（一）有明一代：胡广与《礼记大全》

《明史·艺文志》著录明代《礼记》类著作五十余家。朱彝尊《经义考》录书名而标注曰"逸"和"未见"者尚有五十余家。《四库总目》著录通论《礼记》者仅胡广等奉敕所编之《礼记大全》三十卷。明代通论《礼记》全经者还有：徐师曾《礼记集注》（三十卷）、黄乾行《礼记日录》（三十卷）、马时敏《礼记中说》（三十六卷）、汤三才《礼记新义》（三十卷）、郝敬《礼记通解》（二十二卷）、汤道衡《礼记纂注》（三十卷）、朱朝瑛《读礼记略记》（四十九卷）。

1. 明代《礼记》学产生的学术背景及学术传承

在明代"三礼"类著作之中，关于《礼记》研究著作最多。其间，较为重要的原因就是《礼记》为明代科举考试的科目之一。纵观明代《礼记》学著作大致可分为三大类：第一类为应对科举考试之《礼记》学著作[①]，第二类是补正陈澔《礼记集说》之《礼记》学著作[②]，第三类则是阐发新义之《礼记》学著作[③]。其中：第一类和第二类《礼记》学著作都与陈澔《礼记集说》有关。这其中的原因在于：南宋以后表彰程朱理学，陈澔因其父为朱子三传弟子，其《礼记集说》遂以朱子余荫而成为明代科举考试用书。因此，明代之《礼记》注解著述多与陈澔《礼记集说》有关联。徐师曾《礼记集注》就是认为陈澔《礼记集说》未能得经之本义，故多采旧注以补陈著之失，"徐氏《集注》删改陈澔

[①] 马时敏《礼记中说》、杨梧《礼记说义集定》、戈九畴《礼记要旨》、徐相荐《礼记辑览》、杨鼎思《礼记敬业》、童维岩《礼记新裁》、陈洪恩《礼记手书》、许兆金《说礼约》皆属于此类著作。

[②] 徐师曾《礼记集注》、王翼明《礼记补注》、戴冠《礼记集说辨疑》皆属于此类著作。

[③] 宗周《就正录礼记会要》、汤三才《礼记新义》、姚舜《礼记疑问》、黄乾行《礼记日录》、郝敬《礼记通解》、黄道周《礼记解》皆属于此类著作。

《集说》，而参以自得，多所发明"（黄虞稷），但是存在凭己意来修改经文的嫌疑，"于三礼经义未能融合，仅随文而生义，宜其说之多误也"（《四库提要》）。同样，黄乾行《礼记日录》"多牵引道学语录，义皆肤廓"，马时敏《礼记中说》"株守陈澔《集说》"，杨梧《礼记说义集订》"大旨以陈澔、胡广书为蓝本，不甚研求古义"，童维岩《礼记新裁》"盖乡塾课本，专为制义而设者"，陈洪恩《礼记手书》"乃乡塾课蒙之本"，戈九畴《礼记要旨》"类似乡塾讲章"（《钦定四库全书总目·礼类存目二》）。

第三类阐发新义之《礼记》学著作，以郝敬《礼记通解》最为代表。《礼记通解》为郝敬《九部经解》的第五部，《九部经解·序言》之中指出了其编撰《礼记通解》的用意：

> 礼家之言，杂而多端，迂者或戾乎俗，而亡者未睹其全。盖《记》非一世一人之手，而道有所损所益之权，训诂之士凿以附会，理学之家割以别传，辞有纯驳，义无中边，举一隅则矛盾，观会通则浑圆。作《礼记通解》部第五。①

从序言不难发现，郝敬编撰《礼记通解》目的在于修正"训诂之士，凿以附会，理学之家，割以别传"的《礼记》注解弊端。如果说徐师曾《礼记集注》是病虚而返实，那么郝敬《礼记通解》则是病实而返虚，故对郑玄攻击特甚但收效甚微，"敬乃恃其聪明，不量力而与之角，其动辄自败，固亦宜矣"（《钦定四库全书总目》）。

2. 胡广与《礼记大全》

有明一代，最有影响的《礼记》学著作莫属《礼记大全》。

明代初年科举取士，《礼记》尚用古经。至永乐年间修撰《五经大全》，其中《礼记大全》（30卷）以元陈澔《礼记集说》为主并采诸儒之说42家，遂成为明代科举考试用书。永乐十二年（1414）十一月，明成祖诏翰林院学士胡广、侍讲杨荣、金幼孜曰：

---

① （清）朱彝尊：《经义考》卷二百五十《群经十二》，上海古籍出版社2010年版，第4486页。

五经、《四书》，皆圣贤精义要道，其传注之外，诸儒议论，有发明余蕴者，尔等采其恰当之言，增附于下。其周、程、张、朱诸君之性理之言，如《太极》《通书》《西铭》《正蒙》之类，皆六经之羽翼，然各自为书，未有统会，尔等亦别类聚成编。二书务极精备，庶几以垂后世。命广等总其事，仍命举朝臣及在外教官有文学者同纂修。开馆东华门外，命光禄寺给朝夕馔。①

正是在明成祖的授意之下，胡广等三十九人奉命集诸家传注而纂修《五经大全》《四书大全》《性理大全》②。第二年九月书成，胡广等上表进书，明成祖亲撰序言并命礼部颁布天下。其中《五经大全》包括：《周易大全》《书传大全》《诗经大全》《礼记大全》《春秋大全》，《礼记大全》以陈澔之《礼记集说》为宗。而陈澔之书较为"浅显"和"简便"，故四库馆臣对《礼记大全》及胡广等人给予严厉的批判，"抱残守匮，执一乡塾课册以锢天下之耳目"，更有甚者指出"自八股行而古学弃，《大全》出而经说亡"③。我们试结合《四库全书》之中《礼记大全·提要》来深入理解清代学者对于《礼记大全》的学术态度：

　　《礼记大全》三十卷，明胡广等奉敕撰。元延祐科举之制，《易》用程子朱子，《书》用蔡氏，《诗》用朱子，《春秋》用胡氏，仍许参用古注疏。然郑注古奥，孔疏浩博，均猝不能得其要领。故广等作是书，独取其浅近易明者，以陈澔《集说》为宗，澔书之得列学官实自此始。其采掇诸儒之说，凡四十二家。朱彝尊《经义考》引陆元辅之言谓，"当日诸经《大全》，皆攘窃成书以罔其上，此亦必元人之成书，非诸臣所排纂"云云，虽颇涉邻人窃斧之疑，然空穴来风，桐乳来巢，以他经之盗袭例之，或亦未必无因与。诸

---

① 《明太祖实录》卷一五八。
② 《性理大全》七十卷，其中前二十六卷为：周敦颐《太极图说》（1卷）、《通书》（2卷），张载《西铭》（1卷）、《正蒙》（3卷），邵雍《皇极经世书》（7卷），朱熹《易学启蒙》（4卷）、《家礼》（4卷），蔡元定《律吕新书》（2卷），蔡洪《洪范皇极内篇》（2卷）；自二十七卷以下，分为十三目。
③ （清）顾炎武：《日知录》卷一八《书传会选》。

经之作皆以明理，然理非虚悬而无薄。故《易》之理丽于象数，《书》之理丽于政事，《诗》之理丽于美刺，《春秋》之理丽于褒贬，《礼》之理丽于节文，皆不可以空言说，而《礼》为尤甚。陈澔《集说》略度数而推义理，疏于考证，舛误相仍。纳兰性德至专作一书以考之，凡所驳诘多中其失。广等乃据以为主，根柢先失，其所援引亦不过笺释文句，与澔说相发明。顾炎武《日知录》曰，"自八股行而古学弃，《大全》出而经说亡。洪武、永乐之间，亦世道升降之一会"，诚深见其陋也。特欲全录明代《五经》，以见一朝之制度，姑并存之云尔。

在《提要》之中，我们不难发现四库全书编撰者对于《礼记大全》的具体评价，以及其以陈澔《礼记集说》为宗所产生的弊病，并知晓纳兰性德所著《礼记》注释著作对于《礼记集说》的补正。故此，我们对于有明一代《礼记》学著作的选择，主要以胡广《礼记大全》[①]、郝敬《礼记通解》及纳兰性德《陈氏礼记集说补正》为主，并以此来考证《礼记·学记》诠释在明代的历史变迁。

（二）明清之际：王夫之与《礼记章句》

明清之际，既是中国封建社会最后一次改朝换代的年代，也是中国学术思想大变动的年代。在中国经学内部理学与经学之间主要围绕三个方面展开了论争：尊德性与道问学、空谈心性与经世致用、理学思潮与经学思潮，引领论争思潮的代表人物就是顾炎武、黄宗羲、王夫之，其中王夫之《礼记章句》就是明清之际《礼记》学的代表。

1. 明清之际《礼记》学的学术渊源

明清之际思想界的大变动首先是从对理学的反思、总结和批判开始的。从程朱理学确立其学术地位之后，以《四书》《五经》为标志将儒家经学由汉代的探求微言大义、训诂考据转向发挥心性义理的经学义理时代，即宋学时代。程朱理学发展至末流，尽弃经学文本之根底，大谈心性之义理，从而导致其不务经世事功，进而造成道问学由此流于空疏与玄虚。由宋而明，在程朱理学向陆王心学转移的过程中，至明中叶，

---

① 胡广《礼记大全》之中与陈澔《礼记集说》相同者就不再选取。

王守仁在继承和发扬陆九渊心学理论的基础之上，以"致良知"为理论基石将尊德性的倾向推到极致，明代遂成为儒学尊德性发展的新阶段。陆王心学至明末，出现了离经求道、轻于点授而不问为学工夫的弊病，由此，理学发展又出现了转折，"自王返朱""回归道问学"的思想潮流就是对王学流弊的纠正。罗钦顺提出，"学而不取证于经书，一切师心自用，未有不自误者"[①]，可以被视作对王学学术流弊反思的号角。

明末清初学者对于王学的批判并不是要否定理学，而是要在会通经学与理学、尊德性与道问学的基础之上，使理学重新归依经典并再次获得新的生命力。顾炎武提出"古之所谓理学，经学也"的思想主张，就是强调理学应当以经学为本，倡导去除心学之虚而注重经世致用的学术倾向。顾炎武在《日知录》卷七《夫子之言性与天道》中言：

> 刘石乱华，本于清谈之流祸，人人知之。孰知今日之清谈，有甚于前代者？昔之清谈谈老庄，今之清谈谈孔孟。未得其精，而已遗其粗；未究其本，而先辞其末。不习六艺之文，不考百王之典，不综当代之务，举夫子论学论政之大端一切不问，而曰"一贯"，曰"无言"。以明心见性之空言，代修己治人之实学。股肱惰而万事荒，爪牙亡而四国乱，神州荡覆，宗社丘墟。

同样，黄宗羲主张理学必本于经学，"学必原本于经术，而后不为蹈虚；必证明于史籍，而后足以应务"，理学回归经学方能以达致用，并在《留别海昌同学序》中指出：

> 奈何今之言心学者，则无事乎读书穷理。言理学者，其所读之书，不过经生之章句；其所穷之理，不过字义之从违，薄文苑为词章；惜儒林于皓首，封己守残，摘索不出一卷之内；其规为措注，与纤儿细士不见短长。天崩地解，落然无与吾事，犹且说同道异，自附于所谓道学者，岂非逃之者愈巧乎？

[①] （明）罗钦顺：《困知记》卷二，商务印书馆1936年版，第13页。

第二章 义理与考证：《学记》教育范畴的代际濡化

王夫之"六经则我开生面，七尺从天乞活埋"倡导实学，斥王学为"明心见性之空言"，在《张子正蒙注·序论》则云：

> 故白沙起而厌弃之，然而遂启姚江王氏阳儒阴释，诬圣之邪说，其究也为刑戮之民，为阉贼之党，皆争附焉。而以充其无善无恶、圆融事理之狂妄流害，以相激而相成。

顾炎武、黄宗羲、王夫之对于陆王心学的批判以及对于经世致用之学的倡导，就是明清之际对于宋明理学进行整体性的反思、总结乃至批判的代表。

2. 王夫之与《礼记章句》

如果说黄宗羲以《宋元学案》《明儒学案》的形式来从理论上对宋明理学加以总结、顾炎武从倡导"经世致用"的"实学"学风来批判理气性命之空谈的话，那么王夫之则是从学理层面构建起对理学的批判。王夫之在《礼记章句·序》中就体现了此种学术倾向：

> 《易》曰："显诸仁，藏诸用。"缘仁制礼，则仁体也，礼用也；仁以行礼，则礼体也，仁用也。体用之错行而仁义之互藏，其宅固矣。人之所以异于禽兽，仁而已矣；中国之所以异于夷狄，仁而已矣；君子之所以异于小人，仁而已矣。而禽兽之微明，小人之夜气，仁未尝不存在焉；唯其无礼也，故虽有存焉者而不能显，虽有显焉者而无所藏。故子曰："复礼为仁。"大哉礼乎！天道之所藏而人道之所显也。
>
> 仁之经纬斯为礼，曰生于人心之不容已，而圣人显之。逮其制为定体而待人以其仁行之，则其体显而用固藏焉。《周礼》六官、《仪礼》五礼，秩然穆然，使人由之而不知。夫子欲与天下明之而发挥于不容已，精意所宣，七十子之徒与知之，施及于七国、西汉之初，仅有传者，斯戴氏之《记》所为兴也。故自始制而言之，则《记》所推论者体也，《周官》《仪礼》用也；自修行而言之，则《周官》《仪礼》体也，而《记》用也。《记》之与《礼》相倚以显天下之仁，其于人之所以为人，中国之所以为中国，君子之所以为

君子，盖将舍是而无以为立人之本，是《易》《诗》《书》《春秋》之实缊也。

天下万世之为君子，修己治人，皆是以为藏身之固，而非是则人道不显，而生人之理息矣。是以先儒莫不依礼为躬行之密用，而论譔姑缓焉，非徒悯于礼经之阙佚而无以卒其业，亦以是为道之藏而不可轻也。虽然，沿此而俗儒纂诂以应科举者，乃以其支离拿鄙之言附会成书，文义不属，而微言之芜敝也愈以远。明兴，诏定《五经》，徒取陈氏之书，盖文学诸臣之过，而前无作者，不能阙以姑待，取办一时学官之用，是其为失盖有由然，而亦良可憾已。

夫之生际晦冥，遘闵幽怨，悼大礼之已斩，惧人道之不立，欲乘未死之暇，上溯《三礼》，下迄汉、晋、五季、唐、宋以及昭代之典礼，折衷得失，立之定断，以存先王之精意，征诸实用，远俟后哲，而见闻交诎，年力不遑，姑取戴氏所记，先为章句，疏其滞塞，虽于微言未或逮，而人禽之辨、夷夏之分、君子小人之别，未尝不三致意焉。天假之年，或得卒业，亦将为仁天下者之一助。倘终不逮，则世不绝贤，亦以是为后起者迻言之资也。

王夫之认为，"缘仁制礼，则仁体也，礼用也；仁以行礼，则礼体也，仁用也"，仁与礼之间的体用关系是相辅相成并相互转化的，"故自始制而言之，则《记》所推论者体也，《周官》《仪礼》用也；自修行而言之，则《周官》《仪礼》体也，而《记》用也"。这就是王夫之"体用不二"思想的体现，就是王夫之对宋明理学家们认为只有"明体"而后才能"达用"思想的批判。同样，"体用不二"的哲学思想也体现了王夫之批判宋明理学的思想特点。即：从哲学理论体系构建的角度来批判宋明理学。

故此，本书选取王夫之《礼记章句》作为明清之际《礼记》学的代表著作。

（三）乾嘉之际：《礼记集解》与《礼记训纂》

梁启超在《清代学术概论》之中将清代学术分为四期：启蒙期、全盛期、蜕分期和衰落期。启蒙期的特点是由明以复宋，且渐复于唐；全盛期的特点是由宋以复汉；蜕分期特点是今文经学重兴，并引发今古文之争；衰落期为死守正统。按照梁启超的划分，清代学术的全盛期就是乾嘉之际，《礼记集解》与《礼记训纂》就是乾嘉之际的《礼记》学著作。

1. 乾嘉之际的《礼记》学

我们试结合杨天宇《礼记译注·序》来考察清代《礼记》学的大致发展情况：

> 清代号称汉学复兴，然清初仍是宋学占上风。顺治二年所定试士例，"《四书》主朱子《集注》，《易》主程、朱二《传》，《诗》主朱子《集传》，《书》主蔡《传》，《春秋》主胡《传》，《礼记》主陈氏《集说》"（《清通典》卷十八：《选举一》）。是仍袭元、明旧制。然清初私学，以王夫之、顾炎武、黄宗羲为代表，已启汉、宋兼采之风。如王夫之论学，以汉儒为门户，以宋五子为堂奥，著述宏富，于礼则有《礼记章句》（参见阮元《国史儒林传》卷上）。其后治《礼记》者，如万斯大撰《礼记偶笺》、郑元庆撰《礼记集说》、方苞撰《礼记析疑》等，皆杂采汉、宋之说。乾隆十三年，钦定《三礼义疏》（其中《礼记义疏》八十二卷），广摭群言，混淆汉、宋，第一次以朝廷名义，打破了元、明以来宋学对于经学的垄断。其时孙希旦著《礼记集解》，博采郑《注》、孔《疏》及宋、元诸儒之说，而断以己意，实亦汉、宋兼采之作。清代真正以复兴汉学为标帜的，始于乾嘉学派，这是清代的古文经学派。然乾嘉学派重考据，《礼记》的研究不及《仪礼》《周礼》之盛。如江永的《礼记训义择言》（仅自《檀弓》撰至《杂记》），短促而不具大体；朱彬的《礼记训纂》，又过于简约，远不及胡培翚《仪礼正义》、孙诒让《周礼正义》之详审。道咸时期今文学派崛起，又以《春秋公羊》学为主，对《礼记》的研究，不过重在其中若干篇（如《礼运》《王制》等）的"微言大义"，以宣扬所谓孔子托古改制之义以及儒家的大同理想。因此清代虽号称"经学复盛"（皮锡瑞《经学历史》十：《经学复盛时代》），然而《礼记》的研究，则未堪其称。清人于《十三经》，唯《礼记》和《孝经》无新《疏》。

我们对《序》言进行分析：第一，清顺治二年，科举考试《礼记》主陈氏《集说》，足见陈澔《礼记集说》的历史影响。第二，王夫之启汉、宋兼采之风，于礼则有《礼记章句》之著述。第三，乾隆十三年《礼记义疏》是第一次以官方名义打破元、明以来宋学对于经学的垄断。第四，孙希旦《礼记集解》博采郑《注》、孔《疏》及宋、元诸儒之说，而断以己意，实亦汉、宋兼采之作。第五，朱彬的《礼记训纂》虽不及胡培翚《仪礼正义》、孙诒让《周礼正义》之详审，但仍可被视作乾嘉学派重考据的《礼记》学著作。第六，道咸时期，《礼记》学无具有代表性的著作。第七，杨天宇依据对清代礼学发展历程的梳理，认为清人于《十三经》之中唯《礼记》和《孝经》无新《疏》。即：清代在《礼记》学方面的著述，较前代相比无更大的学术突破。

2. 孙希旦与《礼记集解》

孙希旦的《礼记集解》可被视作清中期以义理为基础的《礼记》诠释代表之作，体现了清前期程朱理学向清中期经史之学的转型。本书试结合《礼记集解·序》来整体分析和把握《礼记集解》的编纂信息：第一，"《小戴》之学，郑注、孔义而外，宋栎齐卫氏之书综罗最博，而无所折衷，黄东发以为浩瀚未易遍观。自元云庄陈氏《集说》出，明人乐其简易，遂列学官，至今承用，然于礼制则援据多疏，礼意则发明未至，学者弗心厌也"，在对《礼记》注解历史进行梳理的基础之上，指出陈氏《集说》所带来的弊病"礼意则发明未至，学者弗心厌也"，故需要对《礼记》进行重新注解。第二，孙希旦本人"为学一宗程、朱"，对《三礼》学皆有研究，《礼记集解》就是其研究《三礼》学的著作。第三，《礼记集解》注解原则为"以经注经"，就是对乾嘉之际经学发展趋势的体现和印证。第四，《礼记集解》注解大意为"必求即乎天理人心之安，则尤笃实正大，粹然程、朱之言"，追寻程朱之天理人心，实际上就是以义理之学为宗。故此，《礼记集解》就是在克服陈澔《礼记集说》弊端的情形之下，本着"以经注经"的解经方式，追求程朱理学之"天理人心"的解经宗旨。

3. 朱彬与《礼记训纂》

朱彬的《礼记训纂》可被视作清中期以考据为基础的《礼记》诠释代表之作，体现了清乾嘉学者的治学思想和治学方法。本书试结合林则

第二章　义理与考证：《学记》教育范畴的代际濡化

徐为《礼记训纂》所撰写的序言，来整体分析和把握《礼记训纂》的解经特点：

> 汉唐以来，说礼诸家精奥无如郑注，博赡无如孔疏，详且明者无如卫湜集说。至明永乐中，专以陈澔《集说》列于学官，科举宗之，而郑、孔之义微矣。缀学之士去古日远，绝鲜师法，遂不免空虚浮滥与钩棘章句之病。
>
> 我朝经学昌明，乾隆初，钦定《礼记义疏》，嘉惠士林，而古义始旷然复明于世。第卷帙繁巨，寒畯或不能尽购。他若纳喇性德之《陈氏集说补正》，李光坡之《礼记述注》，方苞之《礼记析疑》诸书，亦足以发郑、孔之遗义，订陈澔之讹漏。然《补正》一书，意主纠驳。李则专采注、疏，方每断以己意。求其博而精，简而赅，足以荟众说而持其平，牖占毕而扩其识者，则郁甫朱先生所著《礼记训纂》一书是已。
>
> 先生承其乡先进王氏懋竑经法，又与刘端临台拱、王石臞念孙、伯申引之父子切劘有年，析疑辨难，奥窔日辟。故编中采此四家之说最多。复旁证国初讫乾、嘉间诸家之书，亦不下数十种，而仍以注、疏为主。撷其精要，纬以古今诸说，如肉贯串。其附以己意者，皆援据精确，发前人所未发，不薄今而爱古，不别户而分门，引掖来学之功，岂浅鲜哉！
>
> 先生旧有《经传考证》八卷，刊入《皇朝经解》中。兹编成于晚年，复有改定。如《考证》解"越国而问焉"，谓致仕之臣，问于它国，兹仍从《正义》作"它国来问"。《考证》解"视瞻毋回"，谓"毋回邪"，兹仍从《正义》作"不得回转"。《考证》解"及丧奠而后辞于殡"，驳郑注"殡"当为"宾"，兹则仍依郑说。《考证》解"立容辨"为分辨，兹仍从注读为"贬"。其他类此者尚多。盖年益高，学益邃，心亦益虚，不专以一说而矜创解。然则《训纂》之与《考证》，正如朱子《集注》之与《或问》，可以参观互证也。抑又见此书皆先生手稿，是时年八十矣，犹作蝇头细楷。昔司马温公纂《资治通鉴》，削稿盈屋，皆正书，先生殆其伦与？古经师如伏生、申、辕之流，率皆迈年大耋。盖其精邃专一之学，

— 169 —

醰粹默沈之养，足以通微畅古，故神明久而不衰。观于先生益信。则徐昔在词垣，从长公文定公后，继又承乏先生之乡，窃闻先生之学行，起敬起慕。

我们对林则徐所撰写的《序言》进行整理分析：第一，林则徐认为因陈澔《集说》列于学官并成为科举之宗，而造成"缀学之士去古日远，绝鲜师法，遂不免空虚浮滥与钩棘章句之病"的恶劣影响，虽然将所有弊端都归罪于陈澔《集说》有言过之嫌，但是《集说》所引发"空虚浮滥与钩棘章句"的注解弊端，是与孙希旦在《礼记集解》序言之中所论述相一致的，足见其不良后果的恶劣影响。第二，林则徐认为在当时诸如"纳兰性德之《陈氏集说补正》、李光坡之《礼记述注》、方苞之《礼记析疑》"等《礼记》学著作都存在不足之处，朱彬之《礼记训纂》因"荟众说而持其平，牖占毕而扩其识"而具有代表性。第三，在朱彬《礼记训纂》的编纂过程之中，其思想受"王氏懋竑、刘端临台拱、王石臞念孙、伯申引之父子"的影响最深。其中：王氏懋竑，即王懋竑，字予中，号白田，学者称白田先生，扬州学派的先驱、宝应学派的创始人（张舜徽语）；刘端临台拱，即刘台拱，字端临，一字江岭，乾嘉时期的著名考据学家，扬州学者如王念孙、段玉裁、汪中、阮元等皆与之私交甚笃，为江浙学者所宗；王石臞念孙、伯申引之父子，即王念孙及其子王引之，王念孙字怀祖，号石臞，从学于戴震，精于音韵训诂之学，石臞学派创始人，其家学有其子王引之承传，世称高邮王氏父子。他们四人都是清代乾嘉之际，经学由宋以复汉的代表性人物。第四，林则徐认为《礼记训纂》"旁证国初讫乾、嘉间诸家之书，亦不下数十种，而仍以注、疏为主"，"发前人所未发，不薄今而爱古，不别户而分门"，足见《礼记训纂》以考据为主汉宋兼采的注解特点。故此，《礼记训纂》就是在力图纠正陈澔《礼记集说》流弊的基础之上，采用汉宋兼采、以考据为主的训纂方式，编撰而成的乾嘉之际代表性《礼记》学著述。

二　《学记》教育范畴的考据补正

我们在对明清《礼记》学发展进程进行简要梳理的基础之上，从有明一代、明清之际、乾嘉之际三个阶段整理出对《礼记》进行注解的代表性著作，即胡广《礼记大全》、郝敬《礼记通解》、纳兰性德《陈氏礼记集说补正》、王夫之《礼记章句》、孙希旦《礼记集解》、朱彬《礼记训纂》，并以此为范本来分析明清时期学者对《学记》教育范畴的注解情况。

（一）"道—学"观的考据补正

1. 性—学（教）—道

《学记》文本之中对于性—学（教）—道关系的表述为：

> 玉不琢，不成器；人不学，不知道。是故古之王者，建国君民，教学为先。《兑命》曰："念始终典于学"，其此之谓乎！

［胡］与陈澔《集说》同

［郝］无注解

［纳］无补正

［王］玉质虽美而必待琢之以成，人性固善而必导之以学。内学有大学以教国子，外则有乡州之庠序以达郊遂，施于侯国，莫不有学，斯道一而俗美。兑本说字，音失藕反，俗读戈雪反者误。篇内并同。兑命，传说告高宗之书。典，常也。人君自力学以先民，而学校可兴也。

［孙］愚谓玉之质美矣，然不琢则不成器。人而不学，虽有美质，不可恃也。教学，以大学之道教人而使学之也。古之王者，既尽乎修己治人之道，又以为化民成俗非一人之所能独为，故立为学校以教人；而使人莫不由乎学。故其进而为公、卿、大夫者，莫非圣贤之徒，而民莫不蒙其泽矣。典，常也。言人君当始终思念常于学而不舍也。

［朱］（玉不琢，不成器）说文："琢，治玉也。"（人不学，不知道。是故古之王者建国君民教学为先。）注："谓内则设师、保以教，使国子学焉。外则有大学、庠、序之官。"（兑命曰："念终始，典于学。"其此之谓乎！）注："典，经也。言学之不舍业也。兑，当为说，字之误也。高宗梦传说，求而得之，作说命三篇，在尚书，今亡。"正义："王者建立其国，君长其民，内则设师保，外则设庠、序以教之，故云'教学为先'。"琢，丁角反。兑，依注作"说"，音悦。

案：王夫之认为，人虽然有善的本性，必须用学加以引导而成。孙

— 171 —

希旦则指出，此道就是大学之道，就是修己治人之道，古之王者为了达到化民成俗的目的而立学教人。王夫之和孙希旦对于性—学（教）—道之间关系的认识，无新的突破。

2. 学—教

《学记》文本之中对于学与教关系的表述为：

> 虽有嘉肴，弗食不知其旨也；虽有至道，弗学不知其善也。是故学然后知不足，教然后知困。知不足，然后能自反也；知困，然后能自强也。故曰：教学相长也。《兑命》曰："学学半"，其此之谓乎！

［胡］与陈澔《集说》同

［郝］肴，必食而后知其美。道，必学而后知其善。道无穷，学然后知己之不足；学亦无穷，教然后知己之未通。困，不通也。学者能好学，则知君子之教为有益。君子能善教，则学者益知己之不足。故曰相长。学学，当做教学，敩与教同。言君子之教，与学者之学，其功相半。学者未可专恃教忘学也。旧以成己成物解，谓教人则知己之困，恐非。困者，学之功也。

［纳］无补正

［王］学而不易至，故知不足。教者或无以自喻，则问焉而穷，故知困。长，丁丈反。自反者，求诸己。强，力也。长，助成也。学日益其所不足，则教不困。教以困而自强，则学益充。兑命曰："学学半"，其此之谓乎！上学，胡教反。学，书作敩，教也教以自强而研理益精，足以当学之半也。

［孙］与郑玄、张载、吕大临同

张子曰：困者，益之基也。学者之病，正在不知困尔。自已为知，而问之不能答，用之不能行者多矣。

吕氏大临曰：人皆病学者自以为是，但恐其未尝学耳。使其果用力于学，则必将自进之不足，而何敢自是哉。

［朱］注：旨，美也。学则睹己行之所短，教则见己道之所未达。自反，求诸己也。自强，修业不敢倦。（虽有嘉肴，弗食不知其旨也；

虽有至道，弗学不知其善也。是故学然后知不足，教然后知困。知不足，然后能自反也；知困，然后能自强也。故曰：教学相长也。）注：言学人乃益己之学半。正义：教学之时，知己困而强之，是教能长学也。学则道业成就，于教益善，是学能相长也。肴，户交反。强，其丈反。长，丁两反。学学，上胡孝反，上如字。(《兑命》曰："学学半"，其此之谓乎！）

案：在郝敬、王夫之、孙希旦、朱彬对学—教之间关系的注解之中，郝敬对学—教关系的认识不同于其他人。

郝敬指出，学学半之中的学学，就是教与学。教学相长中的教就是君子之教，学就是学者之学，旧说以成己成物来解释教与学恐怕是不正确的。如果依成己成物来解，教就是君子之教，学也是君子之学，教学相长就是指君子之教和君子之学之间的相互促进。如果依据郝敬的注解，教学相长就是指君子之教和学者之学之间的相互促进，突出强调了教和学是不同主体的行为，而非同一主体两个不同方面的行为。因此，郝敬认为教学相长就是君子和学者之间的相互促进。

3. 教—化—成

《学记》文本之中对于教—化—成的表述为：

> 比年入学，中年考校：一年视离经辨志，三年视敬业乐群，五年视博习亲师，七年视论学取友，谓之小成。九年知类通达，强立而不反，谓之大成。夫然后足以化民易俗，近者说服而远者怀之。此大学之道也。《记》曰："蛾子时术之"，其此之谓乎！

［胡］与陈澔《集说》同

［郝］比年，犹言每年。中年，间一年。每年有入学之人，间一年省视。一年，即入学之次年。三五七九，皆间一年也。离经，解析经书义理也。辨志，观其趋向也。知类通达，择识精也。强立不返，操守定也。《记》古语：蛾，虫之有羽者，蚕属。术，述同，化也。蛾生子化虫，虫复化蛾，时至则化。学能化民，亦犹是也。

按：道一而已。古人立教，便是大学。道者，进德修业之路，天子庶人一也。古者教赤子，便是教为大人学。下学便是学上达。教洒扫应对，便是教尽性致命，兼道艺本末精粗而言，故曰大。童时鼓箧肄习，即胚胎十五，三十以后事。九年大成，自一年离经辨志始，故三五七九年之学，通命曰大学之道。后儒因《记》言大学，孔子十五志学。遂谓十五前当有小学而今亡，别作小学补之。此道术为天下裂也。古字蛾蚁通。郑氏以蚁子成垤解，未协。又拘《周礼》五百家为党，万二千五百家为遂，改术为遂，谓塾为闾学，庠为党学，序为遂学，尤牵强。

[纳] 窃案以蛾为蚁，出于旧注。古人蛾蚁同音，本一字也。故常仪占月，后人讹为常娥。诗菁菁者，莪与乐，且有仪叶，此类甚多，不可枚举。

[王] 比，毗至反。离，力智反。乐，卢琨反。知，珍义反。比年，每年。中年；间一岁也。一年，考校之始岁。视亦考也。离，析也，分析文义，知其旨趣也。辨，别也，旌别其志，异于流俗也。敬，信而重之也。乐群，行之和也。博习，旁习于非所授之业，以考其同异也。师严而亲之，好学之验也。论学，于学有得而能自为论说也。取友，知择善也。知类，推广其知，以辨事类也。通达者，通所知以达于行也。强立不反，守之固也。小成者，致知之功。大成者，力行之效。夫，防无反。说，戈雪反。大，他盖反。篇内大学并同。承上文而言。广立学校而以时考其成为进退焉，则士劝于善而民知观感，风化行而天下归之矣。蛾与蚁同，鱼绮反。记，古书名。术，径也。蚁之后行者踵先行者，接迹相继，则径不迷而远可至。民虽愚而上以教倡之，则顺从而乡道矣。

[孙] 与郑玄、孔颖达、张载、朱熹、陈澔同

张子曰：离经，离析经之章句也。事师而至于亲敬，则学之笃而信其道也。论学取友，能讲论其学，而取友必端也。知类通达，比物醜类是也。九年者，言其大略，人性有迟敏，气有昏明，岂有齐也？强立而不反，可与立也。学至于立，则自能不息以至于圣人，而教者可以无恨矣。

[朱] 与孔颖达、朱熹同

案：郝敬认为比年入学就是入大学，从年龄上来说就是十五岁之后的事情。

王夫之认为，小成和大成就是致知与力行，其中小成就是致知之功，大成就是力行之效。《学记》所强调的小成和大成，与《大学》中的"八条目"实质相同。士至于成，就可以起到"风化行而天下归"的教

— 174 —

第二章 义理与考证:《学记》教育范畴的代际濡化

育功效。

张载则指出,九年大成中的九年非定数,"言其大略,人性有迟敏,气有昏明,岂有齐也?",人的天性有迟与敏之分,况且人禀受气又有昏与明之别,所以大成之年因人而异。大成的标志就是立,"学至于立,则自能不息以至于圣人"。

(二)"学—教"体系的考据补正

1. 制:入学考校—正业居学

(1) 入学与考校

《学记》文本之中对于入学—考校的表述为:

> 比年入学,中年考校。

[胡] 与陈澔《集说》同

[郝] 比年,犹言每年。中年,间一年。每年有入学之人,间一年省视。一年即入学之次年,三五七九皆间一年也。

[纳] 无补正

[王] 比年,每年。中年,间一岁也。一年,考校之始岁。视亦考也。

[孙] 与郑玄、孔颖达、张载、朱熹、陈澔同

[朱] 与孔颖达、朱熹同

案:郝敬认为,入学为入大学,就是十五岁之后的事情,所以比年入学就是指十五岁入大学之事。中年考校就是间一年,一年即十六岁之年,依此类推,三、五、七、九都是间一年。

孙希旦在对"当其可之谓时"的注解之中认为,"八岁入小学,十五入大学,时之谓也"。可见,在孙希旦看来,入学分入小学和入大学,八岁入小学,十五岁入大学。

郝敬在《礼记通解》中则认为,入学就是入大学,前人因孔子十五志学,而认为十五岁之前有小学存在故补充八岁入小学之事。

(2) 正业与居(学)

《学记》文本之中对于正业—居学的表述为:

时教必有正业，退息必有居学。

［胡］ 与陈澔《集说》同

［郝］ 大学之教贵于时。时者，从容不迫之谓。即《论语》云：时习也。教有正业以下，皆言时之事。有正业，有定居，教之时也。操缦而后弦，博依而后诗，杂服而后礼，兴艺而后乐，四者学之时也。有正业，如孝弟仁让以立本，诗书礼乐以学文，皆业之正也。退而习之必有常居，庠序学校必有专地。

［纳］ 无补正

［王］ 时者，有序而不息之谓。居，恒守也。教之必有正业，不因其易晓而躐等以授学者。退息必有恒守，持之勿失，不自谓已喻而置之也。

［孙］ 愚谓居学，谓私居之所学也。

［朱］ 与郑玄、朱熹同

案：郝敬对此句的断句同于郑玄、孔颖达，以"教""时""居""学"为句绝。正业就是"时之事"，而"时"就是"时习"中的"时"。居，就是常居，此常居就是指庠序学校的专属所在地。故正业就是"时"之事，就是学文以立本的事；居就是退而习有庠序学校的常居地。郝敬用《论语》之中的"时"与"习"，阐释了正业与居及二者之间的关系。

2. 教：豫时孙摩—长善救失

（1）豫时孙摩

《学记》文本之中对于豫时孙摩的表述为：

> 大学之法，禁于未发之谓豫，当其可之谓时，不陵节而施之谓孙，相观而善之谓摩。此四者，教之所由兴也。发然后禁，则扞格而不胜；时过然后学，则勤苦而难成；杂施而不孙，则坏乱而不修；独学而无友，则孤陋而寡闻。燕朋逆其师，燕辟废其学。此六者，教之所由废也。君子既知教之所由兴，又知教之所由废，然后可以为人师也。

［胡］ 与陈澔《集说》同

[郝] 大学之法四者，皆从容善养之意。欲禁其邪僻之心，不待欲实既启。早亲师友，则先事豫顺，无临时捡摄之艰，是谓禁于未发。启当其愤，发当其悱，是谓当可之时。不强以所未达，不告以所不喻，是谓不陵逾其节，而为逊顺也。置庄岳之间使人齐语，入芝兰之室使之自芳，是谓相观以善而为渐摩也。扞，拒也。格，隔也。不胜，如敌相拒不克也。时过后学，即失时废学者，见时不可失也。友燕昵之朋，违拒其师。好燕僻之事，必废弃其学。故知教所由废，即知教所由兴，知所由兴，则养之豫而无不胜，教以时而不难成，施以逊而不坏乱，摩以善而无燕朋，故曰可为人师。

[纳] 无补正

[王] 当，丁浪反。孙，苏困反，下同。未发，谓不善之未有端，以礼约之，则莫之禁而自禁矣。可，谓恰可受教之时也。陵，越也。节者，教者浅深之次第。孙，顺也。相观，谓聚于学以亲友。摩，切近而使喻也。

[孙] 愚谓少成若天性，习惯若自然，豫之谓也。八岁入小学，十五入大学，时之谓也。中人以上，可以语上，中人以下，不可以语上，孙之谓也。夫子以回方赐，而子贡自知其弗知，摩之谓也。

[朱] 与孔颖达、朱熹同

案：郝敬强调大学之法的从容善养的本义，豫时逊摩中都内含从容善养，无论是亲师友、当其愤悱，还是不强以未达，不告以所不喻，还是渐摩之相观以善，其中都内含教者使学者从容学习以达至善的本义。

孙希旦认为，豫就是强调早教，时为八岁和十五入学，孙则划分中人以上和以下，摩就是观摩体悟。

（2）长善救失：善喻—知心

《学记》文本之中对于长善救失的表述为：

> 故君子之教，喻也：道而弗牵，强而弗抑，开而弗达。道而弗牵则和，强而弗抑则易，开而弗达则思。和、易、以思，可谓善喻矣。
>
> 学者有四失，教者必知之。人之学也，或失则多，或失则寡，或失则易，或失则止。此四者，心之莫同也。知其心，然后能救其

— 177 —

失也。教也者，长善而救其失者也。

［胡］与陈澔《集说》同

［郝］教喻，教使晓喻。道谓引导，牵则拽之使前耳。强谓振作，抑则按之使止矣。开谓启发，达则通之使至矣。道弗牵，则行有常而和。强弗抑，则气自平而易。开弗达，则味有余而思。以此教喻，斯善喻矣。又必知学者之失，材辨者或失之多，愚鲁者或失之寡，兼人者或失之易，昏庸者或失之止，教者各知其心之病以救其失。

［纳］窃案：道谓引导其前。牵犹拽也。强，谓激勉之。抑，犹逼也。但引导其前使之自进，而不以力拽之，以速其进，则受教者不至于乖戾。激勉其志使之自能，而不以力逼之，以速其能，则受教者不至于艰难。道非示之以入道，所由之谓。抑非沮抑，使退之谓也。

［王］君子既知教之所由兴，又知教之所由废，然后可以为人师也。崇其所以兴，禁其所自废，师道之所自立也。故君子之教，喻也：道而弗牵，强而弗抑，开而弗达。道而弗牵则和，强而弗抑则易，开而弗达则思。和、易、以思，可谓善喻道矣，徒到反。易，以豉反。道，引也。牵，强持迫之使行也。强，刚也，谓刚严莅之也。抑，摧折之也。开者，启其端。达者，尽其说。和，为之有绪而说也。易，师易亲也。思，使自思而得之也。

学者有四失，教者必知之。人之学也，或失则多，或失则寡，或失则易，或失则止，此四者心之莫同也。易，以豉反。多，泛记而不精也。寡，专持而不广也。易，果为而不知难也。止，循分而不能进也。心，谓情质也。知其心，然后能救其失也。教也者，长善而救其失者也。长，丁丈反。多、寡、易、止虽各有失，而多者便于博，寡者易以专，易者勇于行，止者安其序，亦各有善焉。救其失，则善长矣。

［孙］愚谓教唯其豫也，故道之而无牵引之烦而和矣。和者，扞格之反也。教唯其时也，故强之而无屈抑之患而易矣。易者，勤苦之反也。教唯其孙也，故迎其机以道之，开其端，不遽达其意，而人将思而得之矣。思者，坏乱之反也。盖君子唯知学之所由废兴，故其教喻之善如此。若相观而善，则存乎朋友之益焉。

愚谓失则多，谓多学而识而未能贯通，若子贡。失则寡，谓志意高远而略于事焉,若曾晳。失则易,谓无所取裁,若子路。失则止,谓畏难自画,若冉有。多者欲其至于会通,寡者欲其进于笃实,易者欲其精于所知,止者欲其勉于所行。

[朱] 与郑玄、孔颖达、方悫、赵氏良蔚同

赵氏良蔚曰:开其端而不竟其说,使学者或苦为难而教之,诱于前者有绪;或视为易而理之,蕴于中者无穷。是以不思而不能也。

案:郝敬认为,教喻,就是教使晓喻,以和、易、思之教使晓喻,就是善喻,也就是善教。

王夫之对于多、寡、易、止的理解颇有新意,不仅认识到多、寡、易、止的不足之处,而且指出了多、寡、易、止虽各有失,但是教者如果加以引导则可至善,多可博、寡可专、易可行、止可序,救失则可长善,即由失至善。

孙希旦从"君子唯知学之所由废兴,故其教喻之善如此"的角度来注解和、易、思。《学记》在分析教所由废时罗列出了六个方面的缘由,其中前三个主要是从教者层面来陈述的。孙希旦认为,教喻之善就是既知教者层面导致教所由废的原因,又必须知晓如何解决和防止教所由废情况的出现。按照孙希旦的理解:

和→扞格　　易→勤苦　　思→坏乱

教者"和"则无"扞格","易"则无"勤苦","思"则无"坏乱",如此则教无废之由。教者之教就是善喻。

孙希旦对于多、寡、易、止的注解也颇有新意。如果说王夫之是从多、寡、易、止的正反两面来看待其不足及其可能有的长处,那么孙希旦则是从救失的、切实解决问题的角度,正面回应如何解决多、寡、易、止的弊病。

多→至于会通　寡→进于笃实　易→精于所知　止→勉于所行

只有救失才能长善,"会通""笃实""所知""所行"既是救多、寡、易、止之失,更是知失长善。

3. 学：师道—进学—继志

（1）师道：师严与道尊、道尊与敬学、安学与亲师

《学记》文本之中对于师道的相关表述为：

凡学之道，严师为难。师严然后道尊，道尊然后民知敬学。

［胡］与陈澔《集说》同

［郝］严，钦崇也。君与师一，以师道君天下，则人服其治。以君道师天下，则人服其教。作君作师，二者关系世道重矣。

［纳］无补正

［王］凡学之道，严师为难。严，尊敬也。唯尊德乐道者，乃能忘势而尊师，是以难也。师严然后道尊，道尊然后民知敬学。民，人也。敬，重也。

［孙］与郑玄、辅广同

［朱］与郑玄、孔颖达同

案：古代学者都推崇尊师尊道，并且注重师与道之间的内在关联。

夫然，故安其学而亲其师，乐其友而信其道，是以虽离师辅而不反也。

夫然，故隐其学而疾其师，苦其难而不知其益也。

［胡］与陈澔《集说》同

［郝］如是，则学者优游自得，无苦难之患。资深居安，所得坚固，离师辅而不退失也。

教之所施者悖，学之所求者拂。故学者讳所短而疾怨其师，苦教之难而不见其益。

［纳］窃案：《注疏》，兴，谓歆喜也。艺，谓操缦博依六艺之等。若欲学诗书正业，意不歆喜其杂艺，则不能耽玩乐于所学之正道。黄叔阳亦曰：操缦博依杂服者艺也，退息之所宜兴者也。弦与诗礼者学也，时教之所宜安者也。惟其退息不兴于艺，斯于时教不能乐而相安。此可见退息居学，有关于时教正业之成否。如此，君子岂容以一息闲乎？是以君子藏身于大学之时，则修治其正业，如弦与诗礼之类，固随时勤厉而不息。退息于燕居之际，则游玩以适情，如操缦博依杂服之类，又随

第二章 义理与考证:《学记》教育范畴的代际濡化

在致力而不惰。今《集说》谓不兴此三者之艺,则谓之不能好学,又藏修息游四字略不分析,舛矣。《注疏》以艺为六艺,藏谓心常怀抱学业,游谓闲暇无事游行,亦非。

窃案《集说》以多其讯为句,言及于数为句。吴氏以多其讯言为句,及于数进而不顾其安为句。及于,犹言至于。数进,谓数数进之。言今之师,诵其所视之简,多其所告之词,学者未可以进而又进之,不顾其所学已安否也。黄东发日抄,又以数为度数之数,云言及度数之末而不于其本。

使人不由其诚,《集说》不由其诚,不肯实用其力也。

窃案使人不由其诚,以教者言,如《集说》不肯实用其力之云。则反以学者言矣,吴氏云:实知此一理,而后使之别穷一理,是谓由其诚,否则是使之不由其实也。其说为允。

教之不刑。《集说》:刑,成也。

窃案此本,郑注辅氏云,刑犹仪刑之刑,其教不足为人之仪刑,亦通。

[王]占,与觇同,丑廉反。数,所角反。尽,子忍反。佛,分物反。呻,吟也。佔,视。毕,简。且吟且视,给于口授,心无所得也。讯言,问难之言也。及,犹急也。数进,屡告之不待其习熟也。使,亦教也。诚,信能之也。尽,与尽通,量也。施,授也。求,课也。佛,戾也。隐,含痛意,谓以学为患也。去,忘也。刑,成也。

[孙]与郑玄、张载、朱熹同

张子曰:依,声之依永者也,服,事也。杂服、洒扫、应对、投壶、沃盥细碎之事。艺,礼、乐之文,如琴瑟笙磬,古人皆能之,以中制节,射、御亦必合于礼乐之文,如不失其驰,舍矢如破,骐虞、和、鸾,动必相应也。书、数,其用虽小,但施于简策,然莫不出于学。故人有倦时,又用此以游其志,所以使乐学也。孙其志于仁则得仁,孙其志于义则得义,唯其敏而已。

张子曰:人未安之又进之,未喻之又告之,徒使人生此节目,不尽其材,不顾其安,不由其诚,皆是施之妄也。教人至难,必尽人之材,乃不误人,观可及处,然后告之。圣人之明,直若庖丁之解牛,皆知其隙,刃投于地,无全牛矣。人之材足以有为,但以其不由于诚,则不尽其材，若勉率而为之，则岂有由其诚者哉？

[朱]注：不知其益，若无益然。王氏念孙曰："《庄子外物篇》：'相结以隐。'李颐注曰：'隐，病患也。'后汉书张衡传：'勤恤民隐。'李贤注：'隐，病也'。"隐其学，病其学也。施之悖，求之拂，故弟子皆病其学而疾其师也。隐其学，疾其师，苦其难，三者文义相承。

案：此处在于说明师与学、学与师之间的相互关系。安学与亲师、隐学与疾师，从表面上来看是学与师之间的相互关系，实质上其背后则体现了师与学之间的相互关系。正如郝敬指出"教之所施者悖，学之所求者拂"，教悖则学拂，就会导致隐学、疾师情况的发生。

那么教悖、学拂又是如何形成的呢？正如张载所言："不尽其材，不顾其安，不由其诚，皆是施之妄也"，教施之妄则学求之拂。所以，隐学就是由不善教所引发的。

纳兰性德则主要是针对《集说》中对于对正业居学、藏修息游的注解进行补正，"君子岂容以一息闲乎？是以君子藏身于大学之时，则修治其正业，如弦与诗礼之类，固随时勤厉而不息。退息于燕居之际，则游玩以适情，如操缦博依杂服之类，又随在致力而不惰"，君子应终身致力于学习，根本无"闲暇无事游行"之时。

此外，纳兰性德指出，"教之不刑"中的"刑"具有两层含义：其一，刑为成；其二，刑为仪刑。

"仪刑文王，万邦作孚。"（《诗·大雅·文王》）

此仪刑就是效法或法式，言教者之教不能成为学者所学之法式。

（2）进学：善学者与不善学者、善问与不善问、善待问者与不善答问者、善教者与不善教者

《学记》文本之中关于进学的相关表述为：

> 善学者，师逸而功倍，又从而庸之。不善学者，师勤而功半，又从而怨之。善问者如攻坚木，先其易者，后其节目，及其久也，相说以解。不善问者反此。善待问者如撞钟，叩之以小者则小鸣，叩之以大者则大鸣，待其从容，然后尽其声。不善答问者反此。此皆进学之道也。

第二章 义理与考证：《学记》教育范畴的代际濡化

[胡] 与陈澔《集说》相比，增加马希孟、周谞的注解。

[郝] 庸，功也，归功于师也。攻，治也，木惟节目为坚，先治其易者，则其节目自解。学者有问，先就明处理会，三五之久，凝滞渐解。不善问者反是，舍易求难，愈问愈惑矣。待问谓师也。小叩小鸣，大叩大鸣，即夫子教鄙夫之意，因人顺应，迎机开导，勿使龃龉，此善答也。不善者反此，谓矫拂乱发，机不相投也。从容然后尽其声者，悠游不迫之意。钟不疾击，则声之大小长短得以尽。闻言不乱告，则理之是非可否，得以详思。

[纳] 后其节目，《集说》无解。窃案"节目"二字有辨。方氏云：节如木理之刚者，《说卦》所谓为坚多节是矣。目则木理之精者，弓人所谓斫目必荼是矣，皆其至坚难攻之处也。

待其从容，然后尽其声。《集说》疏曰："从，读为舂，谓击也。以为声之从容，言钟之为体，必待其击。每一舂而为一容，然后尽其声。"愚谓从容，言优游不迫之意。不急疾击之，则钟声之大小、长短得以自尽，故以为善答之喻。

窃案以从为舂，固非矣。然不疾击之之说，亦未为得也。盖待其从容之其，与下尽其声之其，皆指钟言。则从容应为钟声之余韵，犹瑟之铿尔也。朱子云："从容钟声之余韵，从容而将尽者也。言必答尽所问之意然后止，斯言得之矣。"

[王] 善学者，师逸而功倍，又从而庸之。不善学者，师勤而功半，又从而怨之。归功曰庸。怨者，怨其督责。善问者如攻坚木，先其易者，后其节目，及其久也，相说以解。不善问者反此。易，以豉反。说，他活反。易者，梳理易析处。节目，木枝节所自出，坚撑处也。说，谓节目随理而脱也。解，判也。喻善问者因言以知意，即显以察微，渐渍之久而大疑自决。若择隐奥者以为诘难之端，而轻其浅易者为不足问，是不诚于求知而躐等以矜善问，终于迷而已，程子所谓拣难处问者也。善待问者如撞钟，叩之以小者则小鸣，叩之以大者则大鸣，待其从容然后尽其声。不善答问者反此。从，七恭反。待，应也。从容，犹言良久。声，余韵也。因问而答，大者不吝，小者不滥，而意味有余，使人思而得之，引伸于无穷。此皆进学之道也。善问善答，则学日进矣。

[孙] 与郑玄、朱熹、辅广同

［朱］ 与孔颖达、朱熹同

案：郝敬的注解主要集中于学者问与教者答。学者有善问与不善问之别，教者也有善答与不善答之分。

纳兰性德则主要是从对"以从为舂，固非"的补正入手，认为从容非"每一舂而为一容"的敲击钟的动作而是指钟声。并引用朱熹论述指出："从容钟声之余韵，从容而将尽者也。言必答尽所问之意然后止，斯言得之矣"，从容就是教者答尽学者所问之意，更加进一步强调教者之答。

王夫之指出"善问善答，则学日进"，"大者不吝，小者不滥，而意味有余，使人思而得之，引伸于无穷"，学者"进学之道"就在问答之间。

（3）继志：善教与继志

《学记》文本之中关于继志的相关表述为：

善歌者，使人继其声。善教者，使人继其志。其言也，约而达，微而臧，罕譬而喻，可谓继志矣。

［胡］ 与陈澔《集说》同

［郝］ 故教则喻，传则习，而学者继其志也。约而达者，辞不烦而机自通也。微而臧者，旨不露而心自悦也。罕譬而喻者，比方不多而义理晓畅也。如此，则心心相承，两志不违，是谓继志。

［纳］ 窃案臧如《诗》视尔不臧之臧，谓善之也。教者之言，虽至微不显，而能人使善之。如孟子陈王政，而齐王曰善哉言乎。陆贾每奏一篇，汉高未尝不称善是也。观上约而达，下罕譬而喻，亦谓使人达之喻之。

［王］ 善歌者，使人继其声。善教者，使人继其志。继，续也，启其端而使彼续成之也。志，思也。其言也，约而达，微而臧，罕譬而喻，可谓继志矣。言，教者之训辞也。约，简也。可通于大全也。微，不显说也。臧，美也，谓精美有义味也。罕譬，不多为譬释也。喻，晓也。大旨已晓了也。以此三者立言，则为可继，以待学者之自求，所以引人之志于无穷也。

第二章 义理与考证:《学记》教育范畴的代际濡化

［孙］与朱熹、吴澄同

［朱］与郑玄、孔颖达、朱熹、吕祖谦同

吕东莱曰：教者之言甚约，然本末贯彻，未尝不达。教者之言甚微，然渊深粹美，其味无穷。曲为之喻，使学者自得于言意之表，如此，可谓善继志矣。

案：郝敬指出，教者和学者"心心相承，两志不违"就是继志。

纳兰性德认为，继志就是使人"达之喻之"，突出和强调了教喻。

王夫之认为，继志中的"继"就是教者开其端而使学者续其成，"志"就是思。教者以"微、藏、罕譬"立言，则足以引发学者"自求"而志于无穷之学。同样，吕祖谦也认为继志就是使"学者自得于言意之表"，强调教者引发学者的"自求"。故此，能激发学者"自求"的教者就是善教者，而教者引发学者的自求就是继志。

那么，学者所继之志又是何志呢？

君子曰：大德不官，大道不器，大信不约，大时不齐。察于此四者，可以有志于本矣。三王之祭川也，皆先河而后海，或源也，或委也。此之谓务本。

［胡］与陈澔《集说》相比，增加戴溪的注解

永嘉戴氏曰：河流入海，三王祭川，先小后大，重本也。《学记》之论，由末以造本；《大学》之论自本以徂末，其为教则一也。

［郝］大德不官，不司一职也。大道不器，无施不可也。大信不约，唯义所在也。大时不齐，天运循环也。四者本立用妙，故曰志于本。河在中国，海在东裔，故王者祭川必先河。河流不息，故为源。海纳河流，故为委。委，下也，聚也。海在下，为水所聚也。孟子云：源泉混混不舍昼夜，盈科而后进。放乎四海，有本者如是。又曰：流水之为物，不盈科不行。君子之志于道，不成章不达，即此意也。

［纳］窃案郑注或以时生，或以时死。孔疏大时谓天时也。齐谓一时同也，天生杀，不共在一时。犹春夏花卉自生，荞麦自死，秋冬草木死而荞麦自生，故云不齐，不齐为诸齐之本也。《集说》从之。吴氏又云天之有时，春夏秋冬岁之齐同，此时之小者尔。古今气运或治或乱是

为大时，岂可齐同测哉。然则不齐，齐之本也。《注疏》《集说》主一岁之时言，吴氏主万古之时言，皆属天道，与上大德不官三句不类。惟黄氏日抄取戴岷隐说，谓大时如尧舜揖逊、汤武征代之时，所以不齐，独属人事，与旧解异。

察于此四者，可以有志于本矣。《集说》可以有志于学而洪其本矣。

窃案上文可以有志于学，承学为箕、学为裘、车在马前，而言君子察于此三者，可以有志于学，以三者皆学之事也。此云察于此四者，可以有志于本，以大道、大德、大信、大时四者皆有其本也。《集说》谓可以有志于学而洪其本，迂曲之甚。

[王] 君子曰：大德不官。大德者，人官之本，涵于未发，以为视听言动之则，不倚于官也。大道不器。大道者，事物之本，为事物之所共由，散于有形而为器，而不滞于一器也。大信不约。大信者，信在言前，不言而信固存，不待期约之结也。大时不齐。齐，有恒期而无参差也。圣人之时，因时而处中，无画一之理而同归一致，如天子有四时寒暑，参差变化，无一定之期而自不爽，盖时为齐之本，而齐不可以为时也。察于此四者，可以有志于学矣。四者之理，居静以御动，不为而成功，唯其有本也。学能知本，则修之在躬，存之在心，虽未发见于事物，亟著于功效，而应事接物之道即此而具，盖明其德以修身，而齐家、治国、平天下之理不外是矣。三王之祭川也，皆先河而后海，或源也，或委也，此之谓务本。河，海之源也。海，河之委也。源虽小而必先之，重本也。故守约而施博，君子之学，求诸己而已矣。此篇所言，皆亲师讲艺之事，而终之以务本，所以见古人为学，求之己者，但尽其下学之事，而理明行笃，则天德王道即此而上连焉。盖与大学至善知本之旨相为符合，而后世窃佛、老之说以文其虚枵狂诞之恶者，亦鉴于此而可知其妄矣。

[孙] 与郑玄、朱熹同

[朱] 与郑玄、孔颖达、朱熹同

案：胡广《礼记大全》引戴溪注解认为，"《学记》之论，由末以造本；《大学》之论自本以徂末，其为教则一也"，《学记》与《大学》同"本"。

纳兰性德则主要是针对"《集说》可以有志于学而洪其本矣"的补正。纳兰性德认为"志于学"主要是承"学为箕、学为裘、车在马前"

而言,"志于本"则是由"大道、大德、大信、大时四者皆有其本"而引发。所以,志于学与志于本所论述的对象不同。

王夫之则进一步指出,"学能知本,则修之在躬,存之在心,虽未发见于事物,亟著于功效,而应事接物之道即此而具,盖明其德以修身,而齐家、治国、平天下之理不外是矣",《学记》之"本"就是《大学》"明其德以修身,而齐家、治国、平天下之理"。所以,王夫之对《学记》进行归纳认为,"盖与大学至善知本之旨相为符合",也印证了戴溪"《学记》之论,由末以造本"的观点。即由"亲师讲艺之事"的下学而上达"天德王道"之理。正如王夫之所言,君子之学在于"求诸己而已"。

"行有不得,皆反求诸己。"(《孟子·离娄上》)

"求诸己"就是强调自得之乐,继志之教的精髓就在于自求。下学而上达,"不怨天,不尤人,下学而上达"(《论语·宪问》),正是夫子之教的精髓所在。

第三章 经世与改制：《学记》教育范畴的托古维新
——教育文本臆解与西学术语引借之间的中体与西用

　　臣窃惟欧洲诸国，百十年来，由印度而南洋，由南洋而中国，闯入边界腹地，凡前史所未载，亘古所未通，无不款关而求互市。我皇上如天之度，概与立约通商，以牢笼之，合地球东西南朔九万里之遥，胥聚于中国，此三千年一大变局也。

——李鸿章《复议制造轮船未可裁撤折》

第一节 《学记》诠释话语体系的托古维新

　　《学记》诠释话语体系正是处于"此三千年一大变局"中，"道"与"学"两大核心范畴诠释话语体系的变迁历程，就是对古代话语体系向近代话语体系转变历程的话语再现和文化体认。《原道》中所体现的"道"之动，《劝学》与《劝学篇》中所诠释的"学"之变，一动一变，《学记》诠释话语体系同古代相比就发生了根本性的转变。

一 "道"之动：《原道》之天道、政道与人道

　　从刘勰《原道》始至韩愈《原道》与章学诚《原道》，虽然标题相同但是所论述的道却各异，从天道到政道再到人道的"道"的内涵演变，生动再现了儒家之道的历代流变历程。诚如《学记》文本所言："玉不琢，不成器。人不学，不知道"，"道"为学之根本，学为了道，道变则学变。

第三章　经世与改制：《学记》教育范畴的托古维新

（一）天道：刘勰与《原道》

中国古代思想上以"原道"为题的论著有四：《淮南子·原道训》、刘勰《文心雕龙·原道》、韩愈《原道》、章学诚《文史通义·原道》。在四篇以《原道》为题的论著之中，除《淮南子·原道训》之外，其余三篇论著所"原"之"道"均为儒家之道。

原道之说始于先秦荀子，其后汉人杨雄又有所祖述发挥，但荀子、杨雄所谓之道，专就儒家学说而言。刘勰之原道，当与《淮南子·原道训》关系密切，高秀注曰："原，本也，本道根真，包裹天地，以历万物，故曰原道，用以题篇。"《淮南子·原道训》所原之道①乃具有本体论性质的道家"自然之道"：

> 夫道者，覆天载地，廓四方，柝八极，高不可际，深不可测，包裹天地，禀授无形；原流泉浡，冲而徐盈，混混滑滑，浊而徐清。泰古二皇，得道之柄，立于中央。神与化游，以抚四方。

自然之道渊含万物的形态化育其中，而人立于天地之间，远古圣王掌握"道"的枢机，依此立教以抚化四方。《淮南子》出入儒、道，调和两家学说，作者本着老庄哲学本体的道，同时又把儒家圣人伏羲、神农放在接通人神的地位上来阐述社会人文的产生，这和刘勰的"原道""征圣"论同一主旨。

在《原道》篇中，刘勰用《周易》和道家思想来重构儒家的思想体系②。刘勰在《原道》中指出："人文之元，肇自太极"，此"太极"既是《周易》中的"太极"，也等同于《老子》中"道生一"中的"一"。刘勰对"道"与"太极"之间的关系论证如下：

> 文之为德也大矣，与天地并生者何哉？夫玄黄色杂，方圆体分，日月叠璧，以垂丽天之象；山川焕绮，以铺地理之形，此盖道之文

---

① 庞朴认为《淮南子·原道训》的"原道"应该叫做"道原"，因为这个"原"乃本原之原。（庞朴：《一分为三——中国传统思想考释》，海天出版社1995年版，第240页。）

② 学界认为刘勰《原道》中所原之道乃道家自然之道。本书认为，刘勰所论述之道非道家一家之道，乃兼综儒道，出入玄理，另有蕴意。

也。仰观吐曜，俯察含章，高卑定位，故两仪既生矣，惟人参之，性灵所钟，是为三才，为五行之秀，实天地之心。心生而言立，言立而文明，自然之道也。

故此，道与太极之间的关系可作如下表述：

道→太极→阴、阳→天、地、人（天、地→天文、人→人文）

那么，刘勰所倡导的"自然之道"究竟是何道？

爰自风姓，暨于孔氏，玄圣创典，素王述训，莫不原道以心敷章，研神理而设教。取象乎《河》《洛》，问数乎蓍龟，观天文以极变，察人文以成化；然后能经纬区宇，弥纶彝宪，发挥事业，彪炳辞义。故知道沿圣以垂文，圣因文而明道，旁通而无涯，日用而不匮。①

由此，刘勰原道的目的就在于宣扬儒家政治教化之人道，并最终实现儒家修、齐、治、平的政治理想。

那么，刘勰又为何用道家的自然之道和儒家之道相结合的方式来原道呢？或者说是为何要采用道家的自然之道来找寻儒家之道的立论根据呢？

原因在于：汉儒的"天人感应"神学体系已经不能成为儒家之道的立论根据。刘勰原自然之道以明儒家之道，从其思想来源来看是受到魏晋玄学思想的影响。汤用彤曾指出魏晋玄学的特征为：

王弼为玄宗之始，然其立义实取汉代儒学阴阳家之精神，并杂以校练名理之学说，探求汉学蕴摄之原理，廓清其虚妄，而折中之于老氏。于是汉代经学衰，而魏晋玄学起。②

---

① （南梁）刘勰：《文心雕龙》，中华书局2012年版，第9—10页。
② 汤用彤：《魏晋玄学论稿》，上海古籍出版社2001年版，第23页。

第三章 经世与改制：《学记》教育范畴的托古维新

魏晋玄学从起初就是儒、道相结合的产物，刘勰借用此思想在《原道》中认为，"人文"就是古代圣人根据自然之道创造出来的，儒家的经典正是宣扬儒家名教的典籍，而此典籍正是圣人"原道心以敷章"的结果。原道、宗经、征圣之间的逻辑关系就此建立：太极之道—自然物文—儒家圣文—广义的文章，由此，儒家人伦之道就变成了自然而然、符合天道的规律法则。

（二）政道：韩愈与《原道》

韩愈在《原道》之中引用《大学》进行论证时指出：

> 传曰："古之欲明明德于天下者，先治其国；欲治其国者，先齐其家；欲齐其家者，先修其身；欲修其身者，先正其心。欲正其心者，先诚其意。"然则古之所谓正心而诚意者，将以有为也。

陈来针对韩愈援引《大学》"明明德"语句而不及"致知格物"评论道：

> 韩愈对《大学》的重视主要是把《大学》作为政治伦理哲学来考虑的。《大学》维护社会的宗法秩序与伦理纲常，强调齐家治国平天下的社会义务，这对任何要在中国社会立足的宗教出世主义体系都是一种有力的、具有实在压力的思想。韩愈正是利用《大学》的这种特质作为排击佛教的有力武器。
>
> 由于韩愈所注意的是政治社会问题，他在印证《大学》的条目时没有列举"格物""致知"，而"格物""致知"恰恰是宋明理学诠释《大学》时最为注意的观念。这显然是由于，在儒学复兴运动的初期，主要的任务是首先在政治上抨击佛教，恢复儒学在政治社会结构中的地位，还未能深入到如何发展儒学内部的精神课题。[①]

正如陈来所言，韩愈《原道》篇的主要任务在于政治上抨击佛教，恢复儒学在政治社会结构中的地位，故韩愈所原之道就是维护政道的儒

[①] 陈来：《宋明理学》，华东师范大学出版社2004年版，第21页。

家之道，故曰"政道"。这既是韩愈儒道的终点，亦是他反佛老的起点。

韩愈在《原道》中提出儒道的新主张——"道统说"：

> 斯吾所谓道也，非向所谓老与佛之道也。尧以是传之禹，禹以是传之汤，汤以是传之文、武、周公。文、武、周公传之孔子，孔子传之孟轲，轲之死，不得其传焉。

韩愈的这段话，清晰地勾勒出从尧舜到孟子的儒学道统传承顺序，并俨然以继承孟子的儒学传承者自许。韩愈的儒学贡献主要在于此。诚如陈寅恪在《论韩愈》一文中认为，韩愈六点成就之首就是"建立道统，证明传授之渊源"①，韩愈《原道》中明确了从孔子以来的儒家道统的传承顺序。总之，"韩愈《原道》道统说的全幅意义，即：第一，中国之所以为中国，在于中国文化，而不在于君主。第二，中国文化传统，只能由道统来保证，而决不能由君统来保证。质而言之，只有道统能够保证中国成其为中国，而君统不能保证。因此之故，第三，道统学说的真精神，就是文化高于君权，道统高于君统"②。韩愈的道统说在客观上提高了圣人和圣人典籍的权威和地位，也正是在此基础上才产生了宋明"理学"③，从而使儒家伦理思想获得了比较完备的理论形态，使儒学以新的形态重新获得了"独尊"的地位。韩愈本人也由此获得了"道统"之传人的学术声誉和儒学地位。

（三）人道：章学诚与《原道》

正如叶瑛在《文史通义校注》中指出，《原道》上中下三篇为《文史通义》之总纲：

> 盖清儒自顾亭林以来，以为道在六经，通经即所以明道。实斋则谓道在事物，初不出人伦日用之间。学者明道，应即事物而求其所以然，六经固不足以尽之。《文史通义》本为救当时经学之流弊

---

① 陈寅恪：《金明馆丛稿初编》，上海古籍出版社1980年版，第285页。
② 邓小军：《唐代的中国文化宣言——韩愈〈原道〉论考》，《孔子研究》1991年第4期。
③ 正如钱穆指出："治宋学必始于唐，而以昌黎韩氏为之率"。（钱穆：《中国近三百年学术史》，中华书局1987年版，第1页。）

第三章 经世与改制：《学记》教育范畴的托古维新

而作，此三篇实为全书总汇。①

"道在事物，初不出人伦日用之间""学者明道，应即事物而求其所以然""六经固不足以尽之"，正是章学诚《原道》篇中论述儒家之道的重要观点。同样，钱穆在《中国近三百年学术史》一书中论证戴震和章学诚之间的学术传承关系时认为：

> 实斋谓道不外人伦日用，此在东原《绪言》《疏证》两书中，主之甚力，即《原善》亦本此旨，惟发之未畅耳。实斋所谓"道之自然"与"不得不然"者，亦即《原善》"自然"与"必然"之辨。故主求道与人伦日用，乃两氏之所同。惟东原谓归于必然，适全其自然，必然乃自然之极致，而尽此必然者为圣人，圣人之遗言存于经，故六经乃道之所寄。实斋则谓圣人不得不然乃所以合乎道，而非可即为道。自然变，则圣人之不得不然者亦将随而变，故时会不同，则所以为圣人者亦不同。故曰圣人学于众人，又曰"六经皆史"，则六经固不足以尽夫道也。②

章学诚认为六经合乎道而并非等同于道，自然变则圣人之不得不然之亦将随而变，就是其与戴震之间学术思想的最为根本性的区别。

章学诚在《原道》中论述其主要思想观点的段落为：

> 天地生人，斯有道矣，而未形也。三人居室，而道形矣，犹未著也。人有什伍而至百千，一室所不能容，部别班分，而道著矣。仁义忠孝之名，刑政礼乐之制，皆其不得已而后起者也。（《原道上》）
>
> 故道者，非圣人智力之所能为，皆其事势自然，渐形渐著，不得以而出之，故曰天也。（《原道上》）
>
> 道有自然，圣人有不得不然，其事同乎？曰：不同。道无所为

---

① 叶瑛：《文史通义校注》，中华书局 1985 年版，第 124 页。
② 钱穆：《中国近三百年学术史》，商务印书馆 1997 年版，第 423 页。

而自然，圣人有所见而不得不然也。故言圣人体道可也，言圣人与道同体不可也。圣人有所见，故不得不然；众人无所见，则不知其然而然。孰为近道？曰：不知其然而然，即道也。非无所见也，不可见也。不得不然者，圣人所以合乎道，非可即以为道也。(《原道上》)

学于圣人，斯为贤人。学于贤人，斯为君子。学于众人，斯为圣人。(《原道上》)

《易》曰："形而上者谓之道，形而下者谓之器。"道不离器，犹影不离形。后世服夫子之教者自六经，以谓六经载道之书也，而不知六经皆器也。(《原道中》)

而儒家者流，守其六籍，以谓是特载道之书耳。夫天下岂有离器言道，离形存影者哉？彼舍天下事物、人伦日用，而守六籍以言道，则固不可与言夫道矣。(《原道中》)

夫道备于六经，义蕴之匿于前者，章句训诂足以发明之。事变之出于后者，固贵约六经之旨而随时撰述以究大道也。太上理德，其次立功，其次立言，立言与立功相准。盖必有所需而后从而给之，有所郁而后从而宣之，有所弊而后从而救之，而非徒夸声音采色，以为一己之名也。(《原道下》)

"道起三人居室""事势自然，渐形渐著，不得以而出之""不知其然而然，即道也""学于众人，斯为圣人""六经皆器也"等主要学术观点，体现了章学诚在朴素唯物论的哲学思想上实现对"人道"的回归。这种回归就是重新把"道"融入百姓日用人伦举止之中。

刘勰论天道、韩愈论政道、章学诚论人道生动再现了儒家之道的历史流变，同样也见证了儒道从天本位到政本位再到人本位的本位意识的历史转变。特别是章学诚从百姓日用人伦之中探寻道之源起，从六经皆器之中得出六经皆史之论断，更是对儒家之道产生了较为深远和重大的学术影响。儒家经典由回归历史而回归日常，圣人之道由日常而起而因事势而变，对中国近代社会学术文化的发展产生了深刻的学术影响。

二 "学"之变：《劝学》与《劝学篇》

荀子《劝学》与张之洞作《劝学篇》，"学"字虽相同但内容和实质

第三章 经世与改制：《学记》教育范畴的托古维新

却大不相同。虽然在荀子与张之洞的论述中以儒学为体的学之本相同，但是张之洞《劝学篇》中却出现了不同于"中学"的"西学"。无论张之洞从体与用的层面如何对中学与西学进行区分，但是不可否认的是西学以用的名义得以存在于近代知识体系之中而成为中国近代话语体系的重要组成部分，并通过近代学校教育的各级体系得以传播和不断得到认同。

我们试选取张之洞《劝学篇·序言》来对《劝学》和《劝学篇》进行比较分析：

> 昔楚庄王之霸也，以民生在勤箴其民，以日讨军实儆其军，以祸至无日训其国人。夫楚当春秋鲁文、宣之际，土方辟，兵方强，国势方张，齐、晋、秦、宋无敢抗颜行，谁能祸楚者？何为而急迫震惧，如是之皇皇耶？君子曰："不知其祸，则辱至矣；知其祸，则福至矣。"
>
> 今日之世变，岂特春秋所未有，抑秦、汉以至元、明所未有也。语其祸，则共工之狂、辛有之痛，不足喻也。庙堂盱食，乾惕震厉，方将改弦以调琴瑟，异等以储将相，学堂建，特科设，海内志士，发愤搤掔。于是图救时者言新学，虑害道者守旧学，莫衷于一。旧者因噎而食废，新者歧多而羊亡。旧者不知通，新者不知本。不知通，则无应敌制变之术；不知本，则有非薄名教之心。夫如是，则旧者愈病新，新者愈厌旧，交相为愈，而恢诡倾危、乱名改作之流，遂杂出其说，以荡众心。学者摇摇，中无所主，邪说暴行，横流天下。敌既至，无与战，敌未至，无与安。吾恐中国之祸，不在四海之外，而在九州之内矣。
>
> 窃惟古来世运之明晦、人才之盛衰，其表在政，其里在学。不佞承乏两湖，与有教士化民之责，夙夜兢兢，思有所以裨助之者。乃规时势，综本末，著论二十四篇，以告两湖之士，海内君子与我同志，亦所不隐。《内篇》务本以正人心，《外篇》务通以开风气。《内篇》九：曰《同心》，明保国、保教、保种为一义，手足利则头目康，血气盛则心志刚，贤才众多，国势自昌也。曰《教忠》，陈述本朝德泽深厚，使溥海臣民咸怀忠良，以保国也。曰《明纲》，三纲为中国神圣相传之至教，礼政之原本，人禽之大防，以保教也。

曰《知类》,闵神明之胄裔,无沦胥以亡,以保种也。曰《宗经》,周、秦诸子,瑜不掩瑕,取节则可,破道勿听,必折衷于圣也。曰《正权》,辨上下,定民志,斥民权之乱政也。曰《循序》,先入者为主,讲西学必先通中学,乃不忘其祖也。曰《守约》,喜新者甘,好古者苦,欲存中学,宜治要而约取也。曰《去毒》,洋药涤染我民,斯活绝之,使无萌拚也。

《外篇》十五:曰《益智》,昧者来攻,迷者有凶也。曰《游学》,明时势,长志气,扩见闻,增才智,非游历外国不为功也。曰《设学》,广立学堂,储为时用,为习帖括者击蒙也。曰《学制》,西国之强,强以学校,师有定程,弟有适从,授方任能,皆出其中,我宜择善而从也。曰《广译》,从西师之益有限,译西书之益无方也。曰《阅报》,眉睫难见,苦药难尝,知内弊而速去,知外患而豫防也。曰《变法》,专已袭常,不能自存也。曰《变科举》,所习所用,事必相因也。曰《农工商学》,保民在养,养民在教,教农工商,利乃可兴也。曰《兵学》,教士卒不如教将领,教兵易练,教将难成也。曰《矿学》,兴地利也。曰《铁路》,通血气也。曰《会通》,知西学之精意,通于中学,以晓固蔽也。曰《非弭兵》,恶教逸欲而自毙也。曰《非攻教》,恶逞小忿而败大计也。

二十四篇之义,括之以五知:

一、知耻。耻不如日本,耻不如土耳其,耻不如暹罗,耻不如古巴。二、知惧。惧为印度,惧为越南、缅甸、朝鲜,惧为埃及,惧为波兰。三、知变。不变其习,不能变法。不变其法,不能变器。四、知要。中学考古非要,致用为要。西学亦有别,西艺非要,西政为要。五、知本。在海外不忘国,见异俗不忘亲,多智巧不忘圣。凡此所说,窃尝考诸中庸而有合焉。鲁,弱国也。哀公问政,而孔子告之曰:"好学近乎知,力行近乎仁,知耻近乎勇。"终之曰:"果能此道矣,虽愚必明,虽柔必强。"兹《内篇》所言,皆求仁之事也,《外篇》所言,皆求智求勇之事也。

夫《中庸》之书,岂特原心秒忽,校理分寸而已哉?孔子以鲁秉礼而积弱,齐、邾、吴、越皆得以兵侮之,故为此言。以破鲁国臣民之聋聩,起鲁国诸懦之废疾,望鲁国幡然有为,以复文、武之盛。然则无学无力无耻则愚且柔,有学有力有耻则明且强。在鲁且然,况以七十万方里之广,四百兆人民之众者哉?

吾恐海内士大夫狃于晏安而不知祸之将及也,故举楚事。吾又恐甘于暴弃而不复求强也,故举鲁事。《易》曰:"其亡其亡,系于苞桑。"惟知亡,则知强矣。

张之洞《劝学篇》是"中体西用"思想的代表作①。中体西用思想的渊源由来已久,如表3-1所示。

表3-1　　　　　　　　"中体西用"思想的由来

观点	提出者	论述	出处
中本西辅	冯桂芬	以中国之伦常名教为原本,辅以诸国富强之术[咸丰十一年(1861)十月]	《采西学议——冯桂芬马建忠集》(郑大华,辽宁人民出版社1994年版,第84页。)
中本西末	郑观应	中学其本也,西学其末也。主以中学,辅以西学。[光绪二十年(1894)二月]	《郑观应集》(夏东元,上海人民出版社1982年版,第276页。)
中体西用	沈毓桂	夫中西学问,本自互有得失。为华人计,宜以中学为体,西学为用[光绪二十一年(1895)三月]	《万国公报》第七十五册《救时策》
	孙家鼐	中学有未备者,以西学补之;中学其失传者,以西学还之。以中学包罗西学,不能以西学凌驾中学,此是立学宗旨[光绪二十二年(1896)七月]	《议覆开办京师大学堂折》

"中体西用是那个时代文化精英们的普遍思考,然而对这一命题进行比较系统的阐发和发挥的还是张之洞。他提出向西方学习的主张,并做

---

① 张之洞精心策划的《劝学篇》作为维新教科书,广泛地传播到全国各地,从而促进了"中体西用"思想的传播,形成了梁启超所说的那种局面:"甲午丧师,举国震动,年少气盛之士,疾首扼腕言'维新变法',而疆吏若李鸿章、张之洞辈,亦稍稍和之。而其流行语,则有所谓'中学为体,西学为用'者,张之洞最乐道之,而举国以为至言。"(梁启超:《清代学术概论》,上海古籍出版社1998年版,第97页。)"中体西用"成为那个时代的流行语,成为那个时代的主流思潮。

出有实效的贡献。他坚持以中国传统文化为主体,吸收外来文化,重新构建民族文化体系。中体西用的思路是19世纪下半叶中国社会和学术发展的方向和可行道路。"[①] 张之洞明确地指出了写作《劝学篇》的历史背景及其现实原因。张之洞本人所面临时代是一个"今日之世变,岂特春秋所未有,抑秦、汉以至元、明所未有也"的时代,正如李鸿章所言处于一个"此三千年一大变局"的时代。张之洞认为要解时代之困境,"窃惟古来世运之明晦、人才之盛衰,其表在政,其里在学",足见立学在国家社会中的重要地位。那么究竟立何学?"于是图救时者言新学,虑害道者守旧学,莫衷于一。旧者因噎而食废,新者歧多而羊亡。旧者不知通,新者不知本。不知通,则无应敌制变之术;不知本,则有非薄名教之心。夫如是,则旧者愈病新,新者愈厌旧,交相为愈,而恢诡倾危、乱名改作之流,遂杂出其说,以荡众心。学者摇摇,中无所主,邪说暴行,横流天下。敌既至,无与战,敌未至,无与安。吾恐中国之祸,不在四海之外,而在九州之内矣",足见"图救时者言新学,虑害道者守旧学",新学与旧学混杂在一起,言新与守旧之士鱼龙混杂、毫无章法。那么,如何确立旧学与新学之间的内在顺序,以及如何确定立学之宗旨,张之洞在《劝学篇》中给予了明确的回答。

张之洞在《劝学篇》中分《内篇》和《外篇》来对新学和旧学以及二者之间的关系进行梳理和论证。张之洞依据《中庸》中孔子论述"好学近乎知,力行近乎仁,知耻近乎勇",认为"《内篇》所言,皆求仁之事也,《外篇》所言,皆求智求勇之事也",可见《内篇》中所论述为"仁"方面的内容,《外篇》中所论述为"智"和"勇"方面的内容。

依据张之洞的论述,《内篇》中主要涉及《同心》《教忠》《明纲》《知类》《宗经》《正权》《循序》《守约》《去毒》九个方面的内容。其中:《同心》篇论述保国、保教、保种之义,《教忠》篇为陈述本朝德泽深厚,《明纲》篇阐述三纲五常,《知类》篇以保种,《宗经》阐述周、秦诸子,《正权》篇斥民权之乱政,《循序》篇在于讲西学必先通中学,《守约》篇则治要而守约,《去毒》篇劝戒烟而明耻以教化天下,以上九个方面的内容主要以旧学为主。

[①] 张岂之:《中国学术思想编年》(明清卷),陕西师范大学出版社2006年版,第17页。

第三章 经世与改制：《学记》教育范畴的托古维新

《外篇》中主要涉及《益智》《游学》《设学》《学制》《广译》《阅报》《变法》《变科举》《农工商学》《兵学》《矿学》《铁路》《会通》《非弭兵》《非攻教》十五个方面的内容。其中：《益智》篇讲智生于学，《游学》篇在于扩见识长见闻，《设学》篇为广立学堂新旧兼学，《学制》篇仿西学而师有定程，《广译》篇倡导翻译西书增知识，《阅报》篇立报馆而知内弊和外患，《变法》篇知可变之法制、器械与工艺及不可变之伦纪、圣道和心术，《变科举》篇主张所习与所用、事必相因，《农工商学》篇教民农工商而利乃可兴，《兵学》篇论兵将之养成，《矿学》篇则兴地利、其学兼地学、化学和工程学，《铁路》篇为修筑铁路以通血脉，《会通》篇在于除自塞者、自欺者与自扰者，《非弭兵》篇欲弭兵则莫如练兵，《非攻教》篇讲异教相攻自然而然，以上十五个方面的内容主要以新学为主。

《劝学篇》虽有《内篇》和《外篇》之说，但是究其内容却是中西杂糅、新旧兼采。如在《外篇》的《会通》篇中认为，"中学为内学，西学为外学，中学治身心，西学应世事"，"如其心圣人之心，行圣人之行，以孝弟忠信为德，以尊主庇民为政，虽朝运汽机、夕驰铁路，无害为圣人之徒也"。同样在《内篇》的《同心》篇中也采新学内容，"政教相维者，古今之常经，中西之通义"。故此，张之洞本人是本着务本和务道两个层面，来从整体上系统构建"中体西用"思想，其基本精神就在于"知耻、知惧、知变、知要、知本"。这就是张之洞《劝学篇》的精髓所在。

与此同时，荀子的《劝学》与张之洞《劝学篇》相比，其中的差异显而易见。

本书在第一章结合《劝学》对荀子的积伪思想进行了分析，主要从为什么学，学什么，怎么学，学的结果如何的整体思路进行了分析（见表3-2）。

表3-2　　　　　　　　《劝学》中荀子的"积伪"思想

致思路径	致思结果
为什么学？	第一："干、越、夷、貉之子，生而同声，长而异俗，教使之然也"；第二："君子博学而日参省乎己，则知明而行无过矣"；第三："君子之学也，入乎耳，着乎心，布乎四体，形乎动静，端而言，蝡而动，一可以为法则。小人之学也，入乎耳，出乎口。口耳之间，则四寸耳，曷足以美七尺之躯哉！古之学者为己，今之学者为人。君子之学也，以美其身；小人之学也，以为禽犊"；第四："上不能好其人，下不能隆礼，安特将学杂识志，顺诗书而已耳。则末世穷年，不免为陋儒而已"

续表

致思路径	致思结果
学什么？	学习的内容包括两个层面，"学恶乎始？恶乎终？曰：其数则始乎诵经，终乎读礼；其义则始乎为士，终乎为圣人"，第一个层面为"数"，第二个层面为"义"。何谓"数"，"故《书》者，政事之纪也；《诗》者，中声之所止也；《礼》者，法之大分，类之纲纪也。故学至乎礼而止矣"，即从诵经开始到读礼结束。何谓"义"，"始乎为士，终乎为圣人"，从为士开始，到成为圣人结束
怎么学？	学习的过程就是一个"积"的过程，是一个"积善成德，而神明自得，圣心备焉"的过程
学的结果如何？	学习的终极目的是成为圣人，荀子在《劝学》之中称其为具有"全之尽之"状态的"成人"，即大成之人

荀子《劝学》与张之洞《劝学篇》之间的最大区别就在于"学"之变，即学习内容的改变。如果说荀子《劝学》中所学习的内容为"旧学"的话，那么张之洞《劝学篇》中所学内容则是包容"旧学"和"新学"的，既不同于"旧学"也不同于"新学"的，"旧学"和"新学"之间的中西杂糅。虽然张之洞从本义上来说在于维护中学的核心地位，但是不可否认的是其在《劝学篇》中为新学的传入提供了合法的路径，这也就在无形之中削弱了中学的学术地位。此外，《劝学篇》倡导中学与西学的会通，从一定程度上加快了近代知识分子学习西学的步伐，推动了中国近代学术的向前发展。但是，"中体西用"作为"一种文化整合方案和教育宗旨，是粗糙的。它是在没有克服中、西学之间固有的内在矛盾的情况下的直接嫁接，必然会引起两者之间的排异性反应"[①]。"到了19世纪80年代，中法战争和甲午战争又都以中国的失败而告终，引起人们对中体西用思路的怀疑。在这种情况下，在学术界和社会政治领域，出现了康有为以公羊三世说和托孤改制为主的新思路。"[②] 1902年严复在《与外交报主人论教育书》中就曾指出，"中学有中学之体用，西学有西学之体用，分之则两立，合之则两亡"，"体用一致"的文化教育观就是对"中体西用"思想的抨击和批判。

---

① 孙培青、杜成宪：《中国教育史》，华东师范大学出版社2009年版，第327页。
② 张岂之：《中国学术思想编年》（明清卷），陕西师范大学出版社2006年版，第17页。

第二节 《学记》及其教育范畴的经世臆解

既然近代教育话语体系不同于古代教育话语体系，那么在古代教育话语体系向近代教育话语体系转变的过程之中，近代学者们一方面通过吸收和借鉴西方近代教育知识来建构近代教育话语体系，另一方面则是有意识地从传统教育经典之中寻找吻合近代教育的文化因子，并以中体西用的方式来自我重新建构符合近代话语体系的教育文本。刘古愚的《学记臆解》就是以中体西用的方式来重新诠释传统教育经典的学术尝试，可以被看作在学科形态的教育学传入中国之前的"中国的教育学"。

一 刘古愚与《学记臆解》

正如先师王炳照教授曾指出，"中国传统教育向现代教育转变，在一个很长的历史时期内，是不断学习、引进西方资本主义教育，逐步改造中国封建教育的过程，也就是人们通常所说的'西学东渐'的过程"[①]。受"中体西用"思维模式的影响和制约，"西学东渐"的过程就是知识精英在其知识范围之内不断接受和学习西学的过程，就是在传统知识结构和思维模式之内不断融入和接纳西学的过程。素有"南康北刘"之称的康有为和刘古愚，可以被视作"西学东渐"过程之中接受和学习西方学术的代表性人物。如果说康有为《孔子改制考》可以被称作一部政治方面维新变法理论著作的话，那么刘古愚《学记臆解》则可以被称作教育方面维新变法的理论著作，两部著作都试图在借用西方文化元素对传统经典文本进行重新诠释的基础之上，从政治和教育领域直面近代社会救亡图存、富国强兵的时代主题。

（一）刘古愚其人其事

刘光蕡（1843—1903），陕西咸阳人，字焕唐，自号古愚，被誉为"旷世通儒"（陈三立语）、"关学后镇"（梁启超语）、"博大文儒"（康有为语），"百年以来关中学者，要必以光蕡为巨擘"[②]，足以见其在近代

---

① 刘虹：《洋务教育与西学东渐》，辽宁师范大学出版社2008年版，第2页。
② 张舜徽：《清人文集别录》，华中师范大学出版社2004年版，第555页。

社会文化生活中的历史地位。

1. 刘古愚一生的主要学术著述

刘古愚的教育活动和教育思想主要记录在《刘古愚教育论文选注》《刘古愚甘肃高等学堂文集》《刘古愚年谱》及《刘古愚遗稿》中。其中：《刘古愚教育论文选注》主要选取了51篇教育论文及4篇附录，《刘古愚甘肃高等学堂文集》主要收录了包括《烟霞草堂文集》、《烟霞草堂遗书》(《改设学堂私议》《立政臆解》)、《关中丛书》(《学记臆解》)、《刘古愚遗稿》在内的4部著作，这两部著作是记录刘古愚教育活动和教育思想的主要著作。尤其是《刘古愚教育论文选注》依据刘古愚生平年代进行编辑，论文标题本身就能简要呈现刘古愚一生的主要教育活动和教育思想。我们摘录《刘古愚教育论文选注》的标题如表3-3所示。

表3-3　　　　　　《刘古愚教育论文选注》注文标题

	论文标题
《刘古愚教育论文选注》	1. 味经创设时务斋章程；2. 时务斋学规；3. 味经刊书处校勘章程；4. 义学章程并序；5. 复郊同绩社章程；6. 南行诫约；7. 改设学堂私议；8. 劝设学级言；9. 学记臆解序；10. 孔子为中都宰；11. 说士；12. 语言文字为要务；13. 幼学操身序；14. 时务斋课稿丛抄序；15. 与梁卓如书；16. 与康长素先生书附复书；17. 与柯逊庵学政书；18. 复孙介眉邑令书；19. 与叶伯皋学政书；20. 与沈淇泉学政书；21. 答子俊书；22. 复门人雷曼卿书；23. 复曾怀清方伯书；24. 复门人王少鹤书；25. 复陕甘崧锡侯制军书；26. 谕味经诸生；27. 谕崇实书院诸生；28. 味经书院诸生课程册条目；29. 甘肃省大学堂功课提要；30. 陕甘味经书院志·教法(上、下)；31. 读通鉴法三则；32. 示味经书院诸生读通鉴法；33. 示味经书院诸生读汉书法；34. 示张筱山子读书法；35. 示某生；36. 与曾怀清方伯书；37. 与赵芝山学政书；38. 与杨伯渊孝廉书；39. 重刻白芙堂算书廿一种后序；40. 代微积拾级补草序；41. 求友斋刻梅氏筹算跋；42. 求友斋刻平三角举要跋；43. 学计韵言跋；44. 借根演勾股细草跋；45. 课稿丛抄盈朒勾股公式跋；46. 味经书院通儒台经纬仪用法跋；47. 火炮量算通发跋；48. 象限仪铭并序；49. 祭门人邢瑞生文；50. 中国之现象；51. 读书要略序 附录：1. 烟霞草堂文集序；2. 烟霞草堂遗书序；3. 刘古愚先生墓志铭并叙；4. 刘古愚先生年表

2. 《刘古愚先生墓志铭并叙》与刘古愚一生的主要活动历程

我们在对刘古愚学术思想进行简要了解的基础之上，再结合刘古愚高足李岳瑞所撰写的《刘古愚先生墓志铭并叙》对刘古愚一生的学术和教育活动进行研究。《刘古愚先生墓志铭并叙》的主要内容如下：

先生讳光蕡，字焕唐，号古愚，晚以目疾，又号瞽鱼。邑之天阁村人。曾祖，曰祥；妣氏，侯。祖，志舜；妣程，以节显。考，辉，邑学生；妣，魏，生四子，先生其叔也。少失怙恃，赖诸兄成立。甫弱冠，回乱作，避地礼泉、兴平间。家贫甚，昼则具饼饵粥诸市，晚为人转磨屑麦面，得其余给饘粥，然读书不少辍。乱稍定，乃归里应童子试，冠其曹，入府庠。时贵筑黄子寿方伯、武昌王孝凤光禄先后主"关中"讲席，因师事焉。遂与柏先生及先编修订昆弟交，益讲求圣贤经世之学。关中兵火后，书肆少藏书，先生百计从友朋借抄假读无虚日。

算术为秦中绝学，无讲习者。时先生方授瑞读，得架上《四元玉鉴细草》嗜之，顾无从索解，乃冥心探究，忘寝食至呕血，卒尽通其说。今陕士多精几何、明测算，皆先生启之也。光绪乙亥举于乡，一试礼部不获隽，遂绝意仕进，益以启迪后进为务。

丁丑秋不雨，秦大饥。先生与柏先生及先编修谋，上书当道，请奏拨漕粮三十万石以赈饥黎，未得可。有忌者以蜚语上闻，几不测，先生处之怡然。

庚辰，倭陷琉球。先生曰："倭人岂弹丸三岛之是羡，大欲在朝鲜耳。倭新变法，武备未娴，欲耀威三韩，而惧中国问罪之师，乃小试于琉球以窥伺朝旨。今不速张挞伐，使彼知藩服非中国所爱，不二十年，羽翼既成，横绝东海，朝鲜不支，必折而入于倭，俄将南下而争。辽海之间，自兹多事矣。"后十余年，卒如先生言。

丁亥春，黄公陈臬陕西，念当时从游高弟唯先生在，乃延柏先生主讲"关中"，而以先生继"味经"讲席。先生以吾秦人才销乏，学术不昌，由购书之不易，乃筹设"求友斋"，刊刻有用书籍，躬任校雠。今"味经官书局"，实席其规模而扩大之。迨甲午辽祸起，先生曰："事棘矣，陕西为神京右臂，今辽海藩篱尽撤，他日畿疆有事，长安必为驻跸地，不于此时力筹保全之策，国家将无尺寸干净土矣！"爰说学使赵芝山编修，奏建崇实书院，专课新学。试办白蜡、蚕桑、轧花诸事，且拟鸠资二十万，创机器纺织公司，以与书院相辅。其宗旨在教养兼施，俾士、农、工、商各竞于学。遣及门高材生数人，游沪上学习机器，归而实行之。卒以造端宏大，蔑有应者，仅轧花一厂，后亦以费绌而中辍。然自此轧花之机大行于渭北，陕人稍稍审机器之利矣。

先生既尽瘁教育，重以忧时，哭泣目几瞽，乃移疾归耕烟霞洞。烟霞洞者，九嵕山麓郑子贞栖隐处也。先生虽养疾家居，系心时事不少宽。以中国贫弱由民智之不开，而识字之难实为之最。冥坐默思，悟声音转注之奥，欲以声统义，合中外文读法为一，使妇孺皆可一览而知，成《童蒙识字捷诀》十余卷，目亦复明。潼商道延训其子，先生念潼关毂山河，他日商务必以为枢纽，思交其豪隽以应世变，欣然往。已而，拳难作，联军入京师，翠华西狩。先生朝夕哭，失声咯血，疾复发，急解馆归山中。疾少愈，旧时生徒稍稍有从之者。时和议粗定，偿款骤增数万万。先生曰："中原民力竭矣，非普兴工艺，人自为战，生机且立涸。"囊时有自制纺纱手车，纱速而不精，亟精思考核，欲使适用，盖将以手机代汽机，俾成本轻而易举，庶人劝于工，利源渐辟。朝廷开经济特科，征天下才隽，赵编修督黔学，以先生名上，贻书敦促就试，先生婉谢之。

有顷，秦、蜀两督府争聘为大学总教习。先生以秦、陇一家，而陇据秦上游，西北逼强俄，五方杂处，种族之争无岁无之，非联汉、回、蒙、番为一体，不足以靖内讧而御外侮，爰谢蜀而赴甘。至则说大府以今日兴学之本义，将以普开民智，而非徒以培养吏材。其要在遍开乡校，其机在先储师范，必兼营并进，庶几成效可期。又欲俟学事稍有条理，将说制府广开西北畜牧之利，收其皮革以西法腤脂，且修复左文襄所购机器，大织毡罽呢羽之属，以塞漏卮而辟富源。未及上，而先生病棘矣，犹日登讲筵，教授子弟。有以节劳请者，先生曰："国事至此，敢惜身乎？且吾固乐此不疲也。"病危昏瞀中，时喃喃语，问堂中某事蒇否？某书已刊否？绝不及私。呜呼！使先生少惜精力，勿为勤劬以自耗折，安至于病？即病亦不至忽焉长逝无疑也。然又岂先生忘身殉国，牺牲其躬之所愿也哉？

先生之学，导源"姚江"，会通"洛""闽"，而其用归于阜民富国。尝曰："今宇内大通，生齿日繁，养民而外，无所谓政，亦无所谓学。伦理学者所以迪民志，使知有公利也；科学者所以扩生利之具也；至于讲武明刑，则所以谋保富，而不使侵夺于外族，争战

第三章 经世与改制:《学记》教育范畴的托古维新

于同种也。故终身以农桑工艺为事,锲而不舍,虽百不一成,所志不少衰。"自译书盛行自由平等之说,嚣嚣横议,不可遏抑。先生忧之曰:"'平等平权',西人之说,本自无弊,译者乱之耳。夫曰等,则必有尊卑;曰权,则自分轻重。物之不齐,物之情也。使贤者居上以临下,不肖者居下以奉上,乃安而无倾。不平之平,平之至也。妄者乐其平而忘其等,昧其权则大乱之道矣。"先生治古文,右"阳湖"而绌"桐城",以柳州之峭洁,运庐陵之平易,故其为文,深入显出,善发明理。尝语瑞曰:"十年以来,吾读书所得新理极多,皆古人所未言者。当尽著之书,以谂天下"。顾以劳心教育,卒未成书。其微言精义,仅散见为生徒评点读书中,及平生绪论所及而已。今之所存,不足传先生于百一也。先生尝谓,孔子集诸子之大成,史公所谓"道家",即指孔子。老子之学,谓之"黄老",不名道也。儒者,特孔学之支流耳。于是为《史记·儒林传》《太史公自叙》及《汉书·艺文志》今注。又谓中国之弱至今日极,非行举国皆兵之制,不足以起废疾,于是著《壖垡私议》及《〈管子·内政·寄军令〉说》。又谓欲兴学校,当遍立乡学、县学,而寓西人议院及地方自治之规模,即以一学之人,治一乡之事,庶官师相合而政教一致,于是著《学记臆解》。又谓西人立宪之制,具于《周官·六典》,其精要则在《立政》一书,于是著《立政臆解》。又以中国财政之棼,商务之坏,思本古义以救时危,于是著《国债罪言》及《〈史记·货殖传〉今注》,馀若《论语时习录》《大学古义》《孝经本义》《孟子·性善备万物图说》《诗大旨》《书微意》《读通鉴日记》等及文集若干卷,瑞琯慎藏之。

从《墓志铭》之中,我们能简要了解刘古愚生平、主要教育活动、学术渊源及其学术著作。我们结合墓志铭与《刘古愚年谱》来梳理出与刘古愚一生主要教育活动有关的重要历史事件及其代表性著作:

① "应童子试,冠其曹,入府庠":同治四年(1865)参加"童试",被录入关中书院肄习。

② "与柏先生及先编修订昆弟交":同治六年(1867)刘古愚、李寅(李寅之子就是李岳瑞)、柏子俊三人"订昆弟交"。

— 205 —

③"光绪乙亥举于乡，一试礼部不获隽，遂绝意仕进，益以启迪后进为务"：光绪二年（1876）参加"会试"落榜，从此绝意仕进，留心西方新学。

④"筹设'求友斋'"：光绪十一年（1885）募捐集资创设"求友斋"。

⑤"丁亥春，黄公陈臬陕西，念当时从游高弟唯先生在，乃延柏先生主讲'关中'，而以先生继'味经'讲席"：光绪十二年（1886）主讲泾干书院，光绪十三年（1887）移讲味经书院主讲席。

注：光绪十五年（1889），刘古愚作《读〈通鉴〉法》《读〈汉书〉法》。

注：光绪二十年（1894），刘古愚著《味经书院志》。

⑥"爰说学使赵芝山编修，奏建崇实书院，专课新学"：光绪二十一年（1895）被聘兼任山长主讲崇实书院，设立"致道、学古、求志、兴艺"四斋；崇实书院是在"时务斋"的基础上创建的，"时务斋"就是光绪二十一年（1895）刘古愚声援"公车上书"而于味经书院中所创办的。

注：光绪二十一年（1895），刘古愚作《味经创设时务斋章程》《时务斋学规》《壕堑私议》《学记臆解》。

⑦"移疾归耕烟霞洞"：光绪二十五年（1899）刘古愚初居烟霞草堂（即复邠学舍）。

注：光绪二十五年（1899），刘古愚著《孝经本义》。

注：光绪十六年（1890），刘古愚著《孟子性善备万物图说》、批注《史记·太史公自序》。

注：光绪十七年（1891），刘古愚著《大学古义》、《论语时习录》（五卷），评注《汉书·艺文志》。

注：光绪十八年（1892），刘古愚撰《〈史记·货殖列传〉注》。

⑧"爰谢蜀而赴甘"：光绪二十九年（1903）二月，刘古愚被聘请任甘肃大学堂总教习；同年八月十三日仙逝。

注：光绪二十年（1894），刘古愚作《立政臆解》（遗稿）。

《墓志铭》在总结刘古愚学术渊源和思想特点时指出：先生之学，导源"姚江"，会通"洛""闽"，而其用归于阜民富国，可见刘古愚既有中学之底蕴又关注西方实用之学，以中学为根底并结合西学来阐释其实用之道，就是刘古愚同时期学者们的共同学术追求和旨趣。

3. 康有为对刘古愚一生的总体评价

我们再摘录康有为所作的《烟霞草堂文集·序》《烟霞草堂遗书·序》，来呈现康有为对于刘古愚一生的总体评价。康有为与刘古愚之间为神交，虽两人未曾谋面，但二人志趣相投，桴鼓相应。刘古愚不仅赞同和支持康有为的救国活动（味经书院设立时务斋），而且选派弟子从学于康有为（李岳瑞、张鹏一等十余人），从一定程度上来说刘古愚通过弟子们与康有为之间存在思想互动，并且与康有为之间还保留有书信来往①。

《烟霞草堂文集·序》原文如下：

> 以良知不昧为甚，以利用前民为施，笃行而广知，学古而审时，至诚而集虚，劬躬而焦思，忧中国之危，惧大教之陵夷而救之，以是教其徒，号于世，五升之饭不饱，不敢忘忧天下，昧昧吾思之，则咸阳之刘古愚先生有之。之人也，之德也，魁垒纯笃，明通渊塞，进而秉国之钧，则能大兴物质，务材训农，通商惠工，敬教劝学，以强中国。或剖符分臬，为郡县吏，亦能以新书、新艺、新器大举农工，以救一方民，以移惠中国。惟大声疾呼、深忧戄戄皆不听用，仅以空文传于世也。不惟先生自悲，而吾为中国悲也。
>
> 方清室之末，士务利达，举国不讲学。先生拥皋比，谈良知以任孔学。罣罣善诱，以守先待后焉！中国千年之士俗为词章、训诂、考据之空虚，故民穷而国弱。先生则汲汲采西人之新学、新艺、新器，孜孜务农工，以教民生为职志。世尊先生为古之孙明复，近之李刚主，岂先生志哉？
>
> 先生感甲午之败，发愤救国。时吾开"强学会"于京师，先生书吾序于讲堂，率陕人为桴鼓之应。遣门人陈涛、邢廷荚、张鹏一等十余人来问学。其高弟李郎中岳孟符，博学而高节，以亲吾牵于戊戌之难。先生亦以党人被疑谤，避地躬耕"烟霞洞"，忧愤既甚，

---

① 《刘古愚教育论文选注》中收录《与康长素先生书》及《复书》。

目为失明，则吾之累先生亦甚矣！

吾憾未及见先生，而通梦交魂，推襟送抱，乃幸得于亡归之后读其遗文。先生之言曰："古尚道义而不尚文辞。"先生之道在此乎其惇大，岂在文哉？高弟王典章幼农为吏于吾乡，勤悫廉循，有声。不忘其师而刊先生文集。戊午之秋，属康有为序之，俾天下诵者，知清末有体用备之大儒，不见用而亡其国也。

《烟霞草堂遗书·序》原文如下：

世丧道，道丧世，世与道交丧矣！学术之支离久矣，虽有聪明卓越之才，皆如耳目鼻口、谨明一义。其有明于大体，达于末度，本于经训，深于史学，贯串诸子而善用之；妙解词章、理其性情而谢其华藻，经纬而条贯之，博大哉！古之文儒君子也，则刘先生古愚是也。

吾与古愚先生虽未捧手而神交至深。古愚先生既遣其弟子来游，吾又与其高弟李孟符郎中、王幼农道尹过从至密，得熟闻先生之学。先生往矣，遗书数十，幼农道尹勤勤于师门，既手辑而躬校之。幼农为廉吏，自奉至约，节衣缩食，家人觳觫而刻其师之遗著数十种，不忘其师如此，其忠且敬也。《遗书》刻成，命康有为序之，吾敬幼农之忠勤，益见古愚先生盛德大道也。庚申人日，康有为。

我们从康有为所做的两篇序言之中，可以看出其对于刘古愚一生的总体评价。

刘古愚为"古之文儒君子"："明于大体，达于末度，本于经训，深于史学，贯串诸子而善用之；妙解词章、理其性情而谢其华藻，经纬而条贯之"。具体来说，刘古愚为"古之孙明复，近之李刚主"[①]，一方面刘古愚为"古之孙明复"，"谈良知以任孔学"；另一方面刘古愚为"近之李刚主"，"采西人之新学、新艺、新器，孜孜务农工，以教民生为职

---

① 孙明复即孙复，与胡瑗、石介并称"宋初三先生"；李刚主即李塨，与其师颜元合创"颜李学派"，倡导经世致用。

志",可以说是学贯中西,知理而务实。

"古之孙明复,近之李刚主",既是康有为对刘古愚一生的总体评价,更是刘古愚一生教育活动的生动写照。

(二)《学记臆解》的创作及其结构

刘光蕡"以良知不昧为基,以利用前民为施,笃行而广知,学古而审时,至诚而集虚,躬而焦思,忧中国之危,惧大教之陵夷而思救之,以是教其徒"。《学记臆解》正是其忧国忧民之作——"救国之贫弱,孰有捷且大于兴学者?"《学记臆解》之所以被称作"臆解",就是其"盖身世之悲,有不能自已于言者,强附经训以告稚子,故题曰'臆解'",作者之悲在于传统教育"以学为士子专业,讲诵考论以骛于利禄之途,而非'修齐治平'之事",故欲借《学记》探寻"化民成俗"之本义,从而达到"纳民于学,使皆为有用之材,以治其业而已,所谓化民成俗"[①] 的救国救民之教育目的。

1.《学记臆解》的创作

刘古愚在《学记臆解·序》之中,对创作《学记臆解》的意图进行了简要的介绍:

> 呜呼!今日中国贫弱之祸谁为之?划兵、吏、农、工、商于学外者为之也。以学为士子专业,讲诵考试以骛于利禄之途,而非"修齐治平"之事,日用作习之为。故兵不学而骄,吏不学而贪,农不学而惰,工不学而拙,商不学而愚而奸欺。举一国为富强之实者,而悉锢其心思,弊其耳目,系其手足。怅怅惘惘,泯泯棼棼,以自支持于列强环伺之世。而惟余一士,焉将使考古证今,为数百兆愚盲疲苶之人指示倡导,求立于今世,以自全其生?无论士驰于利禄,溺于词章,其愚盲苶,与彼兵、吏、农、工、商五民者无异也。即异矣,而以六分之一以代其六分之五之用,此亦百不及之势矣。告之而不解,令之而不从,为之而无效,且弊遂生焉,彼六分之一士,其奈此数百兆愚盲疲苶之民何哉?然则,兴学无效于国之

[①] 刘光蕡:《学记臆解·序》,吕效祖:《刘古愚教育论文选注》,陕西人民出版社1988年版,第76页。

贫弱乎？曰："救国之贫，孰有捷且大于兴学者？"特兴学以化民成俗为主，而非仅造士成材也。风俗于人材，犹江河之蛟龙也，江河水积而蛟龙生，风俗醇美而人材出焉；无江河之水，即有蛟长亦与鱼鳖同枯于肆，而安能显兴云致雨以润大千之灵哉？故世界者，人材之江河，而学其水也。化民成俗，则胥纳士、吏、兵、农、工、商于学，厚积其水，以待蛟龙之生也。兵练于伍，吏谨于衙，农勤于野，工巧于肆，商智于市，各精其业，即各为富强之事。而又有殊异之材，挺然出于群练、群谨、群勤、群巧、群智之中，以率此练、谨、勤、巧、智之群，自立于今日之世界，不惟不患贫弱，而富强且莫中国若矣！以地大物博，民众而质美，白种之所以深忌我黄种者此也。

尧舜、禹、汤、文、武、周公以来，其终日忧勤惕厉者，皆为此事。其曰勤民，非君相一手一足代亿兆人之手足，而启其心思也，纳民于学，使皆为有用之材，以治其业而已，所谓化民成俗也。故《大学》言"治平"曰"明明德"于天下，政与教不分，故士皆出于民。而"士"训曰"事"，"仕"训曰"学"。九流十家之学，替出于古之官也。桀、纣、幽、厉，不以德教民，而以力制之，数百年有政无教，中国疲弊。孔子欲起而救之，布衣不得位，陈尧、舜、禹、汤、文、武、周公之治，力不能及民，仅与民之秀者讲明之，故言学不言政，学不及兵、吏、农、工、商而专属于士。后世为政之失，非圣人言学之本义。化民成俗之本义不明，而造士育材之作用亦隘，士日困于记诵词章，民则困于愚盲疲苶，国势散涣阢陧，屡受制于外人，而无可如何。呜呼！其所关岂鲜哉？

乙未岁，马关约成，中国赔费二万万，予徬徨涕泗，无能为计。其腊，幼子瑞骃之师解馆，予代督课，时读《学记》，予阅一过，旧书重读，新解特生。盖身世之悲，有不能自己于言者，强附经训以告稚子，故题曰"臆解"。观者若执古训以绳之？则予之戚滋深矣！

从刘古愚所作"序言"之中，我们不难体会其臆解《学记》的本意在于——化民成俗。通过学来培养各种实用人才，并以此来达到富强中国之目的。

而当今之世的教育则违背化民成俗的本义——"仅与民之秀者讲明之，故言学不言政，学不及兵、吏、农、工、商而专属于士。后世为政之失，非圣人言学之本义"，此危害就在于"造士育材之作用亦隘，士日困于记诵词章，民则困于愚盲疲苶，国势散涣阢陧，屡受制于外人"。由此，《学记臆解》就是言学又言政，及士又及兵、吏、农、工、商，从此种意义上来说则与古之本义相通而与现今之理解相异，故为臆解。

因此，刘古愚创作《学记臆解》的目的就在于，重新阐释化民成俗的本意及其功用。

2.《学记臆解》的结构

刘古愚《学记臆解》被收录在《关中丛书》中，封面为邵力子署，现今版本为甘肃高等学堂藏版。

《学记臆解》整本书的结构为：序、《学记》各章划分、正文。其中，序即分析"《学记臆解》的创作"中所摘录的内容；《学记》各章划分，就是刘古愚所理解的《学记》篇章结构；正文，就是依照各章进行的《学记》全文阐释，在正文之前有一简短的关于《学记》整体评价的小序言。刘古愚对《学记》全文各章的划分是遵照王夫之《礼记章句》的结构，"此记分章依船山王氏"。我们从刘古愚对《学记》各章大意的理解，来体会《学记臆解》正文主体部分的结构（见表3-4）。

表3-4　　　　　　　　　　《学记臆解》主体结构

章数	起止段落	章节大意
第一章	"发虑"至"谓乎"	此章叙学缘起
第二章	"虽有"至"谓乎"	船山曰自此以下八章皆为师之道，教者之事，也按此言国势强弱，惟学能救之。但学必须遍设，实教及民，方为有益
第三章	"古之"至"谓乎"	
第四章	"大学"至"谓乎"	此章言入学之仪节，各学皆然。特言大学，举其重也。始教，师到学，举行教法之始也
第五章	"大学"至"由乎"	此章言教法得失，最切今日之用。凡有教之学之责者，宜潜以研玩，以痛改积弊也

续表

章数	起止段落	章节大意
第六章	"大学"至"师也"	上章辨正教之流于刑，由词章非道也，记诵非学也。知道为化民成俗之道，学以化之成之，即知教之所以为教，而不以刑矣。既知教，然后可与言法，故此提出法字，以下言教法
第七章	"故君"至"喻矣"	
第八章	"学者"至"者也"	自五章至七章是长善，此章是救其失
第九章	"善歌"至"志矣"	
第十章	"君子"至"谓乎"	此篇精义，全聚于此章。自汉以来，何代不兴学，而皆偏重于词章。即宋时理学辈出，前明讲会极盛，终不能革虚文之弊者何也。教与政分，仕学不能一贯也。此处能为师，即能为君长，长如今之乡绅，办本邑公事者。君即县令也，使今之县官。举一邑之政，悉统于一邑之学，而慎择师共图一邑之治。邑未有不能治者，而虚文之弊必顿息，何也。以事为学，人争奋于治事也。汉制近古，唐宋明均不反汉制。童子讽读籀文九千字，察为吏，而都亭阅兵，谓之讲肄，使吏兵皆为士，文武不分，政学不分，士得以事为学。故人才出而国势即振，此师长君可以相通之意也
第十一章	"凡学"至"师也"	此章以上言教法，以下乃言学法。此章由尊师入敬学，乃其枢纽也
第十二章	"善学"至"事也"	
第十三章	"记问"至"可也"	此章因上善问善答，专资于师。此言学贵心得，专恃师语，则为记问之学，而不足贵也
第十四章	"良冶"至"学矣"	
第十五章	"古之"至"不亲"	
第十六章	"君子"至"务本"	

《学记臆解》就是遵照王夫之《礼记章句》中对《学记》各章的划分，对《学记》各分章的内容进行臆解。在每章之中，刘古愚又划分出不同的小节，如第一章从"发虑"至"谓乎"就分为六个小节。在对每个小节进行臆解的过程中，一般先阐释此节所包含的大义或先引用前人（主要以王夫之的注解为主，还包括引用郑玄、孔颖达等人的注疏）的注解内容；其次，根据言学与言政相统一的原则进行现时阐释研究，以

期寻找富强中国的为学方法。最后,刘古愚对每节内容的阐释与此前注解的最大不同之处在于,试图运用近代传入我国的西学内容来对相关内容进行阐释,所以整个《学记臆解》的文本内容呈现出中西杂糅的阐释风格。虽然在对西学的引用和借鉴过程之中存在理解不够到位的地方,但是从整体上呈现出近代中国教育思想文化发展的阶段性特征。

二 《学记》教育范畴的经世臆解

在《学记臆解》中,刘古愚采用中西杂糅的方式对《学记》教育范畴进行臆解,呈现出西方近代教育术语与中国古代教育术语之间的借用与转换,《学记》教育范畴在《学记臆解》中体现出中国教育思想文化发展的阶段性特征。

(一)"道—学"观的语境转换

1. 性—学(教)—道

《学记》文本之中对于性—学(教)—道关系的表述为:

> 玉不琢,不成器;人不学,不知道。是故古之王者,建国君民,教学为先。《兑命》曰:"念始终典于学",其此之谓乎!

《学记臆解》按照每个句号一个小节的分节方式,把此语段分为三个小节。

> 不成器非玉,不知道非人。人非人,则国非国。有国有人民,而贫弱不如人,其民不学也。秦愚弱黔首,适以自愚弱而已,其所失岂第一玉之重哉。玉不琢,其太璞犹完也,而圣人谓为不成器。不成器,即无用,与瓦砾何异。知此则圣人固重智巧,不以浑沌为尚也。
>
> 古之王者,创开世界之王者也。或因衰弱之国,而为改纪其政,则为建国。或取涣散之民,而为约束其俗,则为君民。建,立也,谓振其国之气也。君,群也,谓聚其民之心也。聚其心,振其气,非教学乌乎可。建国君民,教学为先。一国之政,胥统于教学,出令以率人者为教。汉公卿出令于下曰教,是也。奉令而治事者即为

学。汉掾史事举主若师，是也。君民之情，直如师弟，则国事无不举矣。教学为先，先之者，君国之职，尽于是也。联君民如师弟，国遂无不治乎，曰然。曾文正之治军也，易兵将之分，为师弟之情，而发捻胥平。奏中兴之绩，此已然之效也。军事然，一国之事无不然也。

自有生以至老，身之终始也。自家以及天下，境之终始也。自修齐以至治平，事之终始也。念其终始，而知其无不统于学，则终身之所主定矣。典，主也。念典从上，文必由来，惟其必由，故须念典。必由故趋定，大学之知止也。念典故志专，大学之得止也。自有生至老，自家至天下，自修齐至治平，皆典于学。治平，君事也。君教民者，而亦学乎。曰学，民学于师，师学于长，长学于君，君学于天。天不能面命，则择德之如天者而师之。一国之君，上师天子。天下之君，下师万民。天子者，其德肖天，如子之肖其父，故列国之君师之，即圣王也。圣王师天，而天之视听在民，故下师万民。即孟子得乎邱民为天子之说。师而学之，心符乎万民之心，即符天心。如子之肖其父，而为天子也。周子士希贤，贤希圣，圣希天，亦此意。以位言之，为师长君。以学名之，即士贤圣也。按人性皆善，天鉴下民，作君作师。建国即建学也，孔子承尧舜禹汤文武周公之道，即承其教。率性之谓道，修道之谓教。后世分权与道为二，不得不分政与教为二。建国君民，有政权，无教道，害固重于有国者，而学者不以学为化民成俗之事。弛于词章，苦于记诵，汩于利禄，艳于科名，则流弊纷出，其祸亦有国者受之也。

案：刘古愚对性—学—道之间关系的注解，其学术渊源上承《中庸》"率性之谓道，修道之谓教"，对于性—道—教之间关系的认识从实质上并无根本性的变化。刘古愚在《学记臆解》前言中有明确的表述：

人生得于天者为性，成于己者为学。有生以后，天无权而己有权，故学尚焉。所谓人能宏道，非道宏人也。道者，由己及人之路。尧舜禹汤文武周公之政，皆是修道之教，即修由己及人之路，使人人由之也。亿兆之众，往来互通，而不相悖害，则天下合为一大群，

第三章 经世与改制：《学记》教育范畴的托古维新

而君道立矣。故学者，学为君，而君者群也。群亿兆之人而为之首，学为君道，修为群之路也。

刘古愚在此段所突出强调的是对"学"之"化民成俗"本义的追寻，倡导政教合一，"周子士希贤，贤希圣，圣希天，亦此意。以位言之，为师长君。以学名之，即士贤圣也"，并以此来反对"学"仅"弛于词章，苦于记诵，汩于利禄，艳于科名"而违背"化民成俗"的危害，进而主张"自有生至老，自家至天下，自修齐至治平，皆典于学"的为学精神。

2. 学—教

《学记》文本之中对于学与教关系的表述为：

> 虽有嘉肴，弗食不知其旨也；虽有至道，弗学不知其善也。是故学然后知不足，教然后知困。知不足，然后能自反也；知困，然后能自强也。故曰：教学相长也。《兑命》曰："学学半"，其此之谓乎！

《学记臆解》把此语段分为两个小节：

> 人性皆善，非开之以学，人皆安于固陋，不能自知也。有性而不学，与有嘉肴，不知食何异。知性之善，则知人有大道矣。知有大道，非广播之为教，人或一得自私，未能皆止至善也。故开之以学，而人人耻自昧其性，则心慊，即知不足也。播之为教，期无一人不止善，则气愤，即知困也。此实指出官与民共学气象。知不足知困，皆指实为其事说。若空谈其理，则何不足与困之有。

> 国与人同，而政治不如人，学不如人也。民与人同，而风俗不如人，教不如人也。学何以不足，污俗深则虚浮而无用。自反者，矫虚以反诸实而已矣。教何以困，人失教久则艰苦而难成。自强者，坚忍以强为善而已矣。学以不足而强教，教以困而复学，故自相长也。敩即教字，谓取法于人也，教人则仅得其半。自反自强，乃全也。盖敩人之教学，仅得其迹，自反自强，乃教学之真精神也。

案：刘古愚认为教学相长中的知不足与知困，都是针对具体事情而言，并非从具体道理上来说的。在他看来，学与教之间的关系，可以看作政治与风俗之间的关系，"国与人同，而政治不如人，学不如人也。民与人同，而风俗不如人，教不如人也"，对于学与教关系的认识吻合刘古愚言学言政治的《学记臆解》本义。

学知不足，就是因为"污俗深则虚浮而无用"，而自反就是"反诸实"以去"污俗"；教知困，就是因为"人失教久则艰苦而难成"，而自强就是"坚忍以强为善"。故此，教学相长就是：

学需要反诸实　　　　　⟷　　　　　失教久则艰苦而难成
故需要强教　　　　　　　　　　　　故需要复学然后教
（心慊→耻自昧其性→知不足）　　（气愤→期无一人不止善→知困）

从学的层面上来讲，只有学才能心慊，从而知道其不足之处，而求于教，以反诸实而为了更好地学；从教的层面上来讲，只有教才能气愤，从而知道其困之处，而志于学，以强为善而为了更好地教。因此，学之自反与教之自强，就是"教学之真精神"。

3. 教—化—成

《学记》文本之中对于教—化—成的表述为：

> 比年入学，中年考校：一年视离经辨志，三年视敬业乐群，五年视博习亲师，七年视论学取友，谓之小成。九年知类通达，强立而不反，谓之大成。夫然后足以化民易俗，近者说服而远者怀之。此大学之道也。《记》曰："蛾子时术之"，其此之谓乎！

案：刘古愚在对此语段的注解中，对小成与大成给予了明确的说明，本文在对"比年入学、中年考校"的研究中再来分析其他层面的思想内容。

> 小成：人生应用之艺，应读之书，皆已学习，志趣可见，筋力已壮，可以出而任事。此时，智勇者为士为吏为兵。士入太学，兵吏入专门之学。朴健者为农，受田而耕。智巧者为工商，入市肆以

第三章　经世与改制：《学记》教育范畴的托古维新

精其业。此后即学不更精进，亦能有用于世，而非弃材，故曰小成也。

大成：谓由此可以出而仕矣。二十以后，兵农工商，各有官长，长即其师。其尤异者升于国家，以储为将相大臣之选。则此大成后，各治其事，仍各修其学。举一国之大，如一学堂。民有入学之日，无出学之日，此吾夫子以学承尧舜禹汤文武周公之政之法也。

可见，小成就是成为各种各样的有用人才，智勇者成为士兵吏，朴健者成为农，智巧者成为工商。大成就是成为士兵吏农工商之长之师，其中优异者成为国家层面的人才。

同样，刘古愚对化民成俗与化民易俗的不同之处进行了区分：

无事无学，无地无学，无人不学，无时不学，故民化俗易也。前云成俗，此云易者。前言教之可为俗，故曰成。此见教学后即变其俗，故曰易也。导其性之所固有，而非驱以刑威。遂其心之所欲为，而非劫以势力。故近者悦服，远者怀之也。悦服如七十子之服孔子，怀之如旅人怀其家。大学之道，谓遍设学于乡，以成一国之治，即以天下四海为量，故曰大。所谓观于乡而知王道之易易也。

可见，在刘古愚看来，教的目的就在于成俗，教的结果就在于变其俗而成俗，前一个俗为污俗，后一个俗为美俗，教就在于成其美俗。

（二）"学—教"体系的中学西释

1. 制：入学考校—正业居学

（1）入学与考校

《学记》文本之中对于入学—考校的表述为：

比年入学，中年考校。

比年入学，每年有入学之人也。由家塾入里塾，由里塾入乡遂庠序及国学，每年皆有人也。中年考校，间一年考校之，督课其所学，升降其等也。古者妇教修，女学明，妇人皆能自教子女。六岁即教之数与方

— 217 —

名，八岁入小学，十年就外傅，当是由家中之学，出就里塾也。岁之名起于日行周天，年则禾一熟，故八岁九年也，十年九岁也。然究其十年八岁不同者，当视童子之资质聪颖者。八岁已能识三四千名物之字，及算术之加减，即可入里塾诵读诗书，讲习算术，习学礼乐。其鲁钝者，再迟二年，十岁也。童子六岁受姆教，间一岁为八岁，亦考校之。其考校法，即下文之离经辨志也。若里塾之考校，下文三年至七年之所视是也。今乡间妇人，多不识字。童子幼无姆教，入里塾不能考校，则里塾兼蒙学。七岁无论男女，胥入里塾也。

入学后课程[①]：

入学，入里塾。今据《内则》，以十年出就外傅之年，为此入学之年。中间一年，将视离经辨志，则此三年必为离经辨志之学。《内则》云，居宿于外，学书计。书谓习字，必篆楷并习。习篆则知中国字形之原，而字易解。楷书适于用，然篆画圆，与绘画相近。今日学者，不可不知绘图之法，执笔须从篆书入手，则写字绘图为主，图固先于书也。计谓习算，习加减乘除之法。《内则》云：衣不帛襦袴，教子俭也。据此学生衣饰，师必与闻。夫子谓耻恶衣食，志不足与议。朱子白鹿洞规，亦有衣冠必端正语。今定衣服悉为布素，而须整洁，不言食饮者，居宿于塾，与师同也，此即辨志之端。《内则》云：礼帅初，朝夕学幼仪。郑注，礼帅初，遵习先日所为也。谓六年至九年，所习于内塾者，皆帅而行之，无变于初，而朝夕加以幼仪。幼仪，童子所能礼文，当取《曲礼》《少仪》《弟子职》诸篇。参考定为学礼，此力行之事。《内则》云：请肄简谅。郑注：肄，习也。谅，信也。请习简，谓所习篇数也。请习信，谓应对之言也。按此请业致知之事。请肄，请业也。简，不烦也。谅，质而明也。谓师授童子须简少而质言，使易解也。此时当先以俗话讲虚实字，令童子于虚实字，无不了然，文言能以俗话道之。然后授以《孝经》，亦以俗话与之讲论。虚字仅百余字，《孝经》之文共一千九百余字，不及半年，即可讲读清楚。再授以《论语》，次及《孟子》，此为离经之本。授以《孝经》《论语》，又以端其志。《孝经》王道之本原，《论语》六经之用法，《孟子》孔教之大宗。孔子之道，只是个王

[①] 刘古愚专门附定分年课程。

道，读时先将实字分类讲明再授全句，均用俗语讲说，所讲须令童子抄存。读《论语》须讲虚字，读《孟子》兼讲句法，《马氏文通》最善。

一年，视离经辨志。

一年考校之始岁，即入里塾之年。八岁或十岁也。识字能解习，数能明，学礼能行，至是始学乐诵诗，故视其能离句读，始授之经也。辨志者，视其知识于何事为近此即其志之所在，可因势以精其业。而又必与之讲论《孝经》，以端养蒙之本，而植入圣之基，亦即辨志之事也。

一年后课程：

十年就外傅，中间一年，则年十二也。离经辨志，十二以前学所至之程也。能离经，则能解经语，可以讲论经文矣。能辨志，则能定所业，可以因材施教矣。故《内则》十三学乐、诵诗、舞勺。学乐者，古者以乐节读，欲人乐学而易入也。舜典诗言志七句，子游武城弦歌是。勺，武舞也。诗之比兴，即大学即物穷理之学。悟得其源，则触目皆学问。《论语》两言可与言诗，皆为比兴。此学《诗》定发也。古人诵诗，和之以乐，所以畅其性情，以得比兴之趣也。《诗》有十五国风，《论语》言《诗》，每云能言，盖十五国风。借各国方言于其中也。今五洲大通，宜采各国诗歌，如其语言歌法，以教中国人。则语言之学，即寓于诗矣。歌诵读也，所以启人之聪明。舞履蹈也，所以健人筋骨。人皆明强而不愚弱，圣王立学之本意也。则今日学校，须有舞法，宜以军营步伐，定为舞列，使习之以健筋骨。有诵读必有讲论。古人诵读之书，必有韵。舞韵者讲论之书也。《孝经》《论语》《孟子》，皆讲论于十岁前后，则十二岁后，所讲论者必为《书经》。以孔子雅言，《诗》后继以《书》也。《诗》之比兴，即《易》象之浅近者。《书》之政事，则《春秋》王法之所从出也。《诗》之与《书》，酷类《易》与《春秋》。《易》与《春秋》，为《诗》《书》之精深者。而为夫子所手定，《书》亦夫子所删订。观《论语》未引及《书》今文可见矣。故古学校，不定入课程，而《内则》即取古学校法。以附于末。与今经夫子删定，不能不与《诗》同讲论也。且不惟此。古之言《诗》《书》，若今之言经史。经明其理，史证其事。史易解，经不易解。故人于十岁前，即当以通鉴前编。

演为俗语，与童子讲说。至十三岁时，春秋以前之事，必能了了于心。然后读《诗》，讲论《书》经，必迎刃而解，不甚费力矣。《内则》十三年课程，无书计。以十年以后习之。礼帅初也，此时算由开方方程，而方田均输商功盈朒，均能习熟。间以测量绘图，而中国地域，可以了了。

三年视敬业乐群，五年视博习亲师，七年视论学取友，谓之小成。

三年、五年、七年，由考校之一年起，皆中空一年。八岁入里塾，则七年小成，为十六岁。十岁入里塾，则十八岁也。敬业者，由离经而进之，所习之诗书礼乐书数。知其可学，敬心生而学勤也。乐群，由辨志而进之，本孝弟以泛爱众。群天下之量，已启其端也。博习者，讲诵之余，能自涉猎，博习以证其业也。亲师者，由爱众而亲仁，治天下之道，亲贤为先务也。论学者所学既博，确有心得能自为论说也。取友者，由亲仁而广之，能友一乡一国天下之善士也。谓之小成者。人生应用之艺，应读之书，皆已学习，志趣可见，筋力已壮，可以出而任事。此时，智勇者为士为吏为兵。士入太学，兵吏入专门之学。朴健者为农，受田而耕。智巧者为工商，入市肆以精其业。此后即学不更精进，亦能有用于世，而非弃材，故曰小成也。

三年后课程：

再间一年，则年十四矣。敬业乐群，十四以前，学所程之功也。敬业者，辨志后所请受之业。乐群者，志不在一身一家，渐由孝弟而知君道也。《内则》成童舞象，学射御。按此后将视博习亲师。象与射御，仅由勺而进，何得云博。盖《内则》言敬业后，师之所授，此言弟子之所自习也。敬修其业，则师所授之业皆精矣。师由舞勺而进以舞象，示尚德不尚力之意也。师由礼乐书计而进以射御，古之六艺始全也。尚德不尚力，群之精义在是。则知治天下之急务，贵亲贤而能亲师矣。知射御为六艺，亦人所当习。则凡技艺不敢轻忽，而均博览及之矣。故由诗书而易象，春秋而诸子各史，而凡言道艺之书，则皆勺进而象之例也。由书计而一切技艺，舞勺进以射御之例也。古之射，如今之演放枪炮，拟乡学以枪代鼓箧之鼓。凡师之号令，皆令放枪。暇则演中的，则兵寓

第三章　经世与改制：《学记》教育范畴的托古维新

于学矣。古之御，如今之运用机器。拟今乡学各购一适用之小机器，由此推广以及一切机器，则工伏于学矣。此则由射御变而进之也。既由敬业乐群而博习亲师，则凡人之业有精于吾者，不必问为何国之人，而亲其人习其艺矣。习方谓之博，亲乃得以师。盖乐群当以天下万国为量，近日所出公法之学，又不可以不讲。

五年后课程：

再间一年，则年十六矣。博习亲师，十六前，学所程之功也。此后即习论学取友。而《内则》不言成童课程者，既能博习亲师，则能自适道矣。固不待师之为讲授也。论学即成童以前所习者。故《内则》不言也。此时惟自求友，与相讲论。凡为身世所需之艺，如日本所谓普通学，今皆习之。而生人之业，无不能为矣。

七年后课程：

又间一年，则年十八岁矣。论学取友，十八以前，学所程之功也。今视之果能论能取，则可为士为吏为兵。否则，前十六时不能博习，即所业不能通，不能亲师，即其志不在学。即视其材质，分之为农工商。其又留二年者，皆尤异之才也。此时又即所学考校之，择尤异者。再留二年，其所学即《内则》二十所学之礼，盖习当代之朝章典故，及各国风土人情，以通知当时之故也。

九年，知类通达，强立而不反，谓之大成。

知，郑如字读。王船山读珍义反。今从郑读，即大学致知之知。类，即后文丑类之类，亦即大学格物之格。知类通达，谓于身心意知家国天下之事理，皆能类别，所触能通也。立，即《论语》本立道生之立，后文所务之本也。强立而不反，谓志趣坚定，一趋于正，外物不能诱也。知类通达，由离经、敬业、博习、论学而精之，致知之效也。强立而不反，由辨志、乐群、亲师、取友而定之，存心之效也。七年后又间一年，为九年。非十八岁，即二十岁也。大成谓已成为人也。吴氏澄谓七年小成为小学。上文离经辨志以至论学取友，均与子游所谓洒扫应对进退之节不合，则此小成非仅谓小学之成，可无疑义，而讥吴氏者。又谓小成之后，始入大学，仅二年，何以便能大成，则其说亦非。小学大学，原自一串相因，不能截分为二。蒙以养正，乃为圣功。蒙幼之学，岂能不为大成植之基，是小学中有大学也。朱子谓大学因小学之成功，著大学之明法，则大学全因小学而成。非入大学后，便弃小学如遗也。盖学原不分大小，见其器解其文习其事为小，识其心悟其理得其道则大也。故如今之词章，决非童蒙所能。然朱子谓功卑于小学而无用，徐行后长者，幼小之童，无不能之。而孟子谓为尧舜之道，然则学之大小，人之材质成之，分量为之，而学则仍此一学。夫子下学而上达一语，固早为讲而通之，而无庸后人之纷纷于其间也。大学小学，即为一学，则此小成者，艺成而下也，亦即成童之成。论其年，当为成之小。设有颜子之才，十四从游，畏匡危蔡，见道之言，均契圣心，亦可谓为小学之成乎。故谓七年小成者，立法以年，从其多者，不必无大成也。至九年大成，亦是德成而上。成人之成，可操四民之业，非谓尽为三代之英，命世之选也。自秦废学以后，圣教不明。帝王有政无教，遂以学为士大夫之事，而无由与于兵农工商，以致兵工不学而弱。农商不学而贫，而士窳者，又以词章为学，而疲精力于无用。以至今日情见势绌，欲为振兴，而惟西人之是师，西法之是讲。西国学校，固胜吾中国之今，其能胜过吾中国之古乎，其能过吾六经孔孟之言乎。今学所艰者，无编定之功课可循。然苟知以化民成俗之心视学，则以考校者之所视，定弟子之所业，而又以《内则》之说补。未入里塾之幼学，本之六经，参以时势，证以西法，西人之精者，固吾经说之所有，其新出之艺，吾中国亦早有其端。而特吾民多不学，士困于词章，无人绅绎，以尽其蕴。岂吾圣人言学之本意，而即如是哉。谨以意拟定乡学分年课程散附各年下。

九年后课程：

再间一年，则年二十矣。知类通达，强立而不反。弱冠前所程之功也。由博习而精，故知类通达。由取友而守，故强立而不反。学于古者既深，故知易明守易定也。是谓大成。谓由此可以出而仕矣。二十以后，兵农工商，各有官长，长即其师。其尤异者升于国家，以储为将相大臣之选。则此大成后，各治其事，仍各修其学。举一国之大，如一学堂。民有入学之日，无出学之日，此吾夫子以学承尧舜禹汤文武周公之政之法也。

案：刘古愚对于比年入学与中年考校的注解，是近代社会以来第一次对入学年龄与相关考校内容给予较为详细的阐述。

第一，对入学年龄有明确的阐释。刘古愚依据《内则》并结合自身的教育经验，认为"八岁入里塾，则七年小成，为十六岁。十岁入里塾，则十八岁也"，入学就是由家塾入里塾，根据童子天资之别，一般为八岁入里塾，特殊者为十岁入里塾。

第二，对一、三、五、七、九各阶段的学习内容有较为明确的陈述。刘古愚依据《内则》并结合西学的相关内容，第一次在《学记》注解之中列出入学后、一年后、三年后、五年后、七年后、九年后课程（见表3-5）。

表3-5　　　　　　《学记臆解》中的课程安排

学程	课程内容
入学后课程（10岁）	今日学者，不可不知绘图之法，执笔须从篆书入手，则写字绘图为主
一年后课程（10—12岁）	今五洲大通，宜采各国诗歌，如其语言歌法，以教中国人。则语言之学即寓于诗矣；今日学校，须有舞法，宜以军营步伐，定为舞列，使习之以健筋骨
三年后课程（12—14岁）	古之射，如今之演放枪炮，拟乡学以枪代鼓箧之鼓。凡师之号令，皆令放枪。暇则演中的，则兵寓于学矣。古之御，如今之运用机器，拟令乡学各购一适用之小机器，由此推广以及一切机器，则工伏于学矣。此则由射御变而进之也
五年后课程（14—16岁）	凡为身世所需之艺，如日本所谓普通学，今皆习之。而生人之业，无不能为矣
七年后课程（16—18岁）	今视之果能论能取，则可为士为吏为兵。否则，前十六时不能博习，即所业不能通，不能亲师，即其志不在学。即视其材质，分之为农工商
九年后课程（18—20岁）	习当代之朝章典故及各国风土人情，以通知当时之故；夫子以学承尧舜禹汤文武周公之政之法

第三，对中年考校阐释过程中体现出中西杂糅，并以中学为主的课程体系构建特点。刘古愚在《学记臆解》中就是在追寻"化民成俗"之本意基础之上，以中学为本原并参证西学之相关内容，从而建构出以中学为本原且具有西学特征的分年课程体系。

第四，《学记臆解》对于比年入学与中年考校的注释和臆解，体现了清末民初学者们对于中学和西学的整体认知。

（2）正业与居（学）

《学记》文本之中对于正业—居学的表述为：

时教必有正业，退息必有居学。

郑注孔疏以时字居字句绝，学字自为句。而船山从之，朱子谓于文义恐非，当以也字学字为句绝，今从朱子。时教必有正业，明其所学之事也。退息必有居学，存其所学之心也。察学者材力所近及世变所趋，而授之业，故曰时教，谓适当其时，不戾于时也，惟适当不戾，故曰正业。退息，谓不在师长之前，居即易宽以居之，有居积意。子夏所谓日知所行，月无忘所能。孟子所谓勿正心勿忘勿助长也。孔疏谓各与其友间居，得相咨决，不可杂滥。得咨决即是学，不杂滥即是居。则管子四民不杂处意，又今日整顿乡学所当取法者矣。

案：刘古愚对于此句的断句，采用朱熹而非王夫之的断句。时教中的"时"，注重教的适当性，正业就是教者时教所授之业。而居学中的居为不杂滥居住，如管子所强调的四民各有所居，学就是朋友间的相咨决。刘古愚认为正业和居学，就是暗含日知所行，月无忘所能的意蕴。

2. 教：豫时孙摩—长善救失

（1）豫时孙摩

《学记》文本之中对于豫时孙摩的表述为：

大学之法，禁于未发之谓豫，当其可之谓时，不陵节而施之谓孙，相观而善之谓摩。此四者，教之所由兴也。发然后禁，则扞格而不胜；时过然后学，则勤苦而难成；杂施而不孙，则坏乱而不修；独学而无友，则孤陋而寡闻。燕朋逆其师，燕辟废其学。此六者，教之所由废也。君子既知教之所由兴，又知教之所由废，然后可以为人师也。

《学记臆解》把此语段分为八个小节：

上章辨正教法之流于刑，由词章非道，记诵非学也。知道为化民成俗之道，学以化之成之。即知教之所以为教，而不以刑矣。既知教，然后可与言法，故此提出法字，以下言教法。

道不在口耳，而在养其固有之良，故贵先去其恶。恶者私欲所发而流也，故贵未发而禁之。慎独之学，禁于未发也。

将悟其理而诏之，如时雨之化，当于其可也。颜子之不惰，曾子之唯。虽由二子之才识学力，亦圣教施之当其可也。

节者，道中自具之本末始终先后之次序。陵，越也，即大学之知所先后也。相观，谓聚于一学，互相观法。摩，谓切近易喻也。使有条理之可循，而施之则能顺受矣，故曰孙。与以善类可亲而观之，则争自厉矣，故曰摩。

教法善，故学者兴起于善。学者能兴，即教所由兴。

王船山曰，扞格，相抵也。情动欲肆，理不足以夺之矣。时过，谓悱愤求通，不因而达之，则沮丧遗亡，虽勤无益也。按郑康成以未发为情欲未生，年十五时，朱子非之是也。然情欲未生，当指八岁至十岁时，蒙以养正为圣功。今妇学不讲，童蒙既失姆教，又无小学，当就外傅时，皆是发然后禁，早有扞格之势。已失教法之第一义，而况外傅之教法，又无一不悖拂乎。欲救今日学者扞格之弊，当自修女学正姆教始。

杂施，即陵节也。不豫不时不孙，而无教法即无善人。无善人可以观法，摩之意又无从得。有学而无教法，则学不得谓之学，直一燕游邪僻之所而已矣。故其同学之人，皆为燕朋，狎侮师之所教而逆之。其论学之语，皆为燕譬，荒弃己之所学而废之，故教法之所废仅四，而弊则成为六。有此六弊，立学愈多，其坏人才也愈甚。世之愈兴学而不择师者，亦可惕然思矣。譬，义疏本、船山本作辟，郑注本作譬，即训为师之譬喻，朱子训为私亵之谈，似朱子所见本亦为譬字。今从郑本作譬，船山作嬖，训女子小人导以淫佚，则非学中之事矣。

此君子，建国君民之君子，立学任教之人也。王船山曰，崇其所以兴，禁其所自废，师道之所自立也。

案：刘古愚认为此语段主要在论述教法。

刘古愚对于豫时孙摩的解释，更加强调教法善，故学者兴起于善。豫时孙摩就是教法善的表现，此处刘古愚提到了"教法"二字。并指出由于妇学不讲，而导致童蒙出就外傅入学前失去姆教的可能，进而违背教法之第一义。故当今欲倡导教法善就需要从禁童蒙私欲开始，具体来说就需要从修女学、正姆教开始。

刘古愚在对"节"的注解中，指出"道中自具之本末始终先后之次序"，突出道自身所内含的条理性和规律性，教者只有依据道自身的条理进行教，学者可能有顺序性地去接受。

在对教所由废的六条原由进行注解之中，刘古愚认为正是因为无教法而无善人，有学而无教法，则学者在学习过程中必然会出现燕朋和燕辟的现象，这主要是无教法而不知教法善所产生的后果，由此可见教者教法的重要性，因此"世之愈兴学而不择师者，亦可惕然思矣"。

（2）长善救失：善喻—知心

《学记》文本之中对于长善救失的表述为：

> 故君子之教，喻也：道而弗牵，强而弗抑，开而弗达。道而弗牵则和，强而弗抑则易，开而弗达则思。和、易、以思，可谓善喻矣。
>
> 学者有四失，教者必知之。人之学也，或失则多，或失则寡，或失则易，或失则止。此四者，心之莫同也。知其心，然后能救其失也。教也者，长善而救其失者也。

在《学记臆解》中此两段内容为第七章和第八章，刘古愚专门指出第八章是救其失，而第五章至第七章是长善。其中：第五章为大学之教、第六章为大学之法、第七章为君子之教喻。

> 故字承上章说人以明所谓教法者，使人自喻而已。教之兴废，悉由于师，得其法则为师，不得法则非师。师也者，匡直劳来辅翼，使人自得而已，自得即愈也，教字一读，以喻也，二字释上章法字。即下道而弗牵三句，上章豫时孙摩之作用也。
>
> 示之程途，道也，而不必迫之前，弗牵也。鼓其精神，强也，

而不必退于后，弗抑也。露其端倪，开也，而不必剖示其义蕴也。道之、强之、开之，已有喻之机，弗牵、弗抑、弗达，俟其自喻也。

既知正道而从容以赴，则邪径不能惑故和，和者禁于未发也。迎机利导而鼓舞以前，则其势不可遏故易，易者施当其可也。善端既启不能自已，必急研求以至精深故思，思者不陵节而施之孙。条理可寻，相观而摩之善，灵明日启也。三句，即孟子引而不发，跃如也，中道而立，能者从之之义。教使明其所固有之理，非强以所本无也，期于自喻，乃谓之善。岂束缚驰聚，呵斥鞭挞，所能为力哉。

能使人自喻，教者之能事毕亦。故下章接言学者之失。

教虽善，尤贵因人而施。人之材质不同，教者不可不知也。王船山曰：多泛记而不亲也，寡专持而不广也，易果为而不知难也，止循分而不能进也，心谓情质也。

王船山曰：多寡易止，虽各有失。而多者便于博，寡者易以专，易者勇于行，止者安其序，亦各有善焉。救其失，则善长矣。

案：刘古愚从三个层面来说明教长善：

第一个层面：教之化民成俗。即知道为化民成俗之道，学以化之成之，即知教之所以为教。（知教）

第二个层面：教法得失。即教之兴废，悉由于师，得其法则为师，不得法则非师。（知教法）

第三个层面：教使人自喻。即能使人自喻，教者之能事毕矣。

因此，长善的逻辑顺序：知教→知教法→教自喻；从具体操作层面上来讲就是：豫时孙摩→（作用）→道而弗牵，知教法得失则知使人自喻而长善。所以，长善的实质就是教者使学者自喻，从而能收自得之效。

刘古愚认为，善喻之教契合孟子"引而不发跃如也，中道而立，能者从之之义"，从其实质上来讲"教使明其所固有之理，非强以所本无也，期于自喻，乃谓之善"，教以明理，学者能明理，即可长善。

至于救失，刘古愚则是借用王夫之在《礼记章句》中对于"多寡易止"正反两个方面的阐释，并进一步指出教需要因人而施，知"多寡易止"就能救失并达到长善之效。因此，从终极层面上来讲，在长善救失中，自得能长善，救失是为了长善，教之长善的本意明矣。

  教者→知教知教法→长善
  教者→知心知学者→救失→长善
  教→长善

之所以提出"知心"救失，就是因为"心谓情质"，多寡易止就是心的情质的外在表现，作为教者只有明晓多寡易止的根源，才能知晓因人材质不同而可能形成的过失，知其过失才能救失，从而达到长善的效果。

  3. 学：师道—进学—继志
  （1）师道：师严与道尊、道尊与敬学、安学与亲师
《学记》文本之中对于师道的相关表述为：

  凡学之道，严师为难。师严然后道尊，道尊然后民知敬学。

刘古愚的臆解为：

  师道即君道，尊君即尊师矣，而此特言尊师者，盖师者，君之始也。君者，师之成也。继世以有天下，不能保君师之实不分。师之道义，不敌君之权力，必伸道义于权力之上，使君尊道而敬学。然后君道立，民皆兴于学，而君可群天下矣。故此章为兴学之源。凡学之道，凡建国君民兴学之道也。严师为难，为君能严其师也。能严其师，尊其道也。道在而屈权位以为之下，此兴学之大作用也。夫权位所在，世俗之人属耳目焉。今以有权位之君，竟屈于有道之师，权位不可强求，而道可以自勉。勉为其道，则人皆敬重其学矣。严师尊道，皆指君言，故敬学特言民也。故此道诚心出之则王，汤文是也。假而行之亦霸。齐桓越王勾践是也。市以虚声，以振厉人心，衰弱亦强，燕昭王是也。

案：刘古愚在总结第十一章时指出，"此章以上言教法，以下乃言学

法。此章由尊师入敬学，乃其枢纽也"，可见尊师敬学是《学记》由谈教法向言学法转化的枢纽环节。

刘古愚认为此章为兴学之源，尊师就是为了兴学，而学之道就在于"凡建国君民兴学之道也"，兴学的作用就在于"道在而屈权位以为之下，此兴学之大作用也"。尊师的目的就在于尊道，并使"有权位之君，竟屈于有道之师"，从而使人形成自勉行道的求道精神，则必然就形成人人敬重学的社会风气，"民皆兴于学，而君可群天下矣"，那么建国君民的为学之道就可实现。

按照刘古愚的理解：建国君民→君严师尊道→民敬学→自勉行道→建国君民。

师者（君之始）→君者（师之成）
夫然，故安其学而亲其师，乐其友而信其道，是以虽离师辅而不反也。
夫然，故隐其学而疾其师，苦其难而不知其益也。

刘古愚对上述两段的臆解为：

不急迫求，得从容自喻。故安于学而亲其师，乐于友而信其道。物备于我，反身而诚，乐莫大焉。自兴艺至乐学，非师友强之而然。离之又何反之有，反退也。
此与前安学亲师乐友信道对看。隐，痛也，不安之甚也。疾，怨也，不亲之甚也。方苦其难，又何所乐，不知其益，又何能信，此其于学，惟恐去之不速，何能终业。然今记诵词章之学，则终业者多矣。利禄艳于外，竭精力以求之所终者，利禄之业，非修齐治平之业也，早以去之，何待终业后哉。故儒学遍天下，而朝廷无可用之才，天子失官，学与事不相谋。而中国之大，贫弱不如人，反訾及儒教之非。呜呼，此真可为痛哭流涕者矣。

案：刘古愚认为上述两句为正反，安学亲师乐友信道为正，隐学疾师苦其难不知其益为反。安学的前提是"大学之教"能使学者"从容自喻",因物备于我故能反身而诚,能反身而诚就能安学亲师,能安学亲师就能乐友信道。否则,如果学者不能"从容自喻",就会形成不安和不亲之甚的安和学的方面——隐和疾,再加上所求之学为记诵章句之学而非修齐治平之学,最终导致两个不好的学习结果的产生:从学的层面来说,就是学者不能体悟学习的益处,从而不能坚持完成学业;从国家的层面来说,就是朝廷无可用之才。朝廷无可用之才,就会反过来批评儒家教育的无用,虽不知是因为学习内容的无用,大学之教的无益,才会导致学者隐学疾师弊端的形成。

故此,无论是安学亲师还是隐学疾师,教才是其中的关键。大学之教就是要让学者从容自喻,反身而诚。

(2) 进学:善学者与不善学者、善问与不善问、善待问者与不善答问者、善教者与不善教者

《学记》文本之中关于进学的相关表述为:

> 善学者,师逸而功倍,又从而庸之。不善学者,师勤而功半,又从而怨之。善问者如攻坚木,先其易者,后其节目,及其久也,相说以解。不善问者反此。善待问者如撞钟,叩之以小者则小鸣,叩之以大者则大鸣,待其从容,然后尽其声。不善答问者反此。此皆进学之道也。

此语段在《学记臆解》中为第十二章,刘古愚在总结第十一章时指出,"此章以上言教法,以下乃言学法",则知第十二章为"言学法"之章。《学记臆解》中将此章分为四个小节进行注解:

> 学贵师之善教,然亦在弟子之善学。教法同而或庸或怨,则学者之善不善为之也。庸者,归功于启迪。怨者,怨詈其督责。
>
> 以攻木喻析理,理有深浅,即为学之先后次序。所谓善学不躐等一语尽之矣。王船山曰:易者,疏理易析处。节目,木枝节所自出坚撑处也。说,谓节目随理而脱也。解,判也,喻善问者因言以知意,即显以察微渐渍之久,而大疑自决。若择隐奥者以为诘难之端,而轻其浅易者为不足问,是不诚于求知而躐等以矜善问,终于

第三章　经世与改制：《学记》教育范畴的托古维新

迷而已。程子所谓拣难处问是也。案今务举业者，多犯此病。事物之理，尚未能晰，而谈天德王道。但求能文，不求能治其事。故观其文亦似学问精深，而事不能治，则与一理未能晰者同矣。

此问如今之策问。盖师与弟子讲论发端以问，而弟子答之。如今西人教人，均有设问，而令弟子答之，以验其学之已通与否也。钟不自鸣，视所叩之大小而应之，理融于心，随叩而出，各如其分，不敢繁称博引，以恒所学也。从容，出之于从容不及破，乃能尽事理之曲折也。学之事有五种，即《中庸》之博学、审问、慎思、明辨、笃行也。此章论学，上节言问，此节言辨，仅及问辨，不及学思行者。学者之问辨资于师，学思行则自尽之事，无关于师，因从师之勤逸而反庸怨说入。故言问辨，不及学思行也。

问辨资于师，其道如是。学思行尽于己，其道依然。先易后难，相脱以解。随叩以鸣，从容以进。学问思辨行同也，故曰此进学之道。

案：刘古愚认为善教与善学之间是相互影响和相互促进的，庸者与怨者正是因为学者的善与不善之为而引起的。

此章所言问与辨都是资于师的行为，"先易后难，相脱以解。随叩以鸣，从容以进"，就是言与辨所应遵循的道。《中庸》中学之事有五，此章仅涉及问与辨而不及学思行，一方面是因为问辨与学思行所关涉教者和学者两个不同的行为主体，另一方面则是因为学思行和问辨所包含的道相同，即"所谓善学不躐等一语尽之矣"，知为学之先后次序，就是掌握了为学之道，也就是进学之道。

（3）继志：善教与继志

《学记》文本之中关于继志的相关表述为：

善歌者，使人继其声。善教者，使人继其志。其言也，约而达，微而臧，罕譬而喻，可谓继志矣。

此为《学记臆解》的第九章。

教之道法备矣,而人才不出,非善教也。故善教果兴,继者必多,如善歌然。歌者继声,不泥其辞,故善教者使人继志,不泥其言。盖教以民物日用之大道,非以记诵此章也。故教者以道为教,不必繁称博引,大声疾呼,约微而罕譬焉,期于能达能显。人能喻而已矣。后之继其志以为教者,其称述传说,亦必不尚词说,而使自识其本心,则真能继志而师道立矣。师道立则善人多,善人必各继其师之志,演为俗说以广教妇孺,译为方言以远教异国。吾圣人之道,凡有血气莫不尊亲,岂至今日而犹不念哉。则自汉以来,记诵此章之习害之也,呜呼,悲夫。

按约而达三句。郑氏朱子皆训为善教者不多言,不以为继志者之事。则下句可谓继志矣,谓字必改为使字,语气方合,细玩此章文义,首句以善歌陪起,次句由善教递出继志,其言也其字,承转提起,即是继志者之言,此下句均言继志之事,故未直谓之继志更不管善教。盖善教不在多言,七章道而弗牵三句,已能该之。此章特言继起之善教,必须不泥定语言文字,乃能传之广远也。然则孔教之行,不出亚洲,为拘泥文字之故。此章早已虑及矣。使释教必拘印度之文,耶教必泥埃及之语,必不能遍行于五大洲。则语言文字,有妨于圣教之传,可以恍然矣。

案:刘古愚在此章之中对于善教与继志之间的关系进行了说明,并特别强调善教者使人继志,不是拘泥于教者的言语之志,而是要继教者所传授道之志,即明其理而非记诵其言。学者只有明其理才能自识其本心,也才能继其师之志。学者能继师志则师道立,师道立则善人多,而善人必各继其师之志。所以,在刘古愚看来,判断教者是否善教的一个重要的标志就是学者是否能够继师之志。同样,也可以反过来说,能使学者继师之志的教者,就是善教者。记诵章句之教就不是善教,记诵章句之学更不是善学。教者只有不拘泥于言语,通过教使学者能自喻,才是真正的继志之教;学者只有舍弃记诵章句之学,而学习民物日用之大道,方能体悟为学之道,才是真正的继志之学。孔教只有坚持继志之教和继志之学,方能走出亚洲走向世界。

那么,具体来说"志"又为何物呢?《学记》文本给出了说明:

察于此四者，可以有志于本矣。

刘古愚认为

官器以道德为本，道德之体用，又以信时为本，察于此四者，又可恍然于教学之尤有其本矣。

又，《学记》中：

三王之祭川也，皆先河而后海，或源也，或委也，此之谓务本。

对此，刘氏解读为：

河为海之本，海为河之委，必先之重本也。夫尧舜禹汤文武周公之政，夫子承之以学，以政治视教学，教学源也，本也，政治，委也，末也。建国君民，以教学为政治，得其本矣，而非兴教立学之本也。王船山曰：此篇所言，皆亲师讲艺之事，而终之以务本。所以见古人为学，求之己者。但尽其下学之事，而理明行笃。则天德王道，即此而上达焉。盖与《大学》至善知本之旨，相为符合。而后世窃佛老之说，以文其虚枵狂诞之恶者。亦鉴于此可知其妄矣。船山之说，是谓教学以亲师讲艺为务本，而以语及心性者为虚枵狂诞。盖鉴于王学末流之失，遂愤而为此论。见王学言心，遂不敢言及心，见王学语有近佛老之元虚者，遂不敢及元虚。其时天主之说，已渐入中国，则又不顾吾道之大源，而亦不敢言及天。国初诸遗老倡之而后者愈甚，虽有孙夏峰、黄梨洲、李二曲、汤文正确守薪传而不敢后起之力，以至于嘉道之间，圣教遂第为训诂考据而攻陆王者乃并程朱而亦攻之，而中国几无敢言宋明理义之学者矣。其一二有志好修，亦第拾攻陆王之唾余，而不审时势之所趋，以求挽救，第以攻人之异己，为守先圣之道。而吾国乃日疲弱不振，耶教遂尽收吾教之说，以为己有，而以教于吾国，以收吾民。及今情见势绌，不能胜一日本，而反挑衅各国，以贻庚子之辱。欲为补救以收效桑榆，岂为不得其本。然问其所以为学，则惟西法之是效，西人之是师，若吾中国固无所谓学者。夫吾国今日之学，固不西人若矣。吾先圣孔孟之说，亦岂逊于西人乎。苟取吾中国近儒所割弃者而尽复之，则西人之精者早见于吾圣人之书。即其技艺为中外前所未有者，吾中国诸儒亦早发其端。而其驳而不纯之说，则吾辈人早已见其弊而预为之防。故今日欲救中国之弊，莫若复吾孔孟之学，而用孔孟之教。注孔孟之教法，此记是也。此记历言学教，递入比物丑类。比之类之，而得教学之为重。由教学而得大德大道，由大德大道而得大信大时。大信，诚其心也。大时，当时之务也。诚心以审当时之务，而其本不待他求矣。盖今之中国，古所谓天下也。今则退处为列国之一矣，而民则仍视为天下，不知为何国之民。故急宜建之君之，去其隔阂之势，使一国之气机灵。萃其涣散之情，使万民之精神聚得其民者，得其心也。国以民为本，得民以心为本。然则此建国君民之教学，其必务此本也明矣。务本二字，见于《论语》次章，指为孝弟。而孝弟所以能为本，以不犯上作乱也。不知子之必统于父，必不知下之必统于上，则犯上矣，各处之会匪乱民是也。不知兄弟同生于父，必不知人皆同生于天，则作乱矣，前此之拳匪及各省教案是也。欲建今日之中国，君今日中国之民，不使由孝以识天下一家之仁而重宗子，则人皆无君，无君而国可建乎。故孝者，建国之本也。不使由弟以知四海皆兄弟之恕，则皆有自私而思乱。自私思乱，其民尚可君乎。故弟者，君民之本也。故今日中国之患，不在外洋。即今日中国之教学，不必急效外洋。而当急去吾君吾民之隔阂而使之通，急聊吾民之涣散而使之聚。兴教立学，不在生数十才智之士，而在得数万亿兆之民心，使人人自出其本心，自精其生业，则兵练于伍，农劝于野，工精于室，商智于市，而于此四民之中，择其尤异者，各省有一二十人，足以供天下之用矣。故今日之教民，当注意在化民成俗，不当在育材兴艺，此所谓务本矣。此今日之本，今日之务，若船山氏之说，则或前明之本，前明之务，而非此记之大时不齐之所谓务本也。孟子惧战国入于秦，而欲救之曰欲正人心。呜呼，今日乃一大战国，其终谁入，原不可知，而教学当从正人心入手，则固千万世不能易者也。

第三章　经世与改制：《学记》教育范畴的托古维新

案：在刘古愚看来，他所理解的务本与王夫之所理解的不相同。

王夫之认为，《学记》与《大学》同本，即至善知本，"大学之道，在明明德，在亲民，在止于至善"。而刘古愚则认为"道德之体用，又以信时为本"，应"审时势之所趋"而察所务之本。在刘古愚看来，教学与政治之间就同河与海之间一样存在本末关系，教学是本，政治是末，所以建国君民就应该以教学为本。教学就应该复孔孟之学，而《学记》正是记载孔孟教法的篇章，因此刘古愚注解《学记》的缘由就在于此。

孔孟之学以孝、弟为本，其中孝为建国之本，弟为君民之本，建国君民就是要倡导以孝、弟为本的教育[①]。同样，记载孔孟之教的《学记》所倡导的"建国君民，教学为先""化民成俗，其必由学"，既同刘古愚主张复孔孟之学的宗旨相同，又同刘古愚认为教学之本在"化民成俗"的主张相一致。所以，刘古愚《学记臆解》的真实用意就在于倡孔孟之教、复孔孟之学，而复孔孟之学就是"救中国之弊"的最佳途径。

刘古愚站在"救中国之弊"的立场来看待《学记》中的"务本"思想，并倡导通过复孔孟之学来应对中国所面临的危机和挑战，体现了近代中国知识分子力图通过教育实现救国的学术抱负和教育思想。同样，对近代中国知识分子中存在的一切以西学为本的思想提出了批判，"欲为补救以收效桑榆，岂为不得其本。然问其所以为学，则惟西法之是效，西人之是师，若吾中国固无所谓学者"，并对于孔孟之学给予了高度的肯定和评价，"吾先圣孔孟之说，亦岂逊于西人乎。苟取吾中国近儒所割弃者而尽复之，则西人之精者早见于吾圣人之书。即其技艺为中外前所未有者，吾中国诸儒亦早发其端"。刘古愚在《学记臆解》中对于孔孟之学和西学的认识，虽然体现了中国近代知识分子在特定历史阶段思想认识的历史局限，但是反映了中国近代知识分子力图通过复兴儒学来解决现实问题的学术尝试。

[①]《钦定学堂章程》(1902)主旨以中体西用为主，调合中西新旧，端正趋向，造就通才，以忠孝为敷教之本，以礼法为训俗之方。可见，忠孝为立教之本的一贯性。

第四章 学科与学术：《学记》教育范畴的综摄涵化
——教育文本重构与教育理论创建之间的整合与生成

> 学之义，不明于天下久矣！今之言学者，有新旧之争，有中西之争，有有用之学与无用之学之争。余正告天下曰：学无新旧也，无中西也，无有用无用也。凡立此名者，均不学之徒，即学焉而未尝知学者也。
>
> ——王国维《〈国学丛刊〉序》

第一节 《学记》文本诠释和话语体系的综摄涵化

在中国近代学术领域，学堂教育与学科思维之间是相伴而生的。以京师同文馆的创建为肇始，中西学如何统一于学堂以及如何解决科举抡才与学堂育才之间的关系，成为直接决定着如何维系中学为体的话语体系和学术系统的关键所在。"虽然各种学堂尝试将中学纳入分科教学的系统，总体上看，中西学仍然处于分立状态。科举弊端日益显现，学校被斥为科举的附庸，徒具形式，所学空疏无用，导致教化废坠与吏治败坏。在学制颁行的同时，科举制也确定以渐停方式予以终结。学堂教育一统天下，分科教学使得中学整体上被西学所兼容整合"。① 中学被兼容入西学之中，随之而来的是以西学为代表的话语体系取代以中学为传统的话语体系，《学记》文本诠释的方式和话语体系的语境发生了根本性的转变。

---

① 桑兵：《科举、学校到学堂与中西学之争》，《学术研究》2012 年第 3 期。

第四章　学科与学术：《学记》教育范畴的综摄涵化

一　学堂教育："学—教"体系的外在重构

"学—教"体系的外在重构主要是指因新式学堂的出现而形成的不同于以往的学校教育体系，对以中学为本位、以化民成俗为功用、以科举考试为抡才手段的传统教育造成了冲击和挑战，这一重构最终以新式学堂的"学—教"体系取代传统教育的旧式"学—教"体系而告终。

（一）京师同文馆①对"学—教"体系的新式尝试

兴办学堂是洋务运动的重要组成部分，19世纪60—90年代，洋务派共创办了外国语（"方言"）学堂和军事（"武备"）学堂、技术实业学堂三种类型的30余所新式学堂。其中，1862年恭亲王奕䜣奏请在北京设立的京师同文馆开新式学堂之先河。

作为开新式教育先河的京师同文馆，在"学—教"体系方面呈现出不同于以往传统教育的特质。

第一，谁来学、学什么等方面呈现出新气象。

首先，京师同文馆对学生来源的规定。在京师同文馆创设初期，学生入学途径以咨传为主，英、法、俄3馆最初定额每馆10名，选拔"八旗子弟中，资质聪慧、年在十三四岁以下者"。学生入学开始实行招考始于1866年12月拟设天文算学馆时，"招取满汉举人及恩、拔、岁、副、优贡，汉文业已通顺，年在二十以外者，取具同乡京官结印或本旗图片"，由总理衙门通过考试录取。1885年招考"满汉年在十五岁以上、二十五岁以下、文理业已通顺者"，"满汉之举贡生监，如有平日讲求天文、算学、西国语言文字，不拘年岁，准其取具印结、图片，一律收考"，扩大了招生途径，报考者共394名，通过策论、四书文的考试及复试，最后录取108名。咨送则是由上海广方言馆和广东同文馆向京师同文馆派送，1868—1899年，共咨送74人，其中，上海广方言馆分五批共咨送28名，广东同文馆分五批共咨送46名。

其次，京师同文馆对学生学习内容的规定。1876年，京师同文馆公

---

① 近代学校教育的名称经历了从馆—学堂（专指新式的、以学习西学为主的学堂）—学堂（书院改学堂之后，学堂成为学校的统一名称）的名称演变。

布"八年课程计划"①，另外还有五年课程安排，具体课程内容如表 4-1 所示。

表 4-1　　　　　　　　　学年与课程安排

学年	课程安排	学年	课程安排
第一年	外语（从识字到讲解浅书）		
第二年	外语（进而习文法译条子）		
第三年	译选编、地理、历史		
第四年	译公文、算学	第一年	算学
第五年	译书、格致、算学	第二年	算学
第六年	译书、格致、算学、地理	第三年	格致、化学
第七年	译书、天文、化学、万国公法	第四年	天文、地理、格致、算学
第八年	译书、天文、地理、富国策	第五年	天文、地理、万国公法、富国策

最后，京师同文馆对学生考试时间、内容的规定。同文馆第一次大考是在 1865 年 12 月，奕䜣等大臣亲自面试英、法、俄 3 馆的学生，赫德及各馆洋教习均到堂，考试分为笔试和口试，历时 9 天。其中，笔试的内容为：翻译各国照会、条约等，汉西文字互译；口试的内容为：汉话条子译成西文。之后，京师同文馆对学生考试时间和具体内容，形成了较为规范的定制（见表 4-2）。

表 4-2　　　　　　　　　考试时间和具体内容

考试	时间	规定
月课	每月月底（考 2 天）	由教习拟定考试文条，散给诸生，翻译誊卷，教习参酌平时功课评定等级，注册备查，例给花红 32 两
季考	二、五、八、十一月月底（考 2 天）	提调总教习等监考，出题评同月课，唯考卷须呈堂裁定，才能注册，这个月停止月课，例给花红 48 两
岁试	每三年十月（考 3 天）	呈堂面试，总理衙门官员亲自监考，考例一等者，例给花红 72 两
大考	每三年一次（考 9 天）	总理衙门堂官出题，试以洋、汉文互译及天算诸艺，总教习校合，将卷呈堂官核定，优者授为七、八、九品官，劣者分别降革，留下学习，吏部注册得官有俸

---

① 由西文而及诸学，共需八年；年齿稍长，无暇肄及西文，仅借译本而求诸学者，共需五年。

第四章 学科与学术：《学记》教育范畴的综摄涵化

第二，谁来教、如何教等方面呈现出新变化。

首先，京师同文馆的教师分为总教习、教习和副教习三种。其中，总教习职位从1869年丁韪良担任该职起至1894年由欧礼斐接任，前后总教习就有过两位。教习分为洋教习①和汉教习两种，据资料记载，京师同文馆共聘请汉文教习29人，英文教习14人，法文教习12人，俄文教习10人，德文教习6人，天文教习3人，算学教习3人，化学教习2人，医学教习4人，东文教习1人。同文馆规定，汉教习对洋教习"有暗为查察之责"，但并没有形成具体的聘请洋教习的条文规定。副教习由优秀学生担任，分为副教习、副教习上行走、记名副教习。

其次，京师同文馆采用班级授课制的教学组织形式。齐如山在《同文馆之回忆》一文中就曾指出，"例如我，入馆一年多，升到第二班，但除第二班功课之外，连第一班（彼时称头班，不说几年级，因为在一班之中，也有二三年者，也有学过四五年者，无法论几年）的功课，我都预备喽，所以二年之后，我便升了头班"，足见京师同文馆在教学组织形式上确实存在分班教学的现象，有从相对低级的二班向相对高级的一班（头班）升级的制度。

最后，京师同文馆教习在教学中能依据课程安排②，以年岁为序，依次递进。京师同文馆的文字教学先"考字母以别异同"，"次审其音，以分轻清重浊之殊"，"次审其比合为体以成文"，"次审其兼通互贯，以识其名物象数之繁"；天文学教学"必测七政以立法"，"象以仪器，窥以远镜"；舆图教学必须"量以测器，申以算法，精以绘事"，使学生"识山水之高深"，"悉地形之险夷"；算法教学从加减乘除运算开始，逐渐过渡到"九章"，次"八线"，次"测量"，次"四元术""代数术"；

---

① 丁韪良在《同文馆记》中记载：1861年10月恭亲王等的奏折上说："请饬广东、上海各督抚等，分派通解外国语言文字之人，携带各国书籍来京"，"广东则称无人可派，上海虽有其人，而艺不甚精"，"广东、江苏既无咨送来京之人，不得不于外国延访"。丁韪良则更进一步指出，"中国当知不独语言文字，举凡一切富国强兵的事情，都是必须求教于外人的"，从一个侧面足以反映聘请洋教习实属无奈之举。

② 无论是八年课程安排还是五年课程安排都有学习之顺序。八年课程：唯汉文熟谙、资质聪慧者，可期成就，否则年数虽加，亦难望有成。至西语则当始终勤习，无或间断；而天文、化学、测地诸学，欲精其艺者，必分途而力求之；或一年，或数年，不可限定；此其大纲。至于细目，仍宜于各馆教习随时体察，酌量变通可也。

— 239 —

格致教学分为"力学""水学""火学""电学""光学""声学"等。

以京师同文馆为代表的新式学堂教育开启了近代中国探索构建新的"学—教"体系的教育尝试，其重要意义就在于在中国传统学校教育体系内部形成了一类不同于以往的学校教育形式，这种得到官方承认和支持的新式学堂教育形式遂成为彻底改变中国传统教育的发端，"反映西方近代文化特点的各种课程进入学校领域，是传统教育更新发展的必然趋势；与这种趋势相适应的，是孔孟之书、经史之学在学校垄断地位开始式微"，"造就掌握各种新知识、新技术的专门人才，事实上成为此后各类新式教育机构创办的基本动因和追求目标"。[①] 中国近代学校教育体系的建立正是在新式学堂教育的教育实践基础之上，并在近代学制章程中以制度的形式得以体现和推行。至此，中国的学校教育正式进入了有章可循、有制可依的新时代。

(二) 科举变革对学堂教育"学—教"体系的地位确认

新式学堂教育由"西文"到"西艺"的办学地位不断得以确立的过程，同科举抡才与学堂育才之间地位的博弈紧密相连。张之洞从主张变科举到最终废科举，就可以被看作科举抡才与学堂育才之间的相互博弈，且最终以学堂育才彻底取代科举抡才而告终。学堂育才地位最终得以确证，可以被看作学堂教育"学—教"体系的最终被确证。

张之洞在《劝学篇·变科举》[②] 中主张通过分场考试的方式来变革科举，"今时局日新，而应科举者拘瞀益甚，傲然曰：吾所习者，孔孟之精理，尧舜之治法也。遇讲时务、经济者，尤鄙夷排击之，以自护其短。故人才益乏，无能为国家扶危御侮者。于是诏设学堂以造明习时务之人才，开设特科以搜罗之。夫学堂虽立，无进身之阶，人不乐为也。其来者必白屋钝士，资禀凡下，不能为时文者也。其世族俊才，皆仍志于科举而已。即有特科之设，然廿年一举，为时过远，岂能坐待？则仍为八比、诗赋、小楷而已。"可见，张之洞变科举的根本原因在于改变"人才益乏"的困境，同样也为学堂所育之才提供出路，"故救时必自变

---

① 陈学恂、田正平：《中国教育史研究》（近代分卷），华东师范大学出版社2001年版，第39—40页。

② 参见冯天瑜、姜海龙《劝学篇》，中华书局2016年版，第235—254页。

法始，变法必自变科举始"。张之洞变科举的举措为："疏请改为三场分试、随场而去之法；每场皆有去留，头场策合格者试二场，二场论合格者试三场"，具体场次的考试内容如表4-3所示。

表4-3　　　　　　　　　　　考试内容

第一场	试以中国史事、本朝政治论五道，此为中学经济（先取博学）
第二场	试以时务策五道，专问五洲各国之政、专门之艺（博学中求通才）
第三场	试以"四书"文两篇、"五经"文一篇（通才中求纯正）

张之洞变革科举的第二步就是主张递减科举取士名额。张之洞在《奏请递减科举折》[①]中指出，"致治必赖乎人才，人才必出于学校"，虽然朝廷倡导通过设立学堂育才，但是各省"大率观望迁延，否则敷衍塞责，或因循而未立，或立矣而未备。推究其故，则曰经费不足也，师范难求也"。但是，张之洞认为其根本原因在于"其患之深切著明，足以为学校之的而阻碍之者，实莫甚于科举"，学校与科举分途是造成学校有名无实的根本原因，"盖学校所以培才，科举所以抡才；使科举与学校一贯，则学校将不劝自兴；使学校与科举分途，则学校终有名无实"。在张之洞看来，之所以学校和科举分途会导致学校有名无实，就在于"利禄之途，众所争趋；繁重之业，人所畏阻。学校之成期有定，必累年而后成材；科举之诡弊相仍，可侥幸而期获售"，"人见其得之易也，群相率为剽窃钞袭之学，而不肯身入学堂，备历艰苦，盖谓入学堂亦不过为得科举地耳。今不入学堂，而亦能得科举；且入学堂反不能如此之骤得科举，又孰肯舍近而图远，避易而求难？"那么该如何应对此种状况呢？张之洞提出，"今宜略师乾隆时减裁中额之法，拟请俟万寿恩科举行后，将各项考试取中之额，预计均分，按年递减。学政岁科试分两科减尽，乡、会试分三科减尽。即以科场递减之额，酌量移作学堂取中之额，俾天下士子，舍学堂一途，别无进身之阶，则学堂指顾而可以普兴，人才接踵而不可胜用"。足见，张之洞在调和科举抡才和学堂培才

[①] 参见璩鑫圭、唐良炎《中国近代教育史资料汇编·学制演变》，上海教育出版社2007年版，第530—534页。

之间的关系上，采取递减科举抡才名额的方法来促进学堂教育，并最后以学堂培才作为培育人才的唯一途径。

张之洞变科举的最后主张就是立停科举考试。张之洞由倡导递减科举取士名额到奏请立停科举以广学校①的原因在于，"科举一日不停，士人皆有侥幸得第之心，以分其砥砺实修之志"。况且"就目前而论，纵使科举立停，学堂遍设，亦必须数十年后人才始盛。如再迟十年甫停科举，学堂有迁延之势，人才非急切可成，又必须二十余年后，始得多士之用。强邻环伺，岂能我待？"，从培养时务人才的角度来看必须立停科举。张之洞进一步阐明立停科举的好处，一是"科举夙为外人诟病，学堂最为新政大端。一旦毅然决然舍其旧而谋是新，则风声所树，观听一倾，群且刮目相看，推诚相与"。二是"中国士子之留学外洋者，亦知进身之路，归重学堂一途，益将励志潜修，不为邪说浮言所惑，显收有用之才俊，隐戢不虞之诡谋，所关甚宏，收效甚巨"。三是"设立学堂者，并非专为储才，乃以开通民智为主，使人人获有普及之教育，且有普通之知能，上知效忠于国，下得自谋其生"。基于以上论述，张之洞指出："故欲补救时艰，必自推广学校始；而欲推广学校，必自先停科举始"。至此，科举抡才与学堂培才二者之间的博弈告终，学堂培才成为培育人才的唯一途径，新式的"学—教"体系得以最终被确证。

二　学科思维："道—学"思想的内在重塑

"道—学"思想的内在重塑主要是指在从近代分科观念比较模糊到逐渐清晰，从拼合西学到西学兼容整合中学，从四部之学到七科之学的转变过程中，伴随着学术分科与近代中国知识系统的创建，依托于四部之学尤其是经学的"道—学"思想的诠释话语体系发生了质的改变，并且世人以西学的诠释话语体系来衡量和规范中学，从而使中学很难保持其原有的形态和意义。

（一）学堂教育对"道—学"思想的外在挑战

近代新式学堂教育不但从外在的教育方式上，而且从内在的培养目

---

① 璩鑫圭、唐良炎：《中国近代教育史资料汇编·学制演变》，上海教育出版社 2007 年版，第 537—541 页。

标、课程内容等方面对传统教育形成了挑战和冲击。我们试选取两篇代表性的奏疏,从一个侧面来分析新式学堂教育对传统经典教育所带来的变化和影响。

1. 陈其璋:《请整顿同文馆疏》(1896)

陈其璋在《请整顿同文馆疏》中对同文馆新式教育提出了自己的看法:

> 伏思都中同文馆,为讲求西学而设,学生不下百余人,岁费亦需耗万两,而所学者祇算术、天文及各国语言文字,在外洋祇称为小中学塾,不得称为大学堂。且自始自终,虽亦逐渐加深,仍属有名无实,门类不分,精粗不辨,欲不为外洋所窃笑也难矣。计自开馆以来,已历三十余年,问有造诣精纯,洞悉时务,卓为有用之才乎?所请之洋教师,果确知其教法精通,名望出众,为西国上等人乎?授受之法,固不甚精,而近年来情弊之多,尤非初设馆时可比。向章有月考,有季考,立法尚严,今则洋教师视为具文,并不悉心考校,甚至瞻徇情面,考列等第,不尽足凭。但论情谊之浅深,不论课艺之优劣。学生等平时在馆,亦多任意酣嬉,年少气浮,从不潜心学习,间有聪颖异人者,亦祇剽窃皮毛,资为谈剧。乃至三年大考,则又于洋教师处,先行馈赠,故作殷勤,交通名条,希图优等。总其事者不精于此,其能不受人欺朦乎?方今时局多艰,作育人才,尤为急务,可否请旨饬下总理各国事务衙门,将同文馆认真整顿,仿照外洋初等、中学、上学办法,限以年岁为度,由粗及精,以次递进,倘年岁逾限,而技艺未精,语言文字尚未熟悉者,立即撤回,不准徇情留馆,虚糜膏火经费。近闻新换之洋教习,甚属认真,有令学生加进功夫,另添门类之意,应即令该教师另订章程,于天文、算学、语言文字之外,择西学中之最重要者,添设门类,俾学生等日求精进,逐渐加功,庶经费不致虚糜,而人才可冀蔚起矣。①

---

① 陈学恂:《中国近代教育史教学参考资料》(上册),人民教育出版社 1986 年版,第 30 页。

陈其璋在 1896 年 1 月 23 日所上呈的奏章之中，对京师同文馆的评价虽然同以往我们能看到的评价不尽相同，但是从另一个侧面看到其对于京师同文馆应培养时务人才的殷切希望。其所提出的"仿照外洋初等、中学、上学办法，限以年岁为度，由粗及精，以次递进"整顿策略，体现了其对于近代新式教育发展趋势的审时把握。可见，依据西方学校教育体制来兴办新式学堂教育逐渐成为世人的共识。

2. 王照：《礼部代递奏稿》（1898）

王照为戊戌变法时期的礼部主事，在《礼部代递奏稿》中奏请设立教部：

> 夫西人之尊奉耶教也，亦恒谓一切有用之学者，皆以其教为本，亦非虚诞也。而其分职也，则有特设之教会总监督焉，所以握人心风俗之大原。全国之分监督，及教会教堂隶之。与学部无涉，而学部所统，则为各等学堂，除礼拜日外，每日朝夕虽亦诵偈祈祷，而自以学科为重。其不设教会监督之国，教与学统于一大部，而仍各为统系，分治而不相牵混，人人在教中，亦人人在学中，而教与学仍为两事。今请以西人敬教之法，尊我孔子之教，以西人勤学之法，兴我中国之学，特设教部，就翰林院为教部署，以年高之大学士统之，辅以翰詹各官，专以讨论经术维系纲常，各省督以学政，改名曰教政，佐以教职。各邑各乡增设明伦堂，领以师儒，聚讲儒书，生徒之外，许人旁听，立之期会，令乡老族长书其品行之优者，具结上陈。教官覆核之，由教政考以四书各经经义，每州县拔取数人以至二三十人，统名为优行生，以备用为教官，并备学部咨取，用作学堂之国文教习，表以章服，树之风声，此教部之专职无难陆续奏请扩充者也。
>
> 至学部专辖各等学堂企入专门，亦自博大精深，层累而上。应许各就学较优劣，若学堂之学生，有会为优行生者，格外加以荣衔，优先擢用。其余因材器使，不以文字之短而黜废，此学部之专责，以实用为重者也。两部之事相辅而行，不相牵制，庶乎道可卫而学可兴矣。①

---

① 中国史学会：《中国近代史资料丛刊·戊戌变法（二）》，上海人民出版社 1957 年版，第 354—355 页。

王照在奏疏之中上疏在学部外另设教部的动因就在于维护纲常，以教部设教，以讨论经术维系纲常，以学部设学，造就实务人才，由此"道可卫学可兴"，并以此来培养具有德行与政艺之人。王照关于教部与学部并设的构想，虽然其思维仍停留在中学为体、西学为用的层面，但不失为解决中学如何在新式学堂教育中维护其统领地位的应对之策，此后《奏定学堂章程》设置经学科可以被看作此种思想的扩展和延续。此外，王照极力主张设立教部，就从一个侧面反映出传统人士对于西学冲击的担忧以及对于中学地位衰落的内惧。

（二）学术分科对"道—学"思想的内在重塑

从中体西用到学术分科，中学和西学在新式学堂教育内部之间的相互博弈，最终以分科之学取代四部之学而告终。以经学为主体的中国传统教育中的"道—学"思想，随着经学从整体上被分科之学所肢解而面临着被重新诠释和重新塑造的学术命运。从张之洞在《劝学篇》中本着"中体西用"的宗旨对中学和西学进行划分开始，以经学为主体的中学在学术分科的前提下逐渐面临着被碎片化和被边缘化的风险，直至民国初年教育部通令停止中小学读经，大学以上的经学课程只是作为纯学问的课程形式存在，标志着经学正式退出了历史舞台。之后，1927年，国民政府通令废止祭祀孔子，将每年八月二十七日定为孔子纪念日，由学校集中纪念，孔子作为国家层面的文化形象符号也退出了历史舞台。

1. 张之洞《劝学篇》中的中学和西学

张之洞《劝学篇》共24篇，"内篇务本，以正人心；外篇务通，以开风气"。所谓"本"就是指有关世道人心的纲常名教，所谓"通"就是指工商学校报馆诸事，"中学为内学，西学为外学；中学治身心，西学应世事"。

张之洞在《劝学篇》中既提出中学和西学，又提出"旧学为体，新学为用"的旧学和新学，并在《设学》[①]中对何谓新学和旧学，何谓西政和西艺作了说明。"一曰新旧兼学。'四书'、'五经'、中国史事、政书、地图为旧学，西政、西艺、西史为新学。旧学为体，新学为用，不使偏废"，"一曰政、艺兼学。学校、地理、度支、赋税、武备、律例、

---

① 冯天瑜、姜海龙：《劝学篇》，中华书局2016年版，第189—200页。

劝工、通商,西政也;算、绘、矿、医、声、光、电,西艺也。才识远大而年长者宜西政,心思精敏而年少者宜西艺。小学堂先艺而后政,大中学堂先政而后艺。"对于旧学和新学的学习顺序,张之洞也给出了一个大致的说明,如表4-4所示。

表4-4　　　　　　"旧学"和"新学"的学习顺序

小学堂	习"四书",通中国地理、中国史事之大略,算数、绘图、格致之粗浅者
中学堂	较小学堂加深,而益以习"五经"、习《通鉴》、习政治之学、习外国语言文字
大学堂	又加博焉

2.《钦定学堂章程》中的文学科

为推进改书院为学堂的新教育发展,以官学大臣张百熙为首开始着手制定各级学堂的系统学制。1902年8月15日,张百熙上奏《钦定学堂章程》,包括:《钦定京师大学堂章程》《钦定考选入学章程》《钦定高等学堂章程》《钦定中学堂章程》《钦定小学堂章程》《钦定蒙学堂章程》在内的六部章程。

在《钦定京师大学堂章程》中,略仿日本例,定为大纲,将大学学科分为七大类:

政治科第一,文学科第二,格致科第三,农业科第四,工艺科第五,商务科第六,医术科第七。

其中:文学科之目七:一曰经学,二曰史学,三曰理学,四曰诸子学,五曰掌故学,六曰词章学,七曰外国语言文字学。

按照大学学科的分类,居于传统"四部之学"首位的经学仅被列于文学科所下属的七门科目之一,由经、史、子、集的"四部之学"向以政治科为第一的"七部之学"的嬗变,是中国传统学术形态向近代学术形态转型的风向标,也体现了清政府所倡导的"端正趋向,造就通才"的全学纲领。

在《钦定中学堂章程》《钦定小学堂章程》的课程门目表中,都列修身第一,读经第二,并对修身、读经的具体内容进行了详细的说明。其中:中学堂"修身"的分年课程以《论语》《孝经》为主,"读经"的分年课程以《书经》《周礼》《仪礼》《周易》为主;寻常小学堂"修身"的分年课程以《曲礼》、朱子《小学》为主,"读经"的分年课程以《诗经》《礼记》为主;高等小学堂"修身"的分年课程无指定固定书目,"读经"的分年课程以《尔雅》《春秋·左传》《春秋·公羊传》《春秋·穀梁传》为主。

《钦定学堂章程》之中,无论经学被列于文学科目之下,还是在中学堂和小学堂以修身和读经的科目形式存在,都是第一次以国家学制的方式来处理和面对中学和西学如何融合的问题。从各类章程文本来看,四部之学的分类方式彻底被分科之学所取代,在章程文本之中不再存在类似于《劝学篇》中的中学、西学或旧学、新学的学术表达。

3.《奏定学堂章程》中的经学科

《钦定学堂章程》将经学列于文学科目之下,遭到了包括张之洞在内的多位权威人士的反对。他们认为《钦定学堂章程》按照西方知识分类系统进行科目分类,格外强调西学之"用"而没有凸现儒家经学之"体"的地位,于是就有了《奏定学堂章程》的颁布。

《奏定学堂章程》以《奏定学务纲要》为总纲,包括《奏定初等小学堂章程》、《奏定高等小学堂章程》、《奏定中学堂章程》、《奏定高等学堂章程》、《奏定大学堂章程》(《附通儒院章程》)等二十二部章程。

在《奏定大学堂章程》中,张之洞依据"中体西用"的教育宗旨,提出了"八科分学"方案:经学科、政法科、文学科、医科、格致科、农科、工科、商科,经学科位列八科之首位。其中:经学科分十一门:一、周易学门,二、尚书学门,三、毛诗学门,四、春秋左传学门,五、春秋三传学门,六、周礼学门,七、仪礼学门,八、礼记学门,九、论语学门,十、孟子学门,十一、理学门。各分科大学以三年为限,章程中对经学科各门讲授的内容、讲授方法以及每星期各科目的讲授时间要求进行了细化说明。

《奏定初等小学堂章程》《奏定高等小学堂章程》《奏定中学堂章程》中位列教授科目前两位的科目为:一、修身,二、读经讲经。初等小学堂五年、高等小学堂四年、中学堂五年之中,各级章程对于修身和读经讲经的程度和每星期钟点都作了详细、具体的说明。

在《奏定初等小学堂章程》中,各年每星期教授钟点都为30钟点,修身和读经讲经共14钟点,几乎占到小学科目的一半。随着学堂层级渐高，西学课程比重相应提高，以致超出中学课程，经学在"以西方学术之分类衡量"的路上越走越远。各级章程中"变成一科的经学，很难担负维系圣教和支撑中学的重任"，"一方面分科太多，减少了学生修习经学的精力"，"另一方面，学堂重西学而轻中学"，"经学在学堂中普遍成为最无聊、最不受欢迎的课程，非但起不到维系中体的作用，反而成为人们厌倦中学的口实，再度引发对于经学消亡的忧虑。于是人们开始重新思考保存旧学的办学"[①]。张之洞在湖北省设立存古学堂的本义就在于保存旧学，虽然随后江苏、湖南、贵州、陕西等省相继奏办存古学堂，但是在经学教育实践过程中并没有挽回经学衰退的命运。

4. 民国初年的废除经学科

在中华民国临时政府教育部颁布的《大学令》（1912 年 10 月 24 日）和《大学规程》（1913 年 1 月 12 日）中，大学分为文科[②]、理科、法科、商科、医科、农科、工科七科，大学分科之中从此再无经学科。"从表面上考虑，将经学科并入文科，是因为《易》《论语》《孟子》的教学已进入哲学系；《诗》《尔雅》的教学列为文学系的内容；《尚书》、《大戴记》、《春秋》三传、三礼归为史学系的教学任务。但从更深层次的因素考察，将独立设置的经学科从体制建构的层面予以消除，不仅宣告了晚清忠君尊孔教育宗旨的消亡，更是试图将维护中国两千年封建结构与传统价值观的理论基础进行根除。这些改革标志着近代中国大学在学科建设上，开始摆脱传统经学的束缚，奠定了近代学科体系和知识系统的基本框架，开始了从传统向现代的迈进"[③]。《教育部公布小学校令》（1912 年 9 月 28 日）、《教育部公布中学校令》（1912 年 9 月 28 日）中同样也无读经讲经科目。民初教育部通令停止中小学读经，大学以上的经学课程，只是作为纯粹学问。经学进出学堂，成为退出历史舞台的必由之路。科举停学堂兴，至此以后学堂培才成为人才培养的唯一途径。

民国章程之中再无经学科，契合蔡元培关于"忠君与共和政体不合，尊孔与信教自由相违"的观点，切中晚清经学教育的宗旨要害——"中

---

① 桑兵：《科举、学校到学堂与中西学之争》，《学术研究》2012 年第 3 期。
② 注：文科分为哲学、文学、历史学、地理学四门。
③ 周谷平、张雁：《中国近代大学理念的转型》，《高等教育研究》2007 年第 10 期。

国之经书，即是中国之宗教。若学堂不读经书，则是尧舜禹汤文武周公孔子之道，所谓三纲五常尽行废绝，中国必不能立国矣"。范文澜曾指出："五四运动以前二千多年里，所谓学问，几乎专指经学而言"①，经学从无须自我辩护的天理存在，到依靠设置经学科而寻找自我存在的价值和理由再到被废除的过程，就是伴随着中国近代学术体系由无到有的创生过程。既然经学不复存在，那么依附于经学文本本身的"道—学"思想就更难寻觅其存在的理由和价值。中国传统学术在近代学术系统之中面临着命运的转折，《学记》文本当然也不例外。

第二节 赫尔巴特式的《学记》教育范畴

1919 年胡适在《新思潮的意义》一文中指出："新思潮的根本意义只是一种新态度。这种新态度可叫做'评判的态度'"，"'重新评估一切价值'八个字便是评判的态度的最好解释"②。《学记》再次进入近代知识分子的视野，正是"重新评估一切价值"的学术选择结果。

一 《学记考释》与赫尔巴特教育范畴

正如《西方教育学在 20 世纪中国的传播和影响》一书中所言，"师范教育的兴起是西方教育学传播的直接动力"，具体来说：一是"师范教育的兴起为教育学在中国的传播提供了契机"，二是"师范学校开始成为教育学在中国传播的重要载体"，三是"师范学校教育学类教材建设直接推动了西方教育学的传播"，四是"师范学校教育系科越来越成为西方教育学传播的重要载体"③。由此可见师范教育与教育学之间的密切关系。同样也正是因为创办师范教育的需要，《学记》第一次不是以经学的身份再次进入近代学者们的视野，并从此如《大学》和《中庸》一样脱离《礼记》以整体单独文本的形式走入近代教育生活，成为近代学者们认识和理解西方教育学的重要文本媒介。

---

① 范文澜：《范文澜历史论文选集》，中国社会科学出版社 1979 年版，第 265 页。
② 胡适：《胡适文集》（第 1 卷），花城出版社 2013 年版，第 144 页。
③ 侯怀银：《西方教育学在 20 世纪中国的传播和影响》，东北师范大学出版社 2011 年版，第 10—14 页。

(一) 师范教育：《学记》再次进入学科视野的制度基础

19世纪末20世纪初，由于师范教育在我国出现，教育学这门学科或课程开始被涉及。近代最早倡导创办师范学堂、设置师范课程者就是梁启超。1896年，梁启超在上海主编《时务报》期间发表了《变法通议》一书，其中《论师范》一文就是专门论述自办师范教育的相关事宜，开创了我国近代师范教育的先声。

梁启超在《论师范》一文开篇就指出师范学校是"群学"的基础，"善矣哉，日人之兴学也。明治八年国中普设大学校，而三年之前，为师范学校以先之，师范学校与小学校并立，小学校之教习，即师范学校之生徒也。数年以后，小学之生徒，升为中学、大学之生徒，小学之教习，即可升为中学、大学之教习，故师范学校立，而群学之基悉定"。既然师范学校是"群学"的基础，那么就"必以立师范学堂为第一义"。而要立师范学堂就必须知其所教之业，日本寻常师范学校所教者有十七事，"一、修身；二、教育；三、国语（谓日本语文）；四、汉文；五、史志；六、地理；七、数学；八、物理、化学（兼声、光、热、力等）；九、博物（指全体学、动植物学）；十、习字；十一、园学；十二、音乐；十三、体操；十四、西文；十五、农业；十六、商业；十七、工艺。今请略依其制而损益之：一须通习六经大义，二须讲求历朝掌故，三须通达文字源流，四须周知列国情状，五须分学格致专门，六须彻习诸国语言。以上诸事，皆以深知其意，能以授人为主义，至其所以为教之道，则微言妙义，略具于学记之篇，循而用之，殆庶几矣"。

梁启超是近代倡导师范教育之第一人，其依据日本寻常师范学校所教之事，提出我国创办师范教育的六个方面的基础上，特别指出为教之道的微言妙义就存在于《学记》之中，"《学记》一篇，乃专标诲人之术，以告天下之为人师者"。梁启超对于《学记》文本所记载为教之道的重视，使得《学记》能以类似于日本寻常师范学校中"教育"科的学术身份，重新进入近代学者们的学术视野。

(二) 学教之义：《学记》再次进入学科视野的学术基础

王国维在《〈国学丛刊〉序》中指出，"圣贤所以别真伪也，真伪非

第四章　学科与学术:《学记》教育范畴的综摄涵化

由圣贤出也;所以明是非也,是非非由圣贤立也"①。《学记》再次进入学科视野同样也非因为《礼记》自身的经学地位,而是由于《学记》文本本身所体现的"学记之义",切合教育学科体系中的相关教育学科内容。

梁启超在《论师范》中对师范教育的提倡,使得其成为近代倡导师范教育之第一人;同样其在《论师范》中对《学记》所记述为教之道的重视,也使其成为近代在创办师范教育时倡导继承和借鉴《学记》微言妙义之第一人,"诲人之术""为教之道"就是近代学者对《学记》进行整体评价的最早用语。

张謇是我国第一所民间单独设立的中等师范学校的创始人,"中国之有师范学校自光绪二十八年(1902年)始,民间自立师范学校自通州始"②,通州师范堂(学校)就是民间最早创立的中等师范学校。张謇本人也非常认同《学记》对于师范教育的价值,"自《学记》师范实验之不传,教授管理不得不借才于异域。其所以必借之义,盖将借其考求所得之实际,以证我之理想,以复明我二千年前之教育不注眼于文字也"③,《学记》本身代表了我国师范教育的本源;在《通州师范学校始建记》中进一步指出,"謇维教不可无师,师之道备于《学记》","师必出于师范,师范之教授管理,其法往往可以证通《学记》"④,"我中国二千年前教育与各国师范义法近者,独《礼记·学记》一篇"⑤,《学记》完全可以作为师范教育的"义法"教科书。师范的"教授管理方法""师之道""师范义法",就是张謇对《学记》的整体认识和评价。

本书以梁启超、张謇等近代学者为先驱,结合师范教育中教育(学)学科自身的发展历程,以近代知识体系和学术话语为基础展开具有近代教育特点的《学记》研究。

(三)教育学科:《学记》诠释的理论基础

"西方教育学,尤其是赫尔巴特学派的教育学在清末两个《学堂章

---

① 王国维:《王国维文集》(第4卷),中国文史出版社1997年版,第366页。
② 张謇:《通州师范学校议》,舒新城:《中国近代教育史料》(下册),人民教育出版社1961年版,第989页。
③ 张怡祖:《张季子九录》(教育录),中华书局1931年版,第10页。
④ 张怡祖:《张季子九录》(教育录),中华书局1931年版,第13—14页。
⑤ 张怡祖:《张季子九录》(教育录),中华书局1931年版,第17页。

程》之前，已介绍到我国来了。可是，两个《学堂章程》肯定和加速了教育学作为一门课程正式列入我国师范教育计划的进程"①，师范教育创办需要开设教育学课程，师范教育的兴盛则进一步促进教育学在中国的传播进程。正如《论中国成就师范之难》所言，"今日中国之言革新者，不论保守党、进步党、急激党，莫不公认教育为当今惟一之问题矣。即教育而论，不论官立学堂、民立学堂，莫不公认师范为当今惟一之急务矣"②，可见创办和发展师范教育正当其时，教育学在中国的传播和发展也正当其时。

国人最早引进教育学是从王国维开始的，作为一门学科的西方教育学的引进是"以《教育世界》第9、10、11号（1901年）连载的、日本文学士立花铣三郎讲述、王国维翻译的《教育学》为起点"③而肇始的，立花铣三郎讲述、王国维翻译的《教育学》正是传入中国最早的教育学著作。

以王国维翻译的《教育学》为开端，周谷平在《近代西方教育学在中国的传播及其影响》中将新中国成立之前的近代西方教育学传播历程分为两个阶段：一是以日本为媒介，开始了西方教育学传入历程的第一阶段，大致从1901年到1915年，以赫尔巴特学派教育学为主流；二是以美国为指向，构成了中国教育学理论发展的第二阶段，大致从1915年持续到1949年，以杜威的实用主义教育学为主导。

以《普通教育学》为代表的赫尔巴特学派教育学，以"目的—方法"式的教育学结构体系，对包括基础理论、教学论、训育论、学校管理四个方面的内容展开系统的阐述。近代学者对《普通教育学》的学习和接受深刻影响着近代中国教育学话语的转型，在同时期的教育学著作中产生了以仿照赫尔巴特教育学话语体系为主的学术著作。其中：张毓骢的《教育学》（商务印书馆1914年版）主要内容包括：绪论、目的论、方法论、教育种类及处所；张子和的《大教育学》（商务印书馆

---

① 郑金洲、瞿葆奎：《中国教育学百年》，教育科学出版社2002年版，第6页。
② 《时报》：《论中国成就师范之难》（1904），朱有瓛：《中国近代学制史料》（第2册），华东师范大学出版社1989年版，第275页。
③ 周谷平：《近代西方教育学在中国的传播及其影响》，《华东师范大学学报》（教育科学版）1984年第2期。

第四章 学科与学术：《学记》教育范畴的综摄涵化

1914年版）主要内容包括：绪论、教育者论、被教育者论、目的论、教授论、训育论、学校论，都能看到赫尔巴特教育学"目的—方法"论结构的体系影响。

以《民主主义与教育》为代表的杜威教育学，在教育目的、活动课程论、儿童中心论等方面对近代中国教育学话语体系产生了重大的影响。余家菊的《教育原理》（中华书局1925年版）、吴俊升和王西征的《教育概论》（正中书局1936年版）、庄泽宣的《教育概论》（中华书局1932年版），都是以"受教育者、儿童"作为起点来展开教育问题的系统论述。正如刘耀明在《教育概论》（吴俊升、王西征编著）的《特约编辑前言》中指出，《教育概论》"开宗明义：'教育是什么或教育的意义是什么'，'教育的对象是被教育者，是人，是活的人。将来从事初等教育的人，尤其要注重儿童，活的儿童'。这是全书论述的起点，也是贯穿全书的重要理论。显然也表明作者所持的杜威'儿童中心论'的立场。接下来，在论述教育的意义时，将杜威的'生长说'列在现代有力学说的首席，而在教育目的一章中，杜威的'经验改造说'，也享受同等'待遇'。故阐述教育意义时，认为教育的意义是：'在遗传的限制下，组织适当的情境，促进学习的效能，使儿童得由知识和技能两方面的训练，改善行为，继续生长及发展。'这是对杜威的'生长说'和'经验发行说'运用的结果。而在课程与教学这一块，借用孟宪承先生的定义'课程是教师和儿童在学校环境内进行之控制的学习活动'。最后落脚在'活动'二字上，这无疑也是杜威'在活动中学'思想的体现"[1]，总之"对西方教育理论的积极引介与对中国教育问题的深切关注，这是贯穿全书的主要线索之一"[2]，杜威的教育学尤其是以儿童作为阐述教育问题的逻辑起点，可以被看作贯穿《教育概论》全书的理论核心所在。

赫尔巴特和杜威的教育学，共同构成了新中国成立以前近代中国教育学科话语体系的理论基础，中国的教育学就是以此为起点而得以发

---

[1] 刘耀明：《特约编辑前言》，载吴俊升、王西征《教育概论》，福建教育出版社2006年版，第5页。

[2] 刘耀明：《特约编辑前言》，吴俊升、王西征：《教育概论》，福建教育出版社2006年版，第4页。

展的。

（四）《学记考释》：新中国成立以前《学记》诠释的代表性著作

我们从赫尔巴特教育学或杜威教育学传入近代中国的具体年限上，可以大致将新中国成立以前的近代西方教育学的传播历程分为两个阶段。然而，事实上赫尔巴特教育学和杜威教育学的影响，并不是以相关的年限为界而淡出近代学者的学术视野的。正如《西方教育学在20世纪中国的传播和影响》中指出，"但直至今日，我们还能看到赫尔巴特《普通教育学》体系的'影子'"[①]。确实，在新中国成立之前，赫尔巴特教育学和杜威教育学相互交织在一起，对近代中国教育学学科体系的萌芽、形成和发展产生了深远的影响。由此，近代中国教育学界也形成了以赫尔巴特教育学和杜威教育学为诠释话语体系的近代教育学话语体系[②]，近代教育学者对《学记》的相关研究就是在此种话语体系之下发生的。新中国成立之前的《学记》研究呈现出两个新的特点：第一，随着近代教育期刊的出版和发行，产生了以《学记》及《学记》相关内容为标题的教育论文；第二，在教育学科的话语体系之下，出现了专门研究《学记》的教育专著。《学记》相关的教育论文和教育专著的出现，标志着将梁启超、张謇等人因创办师范教育而重视《学记》的思想落实到教育研究之中，并以此为学术基础反过来推进近代教育学科体系的发展。

新中国成立之前以《学记》及《学记》相关内容为标题的代表性教育论文共18篇，其中：

1. 第一篇研究《学记》的教育论文为：王树枏的《学记笺证》（《中国学报》1913年第5、6期），后编辑成册成为近代第一本专门研究《学记》的教育专著《学记笺证》（1914年刊，见《陶庐丛刻》）。

2. 第一篇对《学记》教育思想进行系统研究的教育论文为：陈启天的《学记通义》（《少年中国》1923年第4卷第6期）。论文从"前论—

---

① 侯怀银：《西方教育学在20世纪中国的传播和影响》，东北师范大学出版社2011年版，第136页。

② 从德国教育学体系和美国教育学体系在中国实际影响来看，"相对而言，美国教育学体系形式对我国的影响远不如其内容方面的影响大。此后我国教育学体系结构的发展，大体是在原来德国型体系的基础上，添加了一点美国教育学体系（其亦源于德国）的新因素"。可见，新中国成立之前，我国教育学体系就是以德国教育学为主的教育学体系。（张晓鹏：《关于教育学体系形式的历史考察》，《江西教育科研》1992年第2期。）

著者、本论—内容、后论—价值"三个方面对《学记》进行研究，重点对《学记》六个方面的内容进行论述：教学的目的与必要性、教学的关系与要义、教育制度、教学法、训育、师道。并在论文结论中指出《学记》之价值："在二千年前的中国已有这种教育学，在中国教育学史甚至在世界教育学史上不能不占一个重要的位置了"。

3. 另外十六篇对《学记》研究的教育论文的简要情况如表 4 – 5 所示。

表 4 – 5　　　　　　　　十六篇《学记》研究论文

作者	论文题目	期刊来源
厉时中	学记释义	《哲报》1923 年第 2 卷第 19、20 期
佟松荫	学记教学谊	《东北大学周刊》1927 年第 22、23 期
凯旋	学记中之教学法释义	《民光》1930 年第 3 期
梁训礼	学记批评	《十一中校刊》1934 年第 4—6 期
高鹤年	学记新诠	《青岛教育》1934 年第 1 卷第 11 期
章廷俊	《学记》的教育制度与教学法则之剖析	《政衡月刊》1935 年第 6 期
贝琪	学记通诠	《国学论衡》1935 年第 6 期
董文煜	礼记学记篇今释	《光华大学半月刊》1935 年第 3 卷第 7 期
谢震亚	《学记》篇中的儒家教学法	《闽海教育》1935 年第 1 期
东屋	学记之学年	《教育学报》（北京）1939 年第 1 期
坚壁	古书新读《学记》	《青年》（上海）1940 年第 6 期
邱椿	《学记》在教学法的理论上之贡献	《国立北京大学国学季刊》1940 年第 3 期
胡毅	学记中的教师谈	《教育通讯》（汉口）1941 年第 30 期
周士菜	《学记》与《大学》相发明说	《国学丛刊》1941 年第 4 期
周捷高	学记中的教学原理	《教育与科学》1946 年第 2 卷第 8 期
郑其龙	《学记》中的教学原理与方法	《读书通讯》1947 年第 134 期

其中：（1）厉时中的《学记释义》主要关注《学记》中的学制思想；（2）佟松荫的《学记教学谊》主要研究《学记》中的教学思想；（3）凯旋的《学记中之教学法释义》认为《学记》为中国古代教育法之

典型；（4）梁训礼的《学记批评》主要从学之目的及古代的学制、为学之道、施教之道、学与教两方面之道四个方面，对《学记》所包含不适合于当时学校教育的教育内容加以批评和检讨；（5）高鹤年的《学记新诠》认为《学记》对教育的认识、学制系统、教学方法、尊师四个方面符合现代教育原理；（6）章廷俊的《〈学记〉的教育制度与教学法则之剖析》主要分析《学记》所包含的教育制度和教育法；（7）贝琪的《学记通诠》主要是在对《学记》篇章进行重新分类的基础之上进行诠释；（8）董文煜的《礼记学记篇今释》指出《学记》所蕴含的现代教育原理包括教育目的、教学法、教师与学生素质、教学手段、教学方法、学习程序、教学原则、教育作用、理学与教育学的关系、《学记》与赫尔巴特的兴趣说的联系；（9）谢震亚的《〈学记〉篇中的儒家教学法》主要从教学的宗旨、教学的重视、七个教学原理、自修的需要、教学最忌的事情、考试法、训育原则、六条戒律、学者的四失、理想的教学法等十个方面论述《学记》篇中所包含的儒家教学法；（10）东屋的《学记之学年》主要研究《学记》中所包含的学年考校制度；（11）坚壁的《古书新读〈学记〉》主要对《学记》有关的教育目的、当时的教育制度、教育方法、择师与尊师等四个方面的内容进行研究；（12）邱椿《〈学记〉在教学法的理论上之贡献》主要指出《学记》提供了优良教学法上的九个基本原则：教学相长、作业与游戏的均衡、坏习惯的养成之防止、最好的学习时间之选择、心理和伦理的历程之遵循、朋友的互相观摩、有辅导的自动、个性的适应、诱发思想的答问；（13）胡毅的《学记中的教师谈》主要阐释了《学记》中的三种不同教师观；（14）周士菜的《〈学记〉与〈大学〉相发明说》认为《学记》与《大学》之间存在诸多可参考互证的内容；（15）周捷高的《学记中的教学原理》主要从教学目标、教法、教材、教师、学生、考核等六个方面，论述了《学记》中所蕴涵的教学原理；（16）郑其龙的《〈学记〉中的教学原理与方法》论述《学记》中蕴含六项重要教学原则：顺性诱导提倡学生自动、因材施教适应学者个性、作息互用扩大教学范围、问答得体促进学者了解、布置环境便利群性发展、及时教学顾及心理程序。

新中国成立之前专门研究《学记》的教育专著共3部，分别是：

（1）王树楠：《学记笺证》（1913）。《学记笺证》正文四卷，分

第四章　学科与学术：《学记》教育范畴的综摄涵化

"笺"和"证"两部分，"笺"为注释，"证"为考证（考证部分主要探求古代文献所载的"先王教民之大略"，并与当时各国学校的"教育之法"相证）。王树楠在《学记笺证》前言中指出：

> 笺曰：孔疏引郑目录云，《学记》者以其记人学教之义。案此记为三代圣王教科之书，盖周秦以来儒者所述其中小学大学之规模、入学之年限、教学之方法，具载于篇，犹可据此以考见先王教民之大略。证之今日东西各国学校教育之法，多相合者，盖讲求师范者必要之书也。

王树楠在《学记笺证》中对《学记》的总体评价体现了：第一，教科书思维。1905年初，邓实、黄节等人在上海发起成立国学保存会和发行《国粹学报》，计划编撰五种《国学教科书》（《伦理教科书》《经学教科书》《中国文学教科书》《中国历史教科书》《中国地理教科书》），其目的是在学术分科的背景之下以教科书的名义来保存中国古代传统文化。刘师培的《经学教科书》（1905），就是国学保存会附刊的国学教科书之一，同样好似也是《国学教科书》中最早刊印之本。《学记笺证》从某种程度上受近代经学教科书思维的影响。第二，师范教育思维。梁启超和张謇在倡导设立师范教育时，就倡导学习和继承《学记》中"为教之道"的内容，张謇特别指出《学记》完全可以作为师范教育的"义法"教科书，王树楠的《学记笺证》可以被视作落实张謇有关《学记》思想的学术著作。第三，中体西用思维。王树楠的《学记笺证》以《学记》文本为主体，结合西方各国学校教育之相关内容进行中西互证，为学习和借鉴西方各国学校教育的相关内容提供了可资佐证的经典文本。但是，由于《学记笺证》是按照中国古代经书注疏的方式逐句进行"笺""证"研究，并没有从整体系统上尤其是教育学科体系上对《学记》进行系统阐释。

（2）姚明辉：《学记集义训俗》（1918）。作为国立武昌高等师范学校国文史地部豫科文学课本，被民国时期经学丛书（第四辑）收录。姚明辉在《学记集义训俗序》中指出了编撰此书的目的：

予一不知夫世俗教育者之，何以皆废经也。予自成童时，为三礼之学，《学记》一篇既熟读矣。弱冠后出入教育学说且十年，而反求于经。则世俗所谓教育者，其精义已具于《学记》。予一不知夫世俗教育者之，何以皆废之也。丁巳春，武昌高等师范学校校长张君，以予手定国文史地部课程，送教育部得其可。《学记》一篇，予所定为预科之文学课也。翼年春，既令诸生熟读其白文。又合录汉唐注疏音义、宋卫氏集说，搜罗近儒经解，且附以己意为一书而授之。凡教学要义具于此矣，而教育学说之是非，悉奉记文以平正之。窃以此为集，学记义理之大全，可以训世俗之废经教育。故题曰：《集义训俗》。夫世俗所谓教育者，其精义已具于此矣，此固无戾于教育也。百家腾跃终入环内，教育家而不学也，则已而学也，其必相与同归。夫此予之所厚望也。

姚明辉的《学记集义训俗序》所体现的思想为：第一，对于民国初年学校教育废经的抨击。姚明辉以《学记》文本为个案，认为《学记》中具备所谓教育者之精义，世俗教育者却废之而不用的现象是没有理由的。并以此来抨击世俗教育者的废经行为。第二，对于何谓《学记集义训俗》的阐释。《学记集义训俗》就是集"学记义理大全"，以此来"训世俗之废经教育"。第三，对于《学记集义训俗》的编撰方法。《学记集义训俗》的编撰方法为"合录汉唐注疏音义、宋卫氏集说，搜罗近儒经解，且附以己意为一书"，以郑注孔疏、卫湜集说与近世儒生经解为基础，结合民国时期教育学的相关知识进行解释。具体呈现方式就是：①注：郑注；②音义：注解段落中个别字的音义；③疏：孔疏；④宋卫氏集说：卫湜《礼记集说》中的相应注解；⑤今世之解释并包括姚明辉自己的理解（明辉案）。第四，对于《学记》的整体评价。《学记》记载"教学要义"，体现教育精义，可以用来作为评论教育学说之是非的标准。

姚明辉在《学记集义训俗》对《学记》进行题解注疏的诠释中，具体阐明了其对于《学记》的认识和看法：

第四章　学科与学术：《学记》教育范畴的综摄涵化

学记

注：郑云学记者，以其记人学教之义。

疏：正义曰：按郑目录云明曰学记者，以其记人学教之义，此于别录属通论。

明辉案：学教当是学所以教人之道，则此记实类于今俗师范学校之教育学教科书，及教授法、管理法诸教科书。夫教人而有专学，其必如今制教员由师范生出身矣。然曰学记而不曰教记，可见古人重在使人自学，不若后世教育者，好为人师而以善教自诩也。本书有言君子知至学之难易而知其美恶，然后能博喻，能博喻然后能为师，然则为师之本在知至学之难易耳。学教之道其在此矣。

因此，按照姚明辉的理解：《学记》类似于教育学、教授法、管理法等一类的师范学校的教科书。从设计思路来看，《学记集义训俗》与《学记笺证》的整体结构大致相同，《学记集义训俗》中的①②③④部分相当于《学记笺证》中的"笺"，⑤部分相当于《学记笺证》中的"证"。

（3）杜明通：《学记考释》（1943）。程桢在《学记考释·跋》（1942）中对《学记考释》的相关情况作了简要的记述：

《学记考释》一书，乃明通先生五年前旧作，藏诸箧笥者久矣。今夏始承赐睹。其间考证远出昔人见地，解释纯依科学方法，而对于教育学说之发疏，尤为有功。然先生不欲持以问世也，余甚惜之。秋初便道复访先生，力劝暂以所考付梓，是非之论，攻错益明，焉用审慎笃，卒蒙允诺。盖先生构思之勤，持论一本正学，不蹈袭前人陈说，其精神学力至可钦佩，世之君子，可以览焉。

《学记考释》的不同之处在于：第一，"持论一本正学，不蹈袭前人陈说"。杜明通从考证卷、注释卷和引义卷来进行《学记》研究，其中：考证卷包括《学记》在《礼记》中之位置、《学记》之家法、《学记》之作者、《学记》之理论基础四部分内容；注释卷从解题《学记》入手，分节来注释各部分要义，在各节注释中采用注释和要旨相互结合的方式来展开；引义卷包括《学记》之教育目的论、《学记》之教育方法论、《学记》之教育心理学三个部分。杜明通对《学记考释》整本书的体系设计，开了《学记》研究的新方式。第二，"解释纯依科学方法"。杜明通在引义卷中借用"目的—方法—心理学"的教育结构体系，来分析《学记》自身的体系结构，开了用教育学科的学科体系来研究《学记》体系结构的先河。同样，"目的—方法"式的教育学结构体系正是赫尔巴特教育学的标志性内容，可以看出赫尔巴特教育学对于《学记考释》研究的影响。

故此，《学记考释》可以被看作新中国成立之前，以近代教育学科话语体系对《学记》进行系统研究的代表作。

二 "目的—方法"：《学记》教育范畴的赫氏风格

杜明通在《学记考释》中运用赫尔巴特教育学的"目的—方法"论结构对《学记》展开研究，使得《学记》教育范畴研究呈现出具有赫尔巴特教育学的风格。

他在对《学记》进行考证和注释研究之后，从教育目的论、教育方法论、教育心理学三个方面来分析《学记》教育范畴。

1. 《学记》之教育目的论——修德（服从、勤笃、乐群、自治）

杜明通认为，学之兴在于救礼之失，而要救礼之失就必须"以德行之陶冶为归"。古代大学设置诗、礼、乐三科之目的就是要实现古人一切之修养，达到德行陶冶之目的。《学记》文本之中，"大学之教也，时教必有正业，退息必有居学，不学操缦，不能安弦；不学博依，不能安诗；不学杂服，不能安礼；不兴其艺，不能乐学"，其中：操缦、博依、杂服，艺也，亦居学业；弦、诗、礼，学也，亦正业也。孔子文、行、忠、信之四教，德行、政事、文学、言语之四科，及荀子在《劝学篇》中所示学程之主张，从其根本上来看都可归于诗、礼、乐三科。

杜明通指出，不仅大学三科诗、礼、乐的目的在于修德，而其大学始教的目的与大学视学的标准同样在于修德。首先，《学记》文本之中大学始教七事之目的，可以分别表述如表4-6所示。

第四章 学科与学术：《学记》教育范畴的综摄涵化

表 4-6　　　　　　　　《大学》始教七事的目的

	一	二	三	四	五	六	七
方法	皮弁祭菜	宵雅肄三	入学鼓箧	夏楚二物	未卜禘不视学	时观而弗语	幼者听而弗问
目的	习礼	尚志	敬业	端仪	乐群	养恒	明伦

其次，《学记》文本之中的九年视学标准同样以修德为目的（见表4-7）。

表 4-7　　　　　　　　《学记》中九年视学标准的目的

视学二标准		第一年	第三年	第五年	第七年		第九年	
	学	离经	敬业	博习	论学	小成	知类通达	大成
	行	辨志	乐群	亲师	取友		强立不反	

既然大学设科、大学始教、视学标准的目的都在于修德，那么《学记》中对学生修养之期望究竟是什么呢？杜明通指出，综合《学记》所论期望有四：

第一，服从。因欲达此目的，故有夏楚之设。非其本分，则但听而不能辄问等事是矣。

第二，勤笃。如敬业，如信道等是。

第三，乐群。如亲师取友，如乐友，如独学而无友则孤陋而寡闻，及教以燕朋之害等是。

第四，自治。如道而弗牵，如退息必有居学，离师辅不反等是。

服从、勤笃、乐群、自治四种品质，就是《学记》所期望学生所要达到的德行。

此外，《学记》为了强调其修德之目的，防止学生"以学为获位之阶，逐末忘本，得鱼忘筌，故结论特申其意，至今视之，益尊贵其说"，在文末重申"务本"之宗旨。

为学 ｛ 先务本→志于道（大道）　据于德（大德）　依于仁（大信）　游于艺（大时）
　　　　后致用→作官吏（官）　供役使（器）　受羁勒（约）　甘削足（齐）

— 261 —

2. 《学记》之教育方法论——指导式教法

杜明通认为，"在教学上，《学记》基于三原则以立其法"，《学记》三原则就是重感化、重自动、重思考，在三原则指导之下《学记》主于指导式的教法。

《学记》倡导重感化、重自动、重思考三原则的目的在于，"重感化则弟子亲其师，学业既成，虽离师辅而不反也；重自动则以学者为中心，师但时观其旁，而不辄语，故学本于趣味；重思考，则学业之进，深入而不可限量"，正是因为以学生为中心，故《学记》主于指导式教法。在此基础之上，杜明通对当时崇尚西洋的教育现象提出批判：

> 新兴之教学方法，莫不看重学生自发活动在学习上之重要，此挽近之大进步也耶？非也："开而弗达，导而弗牵"，与现今之设计教学，教师但暗示途径而不代之解决问题者，有以异乎？盖心不使焉，则白黑在前而目不见，雷鼓在侧而耳不闻。孟子曰：耳目之官不思而蔽于物，物交物则引之而已矣；心之官则思，思则得之，不思则不得也。其于学问亦然。孔子曰：学而不思则罔。故荀卿教人，诵数以贯之，思索以通之，老师宿儒，早已发明于前，今乃笼以西洋之名词，引为新奇，甚矣，不读书之过也。
>
> 今之好为讪谤者，于昔人之教学，大抵以偏重注入式相诋，而不知注入式正《学记》之所深恶痛绝者，故曰："记问之学，不足以为人师，必也听语乎"，又曰："力不能问，然后语之，语之而不知，虽舍之可也"。方法上之错误，乃世界各国劣师之通病，未可视为中国教育上之特色。

可见，在《学记》中已包含近代西洋教育看重学生自发活动在学习上之重要性的思想，甚至西洋设计教学等新式教学在《学记》中也有体现。

杜明通进一步指出，"中国教育之理想方法，《学记》足为其最重要之代表，其指导之中心基于四法"，四法分别为：（1）预防法——禁于未发之谓豫；（2）及时法——当其可之谓时；（3）循序法——不陵节而施之谓孙；（4）观摩法——相关而善之谓摩。预防法、及时法、循序法、观摩法四法就是指导式教法的中心方法，而这四种方法都符合心理学上的原理及其根据。同样，在依据四种中心方法进行指导式教学中，以自然之"喻化"为主，也就是《学记》中所言"君子之教喻也"。教学中要让学生达到自然之"喻化"，需要基于兴味（兴趣）为中心，在过程之中注重三个方面的事项：第一，欲教学之易，则对学生当强而弗牵，重暗示也；第二，欲学者之思，则实施时当开而弗达，重自觉也；第三，欲接受之和，则指示时当道而弗牵，重陶冶也。重暗示、重自觉、重陶冶就能激发学生的学习兴趣，使学生达到自然之"喻化"的效果。

重暗示则易、重自觉则思、重陶冶则和，教学中要想达到和易以思之效果，就需要教师在言语和行为上具备一定的条件。首先，教师要在言辞上具备真、善、美之条件，就需要注重言辞的技巧，正如《学记》所言"其言也，约而达，微而臧，罕譬而喻"，其与言语真、善、美之间的关系如下：

$$\text{教师言辞之机巧}\begin{cases}\text{一、美的条件——约而达}\\\text{二、善的条件——微而臧}\\\text{三、真的条件——罕譬而喻}\end{cases}$$

其次，教师在行为上要具备以下三个方面的条件。一是教师当如指路碑，但导示学习之门径；二是教师当如牧羊叟，善诱循循，对学生安善处遇驯养之；三是教师当如司阍老，万仞宫墙之富藏赖其启示，不容片刻之疏懈。"教师果能尽此三者之长，则可以博喻，可以叩鸣，可以化俗，可以长善救失，可养成学生理想之品德而继其志，教育之用，由是宏矣"。

杜明通还就教与学之间的关系、选课标准、班级编制、考试制度以及夏楚二物与体罚等进行了简要的分析。首先，教学中教师和学生的责任各居其半。"虽然，教学乃师生互相之交接，尤以大学之教，不偏于责成教师而已，学者亦不能不自励焉。盖入大学之年，大抵发育已成，其行为当自负一半之责任，不当与小学同言之也。学者亦必自有其作业之方法而善为遵循之。"因此，《学记》中无论教学之四兴六废还是教学之善与不善，都是兼指教师和学生双方而言：

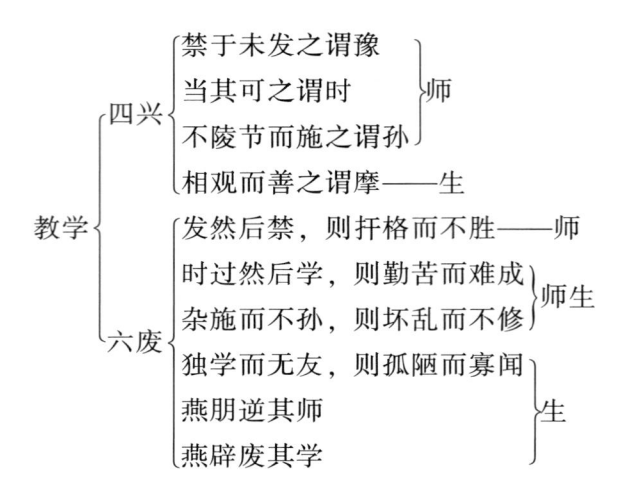

$$\text{教学}\begin{cases}\text{四兴}\begin{cases}\text{禁于未发之谓豫}\\\text{当其可之谓时}\\\text{不陵节而施之谓孙}\end{cases}\text{师}\\\qquad\quad\text{相观而善之谓摩}——\text{生}\\\text{六废}\begin{cases}\text{发然后禁，则扞格而不胜}——\text{师}\\\text{时过然后学，则勤苦而难成}\\\text{杂施而不孙，则坏乱而不修}\end{cases}\text{师生}\\\qquad\quad\begin{cases}\text{独学而无友，则孤陋而寡闻}\\\text{燕朋逆其师}\\\text{燕辟废其学}\end{cases}\text{生}\end{cases}$$

$$\text{教学}\begin{cases}\text{善者}\begin{cases}\text{善教者使人继其志}——\text{善待问者如撞钟（师）}\\\text{善学者师逸而功倍}——\text{善问者如攻坚木（生）}\end{cases}\\\text{不善者}\begin{cases}\text{不善教者反此}——\text{不善答问者反此（师）}\\\text{不善学者反此}——\text{不善问者反此（生）}\end{cases}\end{cases}$$

教师和学生既各担其责又各享其权利，所以从教学结果来看必然是师生交受其益，故曰"教学相长"。如果教师或学生任何"一方持应付之态度，则它方虽努力不为功，何以图自强？"

所以教学就是教师和学生双方交受其益的过程。其次，关于课程则正辅科并重，且注重环境社会之需要。按照此原则，选课标准的结构体系为：

$$\text{选课标准}\begin{cases}\text{正辅科并重}\begin{cases}\text{正业（诗、礼、乐）}——\text{必修}\\\text{居学（操缦、博依、杂服）}——\text{辅修}\end{cases}\\\text{看重社会需要}\begin{cases}\text{良冶之子必学裘}\\\text{良弓之子必学箕}\end{cases}\text{选修}\end{cases}$$

选课标准中之所以"看重社会需要"，就在于注重环境对于铸成习惯之可能性，也就是环境对于学生习惯养成的重要性。再次，《学记》在单级编制上，容年龄不齐之学生于一堂，符合经济条件不是十分良好的现实情况。同样，《学记》中逐年考试制度也吻合当时学校之制，并且杜明通专门指出"论制度，至今亦无以出《学记》之范围"，专门列表进行比较，如表4-8所示。

表4-8　　　　　　　　　新、古学制的比较

（年龄）	24	23	22	21	20	19	18	17	16	15	14	13	12	11	10	9	8
新学制		研究院		大学本科				高中/大学预科			初中			小学			
古学制					大学								小学				

（考校）九年　　　七年　　五年　　三年　　　一年
　　　　（大成）　（小成）

《学记》中一、三、五、七、九年的考校，就是新学制中从高中、大学本科至研究院的学制阶段，从年龄上来说就是从15岁到24岁的古学制的大学阶段。最后，就《学记》中所提及"夏楚二物"进行了说明。作者认为"夏楚二物"只是在大学始教之时使用，到入学之后"各安于兴味与性情之所近，不假于牵拽压抑，夏楚已无适用之余地"。对于当今倡导废除体罚者，作者认为"特有功于学生意志之解放，为训育上之一大改进，殊不知体罚之废，由来已久"。

3.《学记》之教育心理学

《学记》在教育心理学方面的贡献，尤其以大学兴教四法所体现的心理学成就最为代表。大学兴教四法就是：豫、时、孙、摩，其中：（1）豫者：先其时之谓也，凡事防于未然者易，禁于已发者难，在某种限度内，年龄愈幼，则其可型性愈大，盖幼年成习未坚，心如白纸，无拗戾执着之性。适其恶性未成而导引之，其收功易于反掌。这就是禁于未发之心理依据，如果是已发而禁之则"教者学者两败俱伤"，"教者胜利，则学生人格压抑，仍存于浅意识，得间作变态之发出"，"学者胜利，则放僻邪侈，益不可收拾"。故此，豫者，就在于把握年龄之可型性。（2）时者：时之为说，根据心理发展之诸阶段以施其教。心理各阶段，各有其生物学上之功用。故在一定时期施一定教育，比施任何他种教育更为有效，若违背心理发展之有序而参差错落施之，其结果徒劳无益。故此，时者，就在于遵循心理发展诸阶段之序。（3）孙者：逊也，序目井然也。修学之术，适时为之，最为上策，然所凭以资上进者，亦

非杂然并陈也。譬之教材一束，此时之所需也，而因分配异术，于是影响效率至大：得其体而理其绪，则纲举目张。顺其心向而导之，未有不丝丝入扣者。心理学之教法与伦理学之教法，各不相俟，而莫不有序程：心理之序程，以心为归，伦理之序程，以理为归。序程虽不同，而目的皆在免除倒行逆施之危机，以折中于合理而已。故此，孙者，就在于遵循心理和伦理之程序。（4）摩者：人类之行为，由于摹仿性而有改进，社会之暗示，亦藉人性之受暗示性以播扬习俗，故国有国风，乡有乡风。此种无形之影响，于是证明环境在教育上之重要：良冶之子，必学为裘，即此意也。故此，摩者，就在于说明环境熏染摹仿之作用。

《学记考释》就是依据赫尔巴特教育学"目的—方法"结构来构建《学记》教育范畴，并从教育目的论、教育方法论、教育心理学三个方面来进行系统的阐释，可以明显地体会到对赫尔巴特教育学话语体系的借鉴和模仿。但是，在三部分之中又存在杜威教育学术语的借用，比如，《学记》主于指导式教法就是注重学生的自发活动，就是倡导以学生为中心的体现；再比如，教学中重视"喻化"，教师应成为学生学习的指路碑、牧羊叟、司阍老，就是注重激发学生学习兴趣，体现学生学习自主性的表现；再比如，使用选课标准及课程选择看重社会需要，体现了杜威教育学有关课程方面的术语和理念。所以，《学记考释》可以被看作借用赫尔巴特教育学体系来构建教育范畴，杂糅使用赫尔巴特和杜威教育学的话语体系，并借鉴同时期传入我国的其他学派的相关研究成果，而综合形成的具有近代教育学科特点的教育著作。

第三节 凯洛夫式的《学记》教育范畴

"在整个 20 世纪，有三种外国的教育学对中国教育学的发生、发展产生过重大而深远的影响：一是德国的赫尔巴特及其学派的教育学；二是美国杜威的教育学；三是苏联凯洛夫主编的教育学。这三种教育学分别在不同历史时期的不同背景下，以不同的方式先后在中国传播并产生影响。正是这三次引进和传播'别国'教育学的过程汇成了中国教育学百年历程中并不多见的'三次热潮'"①。新中国成立之前是赫尔巴特及其学派的教育学和杜威的教育学的先后传播为主,在新中国成立之后则主要是以凯洛夫教育学为主导,对新中国成立初期教育学的发展产生了重要影响。

一 凯洛夫教育范畴与《学记》研究

新中国成立初期的《学记》研究,是在凯洛夫《教育学》思想指导之下展开的。

(一)凯洛夫《教育学》的传入及其结构体系

1. 凯洛夫《教育学》的传入

1949 年至 1956 年,是我国对教育学进行改造并进而全面"苏化"的时期,中苏关系发生变化和曲折后,凯洛夫教育学不再被顶礼膜拜,但仍对中国教育学理论有全面的影响,以至党的十一届三中全会后,人们还感叹"教育学的学科体系人称'四大块':总论、教育论、德育理论、学校行政管理,这是苏联凯洛夫教育学的体系。我们沿用了三十多年,至今没有大的突破"②。由此可见,凯洛夫《教育学》在中国教育学领域的深刻影响。

2. 凯洛夫《教育学》的结构体系

凯洛夫《教育学》在我国发行的版本和具体框架内容为:第一,凯洛夫《教育学》共有三个版本,如表 4 - 9 所示。

表 4 - 9　　　　　　凯洛夫《教育学》的三个版本

版本	编者
第 1 版（1939 年）	经凯洛夫校订,编者不明（版本未见）
第 2 版（1948 年）	凯洛夫主编,叶希波夫等人编著
第 3 版（1956 年）	凯洛夫总主编,冈查洛夫等人主编

---

① 侯怀银:《西方教育学在 20 世纪中国的传播和影响》,东北师范大学出版社 2011 年版,第 142 页。
② 李克敬:《教育科学应该有一个大发展》,《中国社会科学》1983 年第 5 期。

在我国广泛流行的版本有1948年和1956年两种，其中以1948年版的《教育学》影响最大。其框架结构如表4-10所示。

表4-10　　　　　　　　1948年版《教育学》框架结构

编次	章次
第一编教育学总论	第一章教育学的对象和方法；第二章共产主义教育的目的和任务
第二编教学理论（教学法）	第三章教学过程；第四章教养和教学内容；第五章上课是苏维埃学校教学工作的基本组织形式；第六章教学法；第七章学生知识的检查和评定方法
第三编教育原理	第八章共产主义道德教育原理；第九章共产主义道德教育的方法；第十章辩证唯物主义世界观基础的形成；第十一章苏维埃爱国主义教育与苏维埃民族自豪感的培养；第十二章劳动教育；第十三章自觉纪律的教育；第十四章意志与性格的教育；第十五章美育；第十六章体育；第十七章学生集体的组织与教育；第十八章课外活动和校外活动；第十九章苏维埃学校的教师；第二十章学校与家庭；第二十一章国民教育制度

1956年版凯洛夫《教育学》的框架结构如表4-11所示。

表4-11　　　　　　　　1956年版《教育学》框架结构

第一章教育学的对象；第二章共产主义教育的目的和任务；第三章学生的年龄特征；第四章苏联的国民教育制度；第五章苏维埃学校的教师；第六章体育；第七章苏维埃学校普通教育和综合技术教育的内容；第八章教学过程；第九章教学方法；第十章学校教学工作的组织形式；第十一章德育；第十二章美育；第十三章学校里的学生集体；第十四章学校的课外活动和校外活动；第十五章学校和家庭关于教育儿童的协同工作；第十六章学校管理和领导

我国由此形成了凯洛夫教育理论体系，"凯洛夫教育学的结构分四大部分：（一）总论，说明教育的本质、学校的目的和任务、儿童成长和发展的基本阶段及教育、国民教育体系；（二）教学论：教学过程、教学内容、教学原则、教学方法等；（三）教育理论：德育、体育和美育的任务、内容、方法和组织，儿童集体、课外和校外活动、学校与家庭的合作组织问题；（四）学校行政和领导。我国几十年来编写的大部分

《教育学》都没有摆脱这个四大块的体系"[1]。同样，凯洛夫教育理论体系也成为教育理论工作者开展教育研究的指导思想和理论参照。

（二）"教育—教学"结构体系下的《学记》研究

新中国成立初期的《学记》研究就是在凯洛夫教育理论体系指导下展开的。我们主要对1949年至1956年前后《学记》研究成果进行分析，以期能从整体上体现凯洛夫教育理论体系下的《学记》研究。

1. 《学记》的学术论文和教育史著作研究

新中国第一篇研究《学记》的学术论文[2]，是沈灌群1956年在《华东师范大学学报》第4期发表的：《学记——中国古代学校的教育和教学经验总结》；同样，在新中国第一本由沈灌群在1956年出版的中国教育史教材《中国古代教育和教育思想》之中，第二章第五节《先进启蒙者"学记"作者的教育观》，是中国教育史教材中第一次进行《学记》思想研究。新中国成立初期的学术论文和学术著作中，都是沈灌群第一次进行《学记》思想研究。我们以《中国古代教育和教育思想》中的《学记》思想研究为例，来呈现《先进启蒙者"学记"作者底教育观》的结构体系。从整体结构体系来看，《先进启蒙者"学记"作者底教育观》共从五部分展开论述，如表4-12所示。

表4-12 《先进启蒙者"学记"作者底教育观》的内容结构

一	《学记》作者及其关于教育的一般观点
二	教学论
三	教育论
四	教师论
五	《学记》的意义

第一部分：《学记》作者及其关于教育的一般观点，主要分析两个

---

[1] 顾明远：《中国教育科学走向现代化之路纪实》，《北京师范大学学报》（社会科学版）2009年第4期。

[2] 从现有收集的学术论文资料来看，1960年之前进行《学记》思想研究的学术论文就此一篇。

方面的内容。（1）关于《学记》作者。作者认为：《学记》写作于战国后期，它与《礼记》中的另一篇"大学"，都是乐正氏之儒的著作，可能就是孟轲弟子乐正克所作，承袭了孟轲传统，也受了荀况观点的一定影响。（2）关于教育的一般观点。①在学制问题上：《学记》承袭贵族国学教育的传统，"家有塾，党有庠，术有序，国有学"。②在学校作用和目的任务问题上：从性善论出发，肯定教育的可能性；从"建国君民"的统治目的出发，把学校教育机关，当作"化民成俗"的工具，进而实现"近者悦服远者怀之"的理想。

第二部分：教学论主要涉及三个方面的主要研究内容：（1）揭露传统教学中"教"与"学"两方面的缺点。教师"教"方面的缺点是："今之教者：呻其占毕，多其讯，言及于数，进而不顾其安，使人不由其诚，教人不尽其材。其施之也悖，其求之也佛"，"教"违背教学原理，则学生的"学"就一定不能了解真义。学生"学"方面的缺点是："人之学也，或失则多，或失则寡，或失则易，或失则止。此四者，心之莫同也"，学生在学习过程中，由心理的个别差异而形成了不同的偏向，这些偏向一发生，学习便要失败。学生学习有偏向，就需要教师"知其心"，用心理学上的术语说，是要了解学生心理上的个别差异和学习的态度和倾向。教师做好"知其心"的功夫，才能克服学生学习上的偏向，否则就不能使学生得到成功的学习。（2）在教学内容和方法问题上提出了"及时而教"的要求。所谓"及时而教"就是要求按照学生发展的年龄、年级及个别水平的不同情况来施教，需要从三个方面来努力：第一，要求教学做到"不躐等"或"不陵节而施"，既不用内容太浅的教材和问题去要求年长力强的学生；也不用内容过深的教材和问题去要求年幼力弱的学生。第二，包含了用学级编制来组织教学的思想的萌芽：《学记》作者把"大学"教育年限，定为初级和高级两等，初等七年四段，高等二年。第三，要求教师在经常的教学工作中，及时布置正式课业，如春秋教礼乐、冬夏教诗书等，也要及时布置休闲期间的作业。在进行教学和布置作业时，还提出了按自然程序来安排的原则。（3）提出了问答式教学的要求，以使教师能够善于提问和答问。具体来说：提问必须先易后难，逐步深入，经久地进行下去，将会达到义理通晓的境界；如其先难后易，教学效果正恰恰相反。答问时必须在倾听了学生所提问题以后，而答复的详细深浅，必须与学生的问题或水平配合；如其问小答大、问大答小或略问而说尽，对学生都没有什么好处。在问答和讲解的过程中，《学记》作者认为，教师的语言，必须精简明确，细致妥当，举例或譬喻不多而能说明和解决问题。

第三部分：教育论主要论述三个方面的内容。（1）在教育问题上，《学记》作者首先把"长善救失"当作教育的中心任务，也就是把教学内容，规定在封建伦理道德的范围内，按照封建道德的标准来培养学生。在论述国家派人视察大学工作时，对于九年中的学习，都提出了关于教育、教养方面的要求。至于教育的实施方法：着重通过乐教和礼教，做好"禁于未发"的工作；重视"相观而善"的观摩作用。（2）在讨论教育与教学问题时，重视学生的自觉性积极性。"君子之教，喻也：道而弗牵，强而弗抑，开而弗达。道而弗牵则和，强而弗抑则易，开而弗达则思。和、易以思，可谓善喻也"，只有着重诱导，才可使教育教学过程，保持和谐气氛；只有着重鼓励，才可使学生的学习和修养，易于前进；只有着重启发，才能促进学生积极思考。也只有做好诱导、鼓励、启发的教育和教学，才算是善于"教喻"。（3）在提出教育和教学的主张时，总是把教育和教学联系起来。《学记》作者既要求教学贯彻道德的培养，例如经典的学习以及礼乐教学，都要为教育目的服务，都要同时培养着学生各种道德品质；又要求把智育和体育美育结合起来，而着重指出"藏""修""息""游"的适当配合。

第四部分：教师论关于教师的问题，《学记》作者所主张的"尊师重道"的思想及"教学相长"的思想。（1）"尊师重道"：只有"尊师"才能"重道"，才能使统治阶级下层，尤其是广大的被统治阶级，按照御用的"道"来动，因而拥护统治、服从统治。（2）"教学相长"：教与学是一件事的两个方面，学好了才能教，要教得好必须不断地进修或学习。

第五部分：《学记》是一篇关于教育和教学的理论及方法的论文，是中国教育学史上极为辉煌的遗产。在秦汉以后两千多年中国封建教育实践中，是极有指导意义的文件。

2.《学记》的注释研究

新中国成立初期的《学记》注释研究，共包括：顾树森的《学记今译》和傅任敢的《〈学记〉译述》两部著作。其中：顾树森的《学记今译》由人民教育出版社1957年4月出版，傅任敢的《〈学记〉译述》由新知识出版社1957年12月出版，两部著作都是1957年先后出版，虽然都受到凯洛夫教育理论体系的影响，但是都处于对学习苏联先进教育经验中的教条主义开始反思的阶段。1957年1月23日，朱典馨在《文汇报》上发表《需要一本中国的教育学》一文时指出，"我们也曾编写过一些教育学，但基本上只是转述了苏联教育学，而看不出中国教育学的特色"；与此同时，1957年4月瞿葆奎在《华东师范大学学报》（人文科学版）发表了题为《关于教育学"中国化"问题》，明确提出了教育学"中国化"的问题。而要实现教育学"中国化"，就必须吸收我国传统教育的某些有用的经验。1957年出版的《学记》注释研究方面的著作，就是在此种教育背景下完成的。正如顾树森在《学记今译》前言中指出，"发掘和整理我国教育遗产，以丰富教育理论并充实教育史的内容，是我们研究中国教育史的人当前最重要的责任"，丰富教育理论并充实教育史的内容，既是《学记》研究的目的所在，又是实现教育学"中国化"的关键所在。

（1）傅任敢的《〈学记〉译述》

《〈学记〉译述》由引言、译注、述义三部分组成。其中：引言部分主要说明两个方面的内容，一是回答为什么要研究《学记》，二是对《学记》内容的认识。首先，作者回答了为什么要研究《学记》，"《学记》是早期儒家学派的教育理论概括和教育实践总结，是我国最早的一本教育学"，《学记》是我国最早的一本教育学，主要表现为：第一，因为它是中国古代教育文献中很早又很全面的一篇。它从教育的作用、教育的目的、学校制度、视导制度、教育原则、教学原则、教学方法以及教师问题等方面，都作了系统的阐述。第二，因为它有许多有益的经验和意见，所以虽然相隔两千多年，对于今天的教育工作，还是富有现实意义的。第三，它不只是中国的一篇很早很全面的教育文献，也是世界上一篇很早很全面的教育文献。其次，作者指出了如何认识《学记》的内容。第一种成分是古代教育现实的反映，第二种成分是作者对于教育的意见，第三种成分则是出于一般传述，事实真相尚待考证。

《〈学记〉译述》的译注部分，分为本文和译文两部分，且文本和译文是左右并列且一一对应的呈现，并用页下注的方式来对每句话中的关键字词进行注解。其文本格式如下：

本文　　　　　　　　　译文
发虑宪[1]　　　　　　　[执政的人对于国家大事如果能够] 深谋远虑

[1] 发是发动的意思。虑是思虑的意思。

此种译注方式相比此前的注解或顾树森的《学记今译》来说，无论从具体内容还是从行为方式上并无大的突破。

《〈学记〉译述》的述义部分，初稿成文于1956年12月29日，校毕于1981年7月，从其所研究内容的各部分组成来看，研究内容的结构体系并没有突破凯洛夫教育学理论体系。述义部分主要是从六个方面来分析《学记》的教育内容：一是教育作用与教育目的。作者认为，《学记》是从教育的必要性与可能性两方面来论证教育的作用与目的，在必要性方面是从统治阶级的要求来谈的，在可能性方面是从性善论的角度来谈的。二是教育制度与学校管理，主要包括学制、年纪雏形、视学制度、开学仪式、目的教育、上课规则、体罚等七个方面的内容。三是教育与教学的基本原则，主要体现为教学相长的原则、藏息相辅的原则、预防性（豫）原则、及时性（时）原则、顺应性（孙）原则、观摩性（摩）原则、启发性（喻）原则①、长善救失原则。四是教学方法，主要包括问答法、讲解法、练习法。五是教师问题，从教师的作用、优秀教师的基本条件、尊师的必要等三方面进行了论述。六是当时教育的五大弊端及其危害，五大弊端为：呻其占毕、多其讯言、及其数进而不顾其安、使人不由其诚、教人不尽其材，必然导致的五大危害：厌恶学习、怨恨教师、苦于学习的困难、不知学习的用途、"虽终其业，其去之必速"。

故此，教育作用与教育目的、教育制度与学校管理、教育与教学的

---

① 作者认为启发性（喻）原则，是《学记》最中心和最紧要的一个原则。《学记》恭维"君子之教"的特点是"喻也"，即善于启发或诱导。它认为"时观而弗语"是教学的基本纲领之一。启发性原则的具体内容有三：道而弗牵、强而弗抑、开而弗达。启发性原则是《学记》作者启发学生自觉学习的办法。

基本原则、教学方法、教师问题等五个方面的理论体系，就构成了《学记》的教育范畴。

（2）顾树森的《学记今译》

顾树森的《学记今译》与傅任敢的《〈学记〉译述》同出版于 1957 年。相对傅任敢的《〈学记〉译述》，顾树森的《学记今译》所呈现的《学记》相关研究内容要丰富得多。除此之外，顾树森在其编著的《中国古代教育家语录类编》①（上海教育出版社，1988 年版）上编的第五编《思孟学派教育语录》中，从教育的目的与作用、学制及教学大纲、教学的原则与方法（教学相长、正业与居学并重、教学的成功与失败、循循善诱和因材施教、启发教学、反复练习和触类旁通、尊师重道）等三个方面对《学记》中的教育语录进行了摘录。

本书试选取顾树森的《学记今译》，来全面呈现《学记》教育范畴的苏式风范。

二 "教育—教学"：《学记》教育范畴的苏式风范

顾树森的《学记今译》主要从前言、今译、总结三个方面对《学记》展开研究，我们试在各部分研究的基础上，分析《学记今译》之中所体现的《学记》教育范畴。

（一）《学记今译》的前言研究

作者主要从四个方面介绍进行《学记》研究的前期情况。一是从事《学记今译》的动机。按照作者的陈述，从事《学记今译》的直接动机为，作者在编写《世界教育史》讲稿时，曾翻阅了一些西方国家出版的世界教育史书籍，其中对于中国古代的材料，往往一字不提。按照作者的理解，"由于中国图形文字和象形文字的出现最早，从而断定中国古代学校的产生在世界各国历史上亦为最早，从而学校制度、教育理论和教学方法，也必然最早就形成、发展起来"，因此有必要开展中国古代教育研究。那么，在发掘和整理我国教育遗产时，为什么首先提到对《学记》的研究呢？作者认为，《学记》"首先阐明教育的目的，教育的

---

① 该著原分为上册、下册、补编三册，1960 年前后出版上册和下册，1983 年再版时又出补编。1988 年版为上册、下册、补编三册的合订本。

第四章　学科与学术：《学记》教育范畴的综摄涵化

任务与作用，古时教育的制度，视学与考查学生学业成绩的方法；其次，述及教与学的相互作用，正课学习与课外作业的相互结合，教育上得失的原因，以及问答方法的运用；最后，则提出教师在教育中的重要作用，和尊师重道的必要性"，"其中所阐明的教育原理和方法，与近代教育学上所讲述的，颇多近似之处"，因此"《学记》这一篇著作，可称为中国古代教育学的雏形，也可说是中国教育史甚至世界教育史上第一篇非常辉煌的有关教育理论和方法的伟大著作"。

二是说明《礼记》一书的来源。作者认为，《学记》是《礼记》中的篇章，有必要就《礼记》一书的来源问题进行说明。作者在文中并没有给出确定的观点认为《礼记》到底如何而来，只是对《礼记》一书来源的相关观点进行陈述：（1）《礼记》为孔门弟子各就自己所闻而作的一种记录；（2）《礼记》中的大部分为汉儒所作，唯其中《乐记》《学记》《大学》《中庸》各篇，出于孔门弟子所传的记录；（3）后人把《礼记》一书认为大部分是汉儒所作，是不无相当理由的；（4）《周礼论序》与《隋书经籍志》所载戴圣删《大戴礼》为四十九篇，以及戴圣删《大戴礼》初为四十六篇，后由马融增加三篇而成为四十九篇之说，都是不足信的。故此，从作者言语之中看出，其赞同《礼记》大部分由汉儒而作的观点。

三是说明《学记》作者的学派和它的要求。作者首先指出，"《礼记》一书四十九篇中大部分为汉儒所作，惟《乐记》《学记》《大学》《中庸》等各篇，都是出于孔门弟子所传的记录，似无可置议者"。但是，因孔门弟子众多，这必然关乎《学记》作者到底为何人的寻问。作者赞同郭沫若先生的主张，认为《学记》是写作于战国后期而为乐正氏一派儒者的作品，它是继承思孟一派的观点而从性善出发的，可能是孟轲弟子乐正克的作品①。至于杜明通在《学记考释》中认为《学记》作者为汉董仲舒的论断，作者认为杜明通的考证"实不足为董氏所作的有力根据，今姑附此说以待今后的考证"。可见，作者不赞同《学记》作者为董仲舒的观点。

---

① 郭沫若在《十批判书》之《儒家八派的批判》中指出，"《礼记》中的《学记》一篇，我也认为是乐正氏作品"。

四是述明译述参考资料的依据。作者给出了进行译述《学记》的参考资料，书目的情况如下：郑玄《礼记注》、孔颖达《礼记正义》、卫湜《礼记集说》、吴澄《礼记纂言》、陈澔《礼记集说》、孙希旦《礼记集解》、朱彬《礼记训纂》，"以上这些著述，大都以'郑注孔疏'为主，吸取它的精华，删除它的繁芜，并酌加历代各家解释而附以己意，都可作为研习《礼记》的重要参考资料"。

（二）《学记今译》的今译研究

作者在前言中对今译部分的具体结构进行了说明，"我在今译中的注释，都是以上列各书作依据，凡经文释文有合于理而于义可通的则取之，凡有牵强附会而于理不可通的则舍之，然后再就原文的顺序和语意，译为现代语以阐明书中大意。末了加以案评，作为研究我国古代教育的参考"，因此每段经文就包括：经文文本、注释、译述、案评等四部分。

《学记今译》将《学记》原文分为20个段落，并在案评中对其所包含的大义进行了评述，具体情况如表4-13所示。

表4-13　　　　　　　　《学记今译》的段落结构

段落	案评教育大义
1. 从"发虑"至"学乎"	说明教育的目的和学校教育的重要性
2. 从"玉不"至"谓乎"	说明教育的任务与作用
3. 从"虽有"至"谓乎"	说明教学并重和教与学相互发生作用的道理
4. 从"古之"至"有学"	述及中国古代学校制度的大要，以证明"古之王者，建国君民，教学为先"的意思
5. 从"比年"至"谓乎"	述明中国古代视学的制度和分年考查学生学成成绩的标准
6. 从"大学"至"谓乎"	说明中国古代的大学，在开学的前后，就有一定的礼节和进行教学的先后程序
7. 从"大学"至"谓乎"	说明当时大学中的教学方法，特别指出正常课业与课外作业应该同时并重，以及课外作业必须与正常课业相结合的重要性
8. 从"今之"至"由乎"	说明当时教学所以失败的原因
9. 从"大学"至"兴也"	从正面提出大学教育及教学的基本原则，说明施教的人必须依照这些原则来进行教学，才能达到成功而不致失败

第四章　学科与学术：《学记》教育范畴的综摄涵化

续表

段落	案评教育大义
10. 从"发然"至"废也"	从反面来证明上面四项原则的重要性
11. 从"君子"至"喻矣"	说明做教师的必须深切明了教学成功和失败的原因，然后可以为人师。并且郑重地指出教师不但要懂得上面所说的重要原则，而且还要彻底了解教学必须发挥学生的自觉性和积极性
12. 从"学者"至"者也"	着重说明"因材施教"的原则
13. 从"善歌"至"志矣"	说明教人的目的，不仅在使学生求得知识明白道理而已，尤其重要的，在使学生从学习中找出心得，自己得到感动而能继续达到教师所指示的方向和要求的目的，故用"善歌继声"作为比喻，以说明这个道理
14. 从"君子"至"谓乎"	说明教师地位的重要性，及对师资必须慎重选择
15. 从"凡学"至"师也"	说明教师的地位既然如此重要，统治者自应尊敬师长以表示尊师重道的意思
16. 从"善学"至"道也"	说明教师发问和答问的重要原则
17. 从"记问"至"可也"	着重说明做教师的必要条件
18. 从"良冶"至"学矣"	说明学生在学习中必须加强练习的重要性，并且指出练习的基本原则
19. 从"古之"至"不亲"	说明学生求学的方法，必须要用同类的事物相比，以达到因理推论触类旁通的目的
20. 从"君子"至"务本"	《学记》作者总结全篇而言。说明求学的目的，在乎"务本"，这个"务本"，就是《论语》上所说的"君子务本，本立而道生"的意思

　　作者对于每个段落大义的理解就包含在案评教育大义当中，我们通过对每段大义的理解就能体悟作者对《学记》段落文本的整体认知，而今译研究中的案评部分就是作者结合凯洛夫教育话语体系对《学记》文本的教育理解。

（三）《学记今译》的总结研究

《学记今译》对《学记》教育范畴的研究就在总结部分，作者从正反两个方面对其进行了分析，"我们必须认识：《学记》作者受了历史的、阶级的限制，他的论点有正确的地方，也有不正确的地方"。

— 277 —

1. 《学记》中应行批判的部分

作者指出,"我们对作者要求当时统治者把学校教育仅作为统治人民教化人民的工具,以学习圣人的'至道',作为思想统治的武器,应当加以批判而否定它"。作者认为,《学记》中存在五个需要批判而否定的方面。

(1) 应批判而否定之一:以"化民成俗""建国君民"作为教育目的

《学记》作者在首先两节中,即提出"君子如欲化民成俗其必由学乎"和"古之王者建国君民教学为先"的说法。他认为古时统治者,为了维持社会秩序,巩固政权,就非先使被统治的民众,得到共同的认识和统一的意志不可;为了达到这个目的,也就非从"设学立教"入手不可。他又引证了古时统治阶级所以能很早注意于广设学校,推行教化,亦无非为了达到这个目的。所以说,当时作者提出学校教育的重要性,与其说是推广教育,不如说它是为了适应封建统治者的利益,培养少数具有"化民成俗"能力的统治继承者,和一般"安分守己"的顺民而已。

(2) 应批判而否定之二:以学习"至道"作为教育的任务

《学记》作者要求统治者"立学设教"以达到"建国君民"的目的。但在立学设教以后,究竟用什么方法来实现这个理想呢?他就主张必须使广大民众从学习"至道"入手。什么是"至道"呢?这就是《中庸》上所说的"君臣也、父子也、夫妇也、昆弟也、朋友之教也"的天下之大道。这种伦常之道是儒家学说中一贯的中心思想,是符合当时封建统治要求的。这种"至道"也就是《大学》上所说的"大学之道,在明明德,在亲民,在止于至善"的道,要从"格物""致知""诚意""正心"以达到"修身""齐家""治国""平天下"的道。总之,《学记》作者要求统治者必须将伦常思想的道,"明德""亲民"的道,灌输于一般民众的意识中,成为善良的风俗习惯,用以维持社会秩序,巩固统治政权,以达到"治国""平天下"的最终目的,这完全是从封建统治者的立场出发的。

(3) 应批判而否定之三:古时教育制度是完全为统治阶级服务的

《学记》作者所提出的关于古代的学校制度,各地设立的学校,似

第四章　学科与学术：《学记》教育范畴的综摄涵化

乎很普遍，所谓"家有塾，党有庠，术有序，国有学"，但是事实上"在奴隶制时代，庠序学校等，是教养贵胄子弟的地方，庶民子弟不能高攀"。虽然后来有了选举制度，但是"这些士虽说都是由乡里所选进，而在事实上也并不选自真正的劳力的人民，而只是选自新起的一些小地主"。可知古时学校制度，虽然表面上各地方设立的很多，但它所收容的学生，可说是绝大部分都是天子诸侯和公卿大夫的一般贵族子弟，以及极少数的新兴地主的子弟，而真正的劳动人民，还是得不到受教育的机会，所以这种学制，也完全是为统治阶级服务的。

（4）应批判而否定之四：重视开学典礼，施行体罚，以宣扬统治者的权威

《学记》作者提出在大学开始入学的时候，统治者必须亲自参加所举行的极其隆重的典礼，以宣扬统治者的权威。所谓"皮弁祭菜，示敬道也，宵雅肄三，官其始也，入学鼓箧，孙其业也，夏楚二物，收其威也。"这些都是一方面用以表示在开学前，统治者对教育事业的重视，以端正初入学者的态度，坚定他们向学之心；同时在另一方面对学生采用"扑作教刑"的体罚办法，以求表面上收到整齐严肃之效。其主要目的，无非借此宣言封建统治的权威，用来强迫学生统一意识，以期达到"训服"的目的。

（5）应批判而否定之五：以"务本"为求学的最终目的

《学记》作者在最后一节中又提出"务本"作为求学的最终目的。这里所谓"本"就是《论语》上所说的"君子务本，本立而道生，孝弟也者，其为仁之本与"的本，亦即大学上所说的"自天子以至于庶人，壹是皆以修身为本"的本。换句话说："务本"就是要使人求学必先注意于学习"至道"为基本要求。所以学习"至道"，就是要学习儒家传统的伦常之道，从孝弟出发而达到最高理想的"仁"，以"修身"为立身基础，进而达到"齐家""治国""平天下"的目的，这样的学习，才可谓"务本"。总之，这种重视"务本"的学习，完全是站在封建统治者的立场来要求学生，主要无非要以伦常思想和"修身、齐家、治国、平天下"的"至道"，普及于民间，以期达到"化民成俗"的目的。

2.《学记》中应行发扬光大的部分

作者同时认为，《学记》作者"从过去的丰富经验中，提出了有关

教育理论和教育方法上不可磨灭的至理名言，亦应加以肯定而吸收它，并且要从而发扬光大，成为我国古代教育史上最有辉煌成绩的一页"。作者指出，《学记》中有四个方面需要发扬光大。

(1) 应发扬光大之一：行政领导方面

《学记》在行政领导方面值得我们借鉴的有以下三个方面。第一，分年编制教学计划和视导制度的建立。《学记》作者提出大学施教之先，教育行政领导方面必须订立教学计划和视导制度，对九年的学校，分别订定了分年实施的教学计划。而视学者每隔一年，就必须按照这预定的培养目标去进行视察，以考核学生达到的程度。这种教学计划和考察成绩相结合的视学制度，无论是作者的设想也好，建议也好，在两千年以前，可说是一种创见，值得我们特别提出。第二，利用开学典礼的必要措施。《学记》作者举出了当时学校在学生开始入学的时候，统治者举行隆重的典礼，宣布办学的大纲，并订定分年视学的制度。开学典礼这种方法和制度的本身，并不应因被统治者所利用被否定。学校在开学之前，如果教育行政和学校当局，能利用此时机举行隆重的典礼，对学生宣布他们来学的目的和求学的方向；对学校行政，确定他们办学的方针和进行的顺序，同时规定分年视察学生学业成绩的进展，那对整个学校教育是有重要意义的。第三，尊师重道的积极意义。《学记》作者又提出了选择教师的重要性和尊师重道的意义。他认为教师与君长同负教民的重大责任，所以主张教师与地方首长和国家君王占着同等重要地位。所谓"能为师然后能为长，能为长然后能为君"。虽然他们的尊师是为了重道，重道是为了推行伦常的道理，用以维持封建社会秩序，但尊师重道本身是值得我们学习和借鉴的。

(2) 应发扬光大之二：教育原理方面

《学记》中值得我们提出来作为重要参考的教育原理主要有以下四个方面。第一，教学相长和教学各半的原理。《学记》作者首先提出"教学相长"和"教学各半"的原理。他认为教师可能因教人而遇到困难，就必须加强进修，努力钻研，以提高教学质量，这是教因学而得益。学生因学习而知不足，反而求诸己，更感到教师指导的必要，这就是学因教而日进。所以教与学二者，能彼此相长，相互发生作用。也就是说教人的一半是教，一半是学；而学习的人，一半靠教师来教，一半还靠自己去学。第二，正常课业与课外作业相结合的原理。《学记》作者提出正常课业与课外作业并重，二者必须互相密切配合，所谓"时教必有正业，退息必有居学"。同时，并指出正常课业在开始学习时，必须以课外作业的活动，作为正课的预行练习，这样，才能使正常课业的学习感到容易，而且易于进步；并且能增加学生的兴趣，使他们永久不能遗忘。第三，教育上成功和失败的经验教训。《学记》作者又提出了教育成功和失败的原因，从经验教训中得出几个重要原理。教学上成功的原理就是："豫""时""孙""摩"，而教学上失败的原由为："发然后禁，则扞格而不胜；时过然后学，则勤苦而难成；杂施而不孙，则坏乱而不修；独学而无友，则孤陋而寡闻。燕朋逆其师，燕辟废其学"。第四，"因材施教"和"长善救失"的原理。《学记》作者又特别指出教师对学生进行教育，必须深切明了各学生的心理才能，然后因材施教，达到"长善救失"的目的。学者有"多""寡""易""止"四失，教师就应当知晓每个学生的心理特征和个别特征，才能针对他们的优点和缺点，进行因材施教，发展他们的特长，补救他们的缺点。

（3）应发扬光大之三：关于教学原则方面

《学记》中需要发扬光大的教学原则有四，具体如下。第一，要求教师善于诱导启发学生的原则。《学记》作者指出"君子之教"，是"晓喻"的意思。这就要求教师善于诱导启发学生，鼓励他们自动而不加抑止，启发他们开动脑筋，深入钻研，很愉快地和自觉自愿地去学习，以达到"和""易""思"的地步。这样，才可以称谓教师的"善喻"。反对教师偏重机械的诵读和注入式的讲解，只要求提高学习进度，不照顾学生的能力，结果造成学生厌恶学习，怨恨师长，将来虽然能勉强卒业，结果必然仍会全部遗忘。第二，要求教师注意学生接受能力的原则。《学记》作者提出要求教师无论向学生提出问题，或者是回答学生问题，必须注意到学生接受能力，和坚持先易后难由浅入深的原则。所谓"善问者如攻坚木，先其易者，后其节目，及其久也，相说以解。不善问者反此"是也。第三，要求学生进行学习必须从练习入手的原则。《学记》作者提出要求学生在进行学习的时候，必须注意于练习；而练习的方法，尤必须从简单易学入手，只有"由浅入深""由易到难"才可使学生不致畏难而中止。第四，要求学生独立思考而采用"比物丑类""触类旁通"的原则。"比物丑类"就是以同类的事物相互比较，做到因理推论触类旁通的地步。这种方法，在使学生能运用自己的独立思考，从具体事物中把已知的部分和未知的部分所存在的联系，比较类推，因而求得明确的概念。《学记》中用"鼓"与"五声"、"水"与"五色"、"学"与"五官"、"师"与"五服"的相互关系的譬喻，就是运用"比物丑类""触类旁通"的原则。

（4）应发扬光大之四：对教师严格的要求

《学记》作者一方面要求统治者对教师应予以极其崇高的地位和尊重，另一方面对教师的要求也特别严格。具体表现如下。第一，教师必须深切明了教学成功和失败的原由，要从开导、鼓励、启发入手，逐步达到"和""易""思"的地步，才可谓循循善诱的好教师。第二，教师在进行教学时，必须知道学生的学习有难易的区别，知道学生的材质有美恶的不同。从而在教学方法的选择上能根据因材施教的原则，采用"广博譬喻不拘一格"的方法来施教。第三，教师不仅要准备好应付学生发问的材料，而且自己要有充分的修养和丰富的知识，了解教材内容的精神实质，并且能"以身作则"。第四，教师要能达到"善教者使人继其志"的地步，这就要求教师能以教材内容的精神实质，指出它的目的性和方向性，引导学生自己运用独立思考、努力钻研、深刻体会，向教师所期望的目的而努力。这种"继志"的教学方法，是要求教师的最高目标。

顾树森在《学记今译》中，用阶级分析方法对《学记》服务于封建统治阶级需要的内容进行了批判。同时采用凯洛夫教育理论体系，从行政领导、教育原理、教学原则、教师等四个方面来建构《学记》教育范畴，从而使《学记》教育范畴呈现出苏氏风范。此外，同时期关于《学记》研究的成果，都是采用凯洛夫教育理论体系对《学记》教育范畴进行研究的。凯洛夫教育理论体系成为本阶段《学记》教育范畴研究的核心体系。

第四节　《学记》教育范畴的"自主表达"

正如刘震在《〈学记〉释义》中指出的，"创建新中国的教育学，创建具有中国民族特色的教育学,是一项巨大的工程,它不可能一蹴而就。对当前教育工作,在原有的基础上,需要进行一系列的改革工作。党中央指出,应当从实际出发,全面而系统地改,坚决而有秩序地改。改革的过程,也就是一个在实践中不断发展我国社会主义建设特色的过程。笔者不揣谫陋,在前人注释的基础上,写成《学记》释义,向读者介绍,希望在我们进行教育改革,建成具有中国民族特色的教育学过程中,能起到一定作用"[1]。至此,《学记》教育范畴研究进入创建具有中国民族特色的教育学的学科进程之中。

一 中国教育学自主探索与《学记》诠释

《中国教育学百年》一书中将中国教育学的百年逻辑运行轨迹总结为:从对国外的仿效到本土化的追求,从意识形态化到学科的自立,从大教育学到分化的教育学,从对教育学的建设到批判性反思等四个方面。作者同时指出这四个方面只是我国教育学百年发展的外在的形,而要探索教育学发展内在的神就要倚重于对教育学相关命题的探讨,其中一个命题就是对教育学中国化的探讨。无论教育学研究者如何对待和评价教育学中国化这个命题,但必须承认的事实是:教育学中国化可被视作中国教育学进行自主探索的重要路径。

(一)教育学中国化:中国教育学自主探索的重要路径

正如张忠华在《教育学中国化百年反思》中指出的,"教育学作为一门学科,在中国一开始就是'进口'而来的,人们形象地称它是'舶来品'。教育学的引进与教育学中国化几乎是相伴而生的"[2]。我国学者关于教育学中国化发展阶段的划分研究,主要体现为以下三种代表性观点。

第一,陈桂生在《略论教育学"中国化"现象》一文中,主要对新中国成立之后至20世纪80年代的教育学中国化发展阶段进行研究:"概括地说,以教育学'中国化'为中心目标,先后对教育学研究成果有过三次反思:第一次,50年代对进口的凯洛夫主编的《教育学》的反思,

---

[1] 刘震:《〈学记〉释义》,山东教育出版社1984年版,(前言)第6—7页。
[2] 张忠华:《教育学中国化百年反思》,《高等教育研究》2006年第6期。

导致标榜'中国化'的'政策法令汇编'式的《教育学》(1960)问世。第二次，60年代初，主要以'政策法令汇编'式的《教育学》为反思对象，反思的结果，形成刘佛年教授主编的《教育学》。第三次，70年代末80年代初，主要以'文化大革命'期间混乱的教育思想为反思对象而以刘佛年主编的《教育学》为参考"①。

第二，张忠华《教育学中国化百年反思》一文则是以"教育学中国化"为主题，将中国百年教育学发展历程分为六个阶段："(1) 1901—1915年。其路径是割断中国教育传统—学习日本—教育学在中国出现，产生教育学中国化的朦胧意识。(2) 1916—1949年。其路径为抛弃学习日本—转向学习美国为主—教育学中国化的初步探索。(3) 1949—1966年。其过程是改造旧教育学—学习苏联与批判苏联—明确提出教育学中国化的问题—结果是中国'政策化'教育学的产生。(4) 1966—1976年。此阶段主要是中国教育学的'独创'—形成'政策化+语录化'的教育学—教育学的科学性遭到破坏。(5) 1977—1984年。此阶段主要是苏联和西方教育学理论的全方位介绍和翻译—教育学的恢复和重建。(6) 1985年至今②。这一阶段可称为教育学中国化的全面建设和反思阶段。"③

第三，侯怀银、王喜旺在《教育学中国化———一个世纪以来中国学者的探索和梦想》一文中，以教育学中国化为主线，将百年中国教育学发展历程分为五个阶段："(1) 中国化意识的萌生（1901—1949年）。教育学中国化的思想开始从'经验层次'上被提出来。教育学中国化的努力基本停留在对中国国情和问题的关注方面，而对西方教育学的框架和体系没有应有的突破。(2) 教育学中国化的确立（1950—1960年）。教育学中国化作为一个命题被在理念层面上确立起来。教育学基本上变成了经验化或政策化的形态，教育学'中国化'反而'化'掉了教育学。(3) 教育学中国化的反思（1961—1965年）。以刘佛年主编的《教育学》（讨论稿）为标志，教育学的中国化进入了新阶段。中国学者吸取了'中国化'化掉了'教育学'的教训，试图把'中国化'拉回到正

---

① 陈桂生：《略论教育学"中国化"现象》，《教育理论与实践》1994年第4期。
② 此篇论文发表于2006年，至今就是21世纪初为止，或就是整个20世纪，也即中国教育学的百年发展历程而言。
③ 张忠华：《教育学中国化百年反思》，《高等教育研究》2006年第6期。

确轨道上，力求从理论上体现'中国化'。但由于当时政治对教育学研究的高度挤压，教育学中国化并没有实现其初衷。（4）教育学中国化的畸形实践（1966—1977年）。'文化大革命'期间所编写和印行的教育学使教育学的独立性已不存在。（5）教育学中国化的多向度展开（1978年至今）。十一届三中全会以后，教育学中国化被进行新的解读与建构。80年代初期，由于教育学研究整体的理论水平不高，教育学中国化的解读尚停留在比较粗浅的层次上。到80年代末，教育学中国化问题研究在高度与深度上进一步推进。进入90年代后，随着教育学研究领域反思思潮的出现，教育学中国化问题的研究进入了具有相当深度的反思阶段。进入21世纪，教育学中国化仍是教育学界继续关注的话题。"[1]

我们从已有研究资料中不难发现，本文所涉及的教育学中国化问题就是教育学中国化的全面建设和反思阶段，是教育学中国化的深入研究和继续拓展的阶段。而教育学"中国化"的任务之一，就是要继承我国历史实践中所积累的思想材料。我国从古代到近代几千年的教育实践，积累了极其丰富的教育遗产，这份遗产，必须由我们来继承。具体来说，就是"对于中国各个时期教育家的教育思想和教育实践的遗产，不应当完全抛弃，而应当批判地继承。在教育学中不但能够引用夸美纽斯、马卡连柯等人的材料，而且也有孔仲尼、陶行知等人的材料"[2]，20世纪80年代以来的《学记》教育范畴研究就是在此种学术背景下展开的。

（二）《学记》诠释：创建具有中国民族特色的教育学

20世纪80年代以来的《学记》研究就是在教育学中国化的大背景下进行的，其中《学记》研究专著有四部，分别为：高时良的《学记评注》、许椿生的《学习祖国珍贵的教育遗产——〈学记〉》、刘震的《〈学记〉释义》、张国光的《〈学记〉新讲》，是以继承和发扬教育遗产从而为构建具有中国民族特色的教育学服务为宗旨的。

高时良的《学记评注》正式出版于1982年6月，许椿生在写作《学习祖国珍贵的教育遗产——〈学记〉》（1981）时，曾"引用了福建

---

[1] 侯怀银、王喜旺：《教育学中国化——一个世纪以来中国学者的探索和梦想》，《教育科学》2008年第6期。（本书的引用是根据原文进行一定程度的删减）

[2] 张文郁等：《为繁荣教育科学创造有利条件》，《人民教育》1957年第7期。

师范大学高时良教授所著《学记评注》（油印版）的部分注解"，表明高时良《学记评注》在出版之前就已以油印本的形式存在①。因此，《学记评注》可以被看作党的十一届三中全会后最早进行《学记》专门研究的著作，而在此书的基础上，2006年高时良出版的《学记研究》则是21世纪进行《学记》专门研究的开创性作品。《学记评注》在"正确看待《学记》这份遗产"中指出，"建国以后，在研究评价《学记》过程中，存在着两种偏向：一是全盘肯定，这在五十年代表现得比较明显。另一是全盘否定，被认为宣扬'反革命'的教育经验，这主要是极'左'思潮的流毒"，"全盘肯定或全盘否定，都是用唯心主义和形而上学的方法对待教育遗产，与历史唯物主义和辩证唯物主义背道而驰"②。那么，如何用历史唯物主义和辩证唯物主义的方法来对待《学记》这份遗产呢？作者认为："我们提倡一分为二，既不把古人的思想现代化，也不应用今天的标准去要求古人。我们主张对教育家的世界观、政治态度、教育思想做具体分析，是因为一个人所依存的社会关系是错综复杂的。由于历史和阶级的制限，那怕最好的教育作品，也都不可能十全十美，白璧无瑕。这就决定了继承古代教育遗产，必须是批判地继承，而不是原封不动的接受。取其精华和弃其糟粕的统一，对于《学记》，我们同样要采取这种态度"③。可见，一分为二，取其精华，弃其糟粕，就是作者对待《学记》这份教育遗产的态度。

许椿生的《学习祖国珍贵的教育遗产——〈学记〉》首先发表在《河北教育》1981年第3、4、5期上，后汇编成册以《河北教育》增刊的形式出版。作者在增刊的《前言》中，对学习和研究《学记》的原因给予了说明。作者是从我国历代学者对于《学记》的评述入手进行阐述的，"清朝学者陈澧指出：'若以此为法，学术由此而盛，人才由此而生矣。'（《东塾读书记》）当代教育史学家和教育理论家也都认为《学记》不仅是中国的一篇最早最完备的教育文献，也是世界的一篇最早最完备

---

① 高时良在《学记研究》的"后记"中写道，《学记评注》"动笔于70年代后期"，北京师范大学尹德新教授知书稿写成后，"将稿件借去油印供北师大研究生学习参考。后来也由他建议，送人民教育出版社出版"。（高时良：《学记研究》，人民教育出版社2006年版，第311页。）
② 高时良：《学记评注》，人民教育出版社1982年版，第129页。
③ 高时良：《学记评注》，人民教育出版社1982年版，第132—133页。

的教育文献",作者就是从人才和学术两个方面来阐述学习和研究《学记》的原因的。第一,为了实现四个现代化,人们迫切希望我国的科学技术兴旺发达,迫切要求快出人才,多出人才。学习和研究《学记》的作用就在于为实现四个现代化提供教育基础,从而为快出人才、多出人才提供教育的保障,"我们通过《学记》的学习,随时记忆它所给予我们的启示和告诫,结合我们得自现代教学论的知识及其所提供的细节,在实践中运用,这就能帮助我们提高工作质量,使作为实现四化基础的教育,发挥更大的作用"。第二,为了继承和发扬祖国珍贵的遗产(包括教育遗产),就需要我们学习和研究《学记》。"自从我国兴新学以来,外国的教学理论相继输入,以致在教育书刊中,在学校讲坛上,德国的、美国的、苏联的教学原则、方法以及组织形式,轮番介绍;对于始自古希腊罗马的西方教育家的教育及教学思想,赞颂不绝。相比之下,我国历史上极为重要的教育文献,例如《学记》,在论坛上却没有占据引人注目的席位,这不能不说是件憾事",故此,"我们学习和研究《学记》,正是重视前人给我们遗留下来的这份财富,舍弃其中的糟粕,把属于精华的部分承受下来,并把它发扬光大"。[①]

刘震的《〈学记〉释义》由山东教育出版社1984年出版,在《前言》中对学习和研究《学记》的缘由给予了说明,"为了适应我国'四化'建设的需要,对我们的教育工作必须进行坚决的稳定的改革,在马克思列宁主义、毛泽东思想的理论指导下,建立具有中国特色的教育学。新中国的教育学,是建设有中国特色的社会主义的一个重要的组成部分,它必然要随着社会主义建设的步伐,逐步形成和发展起来"。而要"创建新中国的教育学,要求我们善于学习,总结经验,从几个方面吸取营养。首先,是总结中国革命工作中的教育工作经验","其次,是学习外国的经验。无论是社会主义国家的,资本主义国家的,以及发展中国家的教育工作经验,我们都要好好学习","其三,是承受祖国古代的文化遗产,继承和发扬我国古代的优良教育传统","认真地学习,批判地继承和发扬我国古代文化遗产,以创建有我国民族特色的教育学,是我们

[①] 许椿生:《学习祖国珍贵的教育遗产——〈学记〉》,《〈河北教育〉增刊》1981年10月。

应做的工作"。① 所以，学习和研究《学记》就是为了批判地继承和发扬我国古代文化遗产，为创建中国特色的教育学提供教育经验。

张国光的《〈学记〉新讲》由武汉出版社 1992 年出版，在"提要"和"前言"之中阐述了学习和研究《学记》的原因，"此书对于前人的解说列出书名、引证原文，这就便于读者检索，并有助于中国教育史研究者扩大视野。这就为今后从汗牛充栋的经学文库中发掘大量的教育思想资料作出了先例。这样一些被尘封蠹蚀千百年的教育思想精萃将重放光芒，这就有利于写出新的、能够充分反映我国古代教育先进水平的中国古代教育史。从而鼓舞我们为建设有中国特色的教育科学体系做出无愧于时代的贡献！"② 因此，"为了弘扬我国古代先进的教育理论遗产，给《学记》以应有的评价，我根据多年来的研究，写成《学记新讲——汇注、辩证并译解》一书，对前人的解释择善而从，去粗取精，力求全面而正确地阐明《学记》的思想实质，批判其糟粕而吸收其精华"③。

二 《〈学记〉释义》：《学记》教育范畴"自主表达"之一

《〈学记〉释义》是以创建新中国的教育学，继承祖国古代的文化遗产，继承和发扬我国古代的优良教育传统为目的展开的。

《〈学记〉释义》由前言、《学记》全文（校文）、《学记》分节释义（注释、译意、释义）三部分组成，其中前言部分主要阐述学习和研究《学记》的原因，《学记》全文部分则给出了经过作者校文的《学记》文本，《学记》分节释义部分则是从注释、译意、释义三个部分来对《学记》各个分节进行释义研究。其中：每个小节的释义部分是《〈学记〉释义》的重点部分。

作者在前言部分对《学记》所包含的教育范畴体系进行了说明，"《学记》的内容，论述教育工作，比较全面而系统。它从教育目的、教育制度，到教育原则和教学方法，以至如何选择和尊重教师等问题，都作了比较全面的、深刻的论述"，可见教育目的、教育制度、教育原则、教学方

---

① 刘震：《〈学记〉释义》，山东教育出版社 1984 年版，第 2—3 页。
② 张国光：《〈学记〉新讲》，武汉出版社 1992 年版，第 2 页。
③ 张国光：《〈学记〉新讲》，武汉出版社 1992 年版，第 1 页。

法、教师等教育范畴体系，仍然是对《学记》进行研究的理论体系。

作者在《学记》分节释义部分对分节的大义给予了阐释，如表4-14所示。

表4-14　　　　　　　　　《〈学记〉释义》分节概况

分节	分节教育大义
1. 从"发虑"至"学乎"	首先提出了教育的重要任务和特殊作用，在于"化民成俗"
2. 从"玉不"至"谓乎"	从教育的目的和教育的任务方面提出"建国君民，教学为先"。这一节共讲了两个方面的问题：一是说明每个人生下来都需要教育，"玉不琢，不成器；人不学，不知道"，这是说明教育工作的必要性；一是提出"建国君民，教学为先"，是从国家建设的需要方面说，是说明教育工作的重要性和目的性
3. 从"虽有"至"谓乎"	这一段讲了两层意思，一个意思是说，教和学都要经过实践，才能使认识逐步提高；一个意思是说，"教学相长"
4. 从"古之"至"有学"	讲我国古代的教育体制，学校设置
5. 从"比年"至"谓乎"	讲我国古代大学的教学计划和视导制度
6. 从"大学"至"谓乎"	学校设立了，按时开学了。学校开门就有七件事，这是教学常规和教育纲领
7. 从"大学"至"谓乎"	论述大学教育的教学原则。从正反两个方面，说明教育、教学的成功与失败的原因，使人们充分发挥正面的经验，提高认识，提高教学效率，借鉴失败的教训，避免在教学中发生错误。其中所包含的教育和教学原则为：第一，课内与课外相结合的原则；第二，"藏、修、息、游"的原则；第三，专心致志的原则
8. 从"今之"至"由乎"	
9. 从"大学"至"兴也"	进一步论述大学教育的教学原则，也是从正反两个方面，说明教育教学的成功与失败的原因。其中所包含的教育和教学原则为：第一，预防为主的原则；第二，适时的原则；第三，循序渐进的原则；第四，观摩的原则
10. 从"发然"至"废也"	
11. 从"君子"至"喻矣"	启发学生的学习自觉性，善于启发诱导，这是《学记》一篇讲述教育教学的方针和方法的中心思想。教育工作的基本原则：一是做到启发诱导；二是做到和易以思
12. 从"学者"至"者也"	这一节是讲学习的人容易产生的集中思想缺点：多、寡、易、止。这些缺点的产生，是由于人们的心理状态和思想状态的不同造成的。根据这些不同情况，采取不同的教育措施，这就是我们通常讲的"因材施教"的原则。和缺点同时存在，和缺点互为条件的，还有学者的各种优点。教育工作者要发扬学者的优点，克服缺点，就是这里提出的"长善救失"的原则
13. 从"善歌"至"志矣"	讲教师的教学要善于运用语言艺术

续表

分节	分节教育大义
14. 从"君子"至"谓乎"	从这一节起，《学记》提出了教师问题。在论述教师问题时，第一个问题是"择师"，第二个问题是"尊师"。这一节首先讲"择师"。中华人民共和国自成立以来就十分重视教师工作，把尊敬教师视为社会主义国家应有的公德，是建设社会主义精神文明的重要内容。为了清除"四人帮"的不良影响，党中央一再申明，教师的劳动是崇高的劳动，应当充分估价教师在建设社会主义中的重要地位和作用。人民教师必须具备的条件是：一是共产主义的道德品质，二是比较渊博的学识，三是通晓教学规律
15. 从"凡学"至"师也"	这节进一步讲述尊师。在新中国，教师的地位和作用，较之在历史上尤为重要。但是值得注意的是：由于"四人帮"的流毒和影响还没有肃清，教师在社会主义建设中的地位和作用还没有被所有的人所认识，因而轻视教育工作，歧视教师的现象，还有所闻。所以还有必要多多进行宣传教育工作，使尊敬教师成为普遍的社会风尚
16. 从"善学"至"道也"	教师的教学方法，除了讲述的方法之外，就是要善于运用答问的方法。善于学习的人，要勤学好问；善于教学的人，要善于答问。学有未通，发为问题，教师根据学生的情况，适当回答学生的发问。这里用"撞钟"作譬，要求"叩之以小者则小鸣，叩之以大者则大鸣"
17. 从"记问"至"可也"	这一节进一步论述了要当好一个教师，必须具备一定条件。第一，"记问之学，不足以为人师"；第二，"必也其听语乎"。当好一个教师，必须具备的条件是：一是必须具有比较渊博的学识，不能只是"记问之学"。二是必须懂得教学规律，针对学生情况进行教学
18. 从"良冶"至"学矣"	本节从三个方面列举譬喻，来说明教育工作要取得理想的效果，就必须重视直观性教育和日常渐进，潜移默化的教育
19. 从"古之"至"不亲"	对这一节的解释，几家注解有不同的解释。大体上分为两种意见：一种意见认为，这里说的"比物丑类"，是讲的以同类事物相比，分析综合，触类旁通，是讲的治学方法，或者说是对教师的教学要求。另一种意见，则认为这一节是进一步阐述尊师重道，再一次强调教育和教师的重要作用。我们认为，后一种解释比较妥善。尊师重道，是《学记》作者的一贯思想。尊师也是为了重道，师是道的传授者
20. 从"君子"至"务本"	《学记》最后一节，从"大德""大道""大信""大时"四个方面论证，并以三王祭川必先河而后海作为比喻，归结为"务本"。中国古代教育学者认为，为学之道，务求其本。孝弟忠信，道德仁义，是为学的根本。这就是我国古代社会的伦理教育和道德教育。《学记》的作者，在开头就提出教育的目的是要"化民成俗"和"建国君民"。为了达到这个目的，受教育者必须学习"至道"，必须"乐其友而信其道"，这是学习的根本，决不能本末倒置，舍本逐末。在最后一节，又引君子之言作为总结，把学习归结到"务本"

第四章　学科与学术：《学记》教育范畴的综摄涵化

《〈学记〉释义》对各节大义的把握是站在教师教的角度，来理解和阐释《学记》所内含的教育思想。作者在对各节大义进行概括和总结的基础之上，对每节所涉及具体观点都进行历时性的梳理，为我们呈现了除阐释《学记》文本内容之外的，古代教育家们教育思想中与《学记》文本内容的学术论断意义相近或相似的学术认识，从而能总体上把握古代教育对某一观点的整体认知。我们以"教学相长"为例，来呈现《〈学记〉释义》作者在释义部分所作出的解读：

"教学相长"这一命题的提出，在我国古代教育学说中是一个伟大的发明和创造，它对今天的教育科学研究仍有积极的意义。

"教"与"学"，是一个矛盾对立的统一体，是一件事物的两个方面。教的过程，就是学的过程，教的当中就有学。教师的任务是教，学生的任务是学，教是为了学。教与学，共处在一个矛盾统一体中，共同发展，协和共进，这就是教学过程。

师生的关系，是平等互助的关系。在教学过程中和谐共进，团结互助，才能愉快地完成教学任务。

学然后知不足，教然后知困。教与学，都不能离开实践。学习本不是一件容易事，但初学者往往看得过于容易，并在获得初步成绩时，容易产生自满而止步不前。应引导他们进一步打开知识的大门，使他们看到"学海无涯苦作舟"，看到自己知识的贫乏与个人的渺小，他们才能立志向上，加倍努力，奋勇探求。

教的人也是一样。当一个人认为学业有成，可以任教的时候，也往往把自己的学习成就估计过高，认为工作可以一帆风顺，没有问题。但当他在教学中发现困难，或者由于教师的责任感，需要进一步满足学生的学习要求时，他就会痛感自己的不足，发愤图强。

宋代学者张载，谈虚心好学：

"人之好强者，以其所知少也。所知多，则不自强满。'学然后知不足'，'有若无，实若虚'，此颜子之所以进也。"（《理窟·学大原》）

"学者不宜志小，气轻志小则易足，易足则无由进。气轻则'虚而为盈，约而为泰，亡而为有。'以未知为已知，未学为已学，

人之有耻于就问，便谓我好胜于人，只是病在不知求是为心，故学者当无我。"（《理窟·学大原》）

教师要教好学生，必须从学生那里得到教益。孔子弟子三千人，他一方面教，一方面在向学生们学。一次，他和他的学生子夏，一起谈论古诗，他说"绘事后素"，子夏马上就觉悟到"礼后"的问题，这件事给孔子以很大的启发教育，他大加称赞，说："起予者，商也。始可与言诗已矣。"（《论语·八佾》）

又一次，他和他的学生子贡，谈论学生问题："子贡曰：'贫而无谄，富而无骄，何如？'子曰：'可也。未若贫而乐，富而好礼者也。'子贡曰：'诗云：如切如磋，如琢如磨，其斯之谓与！'"对于子贡的举一反三，孔子又大加称赞，说："赐也，始可与言诗已矣。告诸往而知来者。"（《论语·学而》）

墨子在谈到教和学的关系时说：

"唱而不和，是不学也。智少而不学，必寡。和而不唱，是不教也。智而不教，功适息。"（《墨子·经说》下）教师学生，一唱一和，构成教学和谐的关系。

这种教学相长，一唱一和的关系，其教学效果，不但如墨子所说："染于苍则苍，染于黄则黄。"（《墨子·所染》）而且如荀子所说："青，取之于蓝，而青于蓝；冰，水为之，而寒于水。"（《荀子·劝学》）学的方面的水平，可以大大发展，超过教的方面。

张载谈教学相长时说：

"常人教小童，亦可取益：绊己不出入，一益也；授人数次，己亦了此文义，二益也；对之必正衣冠，尊瞻视，三益也；常以因己而坏人之才为之忧，则不敢惰，四益也。"（《张子全书》卷六，《经学理窟·义理》）

唐代文学家韩愈，对师生关系提出了新的见解。他在《师说》中说："生乎吾前，其闻道也，固先乎吾，吾从而师之。生乎吾后，其闻道也，亦先乎吾，吾从而师之。吾师道也，夫庸知其年之先后生于吾乎。是故无贵无贱，无长无少，道之所存，师之所存也。"他认为师生关系是道义关系，并且应该是互相学习的关系。他以孔子所说的"三人行必有我师焉"为依据，进一步阐述："圣人无常师，孔子师郯子、苌宏、师襄、老聃。郯子之徒，其贤不及孔子。""是故弟子不必不如师，师不必贤于弟子。闻道有先后，术业有专攻，如是而已。"

"教学相长"的命题，并不否定教师在教学中的主导作用。正相反，只有正确地运用教学相长的原则，才能更好地发挥教师的主导作用。教师一方面要善于向学生学习，努力自强，补救自己的不足；一方面还要深入了解学生情况，以便更有效地进行教育。我们通常所说"学而不厌，诲人不倦"，这个"学而不厌"和"诲人不倦"密切相关。教师谦逊好学，虚心向别人学习，尤其是向自己的学生学习，是一个优秀教师的必备条件。

作者首先是从分析教学相长中教和学两个因素的辩证关系入手，指出教和学之间的互相促进、共同进步的关系。并由对教和学之间关系的分析，引到教师教和学生学之间的师生关系上，并指出教师要教好学生就需要以谦虚好学的精神向学生学习，以《论语》中孔子向其弟子学习的事例来说明教师向学生学习的事宜。同时引证墨子、张载等人对教学相长的认识和看法，用来进一步说明教学中教和学之间相互促进的关系。最后，以韩愈《师说》中"圣人无常师"的论述来论证"学而不厌，诲人不倦"的好学精神。从对教学相长的分析论述来看，作者更加注重教师向自己学生学习，并认为是成为一个优秀教师的必备条件。因此，作者对教学相长的阐述更加注重的是，学对于教的促进作用。

所以，《〈学记〉释义》在各节的释义部分，就是从对古代教育相关思想观念的历时性梳理之中，从整体上把握《学记》中某个原则或方法的学术渊源和发展轨迹。

三 《学记评注》：《学记》教育范畴"自主表达"之二

高时良关于《学记》研究的专著有《学记评注》和《学记研究》两部，虽然《学记研究》是在《学记评注》的基础之上修订补充完成的，但是两部著作的体例结构却存在较大的差异。

（一）《学记评注》与《学记研究》的构思区别

作者在《学记研究》的"后记"中对相关情况进行了说明，我们对

其中关键内容摘录如下：

第一，较早看到《学记评注》（以下简称《评注》）书的，记得是福建师范大学中文系黄寿祺教授。他的经学造诣比我深，我希望他在这方面多提供新见，他提的却是另一件事："火药味太浓。"这是事实。《评注》稿动笔于 70 年代中后期。"阶级斗争为纲"思想仍烽烟未散。我回答黄老：《评注》有机会再版，我将扫"雷"出门，使此地成为"无核区"。

第二，中国社会科学院陈元晖教授来了一封长信，大意是，《评注》主要在训诂文字方面下功夫，义理方面则微有不足。他说如果天假以年，也准备写一本研究《学记》的书，内容将加重义理分量，在教育理论方面多所发挥。

高时良在《学记研究》中采纳了黄寿祺和陈元晖的建议，对具体内容修订补充如下：

第一，为了寻找《学记》思想产生的社会历史根源，本书补充了有关资料，包括春秋战国时期社会生产力的发展、封建生产关系的建立以及意识形态方面的导引。

第二，增加了历代学者的《学记》注释量，特别是有关评估《学记》思想的理论性文献，力争将有争论的问题廓清。

第三，对于《学记》成于战国时期及为思孟学派作品，《评注》写得比较粗糙。本书除了补充前人研究成果，并引用近期出土文献，例如湖北郭店楚简等，以为作证。

第四，《学记》中许多教育观点之所以正确或比较正确，除了它吸收儒家等的思想精髓和私学教育实践经验，似还留意当时心理学思想研究成就，本书试作《皇帝内经》与《学记》关系的探索。

第五，《评注》每节（今改为章）末后所做"节评"，内容尚不够充实，本书做了些增补，试图加大理论力度。

第六，本书增加了《学记》对我国教育学史的影响材料，从秦汉的《吕氏春秋》《春秋繁露》说起，到新中国教育史学界的著作，涵盖注释与议论，凸现《学记》对我国教育思想发展的贡献。

第七，本书就《学记》思想内容的非宗教色彩和人文主义精神,以及近现代东西方教育学界对《学记》思想的关注,揭示《学记》在世界教育学史上的地位。

《学记研究》相对《学记评注》来说就是做了如上修订补充,最为引人注目的是:作者增加了《学记》在我国教育学史和世界教育学史上的地位的内容,揭示了《学记》研究的一个重要的学术取向。即:基于教育学史的《学记》教育范畴研究。

(二)《学记评注》与《学记研究》的内容区别

《学记评注》和《学记研究》在具体研究内容结构上呈现出的差异如下:

《学记评注》的内容结构如表4-15所示。

表4-15　　　　　　《学记评注》的内容结构

目　次
一、《学记》全文
二、《学记》分节评注(校文、注音、组句、释义、译意、节评)
三、《学记》研究
(一)《学记》——我国和世界第一部教育专著
(二)从《礼记》看《学记》
(三)《学记》是思孟学派的作品
(四)《学记》成篇于战国后期
(五)《学记》属于封建地主阶级的教育思想范畴
(六)正确对待《学记》这份遗产
(七)关于《学记》的注释
附　录
一、本书引用的历代《学记》注释——注释者略历及引注出处简介
二、历代学者对《学记》的评述

《学记研究》的内容结构如表4-16所示。

表 4-16 《学记研究》的内容结构

目 录
第一编 《学记》思想考释
第一章 《学记》产生的社会历史背景
第二章 从《礼记》看《学记》
第三章 《学记》成书于战国时期
第四章 《学记》为思孟学派作品
第五章 《中庸》—《学记》思想的哲学方法论基础
第六章 《皇帝内经》对《学记》思想的启示
第二编 《学记》章句训义（上）
第一章化民由学　第二章教学为先　第三章教学相长　第四章古之教者　第五章比年入学中年考校　第六章教之大伦　第七章正业居学　第八章兴艺乐学　第九章安学亲师　乐友信道　第十章使人由诚教人尽材
第三编 《学记》章句训义（下）
第十一章 教之所由兴　第十二章教之所由废　第十三章君子之教喻也　第十四章长善而救其失　第十五章善教者使人继其志　第十六章择师不可不慎　第十七章师严然后道尊　第十八章善待问者如撞钟　第十九章必也其听语乎　第二十章可以有志于学　第二十一章古之学者比物丑类　第二十二章此之谓务本
第四编 《学记》的历史评估
第一章 经学演变历史与《学记》注释
第二章 《学记》对我国教育学史的影响
第三章 《学记》在世界教育学史中的地位
第四章 结论——弘扬《学记》珍贵教育遗产
附 录
一、历代《学记》注释者简历及注释出处简介
二、历代学者对《学记》的评述
三、国外学者译述《学记》举隅

我们根据《学记评注》和《学记研究》内容结构来进行对比分析：从两部书的整体结构来看，实际上可分为《学记》分节研究和《学记》思想研究两大部分。第一，对于《学记》分节研究来说，《学记研究》分二十二章来进行研究，两部书对每节或每章的研究体例相同，只是将

"节评"改为"评说",但是在具体各部分内容上来看,《学记研究》的具体内容更加详实丰富,特别是在"评说"部分更加详实。第二,对于《学记》思想研究来说,《学记研究》删掉了《学记评注》中的"(五)《学记》属于封建地主阶级的教育思想范畴",就是从表面上来看"(六)正确对待《学记》这份遗产"和"第四章 结论——弘扬《学记》珍贵教育遗产"这两部分内容都是关于"教育遗产"的内容,但是写法却完全不同。在这部分内容中,高时良"扫'雷'出门,使此地成为'无核区'","第四章 结论——弘扬《学记》珍贵教育遗产"是用全新的内容来进行写作。此外,《学记研究》中的"第五章 《中庸》—《学记》思想的哲学方法论基础""第六章 《皇帝内经》对《学记》思想的启示""第一章 经学演变历史与《学记》注释""第二章 《学记》对我国教育学史的影响""第四章 结论——弘扬《学记》珍贵教育遗产"则是作者增加"义理"方面内容的体现,尤其是从教育学史的视角来研究《学记》,体现了中国古代教育思想研究发展的新趋势。

(三)《谈谈〈学记〉的教学思想》和《〈学记〉的教育思想》的内在逻辑体系

《谈谈〈学记〉的教学思想》是高时良于 1984 年发表于《人民教育》第 11 期的一篇学术论文,《〈学记〉的教育思想》是高时良在出版于 2003 年第三版的《中国古代教育史纲》的"第三章春秋战国时期的教育"中的"第九节"的研究内容。这两篇研究《学记》教育思想的论述,都在开篇介绍了《学记》教育思想的内在逻辑体系,我们从中来体悟语言变化背后所隐藏的研究取向的改变。

《谈谈〈学记〉的教学思想》的开篇段落为:

> 《学记》是儒家经典《礼记》49 篇中的一篇。它总结了先秦官学,尤其是私学教育和教学的经验,对教育的作用、目的和任务,教育和教学制度、内容、原则和方法,教师的地位和职责,师生、同学之间在教育、教学过程中的相互关系,等等,作出简赅的理论概括,揭示了某些教育和教学的普遍规律。它是我国和世界上最早的、体系相当严谨的一部教育文献。古代罗马教育家昆体良的《论

演说家的教育》，被认为"在教育史上密切联系学校实践的最早著作之一"，17世纪捷克教育家夸美纽斯的《大教学论》，被认为是"重新建立教育的科学"的基础，同《学记》相比，前者要晚300多年，后者则要晚1800多年。①

《〈学记〉的教育思想》的开篇段落为：

> 《学记》是儒家经典《礼记》四十九篇中的一篇。它总结了先秦官学，尤其是私学教育和教学的经验，对教育的作用、目的和任务，教育和教学制度、内容、原则和方法，教师的地位和职责，师生、同学之间在教育、教学过程中的相互关系，等等，作出简赅的理论概括，揭示了某些教育和教学的普遍规律。它是我国和世界上最早从哲学分离出来、体系十分严整的一部教育专著。②古代罗马教育家昆体良，根据他在罗马修辞学校的教学实践而写成的《论演说家的教育》，曾被认为"在教育史上密切联系学校实践的最早著作之一"。但就昆体良的教育活动时期来说，这部著作的完成，要比我国《学记》晚三百多年。③

上述两篇文章中作者关于《学记》文本的评价术语呈现出不同之处，即从"教育文献"到"教育专著"，并明确表明《学记》是"我国和世界上最早从哲学分离出来、体系十分严整的一部教育专著"。作者把《学记》称作"教育专著"，就是为了更准确地定位其在"我国及世界教育学史上的地位"。另外作者对《学记》教育范畴的认识保持一致，即《学记》对教育的作用、目的和任务，教育和教学制度、内容、原则和方法，教师的地位和职责，师生、同学之间在教育、教学过程中的相

---

① 高时良：《谈谈〈学记〉的教学思想》，《人民教育》1984年第11期。
② 虽然高时良在《学记评注》中"三《学记》研究"的第一部分标题就是"《学记》——我国和世界第一部教育专著"，但是在正文内容论述中仍然表述为：《学记》是"古代我国和世界最早的、体系相当完整的教育文献"，与《谈谈〈学记〉的教学思想》中对《学记》的整体认识是一致的。
③ 高时良：《中国古代教育史纲》（第三版），人民教育出版社2003年版，第121页。

互关系等等，作出简赅的理论概括，揭示了某些教育和教学的普遍规律。

《〈学记〉的教育思想》中论述了《学记》教育范畴所包含的具体内容：《学记》的主要内容可概括为：论教育的目的、作用和内容，教育、教学的制度化，教学的原则与方法，论师友等四个方面。具体如下。

第一，论教育的目的、作用和内容。教育目的和作用包括两个方面：一是对国家社会，二是对个人；教育的内容包括：《诗》、《礼》、《乐》、艺。

第二，教育、教学制度。《学记》是中国和世界教育学史上第一个提出教育与教学制度化的著作①，主要是：（1）学校制度：即建立中央和地方完整的教育体制；（2）视导与考核制度："不卜禘不视学""比年入学中年考校"；（3）教学制度："时教必有正业，退息必有居学"，实行课堂教学与课外作业相结合，"藏焉脩焉，息焉游焉"，即作息结合。

第三，教学的原则与方法。《学记》把教与学组成一对矛盾，并揭示二者之间的相互关系。"教学相长"说的是教师同学生在教与学过程中相互推动，并使这个矛盾运动得到发展。因为，只有学生的"知不足"，才会引起教师的"知困"；教师也就在"知困"的思想推动中，努力钻研业务，以提高教学质量。这样又引起了学生的"知不足"，即双方都在获得新的或矫正性的信息下，来调整自己的教与学活动。这种信息的返回传入，说明教学的反馈在起作用。《学记》在阐述教与学之间相互关系的基础上，提出了"道而弗牵，强而弗抑，开而弗达"的启发式教学命题，强调"约而达，微而臧，罕譬而喻"的教师教学技巧，提出"善问"与"善待问"的问答教学过程。

第四，论师友。《学记》提出师与道的关系，道由师得传，师因道而尊，"凡学之道，严师为难。师严然后道尊，道尊然后民知敬学"。《学记》为此也提出一系列要求，如教学层面的"教学相长"、品德教育方面对学生思想行为要做到"禁于未发"、同学之间的"相观而善"，甚至还把"燕朋逆其师，燕辟废其学"看成招致教育失败的因素等。

---

① 高时良在《学记评注》中指出："《学记》第一个提出学制的雏形，第一个提出教育视导制度，第一个提出教学组织形式和作息制度，第一个提出学习操行考查制度。"（高时良：《学记评注》，人民教育出版社1982年版，第132页。）

（四）《学记研究》中的《学记》章句大义

《学记研究》在第二编和第三编的"《学记》章句训义"中将《学记》全文分为二十二章，并在"评说"中对各章的大义进行了概括总结（如表4–17）。

表4–17　　　　　《学记研究》中《学记》的章句大义

章节名称	章句大义
第一章　化民由学	这一章是《学记》的总纲。它开宗明义揭示了新兴地主阶级掌握政权后的政治路线、组织路线和教育路线及其相互关系
第二章　教学为先	揭示教育的作用，从政治上看待教育的作用
第三章　教学相长	从受教育者的个人学习实践方面揭示教育的作用。只有在实践过程中，才能领会到接受教育对自己身心修养会带来什么好处，从而调动其学习自觉性和积极性
第四章　古之教者	通过对三代尤其是西周学制的美化，在政治上搞乌托邦制
第五章　比年入学　中年考校	学校考校制度
第六章　教之大伦	这一章一开始就讲大学之礼。这个作为学校的政治教育，伴随宗法制度而来的礼，原本是周族氏族社会的产物。它不仅对奴隶制社会，而且对封建社会的阶级统治一直起作用
第七章　正业居学	这一章继前面的"大学之道""大学之礼"，讲"大学之教"，下面还接着讲"大学之法"
第八章　兴艺乐学	本章的思想核心是揭示在教学过程中，知识同行为的关系，理论同实践的关系。重要的是实践，是具体行为表现
第九章　安学亲师　乐友信道	"藏、脩"与"息、游"，说的是学生学习过程中神经活动兴奋与抑制的相互作用
第十章　使人由诚　教人尽材	批判注入式教学方法
第十一章　教之所由兴	这一章揭示的是教师在教育、教学过程中的主导作用
第十二章　教之所由废	这是结合上章，从正反两方面揭示教之所由兴和教之所由废，既要总结成功经验，又要吸取失败教训
第十三章　君子之教喻也	这一章阐述重视教师与学生的关系，教与学的关系，学习知识与学习态度、情感、意志的关系，在方法论上体现出朴素的唯物主义和辩证法，揭示了教学的客观规律，运用了灵活的教学方式。这对于启发式教学来说，才算"启"得有方，"发"得到位

续表

章节名称	章句大义
第十四章　长善而救其失	"知其心"是为了"救其失",欲"救"其"失",必须"长"其"善";"长善"必先"救失","救失"是为了"长善"
第十五章　善教者使人继其志	继志是本章的思想核心,也是教育的根本目的。为了让学生"志于道",提出"约而达,微而臧,罕譬而喻"的教育教学技巧
第十六章　择师不可不慎	本章全文均是对教师身份、地位和修养而言
第十七章　师严然后道尊	这一章讲尊师的重要意义和如何尊师
第十八章　善待问者如撞钟	《学记》前几章揭示启发式的教学方法,这一章又揭示问答式的教学方法。这两种方法在教学领域中是比邻而居,又往往并肩而行:启发式常运用问答式以完成其教学任务,问答式间亦运用启发式方法以完成其教学任务。与注入式教学方法不同,它们二者都既重视教师如何教,也重视学生如何学
第十九章　必也其听语乎	本章主要讲教师,全章贯串着教师应起主导作用的精神
第二十章　可以有志于学	本章主要归结为两条:(1)注意由浅入深、由易到难、循序渐进;(2)重视练习,持之以恒,求其得心应手
第二十一章　古之学者比物丑类	这一章,用鼓与五声、水与五色的关系来衬托学与五官、师与五服的关系。即以鼓、水二物衬托学、师二事。学、师是直接与"道"联系着的。"学"的目的在于卫道,"师"的责任在于传道,"道"通过"学"与"师"而始显
第二十二章　此之谓务本	"大德不官,大道不器,大信不约,大时不齐"表现为"至道"。"志于本"便是"志于道",这就把教育提到"务本"上来。"圣人"是"至道"的体现者,教育的终极目的就在于培养"圣人"模式的人物

四　教育学类教材:《学记》教育范畴"自主表达"之三

教育学类教材主要是教育学教材和中国教育史教材,较为关注对教学相长的研究,本书试从两个方面对教育学类教材之中的"教学相长"内容进行梳理研究。

(一) 教育学教材中的《学记》教育范畴

在教育学(或教育学原理或教育原理)教材之中,尚未发现对《学记》的专门研究内容。这类教材只有在介绍教育学科或中国教育学科发展历程之中提道:"《学记》是我国古代教育经验和儒家教育思想的高度概括，全书虽只有1229个字，却对教育的作用，古代的学校教育制度和视导制度，教育和教学的原则和方法，以及师生关系等问题，作了精辟的论述。如'道而弗牵，强而弗抑，开而弗达''不凌节而施''长善而救失''禁于未发''教学相长'等，都在一定程度上揭示了教育的规律，成为千古传诵的教育格言，至今仍有指导意义"[①]。因此，《学记》的教育范畴就包括：教育的作用，古代的学校教育制度和视导制度，教育和教学的原则和方法，以及师生关系等，这些成为教育学教材对《学记》教育范畴的共识。

（二）教育史教材中的《学记》教育范畴

党的十一届三中全会以后，教育学中国化被进行新的解读与建构，教育史教材就是在此背景之下撰写出版的。我们试选取代表性的教育史教材，来整体呈现教育史教材中的《学记》教育范畴研究。

1. 毛礼锐、瞿菊农、邵鹤亭的《中国古代教育史》（1979）

《中国古代教育史》是1979年作为高等学校教材正式出版，其最早版本是1962—1964年北京师范大学教研室受高等学校文科教材编写工作办公室委托编写的，在1978年6月全国高校文科教学工作座谈会（武汉）将本书列入出版计划。

《中国古代教育史》的第三章第四节"《礼记》关于教育的思想"阐述了"《学记》的教育思想"。我们能从作者对《学记》教育思想总结中看到时代的印迹："《学记》可以说是世界上最早出现的专论教育的著作，这是我们民族的骄傲和光荣。我们现在有了优越的社会主义制度，有马列主义教育思想和毛泽东教育思想的指导，教育事业大大地发展起来了，无论学校和学生的数量比过去都不知道增加了多少倍。我们应该有适合现在需要，指导现代教育的进行和发展的社会主义的《教育学》。我们应该认识到我国古代就有自己的教育学，不要割断这个历史的发展。当然必须坚持古为今用的原则，批判继承。我们现在的学校教育内容已不是六经了，要丰富多了，特别要发展科学技术，为发展现代化的工农业服务，这就要求我们作新的努力，还要根据洋为中用的原则，从先进国家的教育学中吸取教益。在教育理论方面，必须采取百家争鸣的方针，

[①] 王道俊、王汉澜：《教育学》，人民教育出版社1989年版，第4页。

第四章 学科与学术：《学记》教育范畴的综摄涵化

进行广泛研究和讨论，理论联系实际，在教育实践中来检验真理，逐渐完成社会主义《教育学》。"① 可见，完成社会主义《教育学》是进行中国古代教育史研究的应有之义。

学习和研究《学记》的目的，就在于完成社会主义《教育学》。依据作者的理解，《学记》包含三个方面的教育思想：教育与政治、教育的内容和程序、教与学的矛盾统一及其原则与方法。其中：（1）教育与政治。《学记》把教育提到首要的地位，看作统治的工具。教师作为整个封建思想体系的代表，其任务是教人"为长""为君"之道，亦即培养具有治国平天下之道的统治者。"师严道尊"，在于企图通过尊师来尊重封建的"道"。（2）教育的内容和程序。《学记》提出了古代一至九年的学习内容和程序，并把学校分为小成与大成两个阶段，而且还提到了修学与游息应有的关系。（3）教与学的矛盾统一及其原则与方法。《学记》最突出的贡献是它所提出的教学思想。作者提出教学相长的原则，就是对教与学矛盾统一相互关系的最好阐释。在此基础之上，《学记》还提出了："预"的原则、及时施教原则、循序渐进原则、"相观而善"原则、启发诱导原则（可视为上面四个原则的纲领）、"长善救失"原则（这个原则既包含重视正面教育的意义，又含有因材施教的思想）。

2. 毛礼锐、沈灌群的《中国教育通史》（1985）

《中国教育通史》由山东教育出版社1985年出版，在其"前言"中交代了编写目的："我们将力求在充分占有史料和深入钻研的基础上，努力做到史论结合，思想性和科学性统一，充分体现教育史的专史特点，通过中国教育发生、发展的历史事实，揭示教育发展的客观规律，总结中国传统教育的特点，探索近百年来教育改革的经验与教训，判别精华与糟粕，发扬优良传统，清除陈腐守旧的陋习，以便古为今用，为创建具有中国特色的马克思主义教育科学，为建设社会主义的物质文明和精神文明提供必要的条件，做出应有的贡献"。② 可见，创建具有中国特色的马克思主义教育科学是其应有之义。

《中国教育通史》（第一卷）在第三章第十节"《礼记》的教育思

---

① 毛礼锐、瞿菊农、邵鹤亭：《中国古代教育史》，人民教育出版社1979年版，第135页。
② 毛礼锐、沈灌群：《中国教育通史》，山东教育出版社1985年版，第3页。

想"中专门论述"《学记》的教育思想"。作者认为,"《学记》阐明了教育的作用、目的和任务;扼要地记述了古代的学校设置、教学制度、教学情况;论述了教师的作用、教师的条件和尊师敬学;提出了一系列的教学上的原理、原则和方法。其中不仅对教师的语言提出了要求,而且第一次总结了当时流行的问答法教学。《学记》比较系统地揭示了教育与政治、教育与社会、教与学、教师与学生以及课内及课外等各方面的内在联系,开始形成系统的教育理论体系"。作者特别指出,《学记》是人类有史以来第一部比较系统完备的以教学论为主的教育专著,其所提出的教学的基本原则可概括为:教学相长的原则,豫、时、孙、摩的原则,启发性(喻)的原则,长善救失的原则。

3. 郭齐家的《中国教育思想史》(1987)

《中国教育思想史》是由教育科学出版社 1987 年出版发行的,是"解放后第一本从古到今专论中国教育思想发展史的书"(毛礼锐语)。作者在附录二"教育要面向现代化与儒家教育"一文中谈论到进行中国教育思想史研究的目的,"建立具有中国民族特色的现代教育科学体系,不论在理论上还是在实践上都应以我国'过去的整个发展'为基础,一切空谈古希腊和美国、苏联、日本而对本民族教育史一无所知的教育研究方法是不可取的。我们现行的教育理论体系和教育学教科书,缺乏我们民族的特色,它脱离我国教育实际,脱离我们民族的教育历史,没有很好地反映出我国古代教育史上那些优良的、科学的、合理的理论与实践的成就",因此需要"总结和挖掘出我国古代教育特别是儒家教育中所具有真理价值的精华,深刻批判其糟粕,使中国教育史成为我国教育科学理论的基础之一"。[①] 足见,建立具有中国民族特色的现代教育科学体系,就是进行中国古代教育史研究的应有之义。

《中国教育思想史》在第一章第六节"《礼记》中的教育思想"中专门论述"《学记》中的教育思想"。作者认为,《学记》是"世界教育史上最早出现的自成体系的教育学专著",奠定了我国古代教育的理论基础,其所论述的主要问题为:(1)教育的作用。《学记》把教育的作用概括为十六个字:"建国君民,教学为先","化民成俗,其必由学",从

[①] 郭齐家:《中国教育思想史》,教育科学出版社 1987 年版,第 491—492 页。

第四章 学科与学术：《学记》教育范畴的综摄涵化

教育的必要性和可能性两个方面论述了教育的作用。（2）学制的体系。《学记》以托古的方式拟出一个从中央到地方的学制系统，还拟订了一个九年制的大学教育计划（包括考试制度）。①学制的设想。②《学制》以国都设立的大学为模式，提出了大学教育进程的设想（包括考试制度）。③关于行政领导与学校管理方面。（3）教育与教学的原则、方法。《学记》在具体分析教学中成功与失败经验的基础上，总结出了一套教育与教学的原则、方法。①教学相长、②藏息相辅、③豫时孙摩、④善喻、⑤长善救失、⑥善教继志。（4）论教师。《学记》要求给教师以崇高的社会政治地位，并通过尊师来尊重封建的"道"，在此基础之上对教师提出了严格的要求。

我们对《中国古代教育史》（毛礼锐、瞿菊农、邵鹤亭）、《中国教育通史》（毛礼锐、沈灌群）、《中国教育思想史》（郭齐家）三部代表性的教育史教材的编撰目的进行梳理不难发现，无论是本着完成社会主义《教育学》，还是创建具有中国特色的马克思主义教育科学，还是建立具有中国民族特色的现代教育科学体系的学术宗旨，都体现了20世纪80年代以来教育学中国化的阶段发展特征和教育史研究旨趣。教育的作用、目的和任务，学制的体系，教育和教学的原则和方法，教师的作用、条件和要求，就成为教育史教材的编撰者对《学记》教育范畴体系的学术共识[1]。此学术共识，作为同时期《学记》专著研究、教育学类教材、

---

[1] 毛礼锐在《中国教育史简编》中指出，《学记》"是我国和世界教育史上成书最早、体系最完整的一篇教学论专著"，"论述了教育的作用、目的和任务、教育制度和内容，尤其对教育和教学的原则和方法作了极其精辟而系统的阐述，是一篇十分珍贵的教育文献"。（毛礼锐：《中国教育史简编》，教育科学出版社1984年版，第172页。）王炳照等在《简明中国教育史》中谈到，《学记》"是中国教育史上和世界教育史上一部最早、最完整的教育学专著"，"论述了教育的作用、目的和任务，以及教育制度、教学内容、原则和方法，也谈到教师及师生关系。总之，有关教育学的基本问题都有精辟的论述，是一篇难得的好作品"。（王炳照等：《简明中国教育史》，北京师范大学出版社1985年版，第76页。）王炳照、阎国华在《中国教育思想通史》中认为，《学记》"是我国和世界上第一部系统的教育理论专著"，"全面阐述了教育的地位和作用，教育与社会政治的关系，学制和学校教育体系的建设，教师、学生以及师生关系，等等"。（王炳照、阎国华：《中国教育思想通史》，湖南教育出版社1994年版，第366页。）孙培青、李国钧在《中国教育思想史》中指出，《学记》"是中国古代最早的一篇专门论述教育、教学活动的论著，偏重于论述教育的具体措施，说明教学过程的各种关系"，"论及了教育作用、目的、制度、学校管理、教育和教学原则与方法等现代教学中的一些主要范畴"。（孙培青、李国钧：《中国教育思想史》，华东师范大学出版社1995年版，第88页。）

教育史教材研究的普遍共识，逐渐成为20世纪80年代之后进行《学记》研究的学术标准和学术参照，此后无论从何种层面对《学记》所进行的阐释都是在此基础上展开的。

第五章 清源与重塑：《学记》教育范畴的正本审思
——教育文本复归与教育话语反思之间的辨析与正名

> 今国人一切以信奉西方为归，群遵西方学术成规，返治中国传统旧存诸学，精神宗旨既各异趣，道途格局亦不一致。必求以西方作绳律，则中国旧学，乃若不见有是处。抑且欲了解中国旧学，亦当从中国旧学本所具有之精神宗旨和道途格局寻求了解，否则将貌似神非，并亦一无所知。既所不知，又何从而有正确之批判？
>
> ——钱穆《〈中国学术通义〉序》

第一节 《学记》教育范畴的逻辑反思

我们对于《学记》教育范畴的逻辑反思，就在于反思近代社会以来《学记》教育范畴诠释的变迁历程。以对"异类"的《学记》教育范畴的逻辑反思为起点，从回顾为什么要继承《学记》教育范畴及如何继承《学记》范畴入手，深入思考《学记》教育范畴诠释的名与实之间的辩证统一关系。

一 逻辑反思的起点："异类"的《学记》教育范畴

虽然以教育学中国化为教育学科发展宗旨，形成了关于《学记》教育范畴诠释的学术共识；但是在同时期关于《学记》教育范畴研究的论著之中，陈元晖的《〈礼记〉新读》与陈桂生的《〈学记〉纲要》对于《学记》教育范畴的研究，却呈现出与众不同的学术范式和学术风格。我们以解读此"异类"的《学记》教育范畴研究为契机，在反思其与众不同之处的同时开启对百年《学记》教育范畴诠释变迁历程的逻辑反思。

（一）"异类"之一：陈元晖与《〈礼记〉新读》

高时良在《学记研究·后记》中曾指出，"中国社会科学院陈元晖教授来了一封长信，大意是，《评注》主要在训诂文字方面下功夫，义理方面则微有不足。他说如果天假以年，也准备写一本研究《学记》的书，内容将加重义理分量，在教育理论方面多所发挥"①。从陈元晖教授的长信内容中可以得到的关键信息有二：一是陈元晖教授计划写一本研究《学记》的书，二是陈元晖教授计划写一本注重义理方面内容的研究《学记》的书，这项计划就体现在陈元晖教授生前所撰写的《中国教育学史》中。

1. 陈元晖教授与《中国教育学史遗稿》

先师王炳照教授在《中国教育学史遗稿》的前言中，对陈元晖教授撰写《中国教育学史》一书的原因给予了概括性的说明②：

> 陈老曾风趣地说：我手中有建国后出版的教育学一百余本，大同小异，千人一面，多是没有教育思想的教育学，原因就在于作者缺乏个人独立哲学思考的勇气和能力。
>
> 80年代末，他又不断地讲，要写一部《中国教育学史》。他说：教育学要提高不能单靠借鉴外国人，要善于总结自己的优秀遗产，教育学也不只是西方人搞的一种模式。写《中国教育学史》不仅可以提高我国教育学的学术科学水平，而且具有世界意义，让更多的外国人了解中国，认识中国人的聪明才智。
>
> 令人庆幸的是，1991年，陈老顺利完成了他所谓的《中国教育学史》的"尾"，这就是在北京师范大学学报上刊出的《中国教育学七十年》。接着他又拖着病弱的身躯，开始撰写《中国教育学史》的"头"——《〈礼记〉新读》。在他告别人生前的两个月，已顺利完成了近十万字的手稿。

---

① 高时良：《学记研究》，人民教育出版社2006年版，第311页。
② 王炳照：《寻找把教育学托上天空的彩云——写在陈元晖先生〈中国教育学史遗稿〉出版之前》，载陈元晖《中国教育学史遗稿》，北京师范大学出版社2001年版，第2—3页。

第五章 清源与重塑：《学记》教育范畴的正本审思

陈老在弥留之际还关心着这个未完成的"头"，并表达了他最后的愿望，希望这部未完的书稿能在北京师范大学出版社出版，更希望北京师范大学的青年学者继续完成他未竟的研究，继续寻找把教育学托上天空的彩云。

从先师王炳照教授所撰写的前言中不难发现，《中国教育学史遗稿》是陈元晖教授晚年计划撰写的未完成的《中国教育学史》。我们感到痛心和遗憾的是，陈元晖教授由于身体的原因没有完成整本书稿，所以我们现今无法从整体上一睹陈元晖教授笔下的《中国教育学史》。但是值得庆幸的是，陈元晖教授完成了"尾"和部分"头"的撰写工作，特别是在《中国教育学史》的"头"——《〈礼记〉新读》中，分论一专门研究《学记》，为我们明了陈元晖教授所倡导的"注重义理内容"的《学记》研究提供了机会和可能。我们从陈元晖教授为《中国教育学史》所撰写的"尾"中不难发现，所谓"注重义理内容"的《学记》研究，其实就是基于教育学史或中国教育学史立场的《学记》研究，就是立足于教育学史的立场来剖析《学记》内涵的"义理"。

2.《学记》因何位于《礼记》篇首

陈元晖教授在《中国教育学史》的"尾"——《中国教育学七十年》中指出，"所有已出版的《教育学》教科书，几乎一致地没有对中国的教育经验进行总结，包括古代的，近代的，现代的，当代的。我们还没有一部'教育学史'，介绍中国各个时代的教育名著。我们的中国教育史，只注意教育家一点一滴的思想和各个时代的教育制度，没有系统地介绍各个时期的教育学者的教育理论，如《论语》《学记》等教育理论名著"[1]，系统地介绍各个时期的教育学者的教育理论，就是《中国教育学史》的学术使命，就是陈元晖教授撰写具有教育思想的教育学的宗旨所在。

《中国教育学史》的"头"为《〈礼记〉新读》，这个陈元晖教授未完成的"头"共包括：第一篇导论，第二篇分论一：《学记》——儒家的"教学论"专著，第三篇分论二：《大学》——儒家的教育论名著，

---

[1] 陈元晖：《中国教育学史遗稿》，北京师范大学出版社2001年版，第67页。

共三个部分。其中：在第一篇导论中，陈元晖教授指出："《礼记》在哲学阵营中是一位侏儒，但在教育学的阵营中却是一位汉子。正如我在拙著《论冯特》一书中所说的：冯特在哲学方面是一位侏儒，在心理学方面是一位汉子。这种比喻，用在对一本书的评价上也一样适合。《礼记》一书，在哲学、伦理学、政治学上都有一定的地位，但如果不谈它的教育学方面的理论贡献，就不可能提高它在儒学中的地位。"① 依据陈元晖教授的观点，"《礼记》是一部教育学著作，是一部儒家教育学说的集大成的作品"。而"把《礼记》作为教育论文看待，必须对'礼'的含义有更进一步的了解，才能把《礼记》看作一本记'教'之学，记'学'之学，不只是记'礼'之学"。那么，究竟该如何重新理解"礼"呢？陈元晖教授认为，这就需要从对儒家教育理论的两大系统的认识层面来分析：

> 儒家的教育理论结构，主要包括两大方面：一方面从思想着手，培养人的爱人思想，这就是仁的教育；又一方面从行为训练着手，用行为规范来指导行动，这就是礼的教育，这就叫做"执礼"。儒家在教育方面，抓三个课程：《诗》《书》、执礼。《诗》《书》主要用来培养人的爱人思想，执礼则是训练行为的教育活动。两者有区别，说克己复礼为仁，这是说明仁的本质，同时说明仁和礼的关系。孔子所重视的课程是《诗》《书》《礼》《乐》，也就是属于这两大类，"子以四教，文、行、忠、信。"（《论语·述而》）这四种课程内容，"文"可以包括传统文化和文学，"行"是行为实践，"忠"和"信"也都是属于礼的德目，孔子以仁为思想教育，以礼为道德和行为教育，都是以仁和礼这两大系统来划分教育理论的体系的。知道了儒家教育理论体系的两大系统，是两大系统的结合，就容易判定《礼记》的学科性质，把《礼记》作为儒家的教育学说集大成的儒学著作。②

陈元晖教授就是从"执礼"层面来认识和看待《礼记》的学科性

---

① 陈元晖：《中国教育学史遗稿》，北京师范大学出版社2001年版，第102页。
② 陈元晖：《中国教育学史遗稿》，北京师范大学出版社2001年版，第118—119页。

质，并进一步认为：

> 可以把《礼记》中的《学记》一篇涵盖《礼记》的半部内容，因为除"学"以外，还应包括教导弟子"执礼"。"执礼"是教弟子执行，教弟子习礼，"学"与"教"是连在一起的，所以常以"教学"一词来代替"教"与"学"。《学记》是一本教学论，是《礼记》中的教学论专文，而《礼记》全书则应称为《大教学论》的教学论专著。①

《礼记》是儒家教育学说的集大成著作，而《学记》则是处于《礼记》四十九篇篇首位置的论著：

> 如果把《礼记》作为儒家集教育学说大成的著作来读，《学记》的地位，应该放在各篇之首，因为一部教育学的结构和体系，教学论部分是细胞，又是基础，通过细胞或基础，才能形成整体的组织和结构。教育学一般把教与学的问题，放在首先的地位，《学记》就是专论教与学的问题，所以《礼记》的"通论"部分，应作为《礼记》的重点理论来读，而重点之重点是《学记》，不是《中庸》和《大学》，这是《礼记新读》不同于宋儒的看法。②

故此，《学记》因专门研究教与学的问题而被置于《礼记新读》之首。

3. 《学记》——儒家的"教学论"专著

陈元晖教授在《礼记新读》中的首篇专门研究《学记》，主要研究内容如表 5-1 所示。

表 5-1　　　　　　　《礼记新读》的《学记》研究

序列	标题
一	化民成俗，其必由学；建国君民，教学为先
二	《学记》的作者是谁？

---

① 陈元晖：《中国教育学史遗稿》，北京师范大学出版社 2001 年版，第 112—113 页。
② 陈元晖：《中国教育学史遗稿》，北京师范大学出版社 2001 年版，第 124 页。

续表

序列	标题
三	《学记》论"教学相长"
四	教学的十二字诀
五	教学上的火候
六	教师的语言问题
七	《学记》论"论学取友"
八	"比物丑类"的含义及其在教学论上的地位和作用
九	《荀子》的《劝学》篇与《礼记》的《学记》篇
十	夸美纽斯的《大教学论》与《学记》
附	《学记》注释及评语

从具体研究内容不难发现，第三部分至第八部分主要围绕"教学论"这一主题而展开。具体来说：就是从"教学相长"——分析教与学的关系入手，到论述教学成功的"十二字诀"（教学方法）、教学上的火候"时"，再到教师的教学语言、教学成功的第三方面的要素"友"，最后阐述为学要达到的目的"比物丑类"。陈元晖教授认为教学论所要达到的目的在于提高学生的思维能力，学贵自契，"所以，在教学上解决了教学相长、长善救失、兴四兴、废四废之后，提出了'比物丑类'"。而比物丑类正是"要对万物进行合同异和举统类"的综合思维过程，是提高学生思维能力的最终途径。

同样，陈元晖教授也是从教学论的视角来展开《学记》比较研究的。首先，陈元晖教授指出《礼记》是思孟学派与荀子学派的文章的合集，并比较了《劝学》与《学记》之间学理上的共通之处（见表 5 - 2）。

表 5 - 2　　　　　　　《劝学》与《学记》的学理比较

共通之处	《劝学》	《学记》
1. 两篇的题旨都是劝学，都是古代儒家论教的名著。重学是两篇论文的共同出发点。	干越、夷貉之子，生而同声，长而异俗，教使之然也	化民成俗，其必由学乎！
	虽然"由学"与"由教"有用字的不同，但实质上是一样的，因为从"民"而言是学，从"君子"而言即教。正如《荀子·大略》所言，"君子壹教，弟子壹学，亟成"	

续表

共通之处	《劝学》	《学记》
2.《劝学》中有《学记》提出"教学相长"的理论根据	君子曰：学不可以已。青，取之于蓝，而青于蓝；冰，水为之，而寒于水	教学相长
3. 两篇都提倡亲师敬学	近其人、好其人	安其学而亲其师
4. 关于"成人"的认识	长迁而不反其初	强立而不反
	《学记》由"知类通达，强立而不反"达"大成"，《劝学》也有"长迁而不反其初"，而因此具有为学的"德操"，然后能定、能应，然后成人的阶段	
5. 教学方法	不问而告谓之傲，问一而告二谓之杂。傲，非也；杂，非也。君子如响也	善待问者如撞钟，叩之以小者则小鸣，叩之以大者则大鸣，待其从容，然后尽其声。不善答问者反此。此皆进学之道也
	这两段话，虽然文句不一样，但能否定其间思想的联系吗？	
作者的结论：在1229字的文章中，有上列所举的这么多的相似之处，能否定《学记》是受荀学作品的影响吗？我看，《学记》是思孟学派的作品，还不能定论，至于说它是荀学，还有待于更多的时间去研究，然后再作结论		

其次，陈元晖教授比较了《大教学论》与《学记》。陈元晖教授在开篇就特别强调，"对夸美纽斯如此崇高的评价[1]，能否移来评价《学记》，我看是不合适的"，而是要"在方法论方面的比，可以有利于教学论的向前发展，有利于为教育事业服务。要'借古开今'（明代石涛语），不能'荣古虐今'（唐代柳宗元语）"。故此，我们要从"方法论"的层面来对《大教学论》与《学记》进行比较。陈元晖教授认为，《大教学论》与《学记》在教学论是一门科学又是一门艺术的认识层面就有共通之处，并且通过比较也能清晰看到二者在此认识上的进步与缺陷之处。通过基于科学与艺术层面的比较，陈元晖教授认为，应超越"国学"的层面来看待《学记》。它是中国儒家的著作，是一位有经验的中

---

[1]《大教学论》1957年第1版的中文译本的扉页上刊有 C. C. 斯皮耳曼的评语：倘若各时代的关于教育学的著作全给丢了，只要留得《大教学论》在，后代的人便仍可以把它作了基础，重新建立教育的科学。

国古代教师所写的教育学名著","是一篇可以继承的文化遗产,应该归属于世界性的文化遗产,所以我说它已超出了'国学'范围"①。是的,立足于教学论的立场来看待《学记》,《学记》就不仅仅是"国学"范围之内的经典著作,而是有利于世界教育学发展的世界性的文化遗产。这,正是陈元晖教授进行《学记》研究的"新意"所在。

(二)"异类"之二:陈桂生与《〈学记〉纲要》

陈桂生在《〈学记〉纲要》中指出,"《学记》所记,固非全属事实,因属关于大学的带有结构性的见解,较诸由片言只语无序编排的《论语》,更能显示古代教育的情境(虽然并非实际情境)。其情境,至少比后来教育史著作所反映的情境更真实一些。这是由于后人难以排除'以新经验忖度旧事物'的阅读障碍。至于把近代教育一套概念、制度反套在古代教育上的危险,在古籍中更不可能存在。关于'学制''课程''班级授课制'等等观念,是古代学者难以想象的"②。对于《学记》研究存在的"以新经验忖度旧事物"的"以今度古"的学术弊病,陈桂生在《教育文史辨析》一书中的《关于教育史学》部分给予了分析,并在此基础之上探讨了关于教育历史中的名实问题和研究方法论问题。

1. 教育史学:名实问题与方法论问题

陈桂生指出,"由于把教育历史作为学科研究的对象,是近代晚期才开始的,研究近代以前教育的历史,又不免着眼于古今教育的沟通,这样,就难免以近代以来通行的教育词语表达近代以前的历史,教育历史的名实问题遂由此而产生"③。可见,近代教育话语体系与古代教育话语体系之间的差异,是造成近代教育历史研究中出现名实问题的根本原因。但是,我们既不能离开近代或现代教育话语体系而借用古代教育话语体系来替代近代或现代教育,更不能脱离古代教育话语体系去单纯地谈论近代或现代教育。究其原因,对于前者来说,"以近代话语系统表述近代以前的教育,有助于揭示古代教育与近代教育的联系;以现代话语系统表述现代以前的教育,情况也是如此"④;对于后者来说,"如果把近

---

① 陈元晖:《中国教育学史遗稿》,北京师范大学出版社 2001 年版,第 169 页。
② 陈桂生:《〈学记〉纲要》,《华东师范大学学报》(教育科学版)2004 年第 3 期。
③ 陈桂生:《教育文史辨析》,华东师范大学出版社 2012 年版,第 23 页。
④ 陈桂生:《教育文史辨析》,华东师范大学出版社 2012 年版,第 19—20 页。

代以来的'教育'比作一张'网',反顾古代,虽然没有这样的'网',——独立的教育系统和'教育'概念,但存在构成这种网的'经线'与'纬线',存在经线与纬线交织之'结'。尽管近代的'网'并非由古代的'经线'与'纬线'织成的。古代存在的'教'与'治''教'与'诲'、'教'与'学'、'教'与'育'之类关系,可比作近代教育'网'前身的'结',而'教''诲''学''育'之类古代概念,为教育'网'的经纬"[1]。可见,教育史研究还必须如实去面对话语体系之间的冲突问题。

我们既然必须去面对话语体系之间的冲突问题,那么就必须尝试去寻找解决冲突的可能途径。陈桂生试图从方法论和具体方法两个层面,来分析如何面对和解决教育史研究中的话语体系之间的冲突问题。首先,从方法论层面提倡"历史的逻辑分析"。所谓对教育进行"历史的逻辑的分析",它本身就意味着用以分析历史的教育现象的逻辑范畴,源于历史,又回到历史,才能成立。这就是说"揭示教育历史实践内在的逻辑,就是从历史事实中概括出足以表述教育活动演变的诸范畴;再以抽象出来的诸范畴,揭示不同时代的教育。这类范畴,也在具体解释不同时代教育的过程中经受检验。这,就是对教育历史的逻辑分析"[2]。其次,从具体方法层面注重解决古今教育的名实问题。所谓古今教育的名实问题,就是指"如何在尊重教育历史语言前提下谋求古今教育语言的沟通,这个问题既涉及'名''实'两造,又牵涉'古''今''中''外'四维"[3]。陈桂生认为要解决此类问题,就需要正确面对和处理形式概念与实质概念之间的关系。为了解决古今中外教育概念和表述概念的词语之间的不同而引起的名实问题,就需要在客观上引入若干跨时代、跨国度教育的形式概念,如"教育过程""教育实体""教育系统""形式化教育""制度化教育"等等。形式概念的存在,为解决不同国度及古今教育之间概念的不同提供了交流对话的平台,同样也使得对教育进行历史的逻辑的分析成为可能。但是,"采用这种教育的形式概念,并

---

[1] 陈桂生:《教育文史辨析》,华东师范大学出版社2012年版,第24—25页。
[2] 陈桂生:《教育文史辨析》,华东师范大学出版社2012年版,第19页。
[3] 陈桂生:《教育文史辨析》,华东师范大学出版社2012年版,第24页。

非用以代替一定时代、一定国度教育的实质概念和原有名称，而是用于对历史事实的解释。这样，既可经纬教育的古今，由于形式概念与历史的具体的概念的并用，又不违背教育语言的历史真实"[1]。我们如果用形式概念来解决古今中外教育之间的名实问题，就需要在对古代常用的教育诸概念加以辨析的基础之上，研究古代同教育相关的诸概念之间的关系，以从整体上梳理出反映古代教育事实结构的概念关系。只有能清楚地辨析古代教育事实结构的概念关系，才能从总体上进行古今教育的对比研究，从而能在教育历史研究中真正尊重教育历史的真实——其中包括教育语言的历史真实。

2. 《〈学记〉纲要》中的教育范畴

陈桂生关于《学记》纲要的思考和研究，是其关于中国古代先秦儒家教育系列研究的重要组成部分，被收录在以《孔子授业研究》为题的著述中。陈桂生在《孔子授业研究》的旨趣中写道："本人原非以'教育历史研究'为专业，只是一向以历史的逻辑的分析，为教育基础理论研究的价值取向，这才有兴趣参与孔子授业研究。"[2] 同样，正如作者在本书的内容简介中指出的，以《论语》传递的有关孔子授业行为信息为依据，对前人的相关论断进行审慎的辨析，关于孔门授业行为的立论，运用尽可能全面的资料加以参证，并从总体上把握孔子授业的要义，从而使之成为对中国教育文化源头的一次初步清理。本书以《孔子授业研究》为题，分为内篇和外篇两部分，内篇主要进行孔子授业研究，外篇则涉及先秦儒家、孟子、孔孟授业比较、荀子、《大学》纲要、《学记》纲要及辨析，以及孔子师—弟子问对与苏格拉底"产婆术"比较等方面的内容。我们将内篇的章节结构进行陈列，以便从整体上了解作者关于孔子授业研究的整体结构（见表5-3）。

表5-3　　　　　　　　　　　《孔子授业研究》

章节标题	主要内容
一、孔门弟子知多少	1. 出典　2.《论语》传递的弟子数信息　3.《论语》传递的弟子能耐信息

---

[1] 陈桂生:《教育文史辨析》，华东师范大学出版社2012年版，第20页。
[2] 陈桂生:《孔子授业研究》，教育科学出版社2012年版，第2页。

第五章 清源与重塑：《学记》教育范畴的正本审思

续表

章节标题	主要内容
二、"教化"与"授业"	1. "教化"的先见　2. "教""诲"之别　3. "自行束修以上，吾未尝无诲焉"辨　4. "束修"辨　5. 今古势易话"授业"
三、"君子"之教［上］	1. "君子"之问　2. "君子"之辨　3. "君子"之规　4. 致"君子"之道　5. "君子"真伪之辨　6. "成人"之见　7. "君子"学说的性质　8. 今古势易话"伦理之教"（一）
四、"君子"之教［下］——子以四教	1. "忠""信"之教　2. "行"之教　3. "文"之教　4. 从伦理价值架构角度审视　5. "文""行"先后别解　6. 今古势易话"伦理之教"（二）
五、以礼、乐为核心价值观念的"君子儒"之教	1.《论语》传递的信息　2. 书之教　3. 礼之教　4. 以礼乐为核心价值观念的伦理之教　5. 诗之教　6. 所谓"六艺"　7. 所谓"六艺"（续）　8. 今古势易话"伦理之教"（三）
六、学而不厌——"学而不思则罔，思而不学则殆"别解	1. "学"之辨　2. "思"之辨　3. "学""思"内在关联　4. 今古势易话"学""思"
七、师—弟子问对［上］——孔门所授之"业"	1. 弟子为学而发问　2. 人师为教而提问　3. 因学而教
八、师—弟子问对［下］——文对过程	1. 发问主体　2. 孔子审题、辨惑与专对　3. 弟子认同、重问、追问与反问　4. 孔子告白与提问　5. 评答
九、启发	1. "愤""悱"辨析　2. 因"愤"而"启"、因"悱"而"发"　3. "启""发"即善喻　4. 因学而教，教无常法　5. 今古势易话"启发"
十、因材施教	1. 因"由"施教　2. 因"赐"施教　3. 因"求"施教　4. 诸例同理　5. 今古势易话"因材施教"
十一、"为学"与"出仕"	1. 对政事的关注　2. 荐才　3. 见证与反证　4. 根植于君子之教　5. 今古势易话"出仕"与"焉用稼"
十二、学无常师	1. 师古　2. 法时贤　3. 相师之道　4. 当仁不让于师
十三、师表	1. 以授业为天职　2. 身教　3. 今古势易话"人师"

作者对于《学记》纲要的研究同对孔子授业研究的整体思想一致，同样为遵循历史的逻辑的分析方法来展开研究。《〈学记〉纲要》主要是依据

— 317 —

朱彬《礼记训纂》中对《学记》段落划分的标准，在将《学记》全文分为20章的基础之上从五个方面来归纳其所内含的教育范畴，即：（1）"学"理（第1—3章）、（2）"学"规（第4—7章）、（3）"教"型（法）（第8—11章）、（4）"师"道（第12—15章）、（5）"学"道（第16—20章），如表5-4所示。

表5-4　　　　　　　　《〈学记〉纲要》的内容结构

"学"理 （第1—3章）	第1—3章，"学"之三辨：一则治国视角，"化民成俗"；一则个人修养，"自反""自强"；一则文化视角，知至道之善。三辨归一，个人知至道其善，达于自反自强，为化民成俗之基
"学"规 （第4—7章）	第4—7章："学"规，含设学之规（第4章）、考校之规（第5章）、学规（第6章）、作息之规（第7章）。"正业"要旨、程序（安其学—亲其师—乐其友—信其道），同考校目标一致
"教"型（法） （第8—11章）	第8—11章：第8章"教之不刑"（不得法），改进教法锋芒所向；第9章"教之所由兴"，陈述的不是"原因"，而是"缘由""理由"，旨在正"教之刑"；第10章"教之所由废"，就效果追溯"教之不刑"之缘由，反证"教之刑"；教之所由兴废，取决于时机与活动条件的把握，"喻"之三原则，为教之"度"，重在引、促弟子自己学。如是，始于"和、易、以思"，而去"不顾其安""不由其诚""不尽其材"之弊
"师"道 （第12—15章）	第12—15章：第12—13章，"为师"之道：师职、师言；第14—15章，"择师""尊师"之道，即为君之道
"学"道 （第16—20章）	第16—20章：第16章，进学三途；第17章，伸"待问"之道；第18章，立志之始；第19章，立身进益之要；第20章，志之至

作者在界定《学记》教育范畴之后，对《学记》中所包含的命题进行辨析——"教学相长"辨、"学不躐等"辨、"君子之教，喻也"辨、"师严然后道尊"辨。我们从作者对于《学记》纲要的研究和主要命题的辨析，不难发现：无论是《〈学记〉纲要》还是《学记》辨析，作者都是立足于实质概念来展开教育历史的研究，目的是在对《学记》诸概念加以辨析的基础上，研究古代同教育相关的诸概念之间的关系，并以此来追寻《学记》教育范畴的历史价值和认识价值。

我们对于"异类"的《学记》教育范畴研究的追溯，为我们从教育学史和教育史学两个层面来反思近代以来的《学记》教育范畴研究提供

第五章　清源与重塑：《学记》教育范畴的正本审思

了思路。如果说陈元晖教授的《学记》专论是从教育学史的视角来探讨《学记》教育范畴研究的话，那么陈桂生在《〈学记〉纲要》中则是立足于教育史学的角度来剖析《学记》教育范畴；如果前者可以被看作基于形式概念层面的探讨的话，那么后者则更多是从实质概念的视角来对《学记》教育范畴进行清理。总之，无论是教育学史还是教育史学，或者无论是形式概念还是实质概念，都为我们重新思考《学记》教育范畴提供了方法论层面的道理和启示。

二　逻辑反思的过程：如何继承《学记》教育范畴

俞吾金在《如何继承中国传统哲学的遗产？》中认为，要研究如何继承中国传统哲学遗产就必须"不得不先行解决以下三个问题：1. 什么是中国传统哲学的遗产？2. 为什么要继承中国传统哲学的遗产？3. 怎样继承中国传统哲学的遗产？"[①]，并进一步认为问题1和问题2属于本体论的问题，问题3属于方法论的问题。我们在反思如何继承《学记》教育范畴的时候，同样也涉及必须回答本体论和方法论两个层面的问题。虽然由于研究内容本身范围的原因，从表面上来看不需要回答问题1，但是对于问题2的回答必然会涉及对问题1的思考。同样，中国近代学者对于问题2（"为什么要继承《学记》教育范畴"）的回答，生动地体现在了回答问题3（"如何继承《学记》教育范畴"）的结构体系之中。

（一）问题2：为什么要继承《学记》教育范畴

从《礼记》成书并因郑玄之注而确定专有名称以来，历代学者都在试图回答"为什么要继承《学记》教育遗产"（当然就包括对"为什么要继承《学记》教育范畴"的回答）。我们试大致从三个阶段来回顾历代学者对于此问题的回答，以此来从"源"头上把握"为什么要继承《学记》教育范畴"的问题。

第一阶段：以学为核心的教育话语体系阶段

在此阶段，《礼记》是以经的方式合理、合法的状态而存在，具有无需明证的天然合法性。处于此阶段的学者是在遵循郑注孔疏的基础之上，采用或考证或义理的解经方式，本着或重申或考辨或补正的方式来

[①] 俞吾金：《如何继承中国传统哲学的遗产？》，《社会科学》2013年第5期。

表达对于经典的认同和阐释。同时，以经学为核心内容的人才培养和人才选拔，则进一步强化和巩固了经学的学术地位。

以郑玄、戴溪、朱熹为代表的古代学者对于《学记》文本的整体认知，体现了古代学者对于"什么是《学记》教育范畴""为什么要继承《学记》教育范畴"的回答。"记人学教之义"（郑玄语）、"《学记》之论，由末以造本；《大学》之论，自本以末；其为教则一也"（戴溪语）、"此言自古学校教人传道授业之序，与其得失兴废之由，盖兼大小学言之"（朱熹语），就是古代学者对于《学记》文本的整体认知。《学记》就是体现"学教之义"的著作，"学"与"教"就是对《学记》教育范畴的整体把握。

第二阶段：中体西用——以学为核心向以教为核心的过渡阶段

在此阶段，包括《礼记》在内的经学是以中体的形式而存在，虽然中体西用作为此阶段的指导思想得到了近代学者们的文化认同，但是不可否认的是在西学的冲击之下经学自身的地位受到了严重的挑战。刘古愚的《学记臆解》就是此阶段的代表著作。

刘古愚在《学记臆解》的序言之中，清楚地表达了其臆解《学记》的目的——化民成俗。刘古愚认为，化民成俗的目的在于"风俗于人材，犹江河之蛟龙也，江河水积而蛟龙生，风俗醇美而人材出焉"，"化民成俗，则胥纳士、吏、兵、农、工、商于学，厚积其水，以待蛟龙之生也。兵练于伍，吏谨于衙，农勤于野，工巧于肆，商智于市，各精其业，即各为富强之事。而又有殊异之材，挺然出于群练、群谨、群勤、群巧、群智之中，以率此练、谨、勤、巧、智之群，自立于今日之世界，不惟不患贫弱，而富强且莫中国若矣"，通过学来培养各种实用人才，并以此来达到富强中国之目的。可见，《学记臆解》依然在遵循"化民成俗"的教育功用。

刘古愚在《学记臆解》中对于《学记》整体的理解，沿用王夫之《礼记章句》中对《学记》的分章结构体系。在每章之中，刘古愚又划分出不同的小节，如第一章从"发虑"至"谓乎"就分为六个小节。在对每个小节进行臆解的过程中，一般先阐释此节所包含的大义或先引用前人（主要以王夫之的注解为主，还包括引用郑玄、孔颖达等人的注疏）的注解内容。其次，根据言学与言政相统一的原则进行现时阐释研

第五章　清源与重塑：《学记》教育范畴的正本审思

究，以期寻找富强中国的为学方法。最后，刘古愚对每节内容的阐释与此前注解的最大不同之处在于，试图运用近代传入我国的西学内容来对相关内容进行阐释，所以整个《学记臆解》的文本内容呈现出中西杂揉的阐释风格。虽然在对西学的引用和借鉴过程之中存在理解不够到位的地方，但是从整体上呈现出中体西用的阶段性特征。值得我们尤为注意的方面是：《学记臆解》虽然仍在延续古代学者对于《学记》的注释内容，但是在用西学来臆解《学记》文本内容的过程中，西方学校教育术语开始以"用"的姿态出现在近代学者视野之中，无形之中为西方教育学向中国的传入提供了学术平台和中介。

第三阶段：以教为核心的教育话语体系阶段

在此阶段，以倡导创办师范教育为开端，学者们开始站在教育学科的视角来审视《学记》，并从教育学科的视角来重新阐释《学记》自身的教育价值。与此同时，随着分科之学取代四部之学，经学作为分科之学中的一科与其余学科并立存在，经学自身的地位逐步下降，直至取消经学科，《学记》就不再以经学的地位而安身立命，而是因其自身的学术特点和学术价值再次受到学者们的关注。

无论是梁启超在《论师范》中认为《学记》所体现的为"诲人之术""为教之道"，还是张謇所倡导的《学记》记载"教授管理方法""师之道""师范义法"；无论是王树楠在《学记笺证》中笺证《学记》为"三代圣王教科之书"，还是姚明辉在《学记集义训俗》中借用《学记》来"训世俗之废经教育"；无论是杜明通在《学记考释》之中借用赫尔巴特教育范畴来考释《学记》，还是顾树森在《学记今译》中引用凯洛夫教育范畴来阐释《学记》，乃至以构建新中国教育学的目的来阐释《学记》的《〈学记〉释义》或《学记评注》，从一定程度上体现了教育学科进入中国以来，学者们对于教育学科的认同就体现在对《学记》的诠释之中。同样，《学记》正是以"为教之道"、"师范义法"、"教科书"、赫尔巴特或凯洛夫教育体系、建构新中国教育学等学术价值，而一次又一次地被近代学者所论及、所阐释。可以说，近代以来的学者们对于《学记》的阐释历程，就生动再现和记载了教育学科在中国从引入他学到自主建构的发展变迁历程。在教育学科从引入他学到自主建构的发展变迁历程中，学者们用各个阶段的代表性《学记》研究著述，清晰而明确地回答了"什么是《学记》教育范畴""为什么要继承《学记》教育范畴"的问题。

(二) 问题3：如何继承《学记》教育范畴

"为什么要继承《学记》教育范畴"与"如何继承《学记》教育范畴"是相互关联的，实际上在具体的《学记》研究著述中，学者们对于问题2的回答与对于问题3的学术表达是紧密联系在一起的。即：方法论是受本体论所支配的，有什么样的本体论就会形成与之相连的方法论。我们以刘古愚的《学记臆解》为例，来具体呈现中体西用思想影响下的《学记》的学术表达。

中体西用命题在张之洞的《劝学篇》中阐发得最为到位。"中学为体，西学为用"命题，坚持以中国传统文化为主体，吸收外来文化，重新构建民族文化体系，代表了19世纪下半叶中国社会和学术发展的方向和可行道路。刘古愚就是遵循中体西用的范式来臆解《学记》的，并借用对《学记》的臆解来解决近代社会发展过程中所遇到的新式人才的短缺问题——"国势强弱，惟学能救之"。刘古愚对于《学记》文本之中"务本"观念的诠释，最能体现中体西用的学术理念和学术表达。

> 三王之祭川也，皆先河而后海，或源也，或委也，此之谓务本。
> 河为海之本，海为河之委，必先之重本也。夫尧舜禹汤文武周公之政，夫子承之以学，以政治视教学，教学源也，本也，政治，委也，末也。建国君民，以教学为政治，得其本矣，而非兴教立学之本也。王船山曰：此篇所言，皆亲师讲艺之事，而终之以务本。所以见古人为学，求之己者。但尽其下学之事，而理明行笃。则天德王道，即此而上达焉。盖与《大学》至善知本之旨，相为符合。而后世窃佛老之说，以文其虚枵狂诞之恶者。亦鉴于此可知其妄矣。船山之说，是谓教学以亲师讲艺为务本，而以语及心性者为虚枵狂诞。盖鉴于王学末流之失，遂愤而为此论。见王学言心，遂不敢言及心，见王学语有近佛老之元虚者，遂不敢及元虚。其时天主之说，已渐入中国，则又不顾吾道之大源，而亦不敢言及天。国初诸遗老倡之而后者愈甚，虽有孙夏峰、黄梨洲、李二曲、汤文正确守薪传而不敌后起之力，以至于嘉道之间，圣教遂第为训诂考据而攻陆王

第五章 清源与重塑:《学记》教育范畴的正本审思

者乃并程朱而亦攻之,而中国几无敢言宋明理义之学者矣。其一二有志好修,亦第拾攻陆王之唾余,而不审时势之所趋,以求挽救,第以攻人之异己,为守先圣之道。而吾国乃日疲弱不振,耶教遂尽收吾教之说,以为己有,而以教于吾国,以收吾民。及今情见势绌,不能胜一日本,而反挑衅各国,以贻庚子之辱。欲为补救以收效桑榆,岂为不得其本。然问其所以为学,则惟西法之是效,西人之是师,若吾中国固无所谓学者。夫吾国今日之学,固不西人若矣。吾先圣孔孟之说,亦岂逊于西人乎。苟取吾中国近儒所割弃者而尽复之,则西人之精者早见于吾圣人之书。即其技艺为中外前所未有者,吾中国诸儒亦早发其端。而其驳而不纯之说,则吾辈人早已见其弊而预为之防。故今日欲救中国之弊,莫若复吾孔孟之学,而用孔孟之教。注孔孟之教法,此记是也。此记历言学教,递入比物丑类。比之类之,而得教学之为重。由教学而得大德大道,由大德大道而得大信大时。大信,诚其心也。大时,当时之务也。诚心以审当时之务,而其本不待他求矣。盖今之中国,古所谓天下也。今则退处为列国之一矣,而民则仍视为天下,不知为何国之民。故急宜建之君之,去其隔阂之势,使一国之气机灵。萃其涣散之情,使万民之精神聚得其民者,得其心也。国以民为本,得民以心为本。然则此建国君民之教学,其必务此本也明矣。务本二字,见于《论语》次章,指为孝弟。而孝弟所以能为本,以不犯上作乱也。不知子之必统于父,必不知下之必统于上,则犯上矣,各处之会匪乱民是也。不知兄弟同生于父,必不知人皆同生于天,则作乱矣,前此之拳匪及各省教案是也。欲建今日之中国,君今日中国之民,不使由孝以识天下一家之仁而重宗子,则人皆无君,无君而国可建乎。故孝者,建国之本也。不使由弟以知四海皆兄弟之恕,则皆有自私而思乱。自私思乱,其民尚可君乎。故弟者,君民之本也。故今日中国之患,不在外洋。即今日中国之教学,不必急效外洋。而当急去吾君吾民之隔阂而使之通,急聊吾民之涣散而使之聚。兴教立学,不在生数十才智之士,而在得数万亿兆之民心,使人人自出其本心,自精其生业,则兵练于伍,农劝于野,工精于室,商智于市,而于此四民之中,择其尤异者,各省有一二十人,足以供天下之用矣。故今日之教民，当注意在化民成俗，不当在育材兴艺，此所谓务本矣。此今日之本，今日之务，若船山氏之说，则或前明之本，前明之务，而非此记之大时不齐之所谓务本也。孟子惧战国入于秦，而欲救之曰欲正人心。呜呼，今日乃一大战国，其终谁入，原不可知，而教学当从正人心入手，则固千万世不能易者也。

在此段注解之中，"然问其所以为学，则惟西法之是效，西人之是师，若吾中国固无所谓学者。夫吾国今日之学，固不西人若矣。吾先圣孔孟之说，亦岂逊于西人乎。苟取吾中国近儒所割弃者而尽复之，则西人之精者早见于吾圣人之书。即其技艺为中外前所未有者，吾中国诸儒亦早发其端。而其驳而不纯之说，则吾辈人早已见其弊而预为之防。故今日欲救中国之弊，莫若复吾孔孟之学，而用孔孟之教。注孔孟之教法，此记是也。此记历言学教，递入比物丑类。比之类之，而得教学之为重。由教学而得大德大道，由大德大道而得大信大时。大信，诚其心也。大时，当时之务也。诚心以审当时之务，而其本不待他求矣"，最能体现中体西用思想对于《学记臆解》的学术影响，同样也最能体现在中体西用思想的学术影响之下的《学记》阐释方式和方法。具体表现如下。

（1）"然问其所以为学，则惟西法之是效，西人之是师，若吾中国固无所谓学者。"

案：效法西人，以西人为师，是鸦片战争以来"师夷长技"的生动体现。作者借对《学记》的注解来表达自己对此种现象的认识和看法，但是作者又指出"若吾中国固无所谓学者"，就是一切以西人为师的社会现象，使得中国固有之学术和学者无任何立足之地。

（2）"夫吾国今日之学，固不西人若矣。吾先圣孔孟之说，亦岂逊于西人乎。"

案：作者认为，从"今日之学"的相互比较来看，固然出现了不如"西人之学"的方面，但是并不代表我们的学问从古至今都不如人，特别是"先圣孔孟之说"，绝对不逊于西人。

（3）"苟取吾中国近儒所割弃者而尽复之，则西人之精者早见于吾圣人之书。即其技艺为中外前所未有者，吾中国诸儒亦早发其端。而其驳而不纯之说，则吾辈人早已见其弊而预为之防。"

第五章　清源与重塑：《学记》教育范畴的正本审思

案：孔孟之说中早已存在西学之精华，只是近代社会以来的学者们舍本逐末，一切唯西学西人为师，从而失去了对孔孟之说精华的坚守和传承。至于，近代社会以来在技艺方面表现出不如人的地方，其实在孔孟之说中早已存在其端，只是我们没有醒觉、更没有继承和发扬，从而导致我们技艺不如人的现象的出现。

（4）"故今日欲救中国之弊，莫若复吾孔孟之学，而用孔孟之教。"

案：既然学术精华存在于孔孟学术中，那么要破解中国当今之困境，挽救中国危亡之命运，就需要从根本上复原孔孟学术的本真。而要复原孔孟学术的本真，就需要在学校教育中推行孔孟之教。同样，只有在学校教育中真正落实和推行孔孟之教，才能固守孔孟学说的精华，才能解中国困亡之社会危局。

（5）"注孔孟之教法，此记是也。此记历言学教，递入比物丑类。比之类之，而得教学之为重。由教学而得大德大道，由大德大道而得大信大时。大信，诚其心也。大时，当时之务也。诚心以审当时之务，而其本不待他求矣。"

案：我们要推行孔孟之教，就需要熟知孔孟之教法，而《学记》正是记载孔孟教法的学术著作。《学记》体现了孔孟学术的"学教之义"，按照孔孟教法来施教则儒家孝弟之本就会得以维护和巩固。孝为建国之本，弟为君民之本，《学记》中"建国君民，教学为先"之本立也。故此，《学记臆解》就在于追寻《学记》文本所体现的立学之本——"建国君民，教学为先""化民成俗，其必由学"。

本立而道生。《学记臆解》所遵从学术之本就是孔孟学说，而要推行孔孟学说就必须施行孔孟之教，而要施行孔孟之教就必须熟知孔孟之教法，《学记》正是记载孔孟教法的学术经典著作。刘古愚臆解《学记》的真实用意明也。

我们通过对刘古愚《学记臆解》中典型语句的注解分析，不难发现，近代学者对于问题2的回答与对于问题3的学术表达是紧密联系在一起的。在中国教育学科从引入他学到自主建构的发展变迁历程中，学者们对于《学记》经典文本的阐释研究，正是基于不同的学术目的在不同的学术范式下展开的，因此也就形成了具有不同学术阶段特点和学术风格的《学记》诠释著作。

三　逻辑反思的结果：《学记》教育范畴的名实相符

正如张斌贤在《探寻教育史学科重建的出发点》中指出，自 20 世纪 80 年代以来的教育史学科，"由于主要关注各种类型、各种层次的正规学校教育，而忽视对不同历史时期各种'非正规'教育形式的探讨，'外国教育史'变成了'外国学校教育史'（或者说'教育史'变成了'学校教育史'）；而且，由于仅仅注重学校中那些被制度化了的事物和现象，外国教育史事实上又变成了正规学校内部局部、片段的教育现象或事物的历史"①，外国教育史研究领域存在的问题绝不是孤例，以教为核心的《学记》教育范畴研究就存在借用学校教育话语的研究视域狭窄问题。我们在对如何继承《学记》教育范畴进行逻辑反思之后，就有必要从原源相生与古今通理②两个思维层面，来深入剖析《学记》教育范畴的名实相符问题。

（一）原源相生：历史与逻辑的统一

正如恩格斯所指出的，"每一个时代的哲学作为分工的一个特定的领域，都具有由它的先驱传给它而它便由此出发的特定的思想材料作为前提"③。这就是说，任何一个时代的哲学成果，都要以传统哲学文化作为其渊源和前提，体现了哲学学术发展对于传统哲学文化的传承与创新。在这里需要指出的是："'源'即渊源、资源，指历史地形成的包含着优秀成分的传统文化"，"'原'即本原、根基，指社会现实的经济关系、社会结构、政治状况及其变革"④，"源"与"原"体现了社会存在决定社会意识，传统文化（"源"）的历史演进离不开现实的社会存在（"原"）的作用。

杜成宪对于朱贻庭哲学层面的源原整合的观点，结合中国教育思想史自身发展的学科特点进行了学术改造，"原源相生，即懂得理解和分

---

① 张斌贤：《探寻教育史学科重建的出发点》，《北京大学教育评论》2016 年第 4 期。
② 本书关于原源相生与古今通理的观点，受到朱贻庭、杜成宪等学者的学术影响。
③ 恩格斯：《致康拉德·施米特》，《马克思恩格斯文集》（第 10 卷），人民出版社 2009 年版，第 599 页。
④ 朱贻庭：《"源原之辨"与"古今通理"——继承和发展传统文化的方法论新探》，《探索与争鸣》2015 年第 1 期。

析中国教育思想的发展是传承与创新的统一"。其中:"原,决定了一种教育思想的社会性质、时代特点、价值导向和变革动力;源,为这种教育思想提供文化资源和话语系统的民族形式与特点。原是指教育思想产生、发展、变革的本原性、基础性因素和特定时代的社会条件,包括经济关系、社会结构、政治状况、社会变革等。时代的发展总是不断提出新挑战、新课题,而任何教育主张、观念、思想、理论的产生,都是对时代挑战的反应和应对,都是对时代课题的回答和解决;源,是指这种应对和回答总是在前人基础上加以发展而作出的,包容着前辈的智慧,也会采用前辈的思想和表达方式。原,反映了教育思想的时代性;源,反映了教育思想的延续性"[①]。我们对于《学记》教育范畴的研究,就是要实现教育思想的时代性和延续性的辩证统一,并进而在学术研究实践中实现历史与逻辑的统一。

既然"原"反映了教育思想的时代性,那么我们就有必要根据每个历史阶段教育发展的具体特点,来作出具体的和如实的教育判断。尤其是近代社会以来,从中体西用命题提出之后,中国教育伴随着中国近代社会的发展变化而变化。从新式学堂出现到师范教育的兴起,从分科之学的引入到经学学科的取消,教育与社会、教育与文化之间的相互影响和相互推动,导致了近代社会以来体现教育思想之"原"的动因纷纭层杂,再加上赫尔巴特教育学、杜威教育学的教育学说的传入,中国教育学科呈现出以众多动因推动教育思想发展的状况。"源"的千差万别,导致了不同教育思想家试图立足于不同时代需要来解决教育问题乃至社会问题。以进化史观、唯物史观等诸种方法论为指导,又呈现出不同的学术派别之间的理念分野。虽然从教育话语体系来看,是从以学为核心的教育话语体系向以教为核心的教育话语体系过渡;虽然从教育自身发展的过程来看,是从前制度化教育阶段向制度化教育阶段过渡,但是由于正处于中国教育学科自身的过渡期和形成期,就造成了体现教育思想时代性的"原"的不确定性。在新中国成立之后,随着凯洛夫教育学的传入,通过学习凯洛夫教育学来建构中国自己的教育

[①] 杜成宪:《中国教育思想史研究散论》,《河北师范大学学报》(教育科学版)2016年第2期。

学，就成为新中国教育思想发展之"原"。在学习凯洛夫教育学的过程之中，如何建构具有中国自身民族特色的教育学，一直是教育学者们思考的重要学术问题，所以在此阶段也存在建构中国教育学的"原"。包括《学记》在内的中国传统教育经典著作，因"原"而变，呈现出了具有各个时代特色的《学记》诠释著作，反映了"原源相生"的教育思想的延续性。

"善言古者，必有验于今"（魏源语），今人正是依据今之"原"对古之"源"进行鉴别和取舍。当我们反思制度化教育对教育思想研究造成的种种负面影响时，我们对于制度化背景之下《学记》教育范畴研究的逻辑反思也就产生了。

（二）古今通理：教育思想史的基本问题

原源相生的背后隐含着古今通理的历史理解。按照朱贻庭的论述，古今相通之理就是指传统文化中所蕴含的现实的"价值对象性"。之所以称之为"价值对象性"，就是作为对象化的价值，即评价的对象本身所负载的价值，它只是"在一定情况下能够实现的价值"，因而还不是价值的实现。因此，"传统文化的这种'价值对象性'，并不是直接拿来可用的'现实价值'，传统文化的'现实价值'不是被'发现'的，而是需要创造的。就是说，即便发现了传统文化中现实的'价值对象性'，也还需要根据现实之'原'对之进行价值'再创造'，从而改变和进一步发展传统文化"[①]。我们对于古今通理的分析，就是要在分析《学记》背后所隐藏的"价值对象性"的前提下，依据教育的现实需要来进行创造性的发展。

正如希尔斯所言，"正是这种规范性的传递，将逝去的一代与活着的一代联结在社会的根本结构之中"[②]，能够"联结"逝去一代与活着一代的正是"古今通理"的"规范性传统"。那么，又该如何理解教育思想领域的"古今通理"呢？"古今相通，即懂得理解和说明为什么中国历史上的教育思想能够具有现代价值。"这是因为，"一个民族的教育思想

[①] 朱贻庭：《"源原之辨"与"古今通理"——继承和发展传统文化的方法论新探》，《探索与争鸣》2015年第1期。

[②] [美]希尔斯著：《论传统》，傅铿、吕乐译，上海人民出版社2009年版，第181页。

体系中的许多概念、命题、理论及其民族观念和群体心理,却能够历时弥久,古今相通,为后人所继承,甚至为今人所接受,成为今天教育的组成部分。究其原因在于:思想是历史地形成的,是同一民族共同体及其生命的延续在精神层面的表现;民族之所以称为民族,是因为这一人群具有共同的语言、习俗和习性,这是他们相互认同和联系的纽带,而这一切是在漫长岁月里逐步积累而成的心理和精神活动方式;历史上每一代中国人都会遇到各自的教育发展挑战,其中一些基本问题是共同的,这些问题以及解决问题的方案都可以成为后人的借鉴,以儒家为主体的历代教育家也确实提供了诸多符合教育规律的对策"。所以,在教育生活领域古今所共存的基本问题,就是"联结"逝去一代与活着一代的"通理"。正如《学记》中所体现的"学教之义"中就包含着古今所共存的"通理",正是因为此"通理"的存在才使得《学记》从古至今受到学者们的学术推崇和尊重。

如果说在以学为核心的教育话语体系的语境之下,"学教之义"就是古代学者们所认同的《学记》基本问题;那么在以教为核心的教育话语体系之中,教育的作用、目的,教育和教学的原则,论教师等学校教育话语体系,则构成了近代以来学者们对于《学记》基本问题的学术共识。我们在对不同话语体系之下的基本问题进行学理分析后,不难发现,《学记》对学与教关系的阐释是构成基本问题的关键所在。前制度化教育阶段和制度化教育阶段,对于教育尤其是学校教育的基本问题表述术语之间的差异,造成了对《学记》基本问题的认识和呈现方式的差异。这也是"原"发生变化而导致对"源"的现实需求发生了改变。我们倡导"古今通理"就是要寻求理解和诠释《学记》的基本范式,并在探寻《学记》自身所包含的基本问题的基础上,持以"同情性理解"的同时根据"原"的现实教育需求做出创造性转化和创新性发展,即实现《学记》所蕴含的"价值对象性"。

总之,从原源相生与古今通理的本身来看,"优秀传统文化中所具有的'古今通理',是优秀传统文化可以继承的内在根据。而要真正实现继承和发展,还必须根据现实之'原'对'古今通理'进行现代价值再创造,也就是对'古今通理'进行创造性转化和创新性发展,实现'在继承中发展，在发展中继承'"①。我们依据原源相生与古今通理对于《学记》教育范畴发展演变的逻辑反思，就是要实现在继承中发展、在发展中继承的学术宗旨。同样，我们对于问题 2 与问题 3 的深入思考的最终目的，就是在梳理原与源之间相互关系的基础上探索古今相通之理，并进而为更好地阐释《学记》教育范畴提供方法论的依据。

第二节 《学记》教育范畴的正本重塑

我们在对《学记》教育范畴进行逻辑反思的基础上，就如何正本重塑《学记》教育范畴展开思索。既然以学为核心与以教为核心的话语体系，在对《学记》教育范畴诠释过程中呈现出不同的结构体系，那么就有必要从教育学史和教育史学相统一的学术视域，确立重塑《学记》教育范畴诠释的思维路径。故此，我们对于诠释《学记》教育范畴的学术路径的选择，就必须从继承和发扬传统文化及传统教育文化的文化路径和教育路径来考量，并以此学术思索为基础来尝试探求《学记》教育范畴诠释的新范式。

一 正本重塑的缘由：以学为核心与以教为核心的体系反思

我们在对《学记》教育范畴诠释变迁历程进行重新审视之后不难发现：以学为核心与以教为核心的《学记》教育范畴体系，无论是在对《学记》文本整体篇章结构的理解，还是对于《学记》教育范畴诠释的话语体系方面都呈现出不同的特征。我们试图在从篇章结构和话语体系两个方面，来呈现两种不同核心体系的《学记》教育范畴的基础上，为《学记》教育范畴的正本重塑提供学术依据。

（一）以学为核心的《学记》教育范畴体系

我们试以孔颖达在《礼记正义》和王夫之在《礼记章句》中对《学记》篇章结构的理解为范例来阐释以学为核心的《学记》教育范畴体系的学术特点。

---

① 朱贻庭：《"源原之辨"与"古今通理"——继承和发展传统文化的方法论新探》，《探索与争鸣》2015 年第 1 期。

第五章 清源与重塑:《学记》教育范畴的正本审思

1. 孔颖达《礼记正义》中的《学记》篇章结构

孔颖达本着"学教之义"的注解宗旨,试图在把握《学记》文本要义的基础上,对郑玄《学记》文本进行疏解。孔颖达通过"发虑"至"学乎"① 的文本疏解方式("《正义》曰:此一节明虽有余善,欲化民成俗,不如学之为重")表达其对《学记》文本各段落主旨的解读(见表5-5)。

表5-5 《礼记正义》中《学记》的篇章结构

段落划分	段落主旨
"发虑"至"学乎"	正义曰:此一节明虽有余善,欲化民成俗,不如学之为重
"玉不"至"谓乎"	正义曰:此一节论喻学之美,故先立学之事
"虽有"至"谓乎"	正义曰:此一节明教学相益
"古之"至"谓乎"	正义曰:此一节明国家立庠、序上下之殊,并明入学年岁之差
"大学"至"谓乎"	正义曰:此一节明天子诸侯教学大理,凡有七种,各依文解之
"大学"至"谓乎"	正义曰:此一节论教学之道,必当优柔宽缓,不假急速,游息孙顺,其学乃成
"今之"至"由乎"	正义曰:此一节论教者违法,学者所以不成,是今师之失,故云"今之教者"
"大学"至"由兴也"	正义曰:此一节论教之得理,则教兴也
"发然"至"废也"	正义曰:此一节论学不依理,教之废耳
"君子"至"喻矣"	正义曰:此一节明君子教人,方便善诱之事
"学者"至"者也"	正义曰:此一节明教者识学者之心,而救其失也。故云学者有四失,教者必先知之
"善歌"至"志矣"	正义曰:此一节论教者若善,则能使学者继其志于其师也
"君子"至"谓乎"	正义曰:此一节明为师法
"凡学"至"师也"	正义曰:此一节论师德既善,虽天子以下,必须尊师
"善学"至"道也"	正义曰:此一节明善学及善问,并善答不善答之事
"记问"至"舍之可也"	正义曰:此一节论教者不可为记问之学
"良冶"至"学矣"	正义曰:此一节论学者数见数习,其学则善,故三譬之。

---

① "发虑"至"学乎",即《学记》文本"发虑宪,求善良,足以謏闻,不足以动众。就贤体远,足以动众,未足以化民。君子如欲化民成俗,其必由学乎!"的概括,以此类推,将《学记》全文分为十九段。

续表

段落划分	段落主旨
"古之"至"不亲"	正义曰：此一节论弟子当亲师之事，各依文解之
"君子"至"务本"	正义曰：此一节论学为众事之本

从"学之为重"始至"学为众事之本"终，《礼记正义》突出和强调了《学记》论学的旨圭所在——"学为圣本"，即由学成圣。

2. 王夫之《礼记章句》中的《学记》篇章结构

王夫之在《礼记章句》卷十八《学记》之中，将《学记》全文分为十六章的基础之上又将十六章内容分为四大部分（见表5-6）。

表5-6 《礼记章句》对《学记》的章节划分

	主旨内容	包含章节
第一部分	第一章，言人君建学之旨	第一章："发虑宪"至"此之谓乎"
第二部分	第二章及自此以下八章，言为师之道，教者之事也	第二章："虽有嘉肴"至"此之谓乎"
		第三章："古之教者"至"此之谓乎"
		第四章："大学始教"至"此之谓乎"
		第五章："大学之教"至"此之由乎"
		第六章："大学之法"至"为人师也"
		第七章："故君子之教"至"善喻矣"
		第八章："学者有四失"至"失者也"
		第九章："善歌者"至"继其志"
第三部分	第十章，此章承上章师道之大而言择师之当慎	第十章："君子"至"此之谓乎"
第四部分	第十一章及自此以下六章，言亲师为学之道，学者之事也	第十一章："凡学之道"至"尊师也"
		第十二章："善学者"至"进学之道也"
		第十三章："记问之学"至"舍之可也"
		第十四章："良冶之子"至"志于学矣"
		第十五章："古之学者"至"弗得不亲"
		第十六章："君子曰"至"此之谓务本"

按照王夫之所划分的四部分内容（其中第三部分内容为承上启下

段)，《学记》全文就可以分为三个方面的主旨内容：建学之旨—为师之道—（择师当慎）—为学之道。可见，教者之事和学者之事共同构成了《学记》文本的主体内容。

故此，我们对于孔颖达和王夫之关于《学记》篇章结构的整体分析，不难发现，"学"是主导两位古代学者对于《学记》各段大意进行诠释的关键词。在孔颖达对于《学记》各段落的诠释中，共使用"学"字16次；同样，在王夫之对于《学记》各段落的诠释中，第一部分和第四部分的标题直接以"学"字来命名。我们通过对《学记》文本的研读，从建学之旨—为师之道—（择师当慎）—为学之道的层面形成关于《学记》各段落的整体认知。从为师之道—为学之道层面来看，《学记》就是围绕学—教活动所展开的，以追求教学相长为旨趣的为己之学。

（二）以教为核心的《学记》教育范畴体系

以教为核心的教育话语体系的形成过程，就是中国教育学科从无到有的发展历程。郑金洲和瞿葆奎在《中国教育学百年》一书中，将中国教育学百年发展历程分为六个阶段，即：教育学的引入（1900—1919年）、教育学的草创（1919—1949年）、教育学的改造与"苏化"（1949—1956年）、教育学的中国化（1956—1966年）、教育学的语录化（1966—1976年）、教育学的复归与前进（1976—2000年）。在中国教育学发展的六个阶段之中，从学习赫尔巴特教育学，到学习杜威教育学，到学习凯洛夫教育学，再到中国教育学的自主发展（或建构具有中国特色的教育学），从模仿、借鉴他国教育学到自主探索和建构具有中国特色的教育学。我们选取具有典型代表性的《学记》诠释著作为范例，来从整体上呈现以教为核心的《学记》教育范畴体系的形成和发展历程。

1. 杜明通《学记考释》中具有赫氏风范的《学记》教育范畴体系

杜明通在《学记考释》中将《学记》全文分为19个段落，各节的中心句分别如表5-7所示。

表5-7　　　　　《学记考释》对《学记》的段落划分

第一节：从"发虑"至"学乎"	此节言明德新民之路
第二节：从"玉不"至"谓乎"	此节言教学为建治之所基
第三节：从"虽有"至"谓乎"	此节言教学相益之理

续表

第四节：从"古之"至"谓乎"	此节述古代学制及大学进修之次第
第五节：从"大学"至"谓乎"	此节示大学教法之纲领
第六节：从"大学"至"谓乎"	此节言课外作业之用，可以辅正学，浓兴味：盖随在皆学习之资，则学成致用。与社会方无梗塞
第七节：从"今之"至"由乎"	此节言乖性之教，徒劳无益
第八节：从"大学"至"兴也"	此节列举合于心理原则之教法
第九节：从"发然"至"废也"	此节反证上节之意
第十节：从"君子"至"喻矣"	此节承上二节，言师资所贵，在能善诱循循
第十一节：从"学者"至"者也"	此节明因材施教之义
第十二节：从"善歌"至"志矣"	此节述陶冶之妙：立谈之间，足以引人入善
第十三节：从"君子"至"谓乎"	此节述教师之修养与地位，以见择师之道，不可苟也
第十四节：从"凡学"至"师也"	此节言师道尊严，虽自古帝王，莫不重视
第十五节：从"善学"至"道也"	此节明学、教、问、对之术，必循序渐进，始克有济
第十六节：从"记问"至"可也"	此节言应问必适合学者之需求，记问之学，有如断烂朝报
第十七节：从"良冶"至"学矣"	此节言数见者易学，初习者难通，立志者所当辨也
第十八节：从"古之"至"不亲"	此节言学有功于治道，盖比观始见其义
第十九节：从"君子"至"务本"	此节以务本作最终之劝勉，盖荣途捷径，得鱼忘筌，君子有戒心焉

  《学记考释》的引义卷三包括《学记》之教育目的论、《学记》之教育方法论、《学记》之教育心理学三个部分。杜明通对《学记考释》整本书的体系设计，开启了《学记》研究的新方式。杜明通在引义卷中借用"目的—方法—心理学"的教育结构体系，来分析《学记》自身的体系结构，开启了用教育学科的学科体系来研究《学记》体系结构的先河。同样，"目的—方法"式的教育学结构体系正是赫尔巴特教育学的标志性内容，可以看出赫尔巴特教育学对于《学记考释》研究的影响。

  2. 顾树森《学记今译》中具有凯氏风范的《学记》教育范畴体系
  顾树森在《学记今译》中将《学记》原文分为 20 个段落，并在案评中对其所包含的大义进行了评述，具体情况如表 5-8 所示。

表 5-8　　　　　《学记今译》对《学记》的分段评述

段落	案评教育大义
1. 从"发虑"至"学乎"	说明教育的目的和学校教育的重要性
2. 从"玉不"至"谓乎"	说明教育的任务与作用
3. 从"虽有"至"谓乎"	说明教学并重和教与学相互发生作用的道理
4. 从"古之"至"有学"	述及中国古代学校制度的大要，以证明"古之王者，建国君民，教学为先"的意思
5. 从"比年"至"谓乎"	述明中国古代视学的制度和分年考查学生学成成绩的标准
6. 从"大学"至"谓乎"	说明中国古代的大学，在开学的前后，就有一定的礼节和进行教学的先后程序
7. 从"大学"至"谓乎"	说明当时大学中的教学方法，特别指出正常课业与课外作业应该同时并重，以及课外作业必须与正常课业相结合的重要性
8. 从"今之"至"由乎"	说明当时教学所以失败的原因
9. 从"大学"至"兴也"	从正面提出大学教育及教学的基本原则，说明施教的人必须依照这些原则来进行教学，才能达到成功而不致失败
10. 从"发然"至"废也"	从反面来证明上面四项原则的重要性
11. 从"君子"至"喻矣"	说明做教师的必须深切地了解教学成功和失败的原因，然后可以为人师。并且郑重地指出教师不但要懂得上面所说的重要原则，而且还要彻底了解教学必须发挥学生的自觉性和积极性
12. 从"学者"至"者也"	着重说明"因材施教"的原则
13. 从"善歌"至"志矣"	说明教人的目的，不仅在使学生能求得知识明白道理而已，尤其重要的，在使学生从学习中找出心得，自己得到感动而能继续达到教师所指示的方向和要求的目的，故用"善歌继声"作为比喻，以说明这个道理
14. 从"君子"至"谓乎"	说明教师地位的重要性，及对师资必须慎重选择
15. 从"凡学"至"师也"	说明教师的地位既然如此重要，统治者自应尊敬师长以表示尊师重道的意思
16. 从"善学"至"道也"	说明教师发问和答问的重要原则
17. 从"记问"至"可也"	着重说明做教师的必要条件
18. 从"良冶"至"学矣"	说明学生在学习中必须加强练习的重要性，并且指出练习的基本原则

续表

段落	案评教育大义
19. 从"古之"至"不亲"	说明学生求学的方法，必须要用同类的事物相比，以达到因理推论触类旁通的目的
20. 从"君子"至"务本"	学记作者总结全篇而言。说明求学的目的，在乎"务本"，这个"务本"，就是《论语》上所说的"君子务本，本立而道生"的意思

顾树森认为，《学记》"首先阐明教育的目的，教育的任务与作用，古时教育的制度，视学与考查学生学业成绩的方法；其次，述及教与学的相互作用，正课学习与课外作业的相互结合，教育上得失的原由，以及问答方法的运用；最后，则提出教师在教育中的重要作用，和尊师重道的必要性"，"其中所阐明的教育原理和方法，与近代教育学上所讲述的，颇多近似之处"，因此"《学记》这一篇著作，可称为中国古代教育学的雏形，也可说是中国教育史甚至世界教育史上第一篇非常辉煌的有关教育理论和方法的伟大著作"。

3. 创建具有中国民族特色的教育学之《学记》教育范畴下的"自主表达"

（1）"自主表达"之一：刘震《〈学记〉释义》中的《学记》教育范畴体系

刘震的《〈学记〉释义》是以创建新中国的教育学，需要承受祖国古代的文化遗产，继承和发扬我国古代的优良教育传统为目的而展开的。作者将《学记》原文分为20个段落，并在案评中对其所包含的大义进行了评述，具体情况如表5-9所示。

表5-9　《〈学记〉释义》对《学记》的分段评述

分节	分节教育大义
1. 从"发虑"至"学乎"	首先提出了教育的重要任务和特殊作用，在于"化民成俗"
2. 从"玉不"至"谓乎"	从教育的目的和教育的任务方面提出"建国君民，教学为先"。这一节共讲了两个方面的问题：一是说明每个人生下来都需要教育，"玉不琢，不成器；人不学，不知道"，这是说明教育工作的必要性；一是提出"建国君民，教学为先"，是从国家建设的需要方面说，是说明教育工作的重要性和目的性

第五章　清源与重塑：《学记》教育范畴的正本审思

续表

分节	分节教育大义
3. 从"虽有"至"谓乎"	这一段讲了两层意思，一个意思是说，教和学都要经过实践，才能使认识逐步提高；一个意思是说，"教学相长"
4. 从"古之"至"有学"	讲我国古代的教育体制，学校设置
5. 从"比年"至"谓乎"	讲我国古代大学的教学计划和视导制度
6. 从"大学"至"谓乎"	学校设立了，按时开学了。学校开门就有七件事，这是教学常规和教育纲领
7. 从"大学"至"谓乎"	论述大学教育的教学原则。从正反两个方面，说明教育、教学的成功与失败的原因，使人们充分发挥正面的经验，提高认识，提高教学效率，借鉴失败的教训，避免在教学中发生错误。其中所包含的教育和教学原则为：第一，课内与课外相结合的原则；第二，"藏、修、息、游"的原则；第三，专心致志的原则
8. 从"今之"至"由乎"	
9. 从"大学"至"兴也"	进一步论述大学教育的教学原则，也是从正反两个方面，说明教育教学的成功与失败的原因。其中所包含的教育和教学原则为：第一，预防为主的原则；第二，适时的原则；第三，循序渐进的原则；第四，观摩的原则
10. 从"发然"至"废也"	
11. 从"君子"至"喻矣"	启发学生的学习自觉性，善于启发诱导，这是《学记》一篇讲述教育教学的方针和方法的中心思想。教育工作的基本原则：一是做到启发诱导；二是做到和易以思
12. 从"学者"至"者也"	这一节是讲学习的人容易产生的集中思想缺点：多、寡、易、止。这些缺点的产生，是由于人们的心理状态和思想状态的不同造成的。根据这些不同情况，采取不同的教育措施，这就是我们通常讲的"因材施教"的原则。和缺点同时存在，和缺点互为条件的，还有学者的各种优点。教育工作者要发扬学者的优点，克服缺点，就是这里提出的"长善救失"的原则
13. 从"善歌"至"志矣"	讲教师的教学要善于运用语言艺术
14. 从"君子"至"谓乎"	从这一节起，《学记》提出了教师问题。在论述教师问题时，第一个问题是"择师"，第二个问题是"尊师"。这一节首先讲"择师"。中华人民共和国自成立以来就十分重视教师工作，把尊敬教师视为社会主义国家应有的公德，是建设社会主义精神文明的重要内容。为了清除"四人帮"的不良影响，党中央一再申明，教师的劳动是崇高的劳动，应当充分估价教师在建设社会主义中的重要地位和作用。人民教师必须具备的条件是：一是共产主义的道德品质，二是比较渊博的学识，三是通晓教学规律

续表

分节	分节教育大义
15. 从"凡学"至"师也"	这节进一步讲述尊师。在新中国，教师的地位和作用，较之在历史上更为重要。但是值得注意的是：由于"四人帮"的流毒和影响还没有肃清，教师在社会主义建设中的地位和作用还没有被所有的人所认识，因而轻视教育工作，歧视教师的现象，还有所闻。所以还有必要多多进行宣传教育工作，使尊敬教师成为普遍的社会风尚
16. 从"善学"至"道也"	教师的教学方法，除了讲述的方法之外，就是要善于运用答问的方法。善于学习的人，要勤学好问；善于教学的人，要善于答问。学有未通，发为问题，教师根据学生的情况，适当回答学生的发问。这里用"撞钟"作譬，要求"叩之以小者则小鸣，叩之以大者则大鸣"
17. 从"记问"至"可也"	这一节进一步论述了要当好一个教师，必须具备一定条件。第一，"记问之学，不足以为人师"；第二，"必也其听语乎"。当好一个教师，必须具备的条件是：一是必须具有比较渊博的学识，不能只是"记问之学"。二是必须懂得教学规律，针对学生情况进行教学
18. 从"良冶"至"学矣"	本节从三个方面列举譬喻，来说明教育工作要取得理想的效果，就必须重视直观性教育和日常渐进，潜移默化的教育
19. 从"古之"至"不亲"	对这一节的解释，几家注解有不同的解释。大体上分为两种意见：一种意见认为，这里说的"比物丑类"，是讲的以同类事物相比，分析综合，触类旁通，是讲的治学方法，或者说是对教师的教学要求。另一种意见，则认为这一节是进一步阐述尊师重道，再一次强调教育和教师的重要作用。我们认为，后一种解释比较妥善。尊师重道，是《学记》作者的一贯思想。尊师也是为了重道，师是道的传授者
20. 从"君子"至"务本"	《学记》最后一节，从"大德""大道""大信""大时"四个方面论证，并以三王祭川必先河而后海作为比喻，归结为"务本"。中国古代教育学者认为，为学之道，务求其本。孝弟忠信，道德仁义，是为学的根本。这就是我国古代社会的伦理教育和道德教育。《学记》的作者，在开头就提出教育的目的是要"化民成俗"和"建国君民"。为了达到这个目的，受教育者必须学习"至道"，必须"乐其友而信其道"，这是学习的根本，决不能本末倒置，舍本逐末。在最后一节，又引君子之言作为总结，把学习归结到"务本"

《〈学记〉释义》对各节大义的把握是站在教师教的角度，来理解和阐释《学记》所内含的教育思想。作者在前言部分对《学记》所包含的教育范畴体系进行了说明，"《学记》的内容，论述教育工作，比较全面

— 338 —

而系统。它从教育目的、教育制度,到教育原则和教学方法,以至如何选择和尊重教师等问题,都作了比较全面的、深刻的论述",可见教育目的、教育制度、教育原则、教学方法、教师等教育范畴体系,仍然是对《学记》进行研究的理论体系。

(2)"自主表达"之二:高时良《学记研究》中的《学记》教育范畴体系

《学记研究》在第二编和第三编的"《学记》章句训义"中将《学记》全文分为二十二章,并在"评说"中对各章的大义进行了概括总结(见表5–10)。

表5–10 《学记研究》对《学记》的分章评说

章节名称	章句大义
第一章 化民由学	这一章是《学记》的总纲。它开宗明义揭示了新兴地主阶级掌握政权后的政治路线、组织路线和教育路线及其相互关系
第二章 教学为先	揭示教育的作用,从政治上看待教育的作用
第三章 教学相长	从受教育者的个人学习实践方面揭示教育的作用。只有在实践过程中,才能领会到接受教育对自己身心修养会带来什么好处,从而调动其学习自觉性和积极性
第四章 古之教者	通过对三代尤其是西周学制的美化,在政治上搞乌托邦制
第五章 比年入学 中年考校	学校考校制度
第六章 教之大伦	这一章一开始就讲大学之礼。这个作为学校的政治教育,伴随宗法制度而来的礼,原本是周族氏族制社会的产物。它不仅对奴隶制社会,而且对封建社会的阶级统治一直起作用
第七章 正业居学	这一章继前面的"大学之道""大学之礼",讲"大学之教",下面还接着讲"大学之法"
第八章 兴艺乐学	本章的思想核心是揭示在教学过程中,知识同行为的关系,理论同实践的关系。重要的是实践,是具体行为表现
第九章 安学亲师 乐友信道	"藏、脩"与"息、游",说的是学生学习过程中神经活动兴奋与抑制的相互作用
第十章 使人由诚 教人尽材	批判注入式教学方法
第十一章 教之所由兴	这一章揭示的是教师在教育、教学过程中的主导作用
第十二章 教之所由废	这是结合上章,从正反两方面揭示教之所由兴和教之所由废,既要总结成功经验,又要吸取失败教训

续表

章节名称	章句大义
第十三章　君子之教喻也	这一章阐述重视教师与学生的关系，教与学的关系，学习知识与学习态度、情感、意志的关系，在方法论上体现出朴素的唯物主义和辩证法，揭示了教学的客观规律，运用了灵活的教学方式。这对于启发式教学来说，才算"启"得有方，"发"得到位
第十四章　长善而救其失	"知其心"是为了"救其失"，欲"救"其"失"，必须"长"其"善"；"长善"必先"救失"，"救失"是为了"长善"
第十五章　善教者使人继其志	继志是本章的思想核心，也是教育的根本目的。为了让学生"志于道"，提出"约而达，微而臧，罕譬而喻"的教育教学技巧
第十六章　择师不可不慎	本章全文均是对教师身份、地位和修养而言
第十七章　师严然后道尊	这一章讲尊师的重要意义和如何尊师
第十八章　善待问者如撞钟	《学记》前几章揭示启发式的教学方法，这一章又揭示问答式的教学方法。这两种方法在教学领域中是比邻而居，又往往并肩而行；启发式常运用问答式以完成其教学任务，问答式间亦运用启发式方法以完成其教学任务。与注入式教学方法不同，它们二者都既重视教师如何教，也重视学生如何学
第十九章　必也其听语乎	本章主要讲教师，全章贯串着教师应起主导作用的精神
第二十章　可以有志于学	本章主要归结为两条：（1）注意由浅入深、由易到难、循序渐进；（2）重视练习，持之以恒，求其得心应手
第二十一章　古之学者比物丑类	这一章，用鼓与五声、水与五色的关系来衬托学与五官、师与五服的关系。即以鼓、水二物衬托学、师二事。学、师是直接与"道"联系着的。"学"的目的在于卫道，"师"的责任在于传道，"道"通过"学"与"师"而始显
第二十二章　此之谓务本	"大德不官，大道不器，大信不约，大时不齐"表现为"至道"。"志于本"便是"志于道"，这就把教育提到"务本"上来。"圣人"是"至道"的体现者，教育的终极目的就在于培养"圣人"模式的人物

　　作者认为，《学记》对教育的作用、目的和任务，教育和教学制度、内容、原则和方法，教师的地位和职责，师生、同学之间在教育、教学过程中的相互关系，等等，作出简赅的理论概括，揭示了某些教育和教学的普遍规律。

我们通过对以学为核心的教育话语体系下的《学记》教育范畴与以教为核心的教育话语体系下的《学记》教育范畴的对比分析，不难发现，"从以'学'为核心的话语体系向以'教'为核心的话语体系的转换，具有某种历史的必然，但转换变成了取代，中国传统教育思想中重'学'的特点及其合理因素也一起被抛弃了"，"于是，一个民族的教育传统如何在现代教育的发展、变革中获得改造、更新和延续，仍旧是一个值得我们今天深入思考和探索的问题"[①]。事实上，这就需要我们立足于当下来认真回答："为什么要继承《学记》教育范畴"和"如何继承《学记》教育范畴"的问题。

二 正本重塑的视域：确立《学记》教育范畴诠释的思维方式

我们从教育学史的层面来探究《学记》教育范畴诠释的学科位序，就是试图追踪《学记》教育范畴在教育学科思辨历史上的位序；同样，从教育史学层面来挖掘《学记》教育范畴诠释的学术旨趣，则是在于阐述展开《学记》教育范畴研究应遵循的旨趣。

（一）教育学史：《学记》教育范畴诠释的学科位序

正如王坤庆所言，教育学史"是一门以历史上的教育学理论发展为研究对象的学科，它通过研究教育学的产生、发展及其变化的过程，去寻找教育学的历史发展规律，为我们今天的研究提供历史借鉴"[②]。在此基础之上，王坤庆指出教育学史所要研究并回答的基本问题主要包括：（1）关于教育学的产生，（2）关于教育学的发展阶段及其划分的依据，（3）关于教育学的科学运动，（4）关于教育学的理论构成，（5）关于教育学的逻辑起点，（6）关于教育学的理论流派，（7）关于教育学的研究方法论，（8）关于教育学的分化与综合等等。王坤庆在对教育学史的研究对象以及研究的基本问题进行阐述的基础之上，对20世纪80年代以来的教育学史研究成果进行深入梳理之后，认为"在上述论文中，明确地显示出我国目前'教育学史'研究的两种思路：一是研究中国教育

---

① 杜成宪：《以"学"为核心的教育话语体系——从语言文字的视角谈中国传统教育思想的重"学"现象》，《华东师范大学学报》（教育科学版）2010年第3期。

② 王坤庆：《关于建立"教育学史"学科的基本构想》，《华中师范大学学报》（人文社会科学版）1992年第4期。

学的历史发展；二是研究西方教育学的历史发展。这两种思路要解决的问题是：寻求中国教育学进一步发展的道路。笔者认为，从建立具有中国特色的教育学理论这一目的出发，应大胆地借鉴人类一切文明成果。因此，'教育学史'研究的视野应更宽阔一些，如加强对中外教育学发展的比较研究，博采众长以为己用；尤其要深入研究中国古代的教育学思想，取其精华而为今用。"①

我们要开展教育学史研究就需要反观中国教育学自身的发展历程，"近百年来，社会几经风雨，教育几经曲折，许多东西发生了变化，但教育学科领域内'引进'这个似乎是从'娘胎'里带来的记号却难以抹去"②。事实上，我们如果从1901年王国维所翻译的第一本《教育学》算起，中国教育学的发展历程确实不长，中国教育学研究的起始时间也较短。但是，我们应指出的是，"那种认为我国教育学是'先抄日本''继袭美国''再搬苏联'的说法是一种'简单化'了的认识"③。但是，我们必须面对的无论是"娘胎"引进论还是各国"抄袭""继袭""再搬"论，都在一定程度上折射了中国教育学科自身发展的不足之处。这就更需要我们在对"中国教育学的本来历史进行解释的基础上，让历史给我们以启迪，从历史中寻求对当前我国教育学发展的理解，从历史中寻找教育学进一步发展的智慧和启示"④。既然我们需要对中国教育学的本来历史进行解释，那就涉及如何看待中国古代优秀教育传统的问题。"把中国教育学史研究的上限确定在1901年，并不意味着中国教育学史忽视对中国古代优秀教育传统的研究"⑤，同样，王坤庆也指出，我们需要"深入研究中国古代的教育学思想"。

毫无疑问，《学记》既体现了中国古代优秀教育传统，又记录了中国古代的教育学思想，从学理上来看应该属于教育学史关注的研究领域。我们从近代以来《学记》研究的事实上来看，学者们同样是站在教育学史（虽然大部分学者头脑之中还未形成何谓"教育学史"研究概念）的

---

① 王坤庆：《"教育学史"研究的历史与现状》，《教育研究与实验》1992年第3期。
② 叶澜：《教育研究方法初探》，上海教育出版社1999年版，第92页。
③ 瞿葆奎：《中国教育学百年（下）》，《教育研究》1999年第2期。
④ 侯怀银：《中国教育学史学科建设初探》，《教育理论与实践》2000年第2期。
⑤ 侯怀银：《中国教育学史学科建设初探》，《教育理论与实践》2000年第2期。

立场来展开《学记》研究。如果说教育学科以1901年王国维翻译第一本《教育学》为自身发展历程的开端，那么近代学者从教育学教科书的角度来关注《学记》自身的学术地位则是从1896年梁启超《论师范》一文开始的。或者，换句话来说，从1896年开始《学记》走进学校教育生活，一直至今都受到教育学者和教育学科的关注。我们试以对《学记》文本代表性的评述术语为范例，来从整体上呈现学者们基于教育或教育学立场的《学记》研究（见表5-11）。

表5-11　　　　　　　　对《学记》的代表性评述

代表性观点	观点出处
1.《学记》一篇，乃专标诲人之术，以告天下之为人师者	梁启超：《论师范》
2. 我中国二千年前教育与各国师范义法近者，独《礼记·学记》一篇	张謇：《通州师范学校始建记》
3. 讲求师范者必要之书	王树楠：《学记笺证》
4. 中国教育之理想方法，《学记》足为其最重要之代表	杜明通：《学记考释》
5. 我国最早的一本教育学	傅任敢：《〈学记〉译述》
6. 中国的一篇最早最完备的教育文献，也是世界上最早最完备的教育文献	许椿生：《学习祖国珍贵的教育遗产——〈学记〉》
7. 古代我国和世界最早的、体系相当严整的教育文献	高时良：《学记评注》
8. 最早从哲学分离出来，成为教育专著	刘震：《〈学记〉释义》
9. 一部最早出现的教育著作	华中师范学院教育系等编：《教育学》
10. 在人类历史上，最早出现专门论述教育问题的著作是我国的《学记》	王道俊、王汉澜：《教育学》
11. 世界上最早的一部教育专著	华南师范大学教育系教研室编：《教育学》
12. 这部著作被中国教育界誉为世界上最早的教育学	孙喜亭：《教育原理》
13. 中国古代教育文献中最早，比较严整的一篇教育论文，也是世界教育学术史上最早的教育文献	胡德海：《教育学原理》

续表

代表性观点	观点出处
14. 世界上最早出现的专论教育的著作	毛礼锐、瞿菊农、邵鹤亭：《中国古代教育史》
15. 人类有史以来一部比较系统完备的以教学论为主的教育专著	毛礼锐、沈灌群：《中国教育通史》
16. 世界教育史上最早出现的自成体系的教育学专著	郭齐家：《中国教育思想史》
17. 我国和世界教育史上成书最早、体系最完整的一篇教学论专著、教育学的雏形	毛礼锐：《中国教育史简编》
18. 中国教育史上和世界教育史上一部最早、最完整的教育学专著	王炳照等：《简明中国教育史》
19. 中国古代最早的一篇专门论述教育、教学活动的论著	孙培青、李国钧：《中国教育思想史》
…	…

中国学者关于《学记》在教育学科自身地位的认识，实际上就涉及了教育学史研究基本问题中的第一个问题——关于教育学产生的问题。教育学的产生问题，是教育学科所关涉的最为基本的问题。实际上，中国学者们站在教育学立场对于《学记》的研究，就是在追问和探寻中国教育学科的源起或产生的问题。按照教育学的发展阶段来划分，就是关于中国教育学发展的萌芽阶段的问题。同样，陈元晖在《中国教育学史遗稿》一书中，将《学记》列为研究中国教育学史的开篇之作，是"因为一部教育学的结构和体系，教学论部分是细胞，又是基础，通过细胞或基础，才能形成整体的组织和结构"[①]，而《学记》就是专论教与学问题的专著，所以最应该位于一部教育学著作之首篇。如果按照杜成宪将中国传统教育思想看作一种学习思想的观点来看，以学为核心的教育话语体系就是中国传统教育思想的核心话语体系，《学记》是中国传统教育思想中重学的特点形成的标志性著作，所以《学记》研究又体现了对

---

① 陈元晖：《中国教育学史遗稿》，北京师范大学出版社2001年版，第124页。

中国教育学逻辑起点的认识问题。

因此,我们从中国教育学产生的问题,中国教育学发展阶段的划分问题,中国教育学逻辑起点的问题等方面,对开展《学记》研究问题的追溯就是为了探明《学记》教育范畴诠释的学科位序问题。

(二) 教育史学:《学记》教育范畴诠释的学术旨趣

教育史学界关于中国教育史学科体系结构模式的研究大致开始于20世纪30年代,其中形成的代表性观点为:高时良的"三层次说"、杜成宪的"二分法说"和周洪宇的"二层次三领域说"。其中,高时良的"三层次说"认为,教育史学科分为低层次、中层次和高层次三个层次,低层次结构即教育史内部的结构,中层次结构即教育史与其他学科的交叉,高层次结构则是从哲学思辨的高度对教育史学进行理论探讨;杜成宪的"二分法说"认为,教育史学科分为"实质研究"和"形式研究"二个部分,"实质研究"之下又分为"内部史"和"外部史"两大部分,教育制度史和教育思想史研究共同构成"内部史"研究,以教育制度和教育思想产生的社会背景为研究对象的研究为"外部史"研究;周洪宇的"二层次三领域说"认为,"具体的教育史学研究"和"抽象的教育史学研究"是构成教育史学科的两个层次,"具体的教育史学研究"分为教育活动史、教育制度史、教育思想史三个领域,"抽象的教育史学研究"分为教育史学史研究、教育史学理论和方法研究、教育历史哲学研究三个领域。"当然,由于学科是发展的,而发展又是无限的,因此,学科体系只有相对地存在价值,而没有绝对不变的固定模式,关于教育史学的学科体系的概括,从某种程度上反映出划分学科体系所依据的原则不同。因此,对现有的学科体系不能盲从地认为哪一个好,或哪一个不好,而应该从划分者所依据的划分原则出发,客观地评价"[①]。

高时良的"高层次结构"、杜成宪的"形式研究"、周洪宇的"教育历史哲学研究",都属于试图通过教育史研究者的理论思辨能力,在对历史的教育理性思考的基础之上探寻本体的、哲学的教育史学。虽然,实质与形式、具体与抽象是性质不同的哲学范畴,但是,从杜成宪和周

---

① 郭娅、周洪宇:《试论教育史学的学科体系》,《湖北大学学报》(哲学社会科学版) 2009 年第 2 期。

洪宇论述"形式研究"和"抽象的教育史学研究"所包含的研究对象和研究内容来看，二者又具有研究范围一致性的学术共性。"抽象的教育史学研究"对于研究对象和研究内容虽然有更为明确、具体的认识和限定，但是在一定程度之上却失去了"形式研究"之中所蕴含的逻辑外延。而之所以要提倡"形式研究"，就是因为"中国教育史'形式研究'的滞后，实已到了阻碍中国教育史'实质研究'乃至于整个中国教育史学科发展的地步。对于中国教育史学科的发展来说，中国教育史'形式研究'的重要性就这样体现出来"①。这也反映了中国教育史研究缺乏以历史形态的教育整体为研究对象，进行基于历史的教育理性思考的教育史学研究。

以儒家教育思想为主的中国古代教育经典文本史研究，既要符合中国教育史学科体系关于"形式研究"的学科结构，更要注重文本史研究本身对于教育学学科的理论价值。诚如黑格尔所说："如果我们能够对哲学史里面出现的各个系统的基本概念，完全剥掉它们的外在形态和特殊应用，我们就可以得到理念自身发展各个不同阶段的逻辑概念了。反之，我们如果掌握了逻辑的进程，我们亦可从它里面的各个主要环节得到历史现实的进程。不过我们当然必须善于从历史形态所包含的内容里去认识这些纯粹概念。"②哲学层面的逻辑概念同教育层面的逻辑概念，具有相同的逻辑思维生成过程。作为教育理论思维的基本逻辑形式的教育范畴，就是在以教育整体历史为研究内容的基础之上对教育历史的抽象概括。"教育史并不是教育珍品的堆集或者是对风格迥异的大教育家们的有趣介绍，而是描述了教育观念和思想发生与发展的连续性过程。如果我们仅仅停留在十分有限的个人经验上，而不去对教育史作系统的分析，那么，我们就不能理解教育的本质。教育的意义正是在这种历史关联中才脱颖而出，而变得清晰可见"③。中国古代教育经典文本就是记录中国古代教育历史的文本载体，所以通过对教育经典文本的分析来研

---

① 杜成宪：《中国教育史学科体系结构》，《华东师范大学学报》（教育科学版）1997 年第 1 期。

② ［德］黑格尔：《哲学史讲演录》（第一卷），贺麟、王太庆译，商务印书馆 1995 年版，第 34 页。

③ 邹进：《现代德国文化教育学》，山西教育出版社 1992 年版，第 119 页。

究古代教育不同阶段的逻辑概念及其辩证关系,就应该成为中国古代教育经典文本史研究的应有之义。

田正平、章小谦在《中国教育概念史研究刍议》中指出,"尽管中国教育史的研究早已开始在教育制度史和思想史这两大传统的板块之外开拓,然而,教育概念史的研究尚处于起步阶段"[①],并进一步指出杜成宪的《早期儒家学习范畴研究》属于教育概念史研究领域的开创之作。《早期儒家学习范畴研究》在研究早期儒家学习范畴的基础之上,提出了"中国古代教育思想说到底是一种学习思想"的教育命题。从严格意义上来说,范畴和概念是有区别的,"教育学范畴是一些概括性较强、内涵丰富、外延较广的教育领域的核心概念、基本概念,而不是教育领域的所有层次的概念"[②],学习范畴就是教育领域的核心概念。同样,《中国教育概念史研究刍议》中所论述的教育概念就是教育领域的核心概念、基本概念,就是在中国教育学科形成之前的教育概念,也就是中国古代教育环境下以日常言语表达的教育概念。同样,为了避免现今教育史研究领域对于概念史的研究,"总是被描绘成单纯从概念到概念的逻辑的上升或者展开,决定概念变化的客观的历史运动很少得到关注"的研究弊端,而提倡"通过对表达概念的词语的演变情况的考察,以及对影响概念变化的教育实践的演变情况的分析,对概念历史进行接近于实证的研究"[③]。

因此,《学记》文本就是"对概念历史进行接近于实证的研究"的最佳素材,《学记》文本研究就是从"与概念发展密切相关的事物入手,开辟研究概念历史的新途径"[④]。即:《学记》教育范畴研究就是基于范畴话语下的教育经典文本研究。

---

① 田正平、章小谦:《中国教育概念史研究刍议》,《华中师范大学学报》(人文社会科学版)2007年第5期。
② 郭元祥:《教育学范畴问题探析》,《华东师范大学学报》(教育科学版)1995年第3期。
③ 田正平、章小谦:《中国教育概念史研究刍议》,《华中师范大学学报》(人文社会科学版)2007年第5期。
④ 田正平、章小谦:《中国教育概念史研究刍议》,《华中师范大学学报》(人文社会科学版)2007年第5期。

三　正本重塑的方法：探求《学记》教育范畴诠释的学术路径

正如黑格尔在《哲学史讲演录》的"导言"中所强调的："接受这份遗产，同时就是掌握这份遗产。它就构成了每个下一代的灵魂，亦即构成下一代习以为常的实质、原则、成见和财产"，"那接受过来的遗产就这样改变了，而且那经过加工的材料因而就更加丰富，同时也就保存下来了。这是我们时代的使命和工作，同时也是每个时代的使命和工作"①。探求《学记》教育范畴诠释的学术路径，就是我们这个时代的使命和工作。

（一）文化路径：由冯友兰"抽象继承法"说起

如何批判地继承中国优秀学术传统，并在此基础上构建具有本土特色的教育史学中国学术话语体系，就是我们在探求《学记》教育范畴诠释的学术路径时必须面对的关键问题。"教育史学中国学术话语体系的构建，必须牢牢根植于中国数千年的文化土壤里，把富有民族学术传统和创新精神的教育史学研究成果呈现给世界，让国际学术界了解和认同中国教育史学所蕴含的文化精神，从而树立高度的文化自觉和文化自信"②。如何批判地继承中国优秀学术传统，首先是一个文化问题，是一个文化领域如何批判地继承中国优秀文化传统的问题。

在中国哲学领域围绕如何继承中国哲学遗产的方法论讨论，可以被看作对如何批判地继承中国优秀文化传统的集中性讨论。其中：冯友兰在1957年1月8日的《光明日报》上发表题为《中国哲学遗产底继承问题》一文，提出了全面了解中国古代哲学思想和继承中国哲学遗产的方法——"在中国哲学史中有些哲学命题，如果做全面了解，应该注意到这些命题底两方面的意义：一是抽象的意义，二是具体的意义。过去我个人对中国哲学史中的有些哲学命题差不多完全注意它们底抽象意义，这当然是不对的。近几年来我才注意这些命题底具体意义。当然，注意具体意义是对的，但是只注意具体意义就不对了。在了解哲学史中的

---

①　[德]黑格尔：《哲学史讲演录》（第一卷），贺麟等译，商务印书馆1981年版，第9页。
②　周洪宇：《论教育史学中国学术话语体系的构建》，《河南大学学报》（社会科学版）2016年第3期。

第五章　清源与重塑：《学记》教育范畴的正本审思

某些哲学命题时我们应该把它们底具体意义放在第一位，因为这是跟作这些命题的哲学家所处的具体社会情况有直接关系的。但是它底抽象意义也应该注意，忽略了这一方面，也是不够全面的"①，这就是冯友兰从哲学命题的"抽象的意义"和"具体的意义"两个方面，来探讨如何继承中国哲学遗产的方法。吴传启将冯友兰的方法概括为"抽象继承法"，这样一来，"抽象继承法"就成为冯友兰关于如何继承中国哲学遗产的标志性方法。

那么，如何使用"抽象继承法"呢？冯友兰例证道："比如《论语》中所说的'学而时习，不亦说乎。'从这句话底具体意义来看，孔子叫人学的是《诗》《书》《礼》《乐》等传统的东西。从这方面去了解，这句话对于现在就没有多大用处，不需要继承它，因为我们现在所学的不是这些东西。但是如果从这句话抽象意义看，这句话就是说：无论学什么东西，学了之后，都要及时的经常的温习与实习，这都是很快乐的事。这样的了解，这句话到现在还是正确的，对我们现代还是有用的。"② 按照冯友兰的理解，"无论学什么东西，学了之后，都要及时的经常的温习与实习，这都是很快乐的事"就是"学而时习，不亦说乎"的抽象意义，就是我们需要继承的中国传统文化中的优秀遗产。实际上，"抽象继承法"就是要从具体命题中抽象出具有生命力的理论范畴，并以此理论范畴来指导当今的学术实践。

我们在批判地继承中国优秀教育传统的过程中，同样可以借鉴冯友兰的"抽象继承法"，来展开关于中国古代教育的批判的继承研究。"教育史学在未来的学科构建中，应努力挖掘中国传统教育中具有生命力的理论范畴，如启发诱导、因材施教、循序渐进、教学相长、长善救失、博精兼顾、知行合一等，这些均是流传千古的教育理论范畴，在中国教育史上具有旺盛的生命力"③。我们在对这些具有旺盛生命力的理论范畴进行研究的过程之中，就可以在分析其"具体的意义"的同时，深入剖析其"抽象的意义"，并从中寻求指导当今中国教育实践的理论力。同

---

① 冯友兰：《三松堂全集》（第十二卷），河南人民出版社2001年版，第94页。
② 冯友兰：《三松堂全集》（第十二卷），河南人民出版社2001年版，第94—95页。
③ 周洪宇：《论教育史学中国学术话语体系的构建》，《河南大学学报》（社会科学版）2016年第3期。

样,周德昌在《中国古代教育思想的批判继承》一书中,将中国古代教育思想分为四个方面,并对每个方面所包含的内容进行了分析,如表5-12所示。

表5-12　　　　　　　　中国古代教育思想的四个方面

第一章中国古代唯心主义教学思想的发展和批判	(一)良知、良能　(二)博学、慎思、笃行　(三)自求、自得,体察、涵养　(四)读书穷理　(五)皓首穷经,死守章句
第二章中国古代唯物主义教学思想的继承和发展	(一)学而知之　(二)闻、见、知、行　(三)积靡、注错　(四)两论相订　(五)学以致用
第三章中国古代德育理论和方法的发展和批判	(一)存天理、灭人欲　(二)知、情、意　(三)忠、孝、仁、义　(四)克己、内省、存心、养性　(五)践履、躬行
第四章中国古代教学方法的继承和发展	(一)教学相长　(二)启发诱导、融会贯通　(三)因材施教　(四)锲而不舍、专心致志　(五)循序渐进　(六)由博反约　(七)学而时习,温故知新

　　在继承和发展的中国古代唯物主义教学思想和中国古代教学方法中,作者首先梳理所列举的教育范畴的产生和发展历程,其次对所列举的教育范畴的积极因素和消极因素进行分析,最后提出对积极因素进行批判的继承。实际上来说,作者对教育范畴产生和发展历程的梳理,就是要探寻教育范畴自身的"具体的意义",而对教育范畴自身积极因素的分析就在于探讨其"抽象的意义"。我们对以学为核心的教育话语体系下的《学记》研究,就是要在梳理不同阶段《学记》注释的基础之上,探寻具有"抽象的意义"的《学记》教育范畴。周德昌的《中国古代教育思想的批判继承》"可以让读者摆脱具体的人物直接走向教育思想,但因提挈教育思想史料的纲领随意和缺乏结构性,还是难以让人领略教育思想整体的历程。从此意义上讲,教育思想史学研究与教育思想的理论研究是不能分开的。我们能否对教育思想史本身有一个结构化的理解,将决定着超越传统教育思想史学的尝试成功与否"[1]。故此,我们对于教

---

① 刘庆昌:《重新理解教育思想史——兼论教育思维范畴的教育思想史学方法论意义》,《太原师范学院学报》(社会科学版)2006年第1期。

育思想史基本问题的探索,就是致力于对教育思想史本身的结构化理解。

(二)教育路径:教育思想史基本问题的启示

我们用"抽象继承法"可以探寻具有"抽象的意义"的《学记》教育范畴,但是当以教为核心的教育话语体系向以学为核心的话语体系转换之后,不难发现,"转换变成了取代,中国传统教育思想中重'学'的特点及其合理因素也一起被抛弃了"①。正如张斌贤在《探寻教育史学科重建的出发点》中指出的,"由于主要关注各种类型、各种层次的正规学校教育,而忽视对不同历史时期各种'非正规'教育形式的探讨,'外国教育史'变成了'外国学校教育史'(或者说'教育史'变成了'学校教育史');而且,由于仅仅注重学校中那些被制度化了的事物和现象,外国教育史事实上又变成了正规学校内部局部、片段的教育现象或事物的历史。在这种情况下,原本非常广阔、丰富和多样的教育史就不可避免地被局限在一个非常狭窄、贫乏和单一的空间。这样编撰的教育史既不可能充分或全面地反映人类教育的过去,又很难真正成为完整的教育史,至多只是人类教育整体中一个很小片段的历史。更为重要的是,如此理解的教育史又可能使教育史研究距离真实的历史更加遥远"②。中国教育史研究的情况也如此,中国教育史变成了中国学校教育史。在中国学校教育史中,研究者们正是按照学校教育话语体系来研究《学记》教育范畴。

既然教育史研究需要关注一切时代人类所展开的社会化活动及其共时性和历时性的关系,那么我们就必须用一种整体史观来反观过往的教育思想史研究。整体史观是"以相互联系、整体的和统一的历史观念,认识和理解人类教育的历史现象、历史过程及其本质"③。整体史观致力于教育史研究思维方式的变革,强调在对各个具体的教育历史现象、事件及其相互关系进行深入探讨的基础之上,"运用现代的系统思想来考察教育的全部历史"及"教育内部存在的各种相互关系、教育与社会环

---

① 杜成宪:《以"学"为核心的教育话语体系——从语言文字的视角谈中国传统教育思想的重"学"现象》,《华东师范大学学报》(教育科学版)2010年第3期。
② 张斌贤:《探寻教育史学科重建的出发点》,《北京大学教育评论》2016年第4期。
③ 张斌贤、王晨:《整体史观:重构教育史的可能性》,《清华大学教育研究》2010年第1期。

境的相互关系及这些关系的演变过程"①。整体教育思想史的提出,"既是对碎片化历史研究的克服,也是对内外部方法综合的尝试,或者说试图整合教育学史和教育史学的努力"②。依据整体史观的教育史研究思维方式,我们需要考虑"是否存在一种通过核心问题或类型图式来整体理解教育思想史发展进程"的整体教育思想史。

教育史学者虽然对于整体教育思想史尚未进行较为充分和明确的阐释,但是在部分教育思想史教材之中开始讨论从教育基本问题的视角来展开教育思想史研究,大体上涉及了关于整体教育思想史的理论探讨和实践探索,我们可以从中挖掘和整理出尚处于缄默状态的思维信息。孙培青、李国钧主编的《中国教育思想史》认为,"古今中外教育思想的内容虽然各式各样,纷繁复杂,但无例外地围绕培养人这个中心,回答各个时代社会所提出的教育的基本问题,这些基本问题大致是以下几个方面:(一)人类社会为什么要有教育?(即教育的作用与地位);(二)为了什么目的而教育?(即教育的方针与目的);(三)以什么东西来教育?(即应有几方面的教育内容);(四)怎样进行教育?(即教育教学方法);(五)教育谁和由谁来教育?(即学生与教师);(六)如何领导管理教育?(从微观至宏观的教育管理)"③。这六个方面的内容就是构成教育思想史研究的基本问题。张斌贤、褚洪启等著的《西方教育思想史》同样认为,"从西方教育思想史的发展来看,下列这些问题是为大多数重要的教育家和教育思想家所共同关注的:个人与社会的关系;教育与人性的关系;教育与人的认识的关系;知识与道德的关系;等等。这些问题虽然在不同时期以不同的具体形式出现,但一直是构成教育思想的基本的、主要的内容(当然不是全部内容),因而也就成为西方教育思想发展的基本线索"④。杜成宪在《中国教育思想史研究散论》一文中,借鉴孙培青、李国钧在《中国教育思想史》中所提出的基本问题,认为教育思想"围绕着人的教育和培养这个中心,回答时代社会所提出的基本教育问题,这些问题大致包括以下方面:为什么要有教育?凭什么能

---

① 张斌贤、王晨:《整体史观:重构教育史的可能性》,《清华大学教育研究》2010年第1期。
② 王晨:《教育思想史系统性研究方式及其限度》,《教育研究》2012年第3期。
③ 孙培青、李国钧:《中国教育思想史》,华东师范大学出版社1995年版,第2页。
④ 张斌贤、褚洪启等:《西方教育思想史》,四川教育出版社1994年版,第20页。

教育？为什么而教育？用什么来教育？怎么教育？由什么人来教育？教育什么人？"，并结合中国古代具体教育思想内容对这七个方面的基本问题进行了相应的分析论述。

教育史学界基于整体教育史观采用教育思想史基本问题来试图解决不同话语体系之下的教育思想史研究，体现了整合中外教育思想史研究为一体的研究思路。而"所谓基本问题，通常指'根本性''稳定性'纲领性的问题，它的变化和发展决定其他问题的变化和发展；它自始至终存在，并不随时代变迁而沉浮；它居于最高的抽象层次，笼罩着教育学的全部范畴，奠基着教育学的所有规律"[1]，这些基本问题是任何时代的教育思想家都必须面对和回答的问题。同样，教育思想家正是通过对这些基本问题的回答来彰显自我个性的思想特色。具体而言，历时性的教育思想变化就是教育思想家给予基本问题答案的变化；共时性的教育思想相异也正是教育思想家给予基本问题答案的不同而已。因此，从教育思想史基本问题出发，中外教育思想史研究就可以在基本问题层面实现学术话语体系的一体化。杜成宪在其撰稿的《中国教育思想史》第一卷的第一、二、三、四、五、六章对具体人物的教育思想史研究过程中，就是采用教育思想史基本问题的研究范式来展开教育思想研究。我们以杜成宪对孔丘、孟轲、荀况的教育思想研究为范例，来具体呈现教育思想史基本问题范式下的教育思想研究，如表5-13所示。

表5-13　　　　　　　　具体人物的教育思想

孔丘的教育思想	一、"性相近，习相远也"——教育与人的发展
	二、"庶、富、教"——教育与社会的发展
	三、"志于道，据于德，依于仁，游于艺"——教育自身的发展规律
孟轲的教育思想	一、"人皆可以为尧舜"——教育与人的发展
	二、"善政不如善教之得民也"——教育与社会的发展
	三、"大丈夫"——理想人格及其修养
	四、"深造自得"——治学与教人方法

---

[1] 瞿葆奎：《序》，载郑金洲《教育通论》，华东师范大学出版社2000年版，第1页。

续表

荀子的教育思想	一、"长迁而不反其初"——教育与人的发展
	二、"明分使群"——教育与社会的发展
	三、"始而为士，终而为圣人"——教育的目标
	四、"始乎诵经，终乎读礼"——教、学思想

依照此例展开研究，孔丘、孟轲、荀子的教育思想就可以统一于教育思想基本问题的范畴体系之内，如此类推，中外教育思想史都可以按照教育思想史基本问题的研究范式展开。因此，我们从教育思想史基本问题出发，既可以按照历时性的视角来梳理教育思想的历史变迁，又可以从共时性的视角来整体上呈现某个基本问题的教育思想的历史演变。同样，我们对于《学记》教育范畴的研究也可以依据历时性和共时性的视角，从教育思想史基本问题的研究范式来重新进行梳理，以此来重新审定《学记》教育范畴研究的思想体系。

（三）正本重塑：建构《学记》教育范畴诠释体系的学术尝试

我们对于《学记》教育范畴诠释的文化路径和学术路径的探索，主要目的就在于尝试建构《学记》教育范畴诠释的学术体系。如果我们依据教育思想史基本问题对《学记》教育范畴进行体系划分，不难发现，《学记》论及的教育作用、目的、制度、学校管理、教育和教学原则等现代教育学的主要范畴，无论是与"（一）人类社会为什么要有教育？（即教育的作用与地位）；（二）为了什么目的而教育？（即教育的方针与目的）；（三）以什么东西来教育？（即应有几方面的教育内容）；（四）怎样进行教育？（即教育教学方法）；（五）教育谁和由谁来教育？（即学生与教师）；（六）如何领导管理教育？（从微观至宏观的教育管理）。"还是与"为什么要有教育？凭什么能教育？为什么而教育？用什么来教育？怎么教育？由什么人来教育？教育什么人？"的教育思想史基本问题都存在内在的逻辑对应关系。按照此内在的逻辑对应关系，我们诠释《学记》教育范畴的学术体系可以建构如表5-14所示。

表 5-14　　　　　　　《学记》教育范畴的学术体系

为什么要有教育？	建国—化民—知道
凭什么能教育？	人性善
为什么而教育？	人不学，不知道
用什么来教育？	正业与居学
怎么教育？	豫时孙摩、长善救失、尊师之道、进学之道
由什么人来教育？	教者
教育什么人？	学者

我们对上述七个方面的内容进行分析不难发现：《学记》对于"为什么要有教育？凭什么能教育？为什么而教育？"等三个方面问题的回答，即：人的造就（"人不学，不知道"）——良俗善序的形成（"化民成俗"）——国家的建立（"建国君民"）之间的成己成人之学的内在逻辑关系。而此种内在的逻辑关系，在《学记》中从教育层面的表述就是对"教学相长"的经验描述和学理分析，进而引申出从"成己成人"到"教学相长"的教学行为的发生。

《学记》中"学学"行为的发生正是在对"教学相长"体认的基础之上，对于"怎么教育？由什么人来教育？教育什么人？"问题的论证和回答它存在着主客体之间关系交融或以主体替代客体的言语表达方式和思维运作习惯。换句话来说，我们在教育中如何认识和理解教与学以及二者之间的关系，就必然会造成对于教育过程中教与学操作方式的行为认知。《学记》中对于教与学以及二者之间关系的认识问题，从其实质上来看就在于回答"教育是什么"的问题；而对于教育过程中教与学操作方式的行为认识问题，就是在于解决"教育怎样做"的问题，"教育是什么"和"教育怎样做"正是教育认识领域的基本问题[1]。我们从中国教育思想基本问题的思考，到对教育认识领域基本问题的推论，目

---

[1] 本书对于"教育是什么"和"教育怎样做"作为教育认识领域基本问题的认识和思考，得益于刘庆昌教授本人的指导以及对于《重新理解教育思想史——兼论教育思维范畴的教育思想史学方法论意义》[《太原师范学院学报》（社会科学版）2006年第1期]、《教育思维论》（广东教育出版社2008年版）等论著中学术观点的借鉴。

的就在于立足教育思维的视域来认识人类教育思想发展的历史，就在于从人类教育认识的视野来重新理解《学记》教育范畴的教育学史地位。即：《学记》教育范畴就是"教育是什么"及其支配下的"教育怎样做"的统一体。

参考文献

陈东原：《中国古代教育史》，商务印书馆1931年版。

陈东原：《中国教育史》，商务印书馆1936年版。

丁钢：《历史与现实之间：中国教育传统的理论探索》，教育科学出版社2002年版。

丁伟志、陈崧：《中体西用之间》，中国社会科学出版社1995年版。

董宝良、周洪宇：《中国近现代教育思潮与流派》，人民教育出版社1997年版。

杜成宪：《早期儒家学习范畴研究》，台湾文静出版社1994年版。

杜成宪、崔运武、王伦信：《中国教育史学九十年》，华东师范大学出版社1998年版。

杜成宪、邓明言：《教育史学》，人民教育出版社2004年版。

杜成宪、丁钢：《20世纪中国教育的现代化研究》，上海教育出版社2004年版。

高时良：《中国古代教育史纲》，人民教育出版社2003年版。

葛兆光：《中国思想史》，复旦大学出版社2001年版。

顾树森：《中国古代教育家语录类编》，上海教育出版社1988年版。

郭秉文：《中国教育制度沿革史》，商务印书馆1916年版。

郭齐家：《中国教育思想史》，教育科学出版社1987年版。

侯怀银：《西方教育学在20世纪中国的传播和影响》，东北师范大学出版社2011年版。

黄济：《中国传统教育哲学思想概论》，河南教育出版社1994年版。

黄书光：《中国社会教化的传统与变革》，山东教育出版社2005年版。

金林祥：《20世纪中国教育学科的发展与反思》，上海教育出版社2002年版。

瞿葆奎、郑金洲：《教育基本理论之研究》，福建教育出版社1998年版。

李国钧：《中国教育大系·历代教育制度考》，湖北教育出版社1994年版。

李国钧、王炳照：《中国教育制度通史》，山东教育出版社2000年版。

刘蔚华、赵宗正：《中国儒家学术思想史》，山东教育出版社1996年版。

陆有铨：《躁动的百年——20世纪的教育历程》，山东教育出版社1997年版。

毛礼锐、沈灌群：《中国教育通史》，山东教育出版社1988年版。

邱椿：《古代教育思想论丛》，北京师范大学出版社1985年版。

璩鑫圭、唐良炎：《中国近代教育史资料汇编·学制演变》，上海教育出版社1991年版。

任时先：《中国教育思想史》，商务印书馆1936年版。

舒新城：《近代中国教育思想史》，中华书局1929年版。

舒新城：《中国近代教育史资料》，人民教育出版社1985年版。

孙培青、李国钧：《中国教育思想史》，华东师范大学出版社1995年版。

汤一介、李中华：《中国儒学史》，北京大学出版社2011年版。

田正平：《中国教育史研究》，华东师范大学出版社2001年版。

王炳照、阎国华：《中国教育思想通史》，湖南教育出版社1994年版。

王炳照、张传遂：《中国传统教育》，中南工业大学出版社1999年版。

王炳照、周玉良、宋荐戈：《中华人民共和国教育历史传统与基础》，海南出版社2000年版。

王凤喈：《中国教育史大纲》，商务印书馆1928年版。

吴雁南等：《中国经学史》，福建人民出版社2005年版。

于述胜：《朱熹南宋教育思潮》，山东大学出版社1996年版。

张斌贤：《教育是历史的存在》，安徽教育出版社2007年版。

张岂之：《中国思想史》，西北大学出版社1989年版。

张瑞璠：《中国教育哲学史》，山东教育出版社2000年版。

张瑞璠、王承绪：《中外教育比较史纲》，山东教育出版社1997年版。

章小谦：《传承与嫁接：中国教育基本概念从传统到现代的转换》，江西人民出版社2004年版。

郑金洲、瞿葆奎：《中国教育学百年》，教育科学出版社2002年版。

参考文献

周谷平：《近代西方教育理论之中国的传播》，广东教育出版社 1993 年版。

周洪宇、刘居富：《迈向 21 世纪的中国教育科学》，华中师范大学出版社 1998 年版。

周予同：《中国学校制度》，商务印书馆 1931 年版。

朱贻庭：《中国传统伦理思想史》，华东师范大学出版社 1994 年版。

左玉河：《从四部之学到七科之学——学术分科与近代中国知识系统之创建》，上海书店出版社 2004 年版。

[美] 张灏：《梁启超与中国思想的过渡（1890—1907）》，江苏人民出版社 1995 年版。

杜成宪：《中国教育史学科体系试构》，《华东师范大学学报》（教育科学版）1997 年第 3 期。

杜成宪：《中华民族有哪些教育传统可以传承？》，《河北师范大学学报》（教育科学版）2017 年第 4 期。

刘立德：《中国教育史学科教材沿革及改革初探》，《课程·教材·教法》1997 年第 9 期。

刘庆昌：《寻找教育学的历史逻辑——兼及"教育学史"的研究》，《西北师大学报》（社会科学版）2018 年第 1 期。

刘庆昌：《重新理解教育思想史——兼论教育思维范畴的教育思想史学方法论意义》，《太原师范学院学报》（社会科学版）2006 年第 1 期。

于述胜、向辉：《"意义—感通"的教化哲学——儒家教育思想要义新释》，《教育学报》2016 年第 6 期。

张斌贤：《探寻教育史学科重建的出发点》，《北京大学教育评论》2016 年第 4 期。

张斌贤、王晨：《整体史观：重构教育史的可能性》，《清华大学教育研究》2010 年第 3 期。

张传遂：《"教育史学"的反思与重构》，《华东师范大学学报》（教育科学版）2001 年第 1 期。

周洪宇：《论教育史学中国学术话语体系的建构》，《河南大学学报》（社会科学版）2016 年第 3 期。

后　　记

本书为国家社会科学基金"十二五"规划2015年度教育学一般课题《中国古代教育学范畴发生史：以〈学记〉为中心》（BOA150030）的研究成果。

本书以《学记》为中心展开关于中国古代教育学范畴发生史的研究，既有学术研究传统的传承和延续又有个人学术情感的支撑和偏爱。陈元晖先生在《中国教育学史》之中设想以《学记》为开端来展开中国教育学史研究，撰写了基于教育学史立场的《学记》研究专章，开拓了从教育学史层面展开中国教育经典研究的先河。作为陈先生学术研究思想的忠实信徒，并受先师王炳照先生的生前指导和思想影响，可以说选择《学记》研究本身就具有浓厚的学术情结和师门传统。同样，本人为学院教育史专业硕士研究生开设教育经典分析课程，在讲授中国教育经典过程之中重新领悟了《学记》文本的学术魅力。博士研究生的求学经历和教学工作的深切体悟，让自己在无形之中选择了以《学记》为题进行学术研究。

本书以《学记》为中心展开关于中国古代教育学范畴发生史的研究，主要从《学记》教育范畴的辨析厘定、代际濡化、托古维新、综摄涵化和正本审思等方面进行体系设计和篇章布局。本研究旨在继承和发扬传统史学研究的优势，发扬以各部分以及部分之间的存在的联结性或对比性的关系形成结构张力，以视角的流动贯通形成整体性思维特点，依靠对话和行动并借助有意味的表象的选择，在暗示和联想中把意义蕴含于其间，从而实现教育学史研究和教育史学研究之间的统一，进而力图弥补中国的历史（或中国的实际）与西方的逻辑（或西方的理论）分为两极的弊端，寻求教育学研究之理论与实践的统一。

本书以《学记》为中心展开关于中国古代教育学范畴发生史的研

究，力图突破既定的教育学框架和教育学史的研究范式，倡导以"继先人之志、述先人之事"的文化承担意识为前提，贯通"通人精神"和"博通之学"之真谛的传统学术理念和治学方式，构建体现中国传统思维治学方式的教育范畴体系。通过对《学记》的综合研究，试图回答应否及如何将传统教育学术纳入研究视野的教育学问题，试图解决教育史研究者提升研究水平和理论层次的方法论问题，并在此基础之上以《学记》为中心构建具有自主意识的中国教育学范畴体系。

本书以《学记》为中心展开关于中国古代教育学范畴发生史的研究，得到了教育史研究领域各位先生的指导和帮助，特别是在中国教育学会教育史分会第十七届年会在太原（2016）举办之际，本人就相关问题请教了诸多教育史领域的专家和学者，使得自己对本课题主要研究内容有了更为深入的思考。同样，山西大学教育科学学院各位领导和同仁也给予了自己无限的关爱和帮助。刘庆昌教授亦师亦友的关心和指导，让自己的课题研究具有了教育学的思辨色彩；侯怀银教授从教育史学层面的指点和帮助，让自己在课题研究中有了更为清晰的认识和领悟；自己的同事兼朋友郑玉飞副教授，以问题交流的方式关心和关注课题研究，让自己在研究过程之中充满了奋斗的动力和勇气……当然，更加需要感谢的是"同室领导"——韩树林书记，对自己学术研究的暖心支持和无形鼓励。正是因为有了众多先生、同仁的关心和帮助，才有了课题研究的小小成果；正是因为有了无数只关爱的眼睛，才为自己的学术研究指明了前进的道路和方向。

本书以《学记》为中心展开关于中国古代教育学范畴发生史的研究，更需要感谢自己的同门师兄弟和自己的家人。正如刘立德师兄所说，我们是一家人。王门给予了我几乎全部的学术动力和学术关爱，徐勇师兄、刘立德师兄、周慧梅师姐、陈自鹏师兄的教导和帮助至今仍在，感谢他们，感谢他们一如既往的关怀。当然，更加需要感谢的是，我的家人对我学习、生活、工作一如既往的关心、帮助和支持，我的爱人刘莉萍女士是我人生中唯一的粉丝，是她成就了我今天的一切；我的宝贝女儿孙悠然小朋友，是我一生的骄傲，看着女儿悠然自得地快乐生活，自己的内心无比地幸福和自豪。

记得 2008 年博士毕业离开北京时，那是一个雨夜。现在 2018 年的晚上，又是一个雨夜。十年前自己是流着不舍的眼泪告别先生与同门师兄弟，十年后的今天自己仍能触摸到十年前的眼泪。

十年一瞬间。

在这雨夜的一瞬间，自己仿佛又看到了先生。泪流满面。

先生说：要寻找把教育学托上天空的彩云。

而自己愿意成为一个守望彩云的后继者。

愿那片彩云随心愿飘起，在这雨夜之后的黎明升起……

孙　杰

山西大学教育科学学院

2018 年 8 月